KB247512

KB247512

버핏의
프로포즈를
받은 여인

The Women of Berkshire Hathaway:
Lessons from Warren Buffett's Female CEOs and Directors

Copyright © 2012 by Karen Linder
All rights reserved.
Authorized Translation from English language edition published by John Wiley &
Sons International Rights. Inc.
KOREAN language edition © 2013 by Galabooks.
KOREAN translation rights arranged with John Wiley & Sons International Rights. Inc., USA through
EntersKorea Co., Ltd., Seoul, Korea.

이 책의 한국어판 저작권은
(주)엔터스코리아를 통한 저작권자와의 독점 계약으로 갈라북스가 소유합니다.
신 저작권법에 의하여 한국 내에서 보호를 받는 저작물이므로 무단전재와 무단복제를 금합니다.

버핏의 프로포즈를 받은 여인

카렌 린더 / 김세진 옮김

THE WOMEN OF BERKSHIRE HATHAWAY

Lessons from Warren Buffett's Female CEOs and Directors

갈라북스

| Contents |

| 일러두기 |

본문의 '*' 표시 부분은 모두 옮긴이 주이다.

이 책은 '버크셔 해서웨이의 여성 경영인들The Women of Berkshire Hathaway'에 대한 이야기 모음집입니다. 훌륭한 경영자이자 좋은 사람들이었기 때문에 그 모든 여성들을 내 아버지인 워런 버핏은 존중하고 존경했습니다. 이 책의 모든 여성들을 안다는 사실은 그 자체로도 저에게는 엄청난 특권이었습니다. 사업, 경영, 기업 혹은 휴먼 드라마에 관심 있는 사람들에 대한 이야기가 여기에 있습니다.

나는 남자 형제만 두 명인 여자아이였습니다. 따라서 직업선택에 대해 내 세대에서 많이 들었던 간호사나 선생님, 주부와 같은 주로 여성들에 특화된 일을 하도록 강요받은 적이 없습니다. 이런 점에서 내 부모님이 성평등 지지자였음이 매우 행운이었다고 볼 수 있습니다.

2004년 찰리 로즈Charlie Rose의 인터뷰에서 아버지는 다음과 같은 격언을 인용했습니다. "여성들이 세상의 진정한 노예라고 느낄 때까지 기다리시오." 아버지는 1960년대에 처음 이런 말씀을 하셨습니다. 여자들이 집에서 머물며 쿠키나 굽는 소일거리나 하는 것이 중요한 일이라 여기는 시기에 꽤 진보

적이었던….

아버지는 많은 시간이 흐른 뒤인 지금까지도 여성 관련 사안에 대한 지원을 계속하고 계십니다. 포춘Fortune지의 연례 행사인 '가장 영향력 있는 여성 회의Most Powerful Women Summit'에 초대받은 유일한 남성이며, 모든 여성들이 강해지고 영리하고 대담하도록 영감을 주는 미션을 가진 비영리회사(대부분 여성이 주도하는)의 광팬입니다.

개인적인 삶에서 보면 아버지는 수많은 친구들과 사업 파트너, 박사들을 포함한 소위 똑똑한 사람들에 둘러싸여 있었습니다. 사업측면에서는 조연자와 절친 역할을 하는 친한 여성 친구들이 많습니다. 그들 중 몇명은 매일 대화할 정도로 막역한 사이입니다.

이 책을 읽은 후 저는 두 사람이 빠진 사실을 알아챘습니다. 모두 버크셔와 아버지에게 굉장히 중요한 사람들입니다. 첫 번째는 데비 보사네크Debbie Bosanek입니다. 이 분은 17세부터 무려 37년 동안 버크셔에 근무했습니다. 현재까지도 18년 동안 아버지의 비서로 근무 중인 분입니다.

데비는 아버지에게 있어 모니터 역할을 하는 분입니다. 그녀는 메일을 확인하고 일정을 조율하며, 아버지의 출장을 준비하고 사내 관리를 도맡아 하고 있습니다. 시종 그녀의 전화벨은 연속으로 쉴 새 없이 울립니다. 그 분은 아버지의 모든 것을 알고 있습니다. 아버지가 다양한 주제에 관하여 무엇을 어떻게 생각하는지, 뭘 먹을지(어떤 걸 더 좋아하고 싫어하는지), 무엇에 서명할지, 무엇에 Yes 혹은 No 라고 답을 할지도. 나는 그녀가 당황하거나 참을성이 없거나 화를 내는 적을 본 적이 없습니다.

매일 사무실로 걸려오는 전 세계의 수많은 사람들의 전화에 데비는 버크셔의 목소리였습니다. 그리고 일에 있어 남녀불문하고 그녀보다 더 나은 사람은 없었습니다. 아버지 말씀으론 남성과 여성을 떠나 버크셔의 임원과 경영자들은 워런 버핏보다 그녀를 더 좋아했다더군요. 또한 그녀가 할 수 없는 일은 없다고….

두 번째 버크셔의 여성은 어머니입니다. 아버지는 만약 자신이 어머니가 아닌 다른 누군가와 결혼했다면 버크셔 해서웨이는 없었을 것이라 거리낌 없이 인정하십니다.

아버지는 결혼 당시 자신을 지칭하길 '엉망진창mess'이라고 표현하셨습니다.

아버지는 자신의 인생을 어머니가 바꿔 놓았다고 믿고 계십니다. 아마 과장은 아닌 듯 싶습니다. 내가 이 책의 서문을 쓸 때, 어머니에 대한 얘기를 할 것이라 아버지께 말씀드렸습니다. 그러자 아버지는 어느 누구보다도 어머니에게 많이 배웠다며 말씀하셨습니다.

어머니는 아버지의 인생에서 맡은 자신의 역할을 '아버지라는 꽃에 주는 물'라고 말씀하셨습니다. 아버지는 자신을 '물을 받는' 존재라고 받아들이셨고, 이는 부부가 안전하며 어머니가 아버지의 변화를 신뢰하고 능력을 인정하고 계신다는 증거였습니다.

아버지는 수학 천재로 세상에 태어나셨습니다. 아버지는 세상을 비율과 숫자(물론 달러이지요.) 그리고 가능성으로 보셨습니다.

어머니는 아버지에게 사랑하고 사랑받는 인간이 되는 방법을 가르쳐 주셨습니다. 어머니는 사업과 인생에서 아버지와 나를 더 나은 사람으로 만드는 데 영향을 끼쳤습니다. 어머니가 돌아가실 때까지, 조언과 자문 그리고 인생의 모든 면에서 아버지는 어머니를 의지하셨습니다. 버크셔를 포함해서.

지금 이 책은 버크셔를 성공한 회사로 일구는 데 도움을 준 재능 있는 아홉 여자들을 강조하고 있습니다. 그들의 공로를 잊지 말아야 합니다. 이는 나는 물론 아버지의 바람입니다.

버크셔 해서웨이의 여성들에 대한 이 책은 더욱 많은 여성들이 기업의 임원과 경영자로 그리고 국가와 사회의 리더로 성장하게 될 미래에는 특별하지 않게 될 수도 있습니다. 꼭 그렇게 되어야 할 것입니다.

수지 버핏
수잔 톰슨 버핏재단 · 셔우드재단 이사장
워런 버핏의 딸

Susie Buffett
Chair of the Susan Thompson Buffett Foundation
and the Sherwood Foundation

나는 지난 몇 년 동안 네브라스카 오마하에서 열리는 버크셔 해서웨이 연간 주주총회에 꼬박꼬박 참석했다. 이 행사가 열리는 퀘스트 센터Qwest Center는 얼마 전 센추리링크 센터Centurylink Center라는 이름으로 바뀌었다. 행사장은 1만9,000석이나 되지만 자리를 맡으려 이른 시간에 가야 했다. 다행히 오마하는 내가 사는 고향이었기에 해마다 이 행사에 참석할 수 있었다.

2011년 주주총회 참석인원은 4만 명이었다. 무슨 일이 있어도 아침 여섯 시 반까지는 도착해야 했다. 안 그랬다가는 홀에서 동시 생중계 모니터를 보거나 건너편 힐튼 호텔 연회석에서 행사를 구경해야 했다. 외야석에 접이식 의자를 펼치고 앉아 경기를 관람하는 사람들과 다를 바 없는 신세였다.

아침 일곱 시가 되자 길게 늘어선 행렬 앞으로 닫혀있던 문이 열렸다. 밤새 길거리에서 잠을 잔 사람도 있었다. 주주총회는 항상 행사용 필름을 상영하면서 아침 여덟시 반에 시작된다. 사람들은 고생 끝에 얻은 자리에 한 시간 반 동안 앉아있다. 행사장 밖에 줄지어있는 사람들을 보며 뿌듯해하거나, 행여 나란히 붙은 두 자리가 있지 않을까, 기대감에 차 경사가 급한 계단을 오르락내리락한다.

　필름의 내용은 매년 다르다. 대략 한 시간 동안 상영되는 필름에는 재미난 장면과 광고가 멋지게 어우러져있다. 워런 버핏 회장과 찰리 멍거 부회장이 드라마 배우 수전 루치Susan Lucci, NBA 농구선수 르브론 제임스LeBron James, TV 드라마 '위기의 주부들Desperate Housewives' 배우 같은 유명인들과 농담을 주고받는 장면도 있다. 그 사이사이로 버크셔의 자회사인 가이코GEIGO, 데어리 퀸Dairy Queen, 프루트 오브 더 룸Fruit of the Loom 같은 기업의 기발한 TV 광고가 등장한다.

　필름 말미에는 버크셔 경영진들의 이름과 기업 명단이 화면 아래서부터 올라온다. BGM으로는 'My Favorite Things' 선율에 맞춰 개사한 노래가 흐른다. 이 필름은 지난 한 해 동안 열심히 일한 경영진들의 노고를 치하하기 위한 것이다.

　매년 이 필름을 볼 때마다 80명이 넘는 버크셔 경영진의 사진을 보며 의문을 품었다. "왜 하나같이 남자일까?" 하지만 알고 보면 전부 남자는 아니다. 이제는 여성 경영진도 네 명이나 된다. 팸퍼드 셰프Pampered Chef의 말라 고트샐크Marla Gottschalk, 보샤임 파인 쥬얼리Borsheims Fine Jewelry의 수전 자크Susan Jacques, 헬즈버그 다이아몬드Helzberg Diamonds의 베릴 래프Beryl Raff, 비즈니스 와이어Business Wire의 캐시 배론 탐라즈Cathy Baron Tamraz.

　3~4분에 걸친 뮤직비디오에 등장하는 이들 넷의 얼굴은 마치 남자들이 우글대는 바다에서 외로이 떨어진 섬처럼 보인다. 나는 이러한 여성 경영진이 특별한 까닭, 그리고 버크셔 경영진 내 여성 비율이 미국의 다른 기업에서도 보편적으로 나타나는 수치인지 궁금해졌다.

버크셔 해서웨이의 경영진

2012년 1월, 포춘지에서 선정한 500대 기업 중 여성 CEO는 18명으로 역사상 가장 높은 수치(3.6%)였다. 현재 버크셔 내 여성 CEO 비율은 5.1%가 넘는다. 2001년에는 오로지 한 명이었던 것을 생각하면 크게 증가한 수치다.

하지만 버크셔에서 자회사를 맡고 있는 여성 CEO들이 맡은 역할은 포춘지에서 선정한 500대 기업 내 여성 CEO들에 비해 비중이 떨어진다. 회계규모가 같은 다른 기업들과 비교했을 때, 여성 CEO의 비율은 대체로 유사한 양상을 보인다.

워런 버핏은 자회사 내 모든 CEO들과 우호적인 관계를 맺고 있다. 특정 기업을 매입하고자 할 때에는 자신이 바라는 점, 그리고 CEO의 의사결정 과정에서 다른 기업과 차별화하는 점을 분명히 알린다. 유능한 경영진은 필수 조건이다.

버크셔 해시웨이 자회사들이 보유해야 하는 특징에는 다음과 같은 것들이 있다.

- 합리적이어야 한다.
- 주주들에게 공정해야 한다.
- 제도상의 강제에 저항해야 한다.[1]

언급한 특징들은 기업을 매력적인 자산으로 만드는 조건들이다. 버핏은 이렇게 말했다. "적절한 경영진은 외부에서 공급이 불가능합니다.[2] 자회사의 경영진들이 우리 쪽에 경영을 요구한다면 양쪽 모두 골치 아파질 겁니다.[3]" 찰리 멍거는 한 마디 덧붙였다. "힘을 분산시키는 것은 전체적인 균형을 보기 위한 목적입니다."[4]

버크셔는 주주도, 고용인들에게도 똑같이 사랑받는 기업이다. 버핏은 정기적으로 자회사 CEO들의 공을 칭찬한다. CEO들에 '올스타All-Stars'라는 이름을 붙인 것 역시 그들에게 상당한 자신감을 심어주어 스스로를 최고라 생각하게 하려는 경영전략일 수도 있다.[5]

2011년 버핏이 주주들에게 보낸 다음의 편지에 경영진을 언급한 대목이 있다.

> 자기 소유의 회사, 그리고 버크셔 해서웨이에 성실히 의무를 다하는 유능한 최고 경영진들을 보유하고 있습니다. 버크셔 자회사의 CEO들 개개인이 부강하고 유능한 까닭은 오직 하나, 일에 대한 애정 덕분입니다. CEO들은 돈으로 고용된 용병이 아닌, 자원봉사자들입니다. 누구의 지시도 받지 않기에 더더욱 즐겁게 일할 수 있습니다. 한눈 팔 일도 없습니다. 버크셔의 경영진은 자회사 운영에 집중할 수 있습니다. 본사에서 열리는 회의, 재정적 문제, 금융가의 근심거리에 휘둘리지 않습니다. 제가 2년에 한 번 보내는 편지를 받고, 필요할 때에만 저를 부르는 식입니다. 경영진의 요구는 다양합니다. 작년에는 한번도 면담을 요청하지 않은 CEO가 있었는가 하면, 거의 매일같이 저를 호출한 CEO도 있었습니다. 우리는 일하는 과정보다는 그 사람을 신뢰합니다. "제대로 된 사람을 고용하고 간섭은 가능한 적게" 이 원칙은 저에게도 경영진에게도 더없이 적절합니다.
>
> 버크셔의 CEO들은 각양각색입니다. MBA 학위를 소지한 사람이 있는가 하면, 2년제 대학도 졸업하지 않은 사람도 있습니다. 예산안, 정통 회계를 활용하는 사람이 있는가 하면 자기 방식대로 회사를 꾸려나가는 사람도 있습니다. 버크셔의 자회사는 제각각의 타법을 선보이는 올스타들로 구성된 야구팀 같은 곳입니다. 우리 쪽에서 팀원들의 배치를 바꾸는 일은 극히 드뭅니다.[6]

버핏이 작성하는 버크셔의 연간 보고서에는 매년 경영진에게 보내는 편지도 포함돼 있다. 2010년 버크셔 보낸 편지는 다음과 같다.

모든 경영진의 우선적 과제는 버크셔의 높은 평판을 꾸준히 유지하는 것입니다. 완벽할 수는 없지만 그렇게 되려고 노력할 수는 있습니다. 제가 지난 25년 동안 여러분에게 보낸 편지에서 강조한 것은 한결같았습니다. 경제적 손실은 그 규모가 아무리 크다 한들 회복할 방법이 있습니다. 그러나 한 번 잃어버린 평판은 아무리 미미한 정도라 한들 돌이킬 방법이 없습니다. 우리의 행동이 법에 위배되는지 여부는 물론, 영리한 기자들이 주요 일간지 1면에 대서특필해줬으면 싶은 내용이 무엇인지 미리 생각하고 움직여야 합니다. 그러니 안 좋은 소식이 있다면 곧바로 저에게 알려주십시오. 그런 일에 대처할 수야 있지만, 오래 곪은 상처를 치료하는 것은 썩 내키는 일은 아닙니다.[7]

버크셔의 자회사들은 독립적 성과에 따라 평가와 보상을 받는다. 회사의 전체 실적을 자회사 평가에 동일하게 반영하지는 않는다. 특정년도에 버크셔 주가가 하락세를 보인다 해도 흑자를 기록한 자회사가 그로인해 손해보는 일은 없다. 물론 그 반대의 경우에는 이야기가 다르다.

자회사 CEO들의 보수를 두고 버핏은 다음과 같이 말했다.

"버크셔 해서웨이에는 다양한 인센티브 제도가 있습니다. 인센티브 수여 기준은 CEO가 운영하는 자회사의 경제적 잠재력, 또는 자본 집약도 같은 요소들입니다. 하지만 어떤 인센티브 제도는 해당 CEO가 꾸려나가는 기업의 운용결과에 따라 움직입니다. 예외는 없습니다. 버크셔에서는 사업실적과 무관하게 돈을 거머쥘 수 있는 복권 같은 것을 발행하지 않습니다. 300타점을 기록한 CEO는 자기가 친 300점에 걸맞은 보수를 받게 됩니다.

설사 자기가 통제할 수 없는 상황 때문에 버크셔 전체 실적이 안 좋아져도 말입니다. 150 타점을 기록한 CEO가 있다고 해봅시다. 다른 자회사들이 열심히 뛰어준 덕분에 버크셔가 좋은 성과를 거두었다 하더라도, 그 사람은 보상을 받을 수 없습니다."[8]

이 책에서 소개하고 있는 일곱 명의 CEO 중 네 명(블럼킨, 크리스토퍼, 탐라즈, 그레이엄)은 인수 이전부터 CEO로 재임 중이었다. 버크셔에서 기업 인수 이후 기존의 경영진을 내보내는 일은 한 번도 없었다. 자크Jacques와 래프Raff 둘 다 버크셔에 인수된 이후 계속해서 CEO 자리를 지킨 남성들이다.

버크셔의 자회사 팸퍼드 셰프The Pampered Chef는 여성이 강세인 홈파티와 주방용품 업계에서 선두를 달리고 있기에, 여성 CEO가 그다지 특이할 것 없다는 것에도 충분히 일리가 있다. 팸퍼드 셰프를 설립한 도리스 크리스토퍼Doris Christopher는 말라 고트섈크Marla Gottschalk의 뒤를 이어 CEO 자리를 맡았다. 당분간 이 회사에서 남성 출신 CEO를 보는 일은 어려울 듯하다.

보샤임Borsheims, 헬즈버그 다이아몬드Helzberg Diamonds 같은 귀금속 분야 역시 여성이 좌우한다는 주장도 가능하다. CEO를 보더라도 그렇고, 제품을 몸에 걸치는 소비자도 남성에 비해 여성이 많기 때문이다.

그렇지만 이는 분명 잘못된 주장이다. 역사적으로 보석상과 감별사는 남성의 직업이었다. 귀금속 업계에 여성이 등장한 것은 불과 지난 30년 사이에 벌어진 일이다. 그리고 귀금속·시계 방면에서 일하는 여성들에게 도움을 주기 위한 여성귀금속협회Women's Jewelry Association가 발족된 것도 1983년이었다.

남성이 우위를 점하던 미국 가구 업계였지만, 남부 지방부터 변화가 시작됐다. 1937년 로즈 블럼킨Rose Blumkin이 세운 네브라스카 퍼니처 마트Nebraska Furniture Mart는 그 당시 업계에서도 큰 화제가 되었다.

비즈니스 와이어Business Wire는 공공관계, 투자관계 관련 컨설팅 기업이다. 공공관계 분야에 진출한 여성은 눈에 띄지만, 투자관계 쪽에서는 아직까지 이렇다 할 변화가 없다.

신문사는 오래 전부터 남성들이 이끌어왔다. 버크셔 워싱턴 포스트 컴퍼니Washington Post Company의 상당 지분을 소유하고 있지만, 표면적으로 소유주는 아니다. 캐서린 그레이엄Katherine Graham의 아버지는 그녀가 열여섯 살 일 때 워싱턴 포스트를 매입했다. 이후 캐서린 남편이 장인에게 회사를 물려받아 운영했고, 남편의 죽음 직후에는 그녀가 직접 CEO 자리에 올랐다. 미국에서 처음으로 신문사를 운영한 여성이 적어도 세 명이었으며, 전부 1700년대에 활약했다는 점은 흥미로운 사실이다. 이들은 모두 세상을 떠난 남편의 뒤를 이어 신문사를 꾸려나갔다.

버크셔 해서웨이의 이사들

버크셔는 아마존Amazon, 존슨앤존슨Johnson&Johnson과 더불어 미국에서 가장 훌륭한 이사회를 둔 3대 기업 중 하나로 꼽힌다.[9] 현재 미국 내 기업에서 여성 이사가 차지하는 비율은 16.1%이다.[10]

버크셔의 경우에는 총 열두 명의 이사 중 2003년부터 합류한 샬롯 가이먼Charlotte Guyman, 그리고 2007년부터 이사직을 맡은 수전 데커Susan Decker, 두 명이 여성이다.(16.67%)[사진 1.1 참고] 버핏의 아내 수전 버핏Susan T. Buffett 역시 죽기 전까지도 버크셔의 이사회에 몸담고 있었다. 그리고 (총 여덟 명인) 버크셔의 임직원 중에도 두 명의 여성이 있다. 부사장인 새론Sharon L. Heck, 내부 감사를 관리하는 레베카 아믹Rebecca K. Amick이 그들이다.

버크셔에서는 이사 후보를 추려내는 과정에서 다재다능한 인재를 선호하

사진 Ⅰ.1 버크셔 해서웨이 이사들이 네브라스카 오마하의 한 레스토랑에서 음료를 즐기고 있다.
왼쪽부터: 캐피탈 시티/ABC의 전 CEO 토머스 머피(Thomas Murphy), MTOMunger, Tolles & Olson의 동업자 로널드 올슨(Ronald Olson), 야후Yahoo 전 사장 수전 데커(Susan Decker), Level 3 커뮤니케이션스 회장 월터 스캇 주니어(Walter Scott Jur.), 버핏 팜즈Buffett Farms 사장 하워드(Howard Buffett), 버크셔 해서웨이 부회장 찰리 멍거(Charlie Munger), 버크셔 해서웨이 CEO 워런 버핏, 퍼스트 맨해튼First Manhattan의 전무이사 데이비드 고츠만(David Gottesman), 마이크로소프트Microsoft 창립자 겸 전 CEO 빌 게이츠(Bill Gates), UW 제약회사 이사장 샬롯 가이먼, NBCUniversal CEO 스티븐 버크(Stephen Burke) (사진에 안 보이는 사람: 앨런앤컴퍼니Allen & Company 회장 도널드 키오(Donald Keough))

· 자료제공: 그레그 시걸Gregg Segal

지 않는다. 관리 · 보상 · 지명 위원회에서는 언행이 일치하는 사람, 사업 감각이 뛰어난 사람, CEO가 원하는 태도를 갖춘 사람, 그리고 회사에 애정이 깊은 사람을 원한다.

워런 버핏은 2011년 주주들에게 보낸 편지에서 버크셔의 이사회를 두고 다음과 같이 평가했다.[11]

무엇보다, 여러분을 대표하는 버크셔의 이사회 전원은 CEO의 입장에서 생각하고 행동합니다. 그들은 그저 이름뿐인 보수를 받고 일합니다. 옵션도, 제한주식도, 그리고 사실상 현금도 받는 일이 없습니다. 대기업에서는 이사회와 임원들에게 예외없이 제공하는 책임보험 역시 버크셔에서는 찾아볼 수 없습니다. 여러분이 이사회 때문에 커다란 재산상 피해를 보는 일이 생긴다면, 그들 역시 금전적 손실을 면치 못할 것입니다. 제가 개인적으로 보유한 주식을 제외하고, 버크셔의 이사들과 그들 가족이 소유한 주식은 30억 달러가 넘습니다. 그런 까닭에 이사들은 CEO의 마인드로, 그리고 비상한 관심을 기울이며 우리 회사의 행보와 결과를 주시합니다. 그런 이들에게 일을 맡길 수 있다니, 여러분이나 저로서는 더없는 행운인 셈입니다.[12]

버크셔의 이사로 일하며 받는 보수를 알게 되면 재미있기도 하거니와 조금은 웃음이 나기도 한다. 일반적으로 대기업 이사들이 받는 보수에 비교하면 거의 기부 수준이라 할 수 있다.

2010년 버크셔 이사들이 받은 보수는 2,700달러였다. 감사회 3명은 여기에 4,000달러씩을 더 받았다. 이사들은 회의에 참석할 때마다 900달러, 전화상 회의에 참석하면 300달러를 받게 돼 있다. 감사회 활동을 하는 이사는 분기별로 1,000달러를 받는다. 다른 이사나 주주들과 회의하는 과정에서 발생하는 부대비용은 상환받는다.

버크셔에서는 이사들에게 임원배상책임보험을 제공하지 않는다. 임원배상책임보험은 대부분의 주식회사에서 이사와 임원들을 위해 마련하는 것으로, 이들이 주주들에게 업무 관련 고소를 당할 경우 사건손실을 충당하는 것을 목적으로 한다.

이런 보수들은 보통 이사들이 받는 수십만 달러에는 훨씬 못 미치는 정도다. 한 예로, 스티픈 버크가 2010년 버크셔 이사 활동으로 받은 보수는 2,700

달러였다. 그가 2009년 JP 모건 체이스 앤 컴퍼니JP Morgan Chase & Company 이사로 일할 당시에는 주식과 현금을 모두 합쳐 24만5,000달러를 받았다.

동시에 여러 군데에서 이사로 활동하는 것이 드문 일은 아니다. 버크셔의 이사 중 샬롯 가이먼과 데이비드 고츠먼을 제외한 나머지 사람들은 적게는 한 군데, 많게는 여섯 군데에서 이사직을 맡고 있다.

워런 버핏은 버크셔의 모든 이사들에게 독립적으로 움직일 것을 요구하고 있다. 다음은 그의 말이다.

다양한 소식통과 평가하는 사람들이 보기에 버크셔의 이사들은 이제 완전히 독립적으로 움직입니다. 이들에게는 이사 활동 보수에 기대어 삶의 질을 유지할 마음이 없습니다. 일반적으로 볼 때 이사들이 받는 보수에는 여러 가지가 있으며, 1년 단위로 따졌을 때 대개 15만~25만 달러 선입니다. 개별 이사의 총수입에 근접하거나, 심지어는 초과하는 정도의 금액입니다. 그리고 놀라운, 정말이지 놀라운 일이지만 최근 들어 이 금액은 갑자기 상승하고 있습니다.

미국의 유명한 컨설턴트인 '레쳇, 레쳇 앤 빙고'*는 보수 인상을 추천합니다. 가짜처럼 들리는 이름이지만, 그 이름은 실제로 영향력을 발휘합니다.

찰리와 저는 버크셔의 이사들이 맡은 바 소임을 다하려면 네 가지 기준(CEO의 마인드, 사업적 감각, 버크셔에 대한 관심, 독립성)이 필수적이라고 생각합니다. 그러니까 합법적으로 CEO를 대표하는 일 말입니다. 그렇지만 대개 이런 기준들은 무시당하기 일쑤입니다. 그래놓고 이사 후보를 물색하는 컨설턴트와 CEO들은 이런 말을 합니다. "우리 회사에서

---

* Ratchet, Ratchet and Bingo. 워런 버핏이 만들어낸 가상의 컨설팅 업체. 터무니없는 보수를 빗대어 이야기할 때 드는 예시.

는 여성/히스패닉계/외국인 후보를 찾고 있습니다." 노아의 방주를 마련하려는 생각일까요. 지금까지 저에게 이사 후보를 추천해달라는 사람은 많았지만, 이렇게 질문하는 사람은 없었습니다. "명석한 CEO의 마인드를 가진 사람입니까?"

축구팀이나 중재위원회, 군정(軍政) 후보를 찾는 선발 담당자들은 특정한 일에 필요한 재능과 성향을 갖춘 사람을 물색합니다. 그런 사람들이 들었더라면 터무니없이 들렸을 법한 질문만 쏟아졌습니다. 버크셔에서는 기업을 제대로 운영할 사람을 필요로 하기에, 그 사람의 사업판단 능력을 따져봅니다.[13]

얼마 전, 버핏은 기업 내 이사회의 남초 현상에 대한 질문을 받았다. 그의 대답은 다음과 같았다.

아주 느리게 바뀌는 중입니다. 버크셔에서도 변화가 진행 중이고요. CEO들은 이런 말을 합니다. "우리 회사에는 여성 이사가 필요합니다. 추천할 만한 인재가 있으세요?" 하지만 속마음은 이런 것이죠. "얼굴마담 노릇을 하기에 충분한 유명한 여성, 그리고 그다지 큰 변화를 모색하지 않아도 될 만한 여성이 있을까요?" 제가 추천한 사람은 그런 범주에는 들어맞지 않았습니다만 그런 인재에게 이사직을 맡겨보기 전까지는 진가를 알아보지 못할 겁니다.[14]

지금의 버크셔 이사진은 개인적으로 기업복지에 상당금액을 투자했다. 버핏을 제외한 나머지 이사들이 보유한 총 주식가치는 100억 달러가 넘는다. 2011년 9월을 기준으로 했을 때 11명이 보유한 주식은 42억5,000~64억 달러로 평균 보유액은 9억1,000달러에 이른다. 물론 빌 게이츠와 데이비드 고츠먼이 보유한 어마어마한 규모의 주식이 평균수치에 영향을 미쳤다는 사실은 부정할 수 없다. 그렇더라도 가장 최근 이사회에 합류한 수전 데커(2007년), 스티픈 버크(2009년)를 제외한 나머지 이사들은 700만 달러 이상의 버크셔 주식을 보유하고 있다.

모든 이사들은 개인자금으로 버크셔의 주식을 매수했다. 옵션주 거래는 전혀 없었다. 버핏은 말했다. "열한 명의 이사들은 주식시장에서 여러분과 똑같은 방식으로 버크셔 주식을 매수했습니다. 우리 회사에서는 옵션주나 제한주식을 발행한 적이 없습니다. 찰리와 저는 정직한 소유권을 선호합니다. 어쨌거나 남에게 빌린 자동차라 해도 결국 세차는 누구의 몫일까요?"[15]

버크셔 이사 12명의 평균연령은 70세다. 그 중 절반인 여섯 명은 80세 이상이다. 이들은 지금부터 몇 년 동안 CEO 자리와 마찬가지로 이사 자리를 물려줘야 하는 문제에 봉착하게 될 것이다.

이 책에서 설명하는 인물들을 살펴보면 저마다 다른 사회 · 경제 · 교육적 배경을 가진다. 대개는 근면성실한 중산층에서 성장했다는 특징이 두드러진다. 상류층에서 태어난 카트린 그레이엄, 반면 찢어지게 가난한 집에서 태어난 로즈 블럼킨만이 예외다.

이들 여성이 그 분야의 최고가 되기까지는 많은 요인들, 그리고 살면서 배운 값진 교훈들이 한몫했다. 책은 아홉 명의 여성이 전통적으로 남성이 주도하던 지위를 이어받게 된 과정을 살펴보고 그녀의 동료들 그리고 버핏과의 업무적 관계에 대한 이야기를 조망한다. 일과 사생활의 조화로운 배분, 평생에 걸친 교훈, 낯선 기업환경에서 성장한 과정에서는 공통점을 찾을 수 있다.

카렌 린더
Karen Linder

마법의 양탄자를 타고

맨발로 집 떠난 13살 소녀, 103살까지 CEO로 성공 신화

로즈 블럼킨
Rose Blumkin

Nebraska Furniture Mart

Rose Blumkin
Nebraska Furniture Mart

"본론부터 말씀드리자면 그 어떤 남자, 대학 졸업장이 있는 사람도 제 상대가 될 수 없었어요. 그러니까, 저는 제가 알고 있는 상식을 이용했죠. 사업은 물론이거니와 무엇을 하든 저에게는 상식이 자산입니다. 이 세상에는 바보같은 여자도 많고, 상식을 갖춘 여자도 많아요. 저만 그런 것은 아니죠."

• •

1983년, 버크셔 해서웨이에서 네브라스카 퍼니처 마트Nebraska Furniture Mart를 인수하면서 로즈 블럼킨Rose Blumkin은 워런 버핏이 선택한 최초의 여성 경영인이 됐다. 당시 로즈는 아흔 살이 다 되었음에도 직접 가게에 나와 일주일에 60시간 이상을 일했다. 마트의 이사장이던 로즈가 소유권의 변화를 일선에서 물러나야 한다는 신호로 여겼으리라는 짐작도 할 법하다. 그렇지만 로즈는 일주일 내내 하루 12~14시간을 일하면서 103세가 될 때까지도 가게를 지켰다.

이 때문에 버핏은 정년퇴직 기한을 100세까지로 늘려야겠다는 농담을 하기도 했다. "이런 세상에 유능한 경영인을 찾기란 어려운 일입니다. 그러니 한 살 더 먹었다는 이유만으로 그런 인재를 내보내는 태평스러운 짓은 할 수 없죠."[1]

버크셔에서 네브라스카 퍼니처 마트를 인수할 당시 이미 로즈는 성공한 CEO였다. 1937년 마흔 셋의 나이로 오마하에 가구점을 연 다음, 그곳을 연 수익 150만 달러의 기업으로 키워냈다.

내가 로즈를 처음 만난 것은 1980년대 후반이었다. 손님으로 가게를 찾았던 내가 만난 'B여사'는 90대였다. 로즈는 자동 스쿠터에 올라 가게 안을 누

사진 1.1 로즈 블럼킨이 양탄자 창고에서 스쿠터를 타고 이동하고 있다.

비고 다녔다.[사진 1.1]

로즈는 자그마한 체구의 여성이었다. 스쿠터에서 내려도 그 키가 4피트 10인치(약 130cm)가 안 됐다고 한다. (나는 스쿠터에서 내린 그녀의 모습은 본 적이 없다.) 스쿠터를 타고 가던 그녀는 멈춰서 러시아어와 이디시어 억양이 강하게 섞인 영어로 손님과 대화를 나누며 결정을 고민하는 이들에게 도움을 줬다. 그리고 다른 가게에서는 더 좋은 물건을 사지는 못할 것이라는 확신을 안겼다.

직원에게는 엄격하게, 고객과는 활발한 협상을 즐기던 그녀에 얽힌 일화는 무수히 많다. 로즈가 성공을 거둔 시대의 경영 방식은 지금의 기준으로 보자면 '혹독'했다. 로즈는 강인한 여성이었지만, 직원과 지역공동체의 존경을 한 몸에 받았다.

네브라스카 퍼니처 마트는 그 무렵에도 규모가 상당했다. 지금은 오마하 한복판의 77에이커(약 31만㎡)를 점유하고 있다. 가게 안에는 버거킹도 입점 해있다. 이 외에도 창고와 유통 부지가 있으며 직원수는 2,800명이 넘는다.

전국 지점망 중 하나로 독립적으로 운영되는 가구점들은 오마하 내에서 네 브라스카 퍼니처 마트와 우위를 다투려는 시도가 소용없다는 사실을 깨달았 다. 1994년 전자제품 사업부를 별도의 사업체로 만든 일렉트로닉 메가 마트 Electronic Mega Mart는 최근 몇 년 사이 고객의 수요가 늘면서 커다란 성장세를 보였다. 메가 마트의 크기는 10만2,000 제곱피트(약 30㎢)에 달한다. 그렇지 만 총 네 개의 사업부(가구·바닥재·전자제품·가정용 기기)에서 대부분의 수 익은 여전히 가구 부문이 담당하고 있다.

네브라스카 퍼니처 마트는 아이오와주 디모인에 2호점을 열고, 2001년에 는 홈메이커스 퍼니처Homemaker's Furniture를 인수했다. 3호점은 80에이커에 달하는 캔자스시티의 허허벌판에 세우는 중이다. 2016년 완공을 목표로 하 고 있다.

로즈는 1998년 타계했지만 회사 내에서 그녀의 존재감은 여전하다. 점포 곳곳에서 로즈의 사진을 찾아볼 수 있다. "조모님은 지금도 네브라스카 퍼니 처 마트의 얼굴입니다." 로즈의 손자이자 마트의 부사장인 로버트 배트Robert Batt는 말했다. "회사의 상징이시죠."[2]

로버트 배트는 열네 살부터 마트에서 일을 시작했다. 그의 사무실 벽에는 회사 연혁에서 중요한 사건들의 사진, 스크랩한 신문기사들이 붙어있다. 그 뿐이 아니다. 경쟁사에서 '죽을 쓴' 광고들도 액자로 만들어 벽에 걸어뒀다.

로버트는 말했다. "이런 것들을 붙여두면 전력투구하던 다른 가게들, 그 들이 겪은 실패는 다른 곳에서도 일어날 수 있다는 사실, 그리고 그런 실패를 피해야 한다는 점을 잊을 수 없죠."[3]

그의 말처럼 우리는 역사를 망각하는 바로 그 순간, 똑같이 되풀이되는 운명에 처하게 된다. 그리고 역사가 흥미진진한 것도 바로 그런 이유 때문이다.

● 도스베이단야!*

로즈 블럼킨의 이야기는 전형적인 이민자의 성공신화다. 로즈는 1893년 러시아 민스크 근처 셰드린이라는 마을에서 솔로몬Solomon과 카시아 고렐릭 Chasia Gorelick 부부의 딸로 태어났다. 아들 셋, 딸 넷의 7남매 중 하나였던 로즈는 두 칸짜리 방으로 된 허름한 통나무집에서 살았다. 짚단을 엮어 만든 매트가 그녀의 침대였다. 랍비Rabbi인 아버지는 온종일 종교공부에 매진했고 어머니는 작은 잡화점을 운영했다. "아버지는 너무나 독실한 사람이었습니다. 그렇기에 어머니가 가족을 부양해야 했어요. 아버지는 오직 기도만 했죠."[4]

로즈는 고향마을을 다음과 같이 회상했다. "나무들은 아름다웠어요. 좁아 터진 집도 기억납니다. 호숫가 바로 옆에 있었어요. 모기들이 극성이었죠." 셰드린은 그 당시 러시아령이었지만, 지금은 벨로루시령이다. 옥수수와 보리, 밀, 사탕무밭 너머로 지평선이 널리 보이는 벨로루시는 그 지형이 네브라스카와 매우 비슷하다. 그리고 오마하와 마찬가지로 민스크에도 내륙하천이 흐른다.

1897년 러시아 인구조사에 따르면 민스크에 살던 사람은 9만1,494명이었으며, 그 중 약 3분의 1이 유대인으로 집계됐다. 셰드린에 사람이 살기 시작한 것은 1844년 무렵으로 당시 300가구 이상의 유대인이 건너와 정착했다.[5]

나란히 곧게 뻗은 두 개의 길은 경작지와 숲이 에워싸고 있다. 로즈가 태어날 즈음에는 인구수가 4,000명 가까이 됐다.

셰드린에서는 남자는 공부를 하고 여자는 과일과 야채, 또는 수공예품을 팔아 가족을 부양하는 것이 흔한 일이었다. 사내아이만 학교에 다닐 수 있었다. 로즈는 한 번도 정규교육을 받은 적이 없었지만 여섯 살 때 가게에서 어머니 일을 도우면서 산수를 배웠다. 로즈의 어머니가 그녀에게 가르친 것은 사업적으로 중요한 교육이었다.

로즈는 언젠가 한밤중에 일어났다가 다음날 먹을 빵을 굽고 빨래를 하는 어머니의 모습을 보았다. 어린 로즈는 말했다. "제가 크면 엄마가 그렇게 힘들게 일하지 않아도 될 거예요. 엄마가 밤낮으로 일하는 것을 두고 볼 수 없어요."[6]

열세 살에 집을 떠난 로즈는 신발을 아끼려고 18마일(약 30㎞)을 맨발로 걸었다. 몰래 기차에 숨어든 그녀는 300마일(약 500㎞) 떨어진 우크라이나 국경 근처의 고멜Gomel이라는 곳으로 떠났다. 고멜에 도착한 로즈는 문화적 충격을 받았을 것이 분명했다. 1906년 당시 고멜의 인구는 약 4만7,000명이었고, 그 중 절반이 유대인이었다.

로즈는 가게들을 기웃거리며 숙소와 일자리를 찾았다. "너무 어린데." 어느 가게에서는 이렇게 말했다. "전 거지가 아니에요." 로즈는 되받아쳤다. 주머니에 단돈 4센트밖에 없던 그녀는 그날 밤 어느 집에서 잘 곳을 청했다. "내일은 일을 할게요." 로즈의 말에 집주인은 그녀를 측은히 여겼다. 로즈는 다음날 동이 트기도 전에 일어나 가게를 청소했다. 그리고 그곳에서 계속 일하다가 열여섯 살에는 관리직을 맡아 건장한 사내 여섯 명을 감독했다.[7]

이후 더 큰 도시의 남성복 가게에서 일자리를 찾던 로즈는 신발 판매원이던 이사도어 블럼킨Isadore Blumkin을 만나 결혼했다. 로즈는 결혼식을 두고 이렇게 회상했다. "어머니는 쌀 2파운드와 쿠키 2파운드를 들고 오셨어요. 그게 우리가 생각하는 잔치음식이었죠."[8]

같은 해 1차 세계대전이 발발하면서 러시아인 상당수가 몸을 피했다. 로즈의 남편은 러시아군에 입대해 참전할 수도 있었다. 또 결혼한 다음 미국으로 건너가는 방법도 생각해 볼 수 있었다. 1915년 무렵 민스크는 최전방 도시였다.

"두 명이 건너갈 만한 돈은 없었어요. 남편이 가야 했죠." 로즈는 말했다. 가족사에 따르면 그녀의 남편이 로제비키Rosevich라는 성을 블럼킨Blumkin으로 바꾼 것은 이때였다. 그는 블럼킨이라는 죽은 군인의 신분증명서를 빼낸 다음, 러시아를 떠날 때 이 이름을 썼다고 한다.[9]

로즈가 이 세상에 유대인을 싫어하는 사람이 있다는 사실을 알게 된 것은 아홉 살 때였다. 그때 이후로 미국은 로즈에게 동경의 대상이었다. "저는 코사크인들이 싫었어요." 그녀는 말했다. "더 이상은 러시아에 살고 싶지 않았죠." 허리띠를 졸라매고 포목점에서 일한 로즈는 마침내 1917년, 중국과 시베리아 국경으로 향하는 기차에 올라탔다. 3년 전 남편이 떠난 이후, 그의 정확한 소재지는 알 길이 없었다. 오직 아는 것이라고는 미국에 있다는 사실뿐이었다. 로즈가 더 이상 지체하지 않고 러시아를 떠난 것은 천만다행한 일이었다. 민스크는 한 세기 동안 러시아 제국의 지배를 받아왔지만, 1918년 1차 세계대전이 끝나면서 러시아는 독일에 벨로루시를 양도해야 했다.

"전 여권이 없었어요. 중국과 러시아 사이 국경지대에서 군인 한 명이 소총을 들고 경비를 서고 있더군요. 그래서 말했어요. '군대에서 쓸 가죽을 매입하러 가는 길이예요. 다녀오는 길에 보드카 큰 녀석으로 하나 사다드릴게요.' 어쩌면 그 군인은 아직도 보드카를 기다리고 있을 걸요." 로즈는 웃으며 말했다.

중국에서 일본으로 건너온 로즈는 '아바 마루Ava Maru'라는 화물선의 한 자리를 예약했다. 여러 지역을 거치며 미국까지 가는 작은 배였다.[10] 원래 몇

년 동안 워싱턴에서 아시아 쪽으로 목재를 수출하면서 쓰던 배였다.[11]

"1등석을 예약했는데도 질이 안 좋은 승객들이 있었어요. 미국까지 6주가 걸렸죠. 변변찮은 인간들 천지였어요. 미국에 올 수 없을 것 같았어요." 끔찍하기 짝이 없던 6주가 지난 후, 배는 시애틀항에 도착했다. 하지만 로즈에게는 입국 허가증이 없었다. "건강하기만 하다면 미국에 들어갈 수 있었어요." 그녀는 말했다. "다행히 전 건강했죠." 로즈의 주머니에는 200루블(66달러)이 있었다.[12]

적십자사의 도움을 받은 로즈는 아이오와에서 남편을 찾았다. "포트다지Fort dodge로 건너왔더니 사람들이 달랐어요. 그런 사람들은 처음이었어요. 얼마나 잘해줬다고요. 우정, 헌신, 친절. 전 세상에서 미국인이야말로 가장 운 좋은 사람이라고 생각했어요. 그런 사람들이 주변에 있었죠. 생전 처음 보는 저를 마치 외동딸처럼 대해주더군요. 세상에서 제일 좋은 사람들입니다."[13]

로즈와 이사도어는 첫째 딸 프란시스가 태어날 때까지 포트다지에서 2년을 살았다. 로스는 요리와 살림을 할 수 있게 되었지만, 동네사람들과 교류히는 방법을 몰랐다. 그런 까닭에 오마하로 건너갔다. 그곳에 있는 큰 동네에는 러시아어와 이디시어를 혼용하는 사람들이 살았다. "전 영어를 배우지 못했어요. 2년이 지났지만 아무 것도 몰랐죠. 그래서 더 큰 도시로 가기로 마음먹었어요. 러시아어나 이디시어가 통하는 곳이었죠. 전 꿀 먹는 벙어리였어요. 영어로 말하는 방법을 배울 길이 없었어요."[14]

● 소소한 수익

오마하로 건너온 부부는 시워드 스트리트Seward Street 2809번지의 월세 7달러짜리 집을 빌렸다. 이사도어는 더글라스 스트리트^{Douglas Street} 1311번지에 중고의류점을 열고 매주 10달러의 임대료를 치렀다. 그러나 얼마 지나지 않아 집주인이 셋집을 처분하게 되면서 부부는 다른 살 집을 찾아야 했다. 그리하여 1919년 7월에 마련한 집은 이후 22년 동안 부부의 보금자리가 됐다.

1920년 미국 인구조사에 따르면 블럼킨 부부가 살던 곳은 오마하의 그레이스 스트리트^{Grace Street} 2110번지였다. 러시아와 이디시 이민자, 그리고 인근지대의 중서부 토착민들 다수가 한데 어울려 살아가던 지역의 중심부였다. 부부가 살던 집은 이제 찾아볼 수 없고, 그 자리에는 커네스토거^{Conestoga} 초등학교가 들어섰다. 1920년 당시 이 집의 가족명부에는 '나^{이사도어}, 로즈, 프란시스, 루이'라는 이름이 올라있다.

1922년, 젊은 부부는 로즈 쪽 가족에게 보낼 여비를 어렵사리 모았다. 로즈는 먼저 미국으로 건너온 오빠 둘과 함께 부모님, 나머지 형제자매, 그리고 사촌 한 명의 차비를 마련했다. 덕분에 러시아를 떠난 로즈의 가족들은 오마하로 건너와 잠시 동안 로즈네 집에 머물렀다. 로즈의 어머니는 91세, 아버지는 75세에 세상을 떠났다.

로즈 부부는 네 명의 자녀를 두었다. 프란시스, 루이, 신시아, 그리고 (베이비라는 별명의) 실비아. 1930년 미국 인구조사 기록을 살펴보면 이사도어의 직업은 의류점 주인으로 기재돼 있다. 첫째 딸 프란시스는 수업을 마치고 돌아와 매일 어머니에게 영어를 가르쳤다.

로즈는 남편 가게에서 일을 시작하게 된 계기를 다음과 같이 말했다. "대공황이 들이닥치자 남편이 집에 와서 말했어요. '우린 굶어 죽을 거야. 손님이 하나도 없어. 어떻게 하면 좋지?' 1930년대에 이미 아이 넷을 키우고 있던 처지였죠." 보통 본전치기로 물건을 팔았던 남편은 수익을 내는 법을 몰랐다. 로즈는 그에게 간접비용에 대한 것을 알려줬다.

"음, 방법은 하나밖에 없어요." 그녀는 말했다. "신발을 3달러에 사왔으면, 3.3달러에 팔아보자고요. 10%를 더 올리는 거죠. 전 가게에 나가 일을 도와 줄게요. 러시아에서 윗사람을 모시고 큰 가게도 운영해봐서 장사하는 법을 아니까요."[15]

로즈는 가정용 가구와 부속품들을 마련한 다음, 집 바로 앞에서 장사를 시작했다. 그리고 평생 동안 이 방법을 고수했다. 로즈의 집에 온 손님들은 저렴한 가격표가 붙은 가구, 포장도 뜯지 않은 전등갓을 보고 마음에 들어 했다. 물건에 흥미를 보이는 손님이 있으면 시도해 볼 만한 거래였다.

로즈는 머리끝부터 발끝까지 단돈 5달러로 남성복을 전부 해결할 수 있다는 전단지 1만 부를 인쇄했다. 정장 한 벌, 구두 한 켤레, 양말, 셔츠, 넥타이, 속옷까지 포함된 가격이었다. 로즈 부부가 광고비로 지출한 돈은 800달러였다.[16]

"1937년에는 너나 할 것 없이 불황을 푸념하는 통에 골치가 아플 지경이었어요." 로즈는 말했다. "사람들은 이렇게 물었어요. '이 가격이면 된다고요?' 저는 그런 사람들을 집 앞의 창고로 데려가 10%의 마진을 남기고 물건을 팔았어요. 거짓말이 아니었죠. 청구서를 보여주면 좋아했어요. 그때 제가 맞은 손님들은 세계 최고였어요. 그 덕에 미국에서 손꼽히는 가게를 만들 수 있었죠. 전 늘 정직의 힘을 믿었어요. 잘못된 것은 바로잡으려 했어요."[17]

1937년, 부부는 오빠 한 명에게 500달러를 빌려 가구점을 열었다. 이사도어가 운영하는 전당포 아래에 있던 가로 30피트, 세로 100피트(약 9m × 30m) 면적의 지하실이었다. 그리고 네브라스카 퍼니처 마트라는 이름을 붙였다. "가게를 연 2월 7일, 다른 가구점 한 군데도 개업했어요. 그 가게에서는 합창단과 할리우드 배우들을 데려왔더라고요. 전 형편이 안 돼서 세 줄짜리 구인광고만 냈어요. 당시에는 큰 사업이었죠.… 저로서는 감당할 수 없었어요.”

그녀는 가구점을 택한 것을 두고 이렇게 말했다. “행복한 가게니까요. 가구를 사는 날은 행복한 날이죠. 이제 막 결혼한 신혼부부, 아니면 집을 새로 꾸며 온통 신이 난 노부부들이 가게를 찾죠.”[18] 로즈는 43세, 네 아이들은 10~19세였다. 첫째는 링컨에 있는 네브라스카 대학에 입학한 터였다.

자식 중 유일한 아들인 루이는 1938년 고등학교 졸업 후 1941년에 입대했다. 기본훈련을 마친 루이는 1941년 12월 3일, 하와이행 배에 올랐다. 절반쯤 갔을까, 배는 방향을 돌려 샌프란시스코로 향했다. “일본이 진주만을 폭격했다는 소식을 들었습니다.” 훗날 루이는 당시의 일을 이렇게 회상했다.[19]

루이는 노르망디 상륙작전에 참가했다. 그리고 프랑스 연안에서 전개된 오마하 비치Omaha Beach 작전에 합류해 독일군과 싸우기 위해 동부로 향했다. 그 해 겨울에는 패튼 장군General Patton이 지휘하는 제3기갑 사단에 배치됐고 벌지 전투Battle of the Bulge에 참전해 훈장을 받았다. 오스트리아 린츠에서는 전투를 매듭지었다.

루이는 말했다. “가장 위대한 승리로는 독일 다카우의 강제수용소 해방을 꼽겠습니다. 우리가 수용소에 도착하기도 전에 독일군은 떠나고 없더군요. 후퇴하는 중이었으니까요. 개인적으로는 감정이 북받치는 경험이었습니다. 수용소도 그렇고, 갇혀있던 사람들의 상태도 평생 잊을 수 없을 겁니다. 몇 달 동안 피죽도 못 먹는 형상이었으니까요.”[20]

네브라스카 퍼니처 마트에 있는 루이의 사무실 앞에는 현재 육군 제복을 입은 그의 청동상이 지키고 서있다. 청동상을 만든 조각가 론 워닉Ron Wanek 역시 가구점인 애슐리 퍼니처Ashley Furniture의 회장이다. 론은 정신적 스승으로 꼽는 세 명의 청동상을 만들어 2007년 하이 포인트 퍼니처 마트High Point Market에서 상품으로 선보였다.

● 인내심

이사도어와 로즈는 각자의 일이 있었다. 이사도어는 2차 세계대전이 발발하기 전까지 전당포와 중고의류점을 운영했다. 그리고 로즈의 오빠 한 명과 함께 보석상을 연 다음, 자신이 세상을 떠난 1950년까지 죽 가게를 꾸려나갔다. 이제 가족 중 러시아어와 이디시어를 모두 구사할 수 있는 사람은 로즈의 어머니, 체시아 고렐린Chasia Gorelick 뿐이었다. 체시아는 사위의 죽음 이후 딸이 사는 곳으로 건너와 숨을 거둔 1958년까지 함께 했다.

오랜 세월 가게를 키워나가면서 극복해야 할 난관도 헤아릴 수 없이 많았다. 로즈는 고객의 입장을 헤아려 10%의 마진만을 남기는 대신, 저렴한 가격에 더 많은 물건을 팔아 가게의 규모를 늘려갔다. 덕분에 단골손님도 늘었다. 경쟁사들은 분통이 터질 지경이었다. 1930년대 후반 미국 중서부에서 대규모 소매상으로 자리를 잡기란 쉬운 일이 아니었다. 너나 할 것 없이 먹고 살기 위해 발버둥치던 시기였다. 보통 성공과 권력을 얻는 길은 협박이나 아부였다. 로즈는 중고의류점을 운영할 때 처음으로 법정에 선 것을 기억했다.

"1932년 전당포와 중고의류점을 하나씩 할 때였어요. 한 남자가 들어와서는 코트 한 벌을 저당잡히고 싶다더군요. 전 말했어요. '얼마를 생각하세요?' 남자는 대답했어요. '32달러면 되겠어요.' 그래서 전 말했죠. '세상에, 브랜다이즈Brandeis 양복은 100달러인데요. 그 옷 제가 사죠.' 전 남자의 양복을 사서 37.5달러에 내놓았어요. 그렇게 한 벌을 팔고, 다시 여섯 벌을 추가로 사들여 팔았어요. 백만장자가 되는 줄 알았다니까요! 그런데 얼마 안 있다가 브랜다이즈의 골드스타인스Goldsteins씨가 절 고소했어요. 너무 싸게 팔았다는 거예요. 그때 제 딸이 열네 살이었어요. 전 딸만큼 유창한 영어를 구사할 자신이 없었기에, 아이를 데리고 법정에 갔어요. 딸이 판사에게 말했죠. '어머니는 2달러를 벌면 좋아하는 분이세요. 자식들을 먹여 살리려 돈을 벌고 싶어하시고요. 돈 훔치는 것을 싫어하세요. 정직하게 장사를 하시려는 분이고요. 싼값에 물건을 팔고, 우리들은 그 덕분에 먹고 살고요. 손님들은 어머니에게 물건을 사고요. 어머니가 돈을 훔친 것도 아닌데 무슨 문제가 있나요?' 판사는 재판은 기각했어요. 모두가 딸아이를 직원으로 데려가려고 안달이었죠."[21]

네브라스카 퍼니처 마트를 연 다음, 로즈는 시카고의 가구도매상 한 군데를 매입하려 했다. 그런 종류의 영역다툼은 당시에도 활발했다.

"장사치들은 정말이지 절 싫어했어요. 제가 가구나 다른 물건을 사려고 머천다이즈 마트Merchandise Mart에 갔더니 험악하게 굴며 말하더군요. '귀찮게 하지 마쇼. 댁한테는 아무 것도 안 팔 테니까. 브랜다이즈나 로저스씨라도 당신에게는 아무 것도 팔지 말라고 할 거요.' 저는 울기 직전이었어요. 빨갛게 달아오른 얼굴로 말했죠. '나중에 물건을 팔려고 우리 가게에 찾아오면, 똑같이 대접해주겠어요.' 그리고 제 꿈은 이루어졌죠. 누가 생각이나 했겠어요? 상상조차 못할 일이었죠. 제가 그 사람들을 전부 이길거라고."[22]

로즈는 마셜 필드Marshall Field를 설득해 야드당 3달러라는 도매가로 양탄자를 공급받았고, 수매한 양탄자는 다시 야드당 3.95달러에 판매했다. 경쟁사에서는 똑같은 양탄자를 야드당 7.95달러에 팔았다. 그러니 네브라스카 퍼니처 마트의 물건이 더 잘 팔린 것도 당연한 일이었다. 하지만 이렇듯 뛰어난 수완을 발휘한 거래에 모두가 흡족해한 것은 아니었다. 경쟁사에서는 로즈를 '밀매업자'라고까지 불렀다. 그녀는 이렇게 대꾸했다. "그렇고 말고요. 저는 이 마을에서 제일가는 밀매업자라고요!"[23]

"어느 날, 모호크 출신 변호사 세 명이 부당거래 죄목으로 절 고소했어요. 변호사들은 전부 영어로 말했죠. 전 그들을 상대할 수 없었기에, 판사에게 말했어요. '판사님, 전 어떤 제품이건 10%의 마진만을 남기고 팝니다. 무슨 문제가 있나요? 손님들에게도 좋은 거래 아닌가요? 전 손님의 돈을 훔친 적이 없습니다. 순리에 따라 돈을 벌고 있습니다.'" 로즈의 말에 수긍한 판사는 재판을 기각했고, 다음날 로즈에게 1,400달러를 지불하고 양탄자를 구입했다.[24] 로즈가 이 재판으로 얻은 인기는 광고효과 이상이었다.

1950년 한국전이 발발하면서 사업이 주춤해진 탓에, 로즈는 계산서를 지불할 수 없게 됐다. 그녀는 밤낮 걱정에 잠겼다. 어느 날, 그 지역 은행업자 한 명이 캐비닛을 사러 로즈의 가게에 와서는 심기가 불편한 까닭을 물었다. 자초지종을 들은 그는 로즈에게 개인자금 5만 달러를 90일 후 상환 조건으로 내줬다.

로즈는 빌린 돈을 갚을 길을 고민해야 했다. 그녀는 하루 200달러의 대여료를 지불하고 사흘 동안 오마하 시청 강당을 빌린 다음, 세일행사를 열었다. 그렇게 번 돈 25만 달러 중 일부로 돈을 전부 갚은 다음, 이후에는 절대로 누군가에게 돈을 빌리지 않았다.

같은 해, 로즈 부부는 캘리포니아에 사는 그녀의 이미니를 만나리 갔다. 로즈로서는 처음 누리는 휴가였다. 그러나 오마하로 돌아온 직후, 남편은 심장마비로 세상을 떠났다. 둘이 부부로 산 세월이 36년이었고, 이후 48년 동안 로즈는 미망인으로 살았다. 그때부터 로즈는 일체의 휴가를 거부했고, 쉴 때에도 미국을 벗어난 적이 없었다.

여자라는 이유로 줄곧 힘들었다고 생각해본 적은 없는지 묻는 사람도 있었다. "제가요? 아뇨." 그녀는 대답했다.[25] "본론부터 말씀드리자면 그 어떤 남자, 대학 졸업장이 있는 사람도 제 상대가 될 수 없었어요. 그러니까, 저는 제가 알고 있는 상식을 이용했죠. 사업은 물론이거니와 무엇을 하든 저에게는 상식이 자산입니다. 이 세상에는 바보같은 여자도 많고, 상식을 갖춘 여자도 많아요. 저만 그런 것은 아니죠."

1970년대 로즈가 밝힌 여성에 대한 입장은 동시대 남성 사업주, 경영진의 것과 일치했다. "일하고자 하는 여성들을 봤으면 합니다. 여자들은 온갖 핑계를 다 댑니다. 어느 날은 가게에 나오다가도, 그 다음 날이면 얼굴을 볼 수 없어요."[26]

로즈는 딸들이 가게에 못 나오게 했다. 아들인 루이, 그리고 사위만이 가게에 나와 일할 수 있었다. 건강한 결혼생활을 유지하기 위한 로즈의 이같은 지론은 손자손녀들에게도 전해졌다. 현재 네브라스카 퍼니처 마트의 이사직을 맡고 있는 사람은 워런 버핏, 그리고 블럼킨가의 남자들이다.

1984년에는 경쟁사에서 네브라스카 주장관의 허가를 받아 'Mrs.B's Discount Furniture B여사의 가구할인점'라는 기업명을 등록했다. 로즈가 이의를 제기한 것은 당연한 일이었다. 'B여사'는 한 명뿐이며, 그 이름은 네브라스카 퍼니처 마트와 불가분의 관계라는 것이 그녀의 주장이었다.[27] 결국 경쟁사는 사업을 포기했고, 로즈는 나중에 써먹을 요량으로 머리에 쏙 박히는 그 이름을 기억해 두었다.

로즈의 거침없는 언행과 기질이 별다른 문제가 된 적은 없었다. 그러다가 1993년, 양탄자 설치기사 두 명이 명예훼손죄로 로즈를 고소했다. 그들은 로즈에게 6만 달러를 훔쳤다는 비난을 받았다고 주장했다. 보상금은 10만 달러였다. 로즈는 판결을 듣고도 놀란 기색이 없었다. 그리고 그 재판이 공정치 못했다고 말했다. "다같이 법정에 모인 순간, 배심원이 잘잘못과는 상관없이 그 사람들을 동정하고 있다는 사실을 알았어요. 어딜 보더라도 무일푼으로 보이는 사람들이었고, 제가 가진 돈이 좀 있다는 것은 모르는 사람이 없었죠."[28]

로즈가 맞서 싸워야 했던 것이 그저 경제적, 법적 원흉에 국한되지는 않았다. 1961년 8월, 네브라스카 퍼니처 마트 배송부서에서 일어난 큰 불로 가게의 절반이 불에 탔다. 화재 이후 열린 '파이어 세일 fire sale' 행사장에는 두블

록에 달하는 줄이 늘어섰다. 연기를 뒤집어 쓴 탓에 대폭 할인된 가격에 내놓은 물건을 사려는 사람들이었다.

로즈는 화재 진압에 힘을 써준 소방관들에게 무한한 고마움을 느끼고, 오마하 내 모든 소방서에 TV를 기증했다. 1950년대 후반에는 TV 시청자

사진 1.2 1975년 토네이도로 훼손된 네브라스카 퍼니처 마트
• 자료제공: 네브라스카 퍼니처 마트

가 급증했고, 1961년 화재 당시에는 75%의 가구가 흑백 TV를 보유하고 있었다. 그 해 월트 디즈니에서 시작한 'Wonderful World of Color'라는 쇼가 인기를 끌면서 시청자들은 보다 새로운, 그리고 성능이 좋아진 컬러TV를 찾기 시작했다. 네브라스카 퍼니처 마트에서도 취급하는 물품이었다.

1975년 5월 6일 오후 4시 29분, 오마하 일대에 토네이도 경보가 울려퍼졌다. 토네이도에 날아간 면적은 무려 가로가 25마일, 세로 15마일(약 40km×24km)에 달했다. 오후 4시 45분에는 네브라스카 퍼니처 마트 건물과 창고 전체가 토네이도의 습격을 받았다.[사진 1.2]

당시 가게 안에 있던 사람은 손님과 전원을 모두 합쳐 100명 정도였다. 사람들은 냉전 시대에 만들어진 낙진 지하 대피소로 몸을 피해 목숨을 건질 수 있었다. 이 날 오마하의 피해 자산규모는 3억~5억 달러에 이르렀지만, 인명 피해는 세 명뿐이었다. 로즈의 가구점 옆에 있던 우체국도 토네이도에서 무사하지 못했다. 로즈 부부는 점포확장을 위해 우체국 부지를 매입하고 그 위

에 건물을 지었다.

로즈는 집을 잃은 이들을 위해 구호활동비 1만 달러를 내놓았다. 자비로운 처사인 동시에, 그로 인해 누릴 명성을 생각한다면 영리한 처사였다. 가구점은 화재와 토네이도로 연이은 피해를 입었지만 로즈는 자기보다 불행한 이들을 생각했다. "우리에게 닥친 모든 비극을 긍정적인 것으로 바꾸었습니다." 훗날 로즈의 손자는 말했다.

● 일중독에 걸린 미망인

다 자란 아이들이 품을 떠나자, 로즈는 자신의 존재가치를 가게의 성장에 뒀다. 물건 파는 게임은 그녀의 취미였다. 돈은 문제삼지 않았다. 어차피 돈은 물건을 팔면 저절로 생기는 것이었다. 가구점의 판매원 한 명은 이렇게 말했다. "로즈에게 일은 마약 같은 것이었습니다."

1945년 종전 후에는 루이가 돌아와 사업에 동참했다. 그의 명석함과 사업적 기지는 어머니를 쏙 빼닮은 것이었다. 루이의 차분한 경영방식은 성질 급한 로즈의 그것과 조화를 이뤘다. 금방 로즈가 해고한 직원을 루이가 다시 채용하는 일도 부지기수였다.

로즈는 열정적으로 일했다. 1950년대 중반만 하더라도 그녀는 이미 성공한 여성이었다. 언제라도 루이와 가족들에게 사업을 맡기고 일을 그만둘 수도 있었지만, 출근과 생산적 일상 덕분에 계속해서 삶에 재미를 느끼고 힘을 낼 수 있었다.

"가난하던 시절에는 뭐든 갖고 싶었죠. 그럼요. 전 야망이 큰 사람이었어요." 그녀는 말했다. "전 늘 제가 누리지 못한 것을 아이들이 가졌으면 싶었어요. 그리고 가난한 사람들에게도 미래가 있다는 것을 보여주고 싶었죠. 가진 돈이 없더라도, 시련이 닥치지 않는다 해도, 미래를 그릴 수는 있습니다. 저에겐 야망이 있었어요. 그게 전부였죠. 돈은 중요하지 않았어요. 돈 때문에 황홀해한 적은 없으니까요."[29]

1957년, 로즈는 가게 일을 쉬고 미국 시민권 취득을 위한 강의를 들었다. 같은 반에 있던 영국인 이민자 한 명이 그녀에게 물었다. "그러니까, 37년 동안 미국 시민권이 없이 살았다는 건가요? 어떻게 그렇게 오랫동안 기다렸나요?" 로즈는 대꾸했다. "음, 바빴거든요.[30]

로즈는 무언가를 계획하고, 지출과 수입을 셈하고, 물건을 파느라 분주했다. "가능한 한도 내에서 모든 일을 처리하고 고객을 맞이하고 싶어요." 그녀는 말했다. "사업은 자식 키우는 일이랑 똑같아요. 부모는 훌륭한 자식을 원하죠. 아이에게 엄마가 필요하듯, 회사에는 경영자가 필요합니다.[31]… 광고, 투매, 경쟁사를 이기는 방법을 고민하는 것은 제 취미입니다. 가난하던 시절에 절 푸대접한 사람들은 절대로 잊지 않을 겁니다."[32]

1977년, 오마하 지역신문 인사 관련 기사에 로즈의 성격과 직업윤리를 다음과 같이 정리한 내용이 실렸다.[33]

인물엿보기

- 일요일 오후에 주로 하는 일 : 가게에서 손님을 맞이합니다.
- 기분 좋은 저녁에 주로 하는 일 : 경쟁사를 점검하고 다음 행보를 구상합니다.
- 작년에 본 것 중 가장 재미있는 영화 : 매우 바빴습니다.
- 작년에 읽은 것 중 가장 재미있는 책 : 책 읽을 시간이 없었습니다.
- 좋아하는 디저트 : 신선한 과일

- 좋아하는 칵테일 : 없습니다. 술 좋아하는 사람은 망하게 돼 있습니다.
  사업을 할 생각이라면 술을 끊으세요.
- 좋아하는 가수 : 비벌리 실스Beverly Sills
- 즐겨하는 운동 : 운동에 관심 없습니다.
- 특히 싫어하는 것 : 게으름뱅이
- 좋아하는 TV쇼 : 60 Minute
- 지역공동체, 주정부, 미국, 어디서든 절실한 것 하나: 이 땅의 모든 게으름
  뱅이를 몰아내야 합니다. 일하려고만 들면 자리가 넘쳐납니다. 실직수당은
  몸이 불편하고 나이 많은 사람들에게만 지급해야 합니다.

로즈는 알뜰하게 시간을 보내고 좋아하는 일로 분주하게 지낸 덕분에 나이
보다 젊게 살 수 있었다. 하지만 결국에는 다리가 안 좋아진 탓에 부진할 수
밖에 없었다. 그럼에도 로즈는 현실에 굴복하지 않고 전동 스쿠터에 탄 채 가
게 안을 돌기 시작했다. 두 개 층 내에서 총 3구획이라는 넓은 영역이 로즈의
담당이었다. "게다가, 재미있기도 하고요. 시간이 오래 걸리더라도 일을 할
수 있지요. 전 이날 이때까지 자전거를 타본 적도, 어린이용 자동차를 몰아본
적도 없었거든요." 로즈는 말했다.

내 친구 한 명은 어느 날, 마트에서 스쿠터를 몰고 진열대 사이를 누비는
로즈를 봤다고 한다. 로즈가 몰던 스쿠터가 유리 진열대 뒤를 들이받을 당시,
친구는 그 현장을 목격했다. 진열대와 유리 선반은 폭삭 주저앉았다. "왜 이
걸 여기에 뒀어?" 로즈는 가까이에 있던 점원에게 호통을 쳤다. 점원은 곧바
로 달려와 유리 파편을 치우고는 로즈에게 사과했다. 사고는 분명 그의 잘못
이었다.

1990년에는 스쿠터를 몰다가 철제기둥에 부딪쳐 발목에 골절상을 입기도

했다. "내가 미쳤지. 너무 빨리 몰다가 기둥에 박았어." 로즈는 그 다음날까지 아픔을 참다가 병원에 갔다. "그냥 금이 간 거야. 안 아파." 그리고는 하루 있다가 다시 출근했다.[34] 이듬해에는 성급하게 모퉁이를 돌다가 스쿠터가 뒤집어지는 통에 대형 괘종시계에 머리를 다쳤다. 몇 바늘이나 꿰매야 할 만큼 큰 상처였지만, 로즈는 두 시간 뒤에 다시 가게에 나왔다.

밥 배트는 사람들이 할머니의 쾌유를 기원하기 위해 마련했던 점심식사 자리를 기억한다. 식사는 오랫동안 계속됐다. 1시 15분 즈음, 로즈는 자리에서 일어나더니 소리쳤다. "무슨 문제가 있습니까? 할 일들이 없나요? 전 다시 일하러 갈 겁니다." 그리고는 자리를 떠났다.[35]

워런 버핏 역시 1993년 버크셔 해서웨이 연간회의 개회사에서 이렇게 말한 바 있다. "여러분에게 버크셔의 이사회를 소개하겠습니다. 주주총회 같은 멍청한 행사에 시간을 낼 수 없다는 로즈 여사는 제외하고 말입니다."

로즈는 성공적인 소매상으로 승승장구하다가 대형 소매상과도 거래를 하게 됐다. 그녀는 '박리다매' 할인점, 경쟁을 최소화하는 대신 고객에게 저렴한 물건을 판매하는 전략을 구축시켰다. 월마트 제국을 이끈 샘 월튼^{Sam Walton}이 할인점을 처음 선보인 것이 1962년이었다.

네브라스카 퍼니처 마트는 지금도 로즈의 원칙을 고수하고 있다. 회계학적으로 볼 때, 매우 보수적인 운영방식이다. 로즈는 언제든 대공황이 다시 들이닥칠 수 있다고 생각했다. "우리는 지금도 대공황을 감안해 회사를 경영합니다." 밥 배트는 말했다. 총괄부서는 적당한 규모로 유지된다. 부채를 전혀 만들지 않은 덕분에, 2008년 경제불황에도 끄떡없었다. 일시해고가 이루어진 역사도 없었다.

로즈는 직원과의 결속력이야말로 회사를 존속하게 하고 충성도를 키우는 데 중요하다는 사실을 잘 알고 있었다. 그녀는 이민자를 흔쾌히 채용했다. 그런 다음에는 같은 모국어를 구사하는 사람들을 한 공간에 배치해 신입사원에게 안정감을 줬다. 기준보다 유능하게, 빠른 시간 내에 훈련을 마친 직원에게는 추가 수당을 지급했다. 로즈는 미국 땅에서 새 삶을 시작할 때에 도움의 손길을 건넨 사람들을 죽을 때까지 잊지 않았다. 하지만 어느 기업에나 개인적 문제는 있게 마련이다. 네브라스카 퍼니처 마트도 예외는 아니었다.

● 도둑과 바보

1970년대 오마하 내에 네브라스카 퍼니처 마트는 총 두 개의 점포를 거느리고 있었다. 로즈가 관리하는 점포는 회사의 시초가 된 번화가 쪽 지점이었다. 72번가 서쪽에 있던 점포가 토네이도에 날아갔지만, 처음에 로즈는 재건을 생각하지 않았다. 그러다가 나중에는 생각을 바꿔 전보다 크고 멋진 점포를 만들었다. 1980년대에는 번화가 쪽 점포를 폐점하기로 했다. 이를 두고 로즈는 다음과 같이 말했다.

이렇듯 중요한 결정을 내린 이유는 하나입니다. 창고에서는 매니저 한 명, 그리고 스무 명의 직원이 일하고 있었습니다. 사람들은 17년 동안 돈을 빼돌렸습니다. 동업관계도 분할했습니다. 저로서는 까맣게 모르는 사실이었습니다. 여러분도 아시다시피, 우리 회사는 사람을 신뢰합니다. 그렇지만 그들이 일 년 동안 훔친 돈은 줄잡아 50만 달러에 이릅니다. 회사에서 버는 돈이 많았기에, 그 정도일 줄은 몰랐습니다. 사람들이 돈을 훔친다는 사실은 알고 있었지만, 그렇게 큰 규모일 것이라고는 생각지도 못했습니다. 한 여자분이 가게에 들어와 400달러짜리 TV를 구입한 다음 물건을 골라오자, 직원들은 이렇게 말했습니다. "아가씨, 그 돈은 도로 가져가시고요, 150달러에 TV를 들여가시죠." 여자분은 대꾸했습니다. "전 기독교인이라 장물은 안 사요." 그리고는 가게에 찾아와 제 아들에게 사실대로 말해주었습니다. 우리는 범인 세 명을 체포했습니다. 그들은 말하더군요. '전부 공범입니다. 빼돌린 돈은 매니저, 그리고 다른 직원 전부와 나눠가졌거든요. 그런데 왜 우리만 잡혀들어가야 합니까?'

결국 우리는 그 사람들을 고소하고, 직원 전원을 해고했습니다. 그들은 훔친 물건, 절도 행위를 진술한 내용에 서명했고, 판사는 2년형을 선도했습니다. 그리고 이렇게 말하더군요. '감옥이 꽉 차서 자리가 없으니 가석방을 언도하겠습니다.' 여러분이라면 어떻게 하시겠습니까? 사람들은 저에게 한 푼도 돌려주지 않았습니다. 정부에서 새로 세운 연방준비은행Federal Reserve Bank은 우리 가게에서 가구들을 구입했습니다. 그 당시에도 직원들은 물건을 싸게 팔고 엄청난 돈을 챙겼습니다. 그래서 우리는 점포수를 하나로 줄여 도둑들이 얼씬도 못 하게 하기로 했습니다.

우리 회사에서는 도둑질을 한 직원들 앞으로도 보험을 들어줬습니다. 그러니 전부 감옥에 넣어야 마땅하죠. 그렇지만 부양해야 할 아내와 아이들이 있는 사람도 있었습니다. 가슴 아픈 일이었죠. 그래서 그냥 전부 보내줬어요. 개중 몇은 암으로 세싱을 떠났습니다. 제가 암에 걸릴 거라고 저주했거든요. 협잡꾼은 질색입니다. 오직 진실만이 성공할 수 있는 길입니다[36]

로즈가 강의실에 앉아있었던 것은 단 하루였지만, 산수에 대한 그녀의 지식은 어지간한 석학 수준이었다. 그녀는 읽고 쓸 줄도, 심지어 서명도 할 수 없었지만 머리로 숫자를 다룰 수 있었다. 자신의 인생 대부분을 바친 양탄자 관련 일을 할 때에는 더없이 유용한 능력이었다. 특화된 틈새시장인 양탄자를 취급할 수 있었던 것은 타고난 재능 덕이었다. 그녀는 말했다. "양탄자가 좋아서 하는 일이 아닙니다. 전 양탄자를 싫어해요. 셈이 가능하니까 하는 일이죠."

로즈의 장손인 래리 배트Larry Batt도 이런 말을 했다. "가격을 계산할 때에는 로즈, 그리고 계산기를 두드리는 점원 사이의 시합이 벌어집니다. 하지만 늘 패하는 것은 점원 쪽이죠."[37]

실제로 1990년 7월, ABC 방송국의 '20/20'을 보던 전국의 시청자들은 그녀의 능력을 눈으로 목격했다. 방송국에서 나온 밥 브라운Bob Brown은 스쿠터를 타고 가게 사이를 누비는 로즈에게 다가가 인터뷰를 요청했다. 그는 로즈에게 그때그때 생각나는 숫자를 던졌다. "자, 야드당 12.95달러인 양탄자가 있다고 해봅시다. 양탄자를 깔 면적은 30야드입니다. 그럼 얼마나 들까요?" 1초도 안돼 로즈가 답했다. "390달러."

"그럼 제 방이 가로 12, 세로 14피트라고 해봅시다. 그럼…" "19야드만큼 필요하죠." 브라운이 말을 채 마치기도 전에 로즈는 답을 내놓았다. 이렇듯 뛰어난 수학적 기지를 발휘한 것이 무려 아흔 여섯 살 때의 일이다. 로즈는 체력적으로나 정신적으로 자기에게 못 미치는 점원들을 경멸했다. "저런 얼간이들 같으니." 점원들을 가리킬 때 가장 자주 쓰는 표현이었다.

한때 가구점에서 양탄자를 팔았던 제리 피어슨Jerry Pearson은 말했다. "로즈가 소리치면 사람들은 화들짝 놀랐어요. 만족스럽지 못한 직원들에게 가장 많이 쓰던 단어가 '얼간이'였어요. 그녀에게는 자기보다 정신력이 약한 사람들은 존경의 대상이 아니었고, 그렇게 따지면 전부 다 얼간이였죠. 로즈는 제가 본 판매원 중 가장 유능하지만, 동시에 가혹한 경영자였어요. 심하다 싶을 정도로 직원들에게 욕을 퍼부었죠. 손님에게는 잘했어요. 일중독자였죠. 언제나 신속하게 움직였어요. 강인하고 의욕이 충만한 여성이죠."[38]

"물건을 파는 것은 특별한 재능입니다." 로즈는 말했다. "유능한 점원을 구하기가 정말이지 힘든 시기예요. 직원들은 시계만 보지, 생각을 안 한다니까요. 신물이 나죠."

●로즈의 영웅

그렇다면 한없이 여유롭고 침착한 워런 버핏이 인정사정 볼 것 없이 혹평을 퍼붓는 로즈에게 흥미를 가지게 된 것은 왜일까? 버핏은 오마하에 오래 산 덕에 로즈의 회사, 그리고 그녀가 거둔 성공을 익히 잘 알고 있었다. 그리고 로즈의 사업적 기지를 존경했다. 1960년대 후반에도 버핏은 네브라스카 퍼니처 마트에 700만 달러라는 금액으로 인수를 제안한 적이 있었다. 하지만 로즈는 그 금액이 너무 적다며 버핏의 제안을 물리쳤다. 당시 로즈 부부는 모든 인수 제안을 거절했다. "이렇게 큰 가게를 누가 감당이나 할 수 있겠어요." 로즈의 말이었다.

그로부터 20년이 지난 1983년, 53번째 생일을 맞은 버핏은 로즈의 가게에 나타나 또 다른 제안을 했다. 가구점의 지분 90%를 6,000만 달러에 사들이겠다는 이야기였다. 이번에는 거절하지 않았다. 블럼킨 일가가 보유하게 될 주식은 나머지 10%였다. 버크셔에서 네브라스카 퍼니처 마트를 구입한 최종가는 약 5,500만 달러였다. 로즈와 버핏은 악수를 교환했다. 변호사조차 동석하지 않은 자리였다. 회계감사도, 재고내역서도 없었다.

악수를 나눈 다음 버핏과 로즈 가족은 약 한 페이지에 달하는 계약서를 썼다. 버핏은 말했다. "주로 우리의 동업관계를 이야기한 문서였습니다. 저는 설사 로즈가 팝콘 장사를 했더라고 그녀와 손을 잡고 있었을 겁니다.[39] 일단 첫째, 로즈는 비범할 정도로 영리합니다. 둘째, 무서운 경쟁대상이죠. 셋째, 지칠 줄 모르는 일꾼이고, 마지막으로 현실적인 경영 마인드를 갖추고 있습니다.[40]

어떤 기업을 평가할 때 제가 자문하는 한 가지가 있습니다. 저에게 막대한 자금, 숙련된 인재가 있다고 가정할 때, 그 기업과 겨룰 수 있느냐 하는 것입

사진 1.3 1983년 워런 버핏과 로즈 블럼킨이 악수를 통해 성사한 거래 건을 발표하고 있다.

• 자료제공: 네브라스카 퍼니처 마트

니다. 저라면 로즈 일가와 싸우느니 차라리 회색곰과 싸우고 말겠습니다. 그 사람들은 영리하게 물건을 사들입니다. 경쟁사에서는 생각도 못할 비용으로 회사를 운영하지요. 그리고 고객들에게 많은 혜택을 돌려줍니다. 고객에게는 좋은 물건을 팔고 경영자는 높은 이득을 취하고 이상적인 기업이죠."[41]

로즈는 버핏과의 거래가 자기가 죽고 난 다음 가족들간에 벌어진 분쟁을 피하기 위한 방법이라 여겼다. 그녀는 매각한 지분을 다섯 등분해 네 명의 자식과 나눴다.[42] 네브라스카 퍼니처 마트의 지분 10%는 온전히 아들 루이의 몫이었다. 이 소식은 마트 내 양탄자 부서에서 열린 기자회견을 통해 발표됐다.[사진 1.3]

매각 소식이 버크셔 해서웨이 주가에 미친 영향은 미미했다. 발표 당일 1,145달러였던 주가는 1,155달러로 소폭 상승했다. 로즈가 사업상 저지른 가장 큰 실수는 현금과 주식 혼합 거래방식을 택하지 않은 것이다. 언니 레베카Rebecca는 주식 전문가였지만 로즈는 현금만 알았지 주식은 전혀 몰랐다. 로즈는 거래로 받은 5,500만 달러에 만족감을 표했고, 버핏 역시 버크셔의 주식을 건드리지 않은 것을 다행스럽게 여겼다. 양쪽 모두에게 기분 좋은 거래였다.

만일, 1983년 당시 로즈가 5,500만 달러 중 1만 달러를 현금 대신 버크셔 주식으로 받았다고 가정해보자. 이 경우 로즈가 받았을 870주는 지금의 가치로 따지면 8,700만 달러에 이른다. 그렇다면 3,500만 달러는 현금으로, 나머지 2,000만 달러는 주식으로 거래를 했다면 어떻게 됐을까. 로즈는 총 10억7,500만 달러만큼의 주식을 보유하거나 블럼킨가의 다섯 명은 각자 3억4,900만 달러씩을 손에 쥘 수 있었다.

로즈가 숨을 거둘 때까지 네브라스카 퍼니처 마트 내에서 버크서의 흔적은 거의 찾아볼 수 없었다. 그렇지만 이제 침구류 부서에는 '워런The Warren'이라는 브랜드명을 붙인 버크셔의 고급 매트리스 컬렉션과 함께 워런 버핏의 사진들이 곳곳에 걸려있다.

로즈는 버핏을 두고 이렇게 평가했다. "저에게 있어서 영웅은 중산층, 이민자, 그리고 워런 버핏입니다. 버핏은 천재입니다. 전 그를 무척이나 존경해요. 굉장히 정직한데다가 소박하고, 약속을 금쪽같이 여깁니다. 그렇게나 친절하고 다정하고 정직한, 제 마음에 쏙 드는 사람은 본 적이 없어요."[43]

로즈는 거래 이후 버핏과 정기적으로 이야기를 주고받았다. 이제 버핏은 마트의 전략적 결정에도 개입했다. 로즈에게 버크셔와의 관계는 커다란 자산이었다. 부사장 밥 배트 역시 이런 말을 했다. "워런 버핏을 사업고문을 둔

다는 것은 마치 아인슈타인에게 물리학 수업을 듣는 것과 같은 일이죠."[44]

1990년 버핏은 네브라스카 퍼니처 마트 내에 시즈캔디See's Candy를 입점시키며 자회사들간의 공생관계를 시험대에 올렸다. 버핏이 주주들에게 말했듯, 이러한 시도는 급작스러운 성공을 거뒀다.

지난 해 네브라스카 퍼니처 마트에서는 역사적인 사건이 있었습니다. 저는 평소에 주장하던 것이 완전히 틀렸다는 것을 깨달았습니다. 이 보고서를 받아보는 분들은 제가 오래 전부터 경영진들이 으스대는 시너지 효과를 두고 얼마나 비웃었는지, 그런 주장이야말로 바보같은 인수합병을 지지하는 사기꾼 일당들이 최후의 도피처로 삼는 것이라 조소했던 것을 기억하실 겁니다. 하지만 이제 저는 보다 분명하게 현실을 보게 됐습니다. 버크셔는 처음으로 공생관계를 시도하는 과정에서 지난해 네브라스카 퍼니처 마트 내에 시즈캔디 가판대를 설치했습니다. 입점 후 올린 매상은 캘리포니아에서 잘 나간다는 시즈캔디 매장에서 올린 것보다 훨씬 높았습니다. 소매상인들이 고수하던 철칙에는 어긋나는 행동이었습니다. 그럼에도 블럼킨가와 함께라면 불가능이란 없었습니다.[45]

그 해 계약 직후, 버핏은 90세 생일을 맞은 로즈에게 스무 송이가 넘는 장미꽃과 사탕 한 상자를 보냈다. 로즈는 말했다. "연하의 남자친구예요. 게다가 똑똑하기까지 하지요."[46] 버핏은 이후 몇 년 동안 로즈의 생일 때마다 직접 찾아가 선물을 전했다. "그저 제가 그녀를 존경하고 좋아한다는 사실을 알아주었으면 싶습니다. 가게에 들어서는 순간, 로즈가 저를 바라보는 것이 좋거든요." 버핏은 말했다. 이런 식의 선물은 잘못된 가족경영으로 인한 갈등이 점화될 때까지도 계속됐다.

● 세대 갈등

1989년 5월에 사업을 두고 벌어진 공방 때문에 로즈는 자신이 설립한 회사에서 물러나 경쟁을 시작했다. 이 소식은 실제보다 훨씬 과장돼 전해졌다. 그렇지만 어쨌거나 뉴스거리가 되는 소식이었고, 사람들은 로즈의 또 다른 성격과 인품을 엿볼 수 있었다. ABC 방송의 '20/20' TV쇼에 출연한 로즈는 90대 특유의 대담함을 보여주면서 환호를 받았다. 그녀의 이야기에 감화돼 일터로 다시 돌아가거나 사업을 시작한 노인과 은퇴자도 있었다.

사실 그대로만 따지자면, 로즈는 어느날 부아가 치민 나머지 가게 문을 박차고 나와 버렸다. 자식, 손자들과 소통하다가 훈계를 하던 중 격분하고 만 것이었다. 로즈는 손자 어브Irv와 론Ron이 자기를 만만하게 여긴다고 생각했다. 손자 둘은 아버지 루이에게 가게를 물려받았고 로즈는 현장 관리자였다. 매입이나 판매에 관련해 그녀가 모르는 것은 없었다. 아마도 가게를 꾸려나가는 과정에서 생긴 사소한 마찰들이 로즈의 화를 돋우었고, 그로 인해 성급하게 행동하게 됐으리라는 추측이다.

로즈는 가게 외관을 꾸미는 것이 돈낭비라고 생각했다. "리모델링은 멍청한 짓거리야." 그녀는 말했다. "손님들에게는 리모델링보다 서비스와 관심이 필요하다고." 가게에 깔 양탄자를 결정하는 과정에서 그녀의 의견을 구하지 않은 것이 결정타였다.

"손자들은 야드당 6달러짜리 양탄자를 14달러만큼 사와 가게에 깔기로 했죠." 그녀는 말했다. "어떻게 그럴 수가 있습니까?" 루이와 론은 그것이 사실이었다고 말했다.

"제가 생각할 때, 그것 때문에 화가 나신 것 같아요." 루이는 이렇게 말하면서도 당시의 결정이 올바른 것이었다고 주장했다. 가게에서 쓰는 양탄자는

4년 전에 산 것이었고 무늬도 구식이었다. 물건을 싸게 파는 것을 철학으로 삼아온 그녀가 이 사건 때문에 화를 냈다는 사실은 다소 역설적이다.[47] 그리고 이제는 어마어마한 규모를 자랑하는 네브라스카 퍼니처 마트 같은 회사에서는 별 문제가 아닌 것으로 보이기도 한다.

"로즈가 떠나길 바라는 사람은 아무도 없었어요." 로즈의 아들 루이는 말했다. 로즈는 루이에게 화가 난 것이 아니라고 말했다. "루이는 저에게 특별한 아이에요." 하지만 손자 로널드와 어빈은 '히틀러'라는 별명으로 로즈를 불렀다.[48] 당시의 불화를 두고 버핏은 말했다. "만만치 않은 가족이죠. 세대 차이도 대단하고요."

로즈는 버크셔에서 양탄자 사업부만을 별도로 돌려받길 원했다. "지금 당장 매입하겠어요." 그녀는 말했다. "500만이든, 800만이든, 얼마가 됐건 돈을 내겠어요. 버핏이 되팔지 않겠다면 제 아들이 하는 가게와는 별개로 버핏의 이름을 내건 양탄자 사업을 해보고 싶습니다. 버핏이 둘 중 어느 안에도 응하지 않겠다면, 가게를 새로 열면 됩니다."

버핏은 로즈의 제안을 수락하지 않았다. 단지 로즈에게 계약서에 경쟁금지 조항이 없었다는 점만 이야기했을 뿐이었다. 로즈는 버핏의 말을 순순히 받아들였다. "아흔네 살 먹은 여자가 사업을 시작한 것은 아마도 제가 최초일 겁니다. 하지만 전 할 수 있을 것 같아요. 버핏과 손자들에게 제 능력을 보여주고 싶습니다. 스물다섯 먹은 젊은이보다도 잘 할 수 있습니다."[49] 이에 대해 로널드는 할머니가 행복해하는 모습, 다시 성공한 모습을 보고 싶다고 말했다.

로즈는 가게를 그만둔 지 얼마 지나지 않아 따분해했다. 그녀는 운전기사를 고용해 매일 아침 9시부터 정오까지, 오후 1시부터 3시 30분까지, 다시 저녁 6시부터 8시까지 오마하 근처를 차로 둘러보았다. 그리고 창문 밖으로 주차장에 자동차가 몇 대나 있는지 확인했다. 복수를 계획하는데 그리 오랜 시간이 걸리지 않았다.

마침내 9월, 로즈는 가구할인점을 열기로 했다. "제 손으로 가게를 운영하고 싶습니다. 누구도 저에게 이래라 저래라 할 수 없을 겁니다. 저 하나만으로도 충분해요. 본때를 보여줄 겁니다. 하느님께 감사하게도 전 아직 머리를 쓸 수 있으니까요. 건강, 돈, 힘, 그리고 상식도 있지요. 누구든 이길 수 있습니다."[50]

1990년 2월 11일에는 『오마하 월드 헤럴드Omaha World Herald』지에 B여사의 창고Mrs.B's Warehouse 개점을 알리는 광고를 게재했다. 광고 문구는 이런 것이었다. '이제 저는 다시 시작하려 합니다. 전과 다름없이 성실하게 노력할 겁니다. 달라진 것이 있다면, 이제는 가진 돈이 있기에 신용거래를 할 필요가 없다는 것뿐입니다. 전 이때까지 품질 좋은 상품을 저렴한 가격에 사왔습니다. 가장 만족스러운 거래, 가장 저렴한 가격에 물건을 구입하려면 저를 찾아 주세요.'

로즈는 네브라스카 퍼니처 마트 바로 옆의 청과물 유통센터 부지를 사들여 가게를 열었다.

개업 당시 TV 중계차들이 몰려왔다. ABC '20/20' 프로그램의 밥 브라운도 로즈를 인터뷰했다. 이때의 촬영분은 1990년 7월에 방송됐다. 밥 브라운과의 인터뷰에서 로즈는 여느 때보다 열심이었다. 밥은 로즈에게 은퇴 여부를 물었다. 그녀는 대꾸했다. "아닙니다. 전 사람들과 함께 하는 것이 좋아요. 우리 가게 손님들은 너무도 좋은 분들이죠. 아흔여섯에 사업을 시작한 사람이 있다면 누가 좀 알려주세요. 아마 미국에서는 저밖에 없을 걸요."

"그럼 당신은 네브라스카 퍼니처 마트가 문 닫는 것을 보고 싶습니까?" 밥은 다시 물었다. "연기 속으로 사라져야 한다고 생각해요. 지옥으로 사라져야 할 존재들이죠.” 그녀의 대답이었다.[51] 충격적인 말이었지만 로즈가 살아가는 방식을 여실히 보여주는 것이었다. 흑백, 선악, 둘 중 하나뿐이었다. 무언가를 결정할 때에는 ‘예’와 ‘아니오’ 중 하나를 택하는 편이 쉽다. 로즈에게 어중간한 것이라고는 없었다.

버핏은 말했다. “로즈는 못하는 것이 없었습니다. 그리고 아주 빨리 배웠죠. 주저하는 일도, 헛다리짚는 일도 없었습니다. 탁자 5,000개를 매입하거나, 30년 기간의 임대차 계약서에 서명하거나, 부동산을 매입하거나, 사람을 고용하거나, 이런저런 일들을 하며 바쁘게 살아온 사람입니다. 뒤돌아볼 일은 없었습니다. 그저 전진뿐이었죠.”[52]

로즈의 질서정연한 규칙 덕에 그녀와 블럼킨가는 인생의 구조, 탄탄한 토대를 갖출 수 있었다. 경영방침 역시 소박하기 짝이 없었다. 싸게 팔아라. 솔직하게 말하라. 로즈가 장수를 누려 가족과 화해할 수 있었던 것은 다행스러운 일이었다. 하지만 그보다 관계회복이 시급한 상대는 워런 버핏이었다. 로즈는 버핏이 자기가 아닌 손자들 편을 든다고 생각해 화가 난 상태였다. 그런 까닭에 로즈가 네브라스카 퍼니처 마트를 그만둔 다음부터는 둘 사이의 대화가 결렬됐다. 하지만 1991년 로즈의 98번째 생일에 버핏은 다시 근무시간 중 그녀에게 장미꽃과 초콜릿을 보냈다.

“버핏은 진정한 신사예요.” 로즈는 버핏이 보낸 화해의 징표를 받아들인 다음 이렇게 말했다.

로즈는 1992년 손자들과 화해하고 1993년 1월에는 ‘B여사의 창고’를 네브라스카 퍼니처 마트에 매각했다. 이후에도 양탄자 사업부는 로즈가 관리한다는 것이 전제조건이었다. 버핏은 99세가 된 로즈에게 이후 5년 동안 지속되는 경쟁금지 계약서에 서명하게 했다.

“저는 로즈가 언제까지나 일을 할 것으로 생각했습니다.” 버핏은 말했다.

"영원한 동업관계와는 별개로 5년의 경쟁금지 조항이 필요했습니다. 로즈에게는 화내지 말아달라고 했지요."[53]

"어쩌면 제 생각이 틀렸을 수도 있겠습니다. 제가 아이들에게 너무 가혹하게 대했는지도 모르겠어요." 로즈는 손자들과의 불화를 겪은 다음 이렇게 말했다. "전 너무도 독립적이었습니다. 바라는 대로 일이 풀리지 않으면 참지 못하고 화를 냈어요."[54]

네브라스카 퍼니처 마트가 직원, 고객들과 맺은 관계는 몇 세대에 걸쳐 지속된다. 현재 로즈의 손자 세 명, 증손자 세 명이 이 회사에서 일하고 있다. 블럼킨가가 아닌 다른 가족의 증손자 세대, 그 아래 세대 역시 마찬가지다. 장기근속, 연속근무는 이 회사의 어느 부서에서든 쉽게 찾아볼 수 있다. 한 예로 지금도 일하고 있는 잭 다이아몬드Jack Diamond는 1954년부터 네브라스카 퍼니처 마트에서 일했다.

● 주고받는 일

로즈 블럼킨은 평생 남에게 후하게 베풀었다. 물론 이런 말을 하기도 했다. "제가 이룬 모든 성공은 사업에 대한 것이었습니다. 휴가를 보낸 적도, 다른 곳에 가 본 적도, 파티를 즐긴 적도 없었습니다. 푼돈을 아껴가며 모았죠."[55] 로즈가 스스로에게 돈을 쓰지 않았다는 말은 사실이다. 하지만 대신 다른 많은 사람들에게 돈과 물건을 베풀었다.

인생의 처음 절반은 고생스러웠고, 나머지 절반은 풍족하게 살긴 했어도 벌어들이는 돈 때문에 희희낙락하는 일은 없었다. 집은 검소했고 분수에 맞는 차를 탔다. 가구점에서 거둔 성공과는 별개로 부동산에도 투자했다. 덕분에 도시 개발업자들에게 네브라스카 농장 부지를 매각할 당시 수백만 달러를 벌 수 있었다.

모두가 고생스러웠던 대공황 때에도 로즈 부부는 전당포 손님들에게 도움이 되어주려 했다. 1930년대 후반, 한 여자가 전당포를 찾아와 팔레스타인에 유대인 자치구를 조성하겠다는 불가능한 꿈을 이야기했다. 그러면서 선견지명이 있는 후원자들이 모일 수 있는 장소가 필요하다는 말을 덧붙였다.

로즈는 여자의 꿈이 희망사항에 불과하다고 생각했지만, 그럼에도 선뜻 집을 회의장소로 내줬다.

"말을 참 잘하는데다가 똑똑하고 지혜로웠어요." 몇 년 뒤 로즈는 그 일을 두고 이렇게 회상했다. 결과적으로 여자의 꿈은 이뤄졌다. 로즈의 오마하 집에서 회의가 열린 다음 10년이 흐른 뒤 이스라엘이 건국됐다. 그리고 로즈가 호의를 베풀었던 여자는 훗날 이스라엘의 총리가 됐다. 그녀가 바로 골다 메이어Golda Meir였다.[56]

1956년에는 숭고한 자선, 교육적 목적을 위한 블럼킨 재단Blumkin Foundation을 설립했다. "뜻깊은 대의에 기부하고 싶습니다. 죽기 전에 기부하는 것이 맞다고 생각해요." 로즈는 말했다.

화재나 홍수로 피해를 입은 집에는 새 가구와 양탄자를 줬다. 어느 날에는 네브라스카 퍼니처 마트를 찾아온 손님 하나가 자신이 아이오와 포트다지 출신이라고 말했다. 로즈는 곧바로 그 사람에게 포트다지 지역공동체 기금 조성을 위해 500달러짜리 수표를 내줬다. 그녀는 자신이 미국에 처음 발을 내딛었을 때 친절하게 대해줬던 포트다지 사람들에게 평생 동안 고마운 마음을 잊지 않았다.[57]

1972년에는 오마하 하다사 바겐 스토어Omaha Hadassah Bargain Store의 물건을 전부 사들여 사우스다코타 래피드 시티Rapid City의 이재민들에게 기증했다. 의류도 실어 보냈고 가구의 판매수익은 암 연구에 힘쓰는 이스라엘 의료 단체에 기부했다.

로즈는 수차례 표창장과 상금을 받았다. 오마하 세르토마 클럽 서비스 Omaha Sertoma Club Service에서 수여하는 '인류상Mankind Award', 1979년에는 네브라스카 오마하 로터리 클럽Rotary Club of Omaha에서 수여하는 '올해의 자유 기업인Free Enterprise Person of the Year', 1985년에는 네브라스카 명예의 전당에서 수여하는 '올해의 소매인Retailer of the Year', 워싱턴 D.C. 네브라스카 소사이어티에서 수여하는 '성공한 네브라스카인Distinguished Nebraska Award', 오마하 프레스 클럽의 '페이스 온 더 바룸 플로어Face on the Barroom Floor 수상자로 선정됐다. 마지막에 언급한 상의 경우 수상자의 캐리커처를 그려 내건다. 로즈는 자기 얼굴을 버핏과 나란히 걸어달라고 요청했다.

그런가 하면 1981년에는 크레이튼 대학Creighton University의 아스트로 시어터Astro Theater를 20만5,000달러에 사들였다. 그 건물이 허물어지는 것을 원치 않았기 때문이었다. 1927년에 증축된 아스트로 시이디는 중서부에서 몇 안 되는 무리시* 양식과 고전 양식이 결합된 독특한 건축물이었다. 대학에서는 이 건물을 완전히 허물 생각이었다. 오마하 지역의 역사적 지표라는 점을 생각할 때, 건물의 용도가 문제가 된다는 주장이 제기됐기 때문이었다. 대학은 이 문제를 두고 오마하 시청을 상대로 소송을 제기했다.

블럼킨가는 즉시 재건비로 100만 달러를 기부했다. 재건안을 두고 숱한 논의가 오갔다. 버핏 역시 1993년 로즈의 100번째 생일을 맞아 재건비 100만 달러를 내놓았다.[58] 그리고 마침내 1995년 11월 로즈 블럼킨 퍼포밍 아트 센터Rose Blumkin Performing Arts Center가 문을 열었다. 사람들은 이 건물을 '더 로

---

* 9~14세기 이슬람 문화권의 문양

즈The Rose'라고 부른다.

뿐만 아니라 1981년 블럼킨가는 로즈와 자식들이 내놓은 100만 달러로 유대인을 위한 양로원 기초공사를 시작했다. 그날, 로즈는 이렇게 말했다.

"저는 나이든 사람들을 존경합니다. 어머니는 여왕처럼 모셨고, 덕분에 하느님의 은총을 받았습니다. 전 노인들이 정당한 대접을 받았으면 합니다. 그래서 특히 아무런 보살핌을 받지 못하는 노인들을 공경합니다. 좀 더 오래 살 수 있다면 최선을 다해 노인들을 도울 겁니다. 나이가 들면 아무 것도 가져갈 수 없습니다. 죽기 전, 아직 숨이 붙어있을 동안 성심성의껏 다른 사람을 위한다고 생각해보세요. 노인들을 위한 새로운 보금자리는 그들에게 또 다른 인생을 선사할 겁니다. 그 분들에게는 편안하게, 그리고 존중받으며 살 수 있는 안정적인 보금자리를 가질 자격이 충분합니다. 마치 대가족이 생활하는 집처럼, 유대인 공동체 센터Jewish Community Center 역시 여러 유대인 가족이 결합하는 곳이 될 겁니다"59)

로즈는 오마하 공립학교Omaha Public Schools, 이스라엘 연대The State of Israel Bonds, 오마하 교육 협회The Omaha Education Association, 오마하 소방관 협회The Omaha Fire-fighter's Association에서 상을 받았다.

교육이라고는 한 번도 받은 적이 없던 여성, 읽거나 쓸 줄도 모르는 여성인 로즈가 명문대학에서 수여하는 학위를 받았다. 1984년에는 뉴욕 대학에서 상업과학 명예박사 학위를, 같은 해에 크레이튼 대학에서는 법학 명예박사 학위를 수여받았다.

로즈는 자식들에게도 베푸는 삶을 가르쳤다. 물론 자선을 베풀어야 마땅하다고 생각하는 대상이 늘 일치하는 것은 아니었다.

"자식들은 도움이 필요한 이들에게 자선을 베풀 만큼의 여유를 간직하고 있습니다. 그 아이들이 교향악단, 무용단에 기부금을 내더라도 화를 내는 일은 없습니다. 전 신경쓰지 않아요. 예술 아닙니까. 전 절박하게 예술을 갈구하는 사람들이 좋아요. 그걸 가지고 누가 뭐라 할 수는 없지요."[60]

1987년 크리스마스에는 손자 손녀들과 함께 형편이 어려운 집의 가정주부들에게 점심식사를 배달했다. 네브라스카 퍼니처 마트 서쪽 경계선에는 0.25마일 (약 400m) 길이로 나란히 뻗은 도로가 있다. 로즈가 세상을 떠난 다음, 오마하 시의회에서는 이 76번째 도로에 '로즈 블럼킨 드라이브Rose Blumkin Drive'라는 이름을 붙였다.

● 제2의 고국

로즈 블럼킨은 장수를 누린 덕에 지역공동체와 사업 분야에서 활발한 활동을 할 수 있었다. 그녀는 미국으로 건너올 수 있었던 것에 언제까지고 감사했고, 자신이 택한 제2의 고국을 사랑했다. 로즈가 가장 좋아한 노래는 미국의 국가, '신이여 미국을 축복하소서God Bless America'였다. 집에서는 CD 플레이어로 자동차에서는 카세트테이프로 이 노래를 즐겨 들었다.

"미국에서 태어난 사람들은 이 모든 훌륭한 것들에 감사할 줄 모르는 것 같습니다. 마치 아무 것도 안 보이는 어둠 속에서 태어난 사람들처럼 말이죠." 로즈는 말했다. "전 미국땅을 밟은 다음부터 죽 이곳을 사랑해왔습니다.[61] 미국인들은 세계에서 가장 훌륭한 사람들입니다. 전 미국사람들을 좋아해요. 거짓말쟁이나 도둑은 제외하고 말입니다. 평범한 중산층이야말로 가장 위대한 사람들입니다. 일을 해서 벌어먹고 사는 사람들이야말로 제가 좋아하는 사람들입니다. 입이 떡 벌어지는 거물들 말고요.[62] 중산층은 존경해야 할 사람들입니다. 그 사람들은 아이들에게 헌신적이죠. 미국의 중산층 같은 사람들은 어디에도 없어요. 많은, 무수히 많은 이민자들은 멋진 가정을 일굽니다. 보다 나은 삶을 위해 발버둥치고요. 저는 역경을 극복한 이민자인 미국인들을 사랑합니다."[63]

로즈는 자신이 유대인이라는 사실 때문에 문제를 겪은 적은 없다고 말했다. "한 가지 말씀드리죠. 전 오마하 사람들, 기독교인들이 제 가게를 키워줬다고 생각합니다. 그 사람들은 저에게 선의와 우정만을 보여줬어요. 그렇게 훌륭한 사람들은 처음 봤습니다."[64]

100세 생일을 맞은 로즈는 'B여사의 창고' 세일을 맞아 다음과 같이 말했다. "저의 모든 바람은 이뤄졌습니다. 미국인들은 더할 나위 없이 잘해줬어요. 세계 최고의 국민들입니다. 전 성공했고요. 이렇게 큰 성공을 거두리라고는 생각지 못했습니다. 굉장한 성과를 거두었죠."

세상을 떠나기 전 3년 동안 로즈는 폐렴과 심장질환으로 병원을 드나들었다. 103세에는 인공심장을 장착했다. 그보다 몇 년 전에는 백내장 수술을 받고 무릎 관절 교체술을 받기도 했다.

공식적 은퇴는 1997년 10월에 이뤄졌다.[65] 그리고 1998년 8월, 104세의 나이로 세상을 떠났다.

부고를 전해들은 버핏은 말했다. "우린 동업자입니다. 그리고 많은 면에서 로즈는 저보다 선배였습니다. 그녀가 생각했던 것보다 훨씬 더요."

로즈는 녹색을 좋아했다. 네브라스카 퍼니처 마트 내의 표지판과 로고에서도 녹색을 찾아볼 수 있다. 녹색이 부를 상징하는 색깔이라는 통설과는 아무런 관계가 없다. 돈은 로즈의 관심사가 아니었다. 그보다 물건을 파는 데에서 느끼는 전율이 그녀를 기쁘게 했다. 장례식을 찾은 조문객 1,000여명은 옷깃에 녹색 리본을 달았다.

물론 로즈가 살던 시대, 장소는 일반적인 것과는 거리가 멀었지만 지금의 경제 상황에 비춰보더라도 얻을 만한 교훈이 있다.

고난을 헤쳐나간 로즈의 의지는 21세기 기업가들이 배워야 할 점이다. 추구하는 목표가 어떤 것이든 불타는 열정은 소중하다. 그리고 이는 삶을 행복하게 만들어준다.

어떤 상황에서든 어려움을 피할 방법은 있다. 그리고 자신이 틀렸다는 사실을 인정하거나, 적어도 다른 사람들과 의견이 다르다는 점을 인정해야 할 때도 있다. 그런 다음 다시 기업을 위해 최선을 다해야 한다.

멋지게 차려입고 아름다움에 둘러싸여

'긍정'과 '열정'이 시급 4달러 직원을 CEO로

수전 자크
Susan Jacques

Borsheims Fine Jewelry and Gifts

Susan Jacques
Borsheims Fine Jewelry and Gifts

"자기가 좋아하는 것이 무엇인지 알아내고, 그것을 따라가세요. 꿈을 이루기 위해서는 매일같이 전력을 다해 노력하고, 자기 앞에 놓인 기회를 붙잡아야 합니다. 절대로 문제를 두려워하지 마세요. 언제나 해결책은 있으니까요. 포기하지 않고 끈질기게 문제를 헤쳐나간 끝에 얻게 될 성과는 그 어떤 것보다 보람차다는 것을 알게 될 거예요."

호화찬란한 보석, 유리공예품, 귀금속에 둘러싸여 하루하루를 보내는 수전 자크Susan Jacques는 운이 좋은 사람이다. 네브라스카 오마하에 본사를 둔 보샤임 파인 주얼리 앤 기프트Borsheims Fine Jewelry and Gifts는 버크셔 해서웨이의 자회사다.

보사임의 사장이자 CEO인 수전은 누구에게나 부러움의 대상이다. 일상적인 출근조차 그녀에게는 아름다운 것들을 구경할 기회다. 어느 회사의 직원들도 누릴 수 없는 혜택이지만, 보샤임에서 일하는 200여명의 직원만큼은 분명 그런 환경에서 근무하고 있다.

2006년에 리모델링 작업을 마친 6만2,500제곱피트(약 5,800㎡) 면적의 매장은 둘러보는 것만으로도 황홀하다. 수작업으로 회반죽을 발라 마감한 벽, 비즈가 박힌 벽지, 프랑스 라리크Lalique의 유리공예, 워터포드Waterford와 바카라Baccarat의 크리스탈, 홈 데코레이션용 보석을 제조하는 스트롱워터Strongwater의 조명 관련 제품들, 대리석이 깔린 바닥까지. 다이아몬드와 원석, 시계를 보관한 진열장은 라입투스lyptus라는 목재로 짠 것이다.

라입투스 목재는 브라질의 따뜻한 기후에서 잘 자라는 유칼립투스 자연 잡

사진 2.1 수전 자크, 보샤임 사장 겸 CEO
• 자료제공: 보샤임 파인 주얼리 앤 기프트

종 중 튼튼한 두 종을 혼합해 만든다. 이 나무는 심은 지 14~16년이 돼서야 비로소 목재로 쓸 수 있다. 그리고 성장기 중 3분의 1은 지나야 보기 좋은 적갈색을 띤다.

매장 가운데에는 응접실이 있다. 바람에 산들거리는 풀을 정교하게 그려 넣은 유리창이 둘러싸인 응접실에서 고객은 제품을 착용하거나 구입할 수 있다. 이 공간에서 고객의 비밀은 보장된다.

보석은 인간이라는 덧없는 존재보다 수명이 길다. 그렇기에 대개는 세대를 걸쳐 대물림되거나 새로운 주인에게 팔리기도 한다.

한 예로 2011년 12월, 엘리자베스 테일러Elizabeth Taylor는 소장하고 있던 269점의 보석 전체를 크리스티 경매장에 내놓았다. 그녀는 자신이 보석의 주인이 아닌, 보석이 자신의 주인임을 잘 알고 있었다. "제가 가진 보석들이 전리품이라 생각한 적은 한 번도 없어요. 보석을 소장하는 목적은 그것들을 지켜주고 아끼기 위해서지요. 인간은 잠깐 동안 보석을 지키는 존재에 불과하니까요."[1]

"전 아름다운 제품들에 둘러싸여 일합니다. 그리고 거의 모든 경우, 제가 접대하는 분들은 인생에 길이 남을 만한 사건을 축하하려는 행복한 분들이죠." 수전의 말이다. 수전은 1982년, 보샤임에 판매사원으로 입사했다. 시급은 4달러였다. 당시만 하더라도 보샤임은 가족경영 구조였다. 그렇기에 수전은 그저 1년 동안 보샤임에서 일하며 보석 판매 경험을 쌓을 생각이었다. 하지만 일이 생각대로 흘러가는 경우는 드물다. 수전은 경영진으로, 그리고 1994년에는 워런 버핏의 제안으로 CEO직에 오르면서 이후에도 보샤임에 남게 된다.

다음과 같은 버핏의 말처럼 보석업계에는 무언가 특별한 것이 있다.

보석을 구입할 때마다 무력감을 느끼면서 제 나름대로 확고한 결론에 이르렀습니다. "보석을 잘 모르면, 보석상과 친분을 쌓아라." 버크셔 해서웨이에서 보샤임을 인수하기 오래 전부터 보석을 살 일이 있을 때마다 보샤임을 찾은 것도 그런 이유 때문이었습니다.

저렴하게 전력을 쓰려고 굳이 발전소가 돌아가는 원리를 이해할 필요는 없습니다. 잘 아는 사람이 그 문제에 관한 전문가이고 자기 자신은 설사 아무 것도 모른다 하더라도 치러야 하는 전기요금은 다르지 않을 겁니다. 그렇지만 보석을 사는 것은 다릅니다. 자기가 보석을 구입한 가격, 그리고 주변 사람이 비슷한 보석을 구입한 가격이 천차만별인 경우는 비일비재합니다. 보석업계의 경제를 생각하면 그 이유를 알 수 있습니다.

무엇보다, 어느 보석상에서든 재고회전율은 매우 느립니다. 많은 자본이 묶여있는 것도 당연하지요. 연중 1회라는 회전율도 흔한 경우입니다. 이렇듯 낮은 회전율 때문에 변변치 않은 투자수익율이라도 보전하려면 매출총이익이 비교적 높아야 합니다. 이런 점에서 보석업계는 식품업계와는 정반대입니다. 재고회전율이 빠른 식품업계에서는 이윤 폭이 적더라도 높은 투자수익율을 기록할 수 있습니다.

보석상에서는 판매가를 결정할 때 매입가보다 높은 가격을 책정합니다. 경상비, 희망하는 이윤을 더하지요. 경상비가 판매가의 40%보다 낮은 경우는 거의 없습니다. 대개 그 이상입니다. 이런 점 때문에 보석상에서는 일반적으로 매입가의 두 배, 어떤 경우에는 그보다 높은 판매가를 책정합니다. 계산하는 방법은 간단합니다.

보석상은 매입가 50센트짜리 제품을 1달러에 팔기로 합니다. 판매로 얻는 총수익 50센트 중 경상비로 40센트를 지출하죠. 그렇게 해서 판매가 1달러 중 세전수입은 10센트가 됩니다. 거금을 투자해 재고를 비축한 것을 감안한다면, 10센트라는 수익은 적당하기는 하지만 썩 만족스럽지만은 않을 겁니다.

보샤임은 방금 제가 설명한 것과 전혀 다른 공식을 적용합니다. 매장이 하나뿐이고 그 규모도 크다보니 보샤임의 경상비는 통상 판매가의 20% 정도입니다. 임대료는 판매가 중 5%를 차지하는데, 이는 다른 경쟁사에 비해 낮은 수준입니다. 따라서 다른 보석상보다 훨씬 낮은 판매가를 책정하지요.[2]

나는 집에서 5분 거리에 있는 보샤임 매장에 찾아가 수전 자크, 그리고 홍보 담당자 아드리안느 페이Adrienne Fay를 만났다. 두 사람 모두 상냥했으며, 업계에서 쌓은 경험과 지식을 들려주었기에 큰 도움이 됐다.

●초원 위의 집, 티파니

보석 등 고가의 선물을 주로 취급하는 업계에서도 보샤임은 최고로 꼽힌다. 보샤임의 재고품목은 10만 종 이상으로 단일 매장에서 판매하는 제품의 종수와 양을 따지면 티파니Tiffany에 이은 업계 2위다. 어떤 종류의 제품이든 선택의 폭이 넓기에, 다양한 가격대별 제품을 고를 수 있다.

보통 보석상에서 취급하는 시계 브랜드는 4가지 정도지만 보샤임에서는 21가지 브랜드를 취급한다. 보샤임의 전체 재고 중 시계류가 차지하는 비율은 11%다.

최근에는 리모델링 작업을 거치면서 1,500제곱피트(약 140㎡)였던 시계 전문매장은 4,500제곱피트(약 420㎡) 규모로 확장됐다.

눈에 보이는 가격이 다가 아니다! 매장에는 소위 '보샤임 기준 가격'이라는 것이 있는데, 대개 가격표에 붙은 금액보다 훨씬 저렴하다. 오랫동안 매장 안을 어슬렁거리던 수백 명의 고객 중에는 가격표를 보자마자 밖으로 나가버린 사람도 부지기수일 것이다. 그럴 필요 없다! 판매원에게 '진짜' 가격이 얼마인지 물어보자. 기분나빠하는 사람은 없다. 보샤임에서 정가대로 판매되는 제품은 없다. 원리는 잘 모르지만, 어떻게 흥정하는지는 배워서 알게 됐다.

내 경우만 보더라도 오마하로 이사하고 10년이 지나서야 보샤임 매장에 들어갈 용기가 났다. 조용하고 고급스러운 매장의 분위기 때문에 한껏 위축됐다. 지금과는 달리, 그 당시에는 보석을 살 만한 형편이 아니었다. 그렇지만 이제는 결혼식, 기념일, 은퇴 선물을 준비해야 할 때마다 제일 먼저 보샤임을 떠올린다.

네브라스카 사람들은 눈에 익은 진홍색 리본이 달린 은색 상자를 선물로 받으면 기뻐서 어쩔 줄을 모른다. 뉴욕 사람들이 흰색 리본이 달린 하늘색 티파니 상자를 받을 때 보이는 반응과 비슷하다.

수전은 말했다. "보샤임은 미국의 다른 보석상과는 차원이 다른 곳입니다. 물론 보샤임을 위협하는 요인들도 있고, 그 점을 모르는 바 아닙니다. 가능하다면 그런 요인들을 없애려고 노력하지요. 고객들은 경비원 옆을 지나 고급스러운 매장 안으로 들어와야 하죠. 보샤임은 고객들의 요구에 부응하려고 노력합니다. 결혼선물로 20달러짜리 반지를 사든, 기념일에 맞춰 3,000달러짜리 다이아몬드를 사든, 뭐든 보샤임에서 찾을 수 있다는 사실을 잘 알지요."[3]

회사 입장에서 볼 때 경비는 필수적이지만 돈이 든다. 그렇지만 고객과 직원에게는 매장이 안전하다는 인식을 심어준다. 버젓이 눈에 보이는 곳에 수백만 달러짜리 제품들이 진열된 매장에서 보안은 무엇보다 중요한 요소다. 그렇더라도 쇼핑하는 고객들이 그 때문에 부담감을 느낀다면 다른 대안을 생각해볼 수 있다.

보샤임에서는 제품을 구입하기 전, 보다 꼼꼼하게 살펴보기 위해 배송을 부탁할 수 있다. 그렇다! 보샤임에서는 적절한 가격대에 맞는 제품 여러 개를 배송해주는 서비스를 하고 있기에, 집밖에 나가지 않고도 제품을 만져보고 걸쳐볼 수 있다. 특이한 판매방식이지만 수전의 말에서 이를 확인할 수 있었다.

"우수고객의 추천을 받은 분에게는 집이나 사무실로 제품을 보내드립니다. 인터넷은 큰 도움이 됐어요. 이제는 메일로 이미지 파일을 보내드리면 되니까요. 고객들은 선택의 폭을 좁힐 수 있습니다. 예전에는 고객의 요청을 받으면 매장에서는 대개 12가지 정도의 다이아몬드 목걸이를 보내드렸습니다. 어떤 제품을 원하시는지 모르니까요. 하지만 이제는 이렇게 말씀드립니다. '한 번 골라보십시오. 가장 마음에 드는 제품 3가지만 알려주세요.' 그리고 고객이 선택한 제품들을 보내드립니다. 많은 분들이 그렇게 하고 계시죠. 그 방법을 권장하는 것은 보안상의 이유 때문만은 아닙니다. 아시다시피, 요청하신 고객에게 제품을 배송하기에 앞서 자격조건을 분명히 제한하니까요. 워런 버핏과 친분이 있는 분들에 한해서 말입니다."[4]

보샤임의 판매건수 중 약 45%는 오마하가 아닌 다른 곳의 고객들을 상대로 한 것이다. 온라인, 카탈로그, 전화, 메일, 위탁판매 등 판매창구는 다양하다. 한 가지 제약이 있다면 해외판매와 배송이 어렵다는 점이다. 관세와 특별소비세가 부과되기 때문이다. 보샤임의 제품을 구입하는 외국 고객 상당수는 미국에 들를 일이 생기면 직접 매장을 찾는다.

● 내전 시대의 젊은이

수전은 네브라스카 토박이가 아니다. 그녀의 영국식 영어 몇 마디만 들어봐도 이내 간파할 수 있는 사실이다. 수전이 태어난 곳은 아프리카 로디지아의 솔즈베리Salisbury로 1980년 자치권을 획득하기 전까지는 짐바브웨의 하라레Harare로 알려졌던 곳이다.

수전은 영국인 아버지와 호주인 어머니 사이의 3녀 중 둘째였다. 히라레는 짐바브웨에서 가장 규모가 큰 도시이자 수도였다. 북서쪽에는 세계 최고의 장관을 자랑하는 빅토리아 폭포가 있다. 20세기 내내 이 나라에 일어난 정치적 변화는 소란스럽고도 복잡다단했다.

1888년, 로디지아와 이름이 똑같은 세실 로즈Cecil Rhodes라는 사람이 아프리카 부족장들에게 광물 채굴권을 획득했다. 그 이듬해에 생긴 남부와 북부 로디지아는 영국령이 됐다가 1923년에는 자치주가 됐다. 1953년에는 로디지아와 니아살랜드Nyasaland 연방이 탄생했다. 이는 즉각적으로 로디지아 경제에 긍정적인 영향을 줬다. 부흥기를 맞은 로디지아에는 영국과 남아프리카 출신 이민자들이 파도처럼 몰려들었다.[5]

로디지아가 한창 경제적인 성장을 계속하던 1958년 무렵, 결혼 후 남인도에서 첫째 딸을 낳은 수전의 부모는 로디지이로 건너왔다. 수전은 부모님이 목재 사업을 시작한 다음 해에 태어났다. 그녀의 어머니는 작은 친척회사 사무실에서 경리로 일했다.

"어머니는 분명한 롤모델이었어요. 일과 가사를 동시에 해냈죠. 원할 때 결혼했고, 늦은 나이에 출산했고요." 수전은 말했다. 그녀는 토착언어인 쇼나어Shone로 간단한 인사말 몇 마디 정도를 주고받을 수 있었지만, 인종분리정책을 채택한 여학교에 입학했다. "유감스럽게도, 인종분리가 엄격한 학교였어요."

수전은 어릴 때부터 알록달록한 돌멩이와 조개껍질을 좋아했다. 매주 금요일에는 부모님의 허락을 받고 보석상에 놀러가서 시간을 보냈다. "그다지 비싸지 않은 작은 반지들을 파는 보석상에 갔죠. 5센트나 10센트짜리 반지 있잖아요. 금요일마다 반지를 사들였어요. 어릴 때부터 보석을 좋아했죠."[6]

고등학교를 마친 다음에는 딱히 관심이 가는 직업이 없었다. "어머니는 1년짜리 비서 교육과정을 들으라고 권했어요. '하고 싶을 때마다 비서일을 할 수 있잖니. 언제든 든든하다니까.' 그런 이유였죠. 실제로도 지금은 키보드 두드리는 일을 하다 보니, 타이핑 기술을 배운 것이 얼마나 다행스러운지 몰라요. 속도가 빠르니까요." 7)

비서 교육을 받은 다음 해 수전은 스코티시 보석상Scottish Jewellers에 하급비서로 취직했다. 당시 로디지아 최대의 보석상이었다.

1970년대 후반에는 고국의 정치상황이 악화됐다. 1976년에는 테러리스트의 공격이 급격히 증가했다. 모잠비트 국경 남동쪽이 주요 전투지였다. 로디지아는 짐바브웨 로디지아Zimbabwe Rhodesia가 됐고, 1979년 3월에 열린 총선에서 흑인 감리교 주교인 아벨 무조레와Abel Muzorewa가 대다수의 표를 얻었다. 그러나 영국은 선거결과를 인정하지 않았다. 8)

1978년 크리스마스 시즌에는 소요가 극에 달했다. 수전의 아버지는 안전을 위해 딸들을 영국으로 보냈다. 수전은 런던의 EMI 레저 호텔 비서로 일하게 됐다. 그러나 향수병에 걸린 탓에 영국에서의 나날은 전혀 즐겁지 않았다. 수전은 이제 고작 열아홉에 불과한 아가씨였고, 남자친구는 짐바브웨에 남아 내전과 싸우는 중이었다.

짐바브웨는 1980년에서야 국제사회에서 독립을 인정받았고, 이후 로버트 무가베Robert Mugabe가 대통령이 됐다. 1990년대 중반부터 짐바브웨의 기반시설은 무너져 내리기 시작했다. 정치적 혼란, 취약한 경제적 관리는 심각한 곤경으로 이어졌다. 오늘날 짐바브웨는 경제, 위생, 식량, 모든 면에서 하나같이 심각한 위기상황에 직면해있다. 기대수명 49세는 세계 최저수준이다. 9)

짐바브웨에는 더 이상 수전의 가족이 없다. 비록 부모는 모두 고국 땅에 묻히긴 했지만, 언니는 키프로스, 여동생은 영국에 살고 있다.

수전의 어머니는 인도를 떠나 가정을 꾸리고 로디지아에 정착할 때까지 15년 동안 부모와 형제자매를 만나지 못했다. 그렇기에 어른이 된 세 딸들에게는 계속해서 서로 연락을 주고받으라고 당부했고, 실제로도 자매는 돈독한 관계를 유지했다. 매년 여름이면 2주일 동안 모두 함께 모여 시간을 보낸다. 휴가지는 그때마다 다르다. 1997년 이후 고국에 가지 않은 수전은 영국 내에서 돌아다닐 때에도 여권을 가지고 다닌다.

"짐바브웨에 돌아가는 것은 항상 제가 꿈꾸는 것입니다. 하지만 우리 애들을 데리고 위험할 수도 있는 곳에 가고 싶진 않아요. 가볼 만한 좋은 곳은 얼마든지 많은걸요."

● 보석처럼 귀한 경력

수전은 1979년 한 해를 꼬박 런던에서 살다가 로디지아로 돌아왔다. 스코티쉬 보석상의 비서직은 공석이었고, 마침 홍보직도 채용 중이었다.

수전은 그 당시의 일을 떠올리며 말했다. "전 이렇게 말씀드렸죠. '음, 전 아직 젊고 미련해서 두 가지 일이 어떻게 다른지 잘 모르겠습니다.' 홍보직으로 입사한 다음에서야 그 일이 정말로 재미있다는 것을 알았죠. 엄청난 잠재력을 가진 일이었어요. 그제야 제가 공부하고 싶은 것이 무엇인지 깨달았죠."[10]

수전은 돌멩이와 조가비에 관심이 많던 어린 시절부터 예쁜 보석과 귀금속에 대한 지대한 관심을 키워왔다. "몇 달 동안 제품디자인, 재고관리를 한 다음, 판매와 홍보 관련 일을 했어요. 그 덕분에 제가 아는 것이 별로 없으며, 앞으로도 이 업계에서 일하려면 좀 더 배워야 한다는 사실을 알았습니다."[11]

회사직원 중에는 미국보석감정협회GIA, Gemological Institute of America의 통신

수업을 듣는 사람도 있었다. 1980년 수전의 부모는 그녀가 캘리포니아 산타모니카에 있는 학교에 입학하는 것에 동의했다. 6개월 과정의 감정사 자격증 수료 과정이었다. 협회에서는 보석감정 외에도 원석들에 얽힌 이야기, 지식들을 가르쳤다. GIA는 전세계에 11개 교육원을 두고 있으며, 이제는 온라인 원격수업도 진행 중이다.

"산타모니카는 전세계에서도 더없이 신나는 곳이었고, 게다가 짐바브웨 학생 다섯 명이 동시에 입학했어요. 엄청난 교육과정이었죠. 반 년 만에 대학 과정을 끝내는 기분이었어요."[12]

교수진은 우수했고 수업은 엄격했다. "원석을 가르치던 윌리엄 보야잔 William E. Boyajian 교수님은 저에게 큰 영향을 줬습니다. 오늘날 제가 원석에 품고 있는 깊은 흥미를 일깨워준 것도 그 분이죠. 특별히 희귀하고 흔치않은 보석, 그리고 보석업계 전반에도 관심을 가지게 해주셨고요. 굉장히 활동적이고 열정적이며 역동적인 분입니다. 그때에도 그랬고 지금 역시 그런 분을 알게 된 것은 더없는 영광이죠."[13]

"지금까지 학생들을 가르쳐왔지만 수전만큼 똑똑하고 품위있는 학생은 본 적이 없습니다." GIA 회장직을 역임한 빌 보야잔은 말했다. "수전은 긍정적인 태도를 지닌 덕에 지금의 입지에 오를 수 있었습니다."[14]

수전의 인생에 커다란 영향을 미친 사람으로 당시 앞줄에 앉아 수업을 듣던 청년도 빼놓을 수 없다. 앨런 프리드먼Alan Friedman이라는 이름의 청년은 네브라스카 오마하에서 보샤임이라는 보석상을 운영하던 아이크 프리드먼Ike Friedman의 아들이었다. 둘은 사이좋은 친구 사이였다. 수전은 개교 이래 최고점을 받고 수석으로 졸업했다. 수전은 짐바브웨에 있는 고향으로 돌아갔지만 둘은 1980년 졸업한 이후에도 연락을 주고받았다.

"석 달 동안 집에 머물렀죠. 제 마음은 그 곳에 있었고, 지금도 그곳에 있습니다." 수전은 말했다. "하지만 그 때엔 밝은 미래가 없었어요." 그래서 수전은 1981년 다시 한 번 짐바브웨를 떠나 캘리포니아로 향했다. 그리고 캘리포니아 산타아나에 있는 미국보석감정서비스사USGSI, United States Gemological Service, Inc.,에서 일을 시작했다. 보석감정과 보증을 시행하는 작은 연구소였다.

"거기서 일하며 숱하게 많은 유색보석의 보증작업을 했습니다. 제가 품고 있던 큰 열망 중 하나였죠. 현미경 앞에 앉아 보석을 감정하는 일은 재미있었습니다."

1982년에는 영국보석감정협회에서 전 세계 우수학생에게 수여하는 레이노어 디플로마Raynor Diploma 장학금을 받았다. 수전의 말에 따르면, 미국과 영국 두 군데의 감정사 자격증을 동시에 보유하는 것은 드문 일이라고 한다. 영국에서는 기술적인 측면을 중시하는 반면, 미국에서는 보다 판매와 관련된 측면을 중시하는 경향이 있다.

1981년에는 유색보석과 금에 대한 투자열풍이 절정에 달했다. 수전은 말했다. "바로 지금의 상황과 별반 다르지 않았습니다. 금은 1온스당 800달리, 은은 60달러까지 가격이 치솟았어요. D등급인 무결점 1캐럿 다이아몬드가 캐럿당 9,000달러였던 것에서 18개월 만에 6만 달러까지 올랐죠. 너나 할 것 없이 보석 투자에 열심이었고 가격은 폭등했어요." 자본이 딸리는 사람은 시장에서 손을 뗄 수밖에 없었다.

수전은 USGSI에서 1년 반을 일했다. 그러다가 연구소 사정이 어려워서 직원들의 근무시간을 단축해야 하는 지경에 이르렀다. "연구소에서는 주당 4일로 제 근무일정을 변경했어요. 영국 감정사 자격증 시험을 준비하고 있을 당시였는데, 나중에는 근무일이 주당 3일로 줄었죠. 아프리카에 계신 부모님은 제 생활비를 감당할 여력이 없었고, 전 방세와 자동차 유지비를 치를 수 없었어요."

수전은 과거에 동급생이자 이제는 친구인 프리드먼에게 어려운 사정을 의논했다. 프리드먼은 그녀에게 보샤임에서 일할 것을 제안했다. 캘리포니아 남부를 떠나 네브라스카로 건너간다고 해서 수전에게 좋을 것은 없었다. 그렇지만 당장 일자리가 필요했다. 그리고 보샤임에서 1년 동안 일하는 동안 판매 경험을 쌓을 수 있으리라는 것이 그녀의 판단이었다.

"제가 처음 보샤임에 입사했던 1982년에게 누군가 이런 질문을 한다고 생각해보세요. '지금부터 20년 뒤에 무슨 일을 하고 있을 것 같아요?' 아마도 여러 가지 대답이 가능했을 겁니다. 하지만 제가 생각한 선택지 중 오마하에 계속 남아 보샤임에서 일하는 것은 없었어요."[15]

수전은 1982년 가을부터 시급 4달러를 받고 보샤임에서 판매사원으로 일을 시작했다. 그러다가 1986년에는 상품관리 매입자로 승진했고, 1991년에는 상무가 됐다.

"정말이지 적절한 시기에 이루어진 입사였습니다." 그녀는 말했다.[16] "전한 번도 판매사원 일을 해본 적이 없었어요. 그래서 아이크에게 말했죠. '일주일 정도 직원들이 일하는 것을 본 다음 일을 시작해보겠어요.' 그러자 아이크는 이렇게 말하더군요. '아냐, 아가씨. 지금 당장 일을 시작해봐요. 여기서 물건을 팔아보는 거야.' 놀라운 경험이었어요." 아이크 프리드먼, 그리고 당시 부사장이던 그의 사위 마빈 콘Marvin Cohn은 지금 수전이 알고 있는 판매 관련 지식을 모두 전수해준 멘토들이다.[17]

오늘날 전문단체에서 활발할 활동을 하고 있는 수전은 업계에서 1인자로 꼽힌다. 수전은 현재 미국공인감정원Board of Governors of the Gemological Institute of America의 회장인 동시에, 미국보석인협회Jewelers of America, 미국보석인자경위원회Jewelers Vigilance Committee, 그리고 JCK자문위원회Jewelers' Circular Keystone Advisory Council 소속이다.

1997년에는 미국 보석인 선정 명예의 전당National Jeweler's Hall of Fame에 올랐다. 여자로서는 세 번째였다. 1999년에는 여성보석인협회Women's Jewelry Association에서 선정하는 연간우수소매인상Annual Award for Excellence in Retail을 받기도 했다.

미국 보석업계는 1999년 빈곤아동을 돕기 위한 사명으로 '어린이를 위한 보석인들Jewelers for Children' 단체를 설립했다. 이 단체의 이사진 62인에는 수전도 포함됐다. 또한 2004년에는 이 단체에서 주최한 'Facets of Hope Dinner' 행사에서 수상자로 선정되기도 했다.

2010년 7월에는 여성보석인협회에서 보석업계에 커다란 기여를 한 여성에게 수여하는 공로상을 받았다.

업계를 이끈 공로는 별개로 생각하더라도, 여러 위원회에서 활동한 이력도 빠뜨릴 수 없다. 수전은 오마하 상공회의소Greater Omaha Chamber of Commerce, 젊은이를 위한 오마하 연극단체Omaha Theater Company for Young People, 네브라스카 대학 의료센터 자문단University of Nebraska Medical Center Board of Counselors, 미국폐협회American Lung Association 등에 소속돼 활동했다. 2001년에는 크레이튼 대학University of Creighton 이사로 선출됐고, '오마하를 빛낸 여성을 위한 기금Women's Fund of Greater Omaha'에서 발행한 책자에 실리기도 했다.

●옛 서부시대부터 찬란한 보석상까지

루이 보샤임Louis A. Borsheim은 1870년 오마하에 보샤임 보석상을 열었다. 네브라스카가 주州로 인정받은 것은 불과 3년 전의 일이었지만, 오마하는 1857년부터 이미 일원화돼 있었다. 1870년 당시 오마하 인구는 1만6,000명이었다.

1869년 5월에는 최초의 대륙횡단열차가 운행됐다. 수많은 개척자들이 오마하를 거쳐 서부로 향했다. 개중 일부는 오마하에 뿌리를 내리고 강기슭의 마을에 정착했다. 루이의 보석상에서 팔던 제품들은 이제 상상 속에서만 만나볼 수 있다. 빅토리아풍이 유행하던 1870년대에는 인간의 머리카락으로 만든 카메오와 보석이 큰 인기를 끌었다.

보샤임과 철도는 밀접한 관계를 가지고 있었다. 보샤임에서는 오랜 세월 동안 8개 철도를 공식적으로 관리해왔다. 당시 철도는 대개 정확한 시간표에 따라 단선으로 운행되었기에 이는 반드시 필요한 일이었다. 다른 열차와 충돌하지 않게 하려면 역사와 차장의 시계를 똑같이 맞춰야 했다.

루이가 은퇴한 직후에는 그의 아들 존 루이 보샤임^{John Louis Borsheim}, 손자 루이 보샤임^{Louis C. Borsheim}이 매장운영을 물려받았다. 1930년대 초반 대공황이 닥치자, 보샤임 가족은 피츠버그의 한 회사에 지분 중 51%라는 상당규모를 매각했다. 1948년에는 루이 프리드먼^{Louis Friedman}과 그의 처남인 사이먼 고렐릭^{Simon Gorelick}이 매장을 인수했다.

보샤임과 네브라스카 퍼니처 마트는 초창기 고렐릭 집안과 깊은 관계를 맺고 있었다. 로즈 고렐릭 블럼킨^{Mrs.B}는 네브라스카 퍼니처 마트의 창립자이다. 로즈의 오빠가 사이먼 고렐릭이고 언니 레베카^{Rebecca}는 루이 프리드먼의 아내였다. 게다가 두 회사는 '저렴하게, 정직하게'라는 판매 철학까지 똑같았다.

레베카 고렐릭은 러시아에 살던 무렵 루이 프리드먼과 결혼했다. 그리고 그녀가 임신 6개월이던 1922년 12월 프리드먼 일가는 러시아를 떠났다. 기차, 말, 2륜 마차를 타고 가야 하는 여정이었다. 게다가 민스크에서 러시아와 라트비아 사이의 국경까지 가려면 적어도 10마일(약 16km)을 걸어가야 했다. 고된 여정 탓에 레베카는 결국 유산하고 말았다. [18]

프리드먼 가족은 로즈, 그 밖의 다른 친척들의 도움 덕분에 1923년 7월 10일 미국 오마하에 도착했다. 루이는 시급 25센트를 받고 즉석 정육 포장공장에서 일을 시작했고 레베카는 방문판매로 가구덮개를 파는 일을 했다. 미국으로 건너온 지 정확히 1년 뒤인 1924년 7월 10일 둘 사이에서 아들 이사도어Isadore가 태어났다. 1년이 지나자 전당포를 열 수 있을 정도의 돈이 모였다.

루이는 1937년 로즈 블럼킨이 네브라스카 퍼니처 마트를 여는 일을 돕고 이후에도 그곳에서 일했다. 1946년 전쟁에서 돌아온 아이크 역시 가구점에서 일을 시작했다.

훗날 아이크는 그 무렵을 회상했다. "물건을 팔고, 배달하고, 청소도 하고, 안 하는 일이 없었습니다. 이모와 어머니는 저에게 많은 사업철학을 물려주었지요. 이모는 큰 성공을 거두었고요. 대단한 분입니다."

2차 세계대전 이후 블럼킨과 프리드먼의 아들들이 집으로 돌아오자, 비좁아진 가구점에서는 더 이상 양가 사람들이 함께 일할 수 없었다. 프리드먼은 보유하고 있던 지분을 로즈에게 되팔고 고렐릭과 함께 보샤임 주식을 매입했다. 1950년에는 보샤임에 합류했다.

사이먼 고렐릭이 1952년 세상을 뜨면서 프리드먼 가족은 보샤임의 단독 주주가 됐다. 아이크는 1973년 아버지의 지분을 매입했지만 프리드먼가의 장남이었던 그는 89세로 죽을 때까지 매일같이 매장에 나오는 일을 쉬지 않았다. 아이크는 아버지에게 일하는 습관을 물려받았다고 말한다. "아버지는 항상 말씀하셨습니다. '쉬지 말고 일해라'."[19]

루이는 1989년 8월의 어느 토요일, 여느 때처럼 매장에 출근했다. 그리고 그 다음 주 월요일에 숨을 거두었다.

아이크가 처음 일을 시작한 것은 열한 살 때였다. 팩스턴 호텔Paxton Hotel 앞 노상에서 『오마하 월드 헤럴드Omaha World Herald』지를 파는 것이 그의 일이었다. 나중에는 깨어있는 시간을 대부분 보샤임에서 일하는 데에 할애했다.

"점심도 거릅니다." 아이크는 말했다. "대개는 샌드위치를 사와서 먹습니다. 자리를 비웠다가는 중요한 전화를 놓치게 되니까요."[20]

아이크의 어머니 레베카도 보샤임에서 일했지만, 주식투자 역시 그녀의 꿈이었다. 동생 로즈가 그렇듯 레베카도 셈에 능했다. 1970년대에는 데인Dain, 칼먼앤퀘일Kalman&Quail 주식시장에 하루가 멀다하고 출근도장을 찍었다. 당시 그곳에 가면 전광판에서 깜빡거리는 최종 주식시세를 지켜보는 그녀의 모습을 볼 수 있었다. 중개인들 사이에서 '베키Becky'라는 이름으로 불리던 레베카는 휴일이면 쿠키를 구워 그들에게 갖다주기도 했다.

"하루도 빠짐없이 나갔어요." 레베카는 말했다. "주식투자를 좋아했어요. 모든 것이 빨랐죠. 주가들의 등락을 눈으로 봐야 직성이 풀렸어요."[21]

레베카의 종손이자 네브라스카 퍼니처 마트의 부사장인 밥 배트는 이렇게 말하기도 했다. "우리 사이에서는 '언티 티커 테이프Auntie Ticker Tape'라는 별명으로 불렸어요. 어떤 주식의 시세든 훤히 꿰뚫고 있었죠."[22]

1976년 레베카는 인터뷰에서 이렇게 말했다. "IBM 주식을 보세요. 한때 150¾이었는데, 이제는 242까지 올랐죠. 곧 400이 될 거예요." 레베카는 어깨를 으쓱하며 말을 이었다. "장에 들어갈 기회죠." 그녀는 1929년부터 주식시장에 관심이 있었지만 수익이나 손실은 정확히 기억이 나지 않는다고 말했다. "아메리칸모터스American Motors가 꽤 괜찮죠. 그 주식으로 돈을 좀 벌었어요."[23] 레베카는 91세까지 살았다.

아이크 프리드먼은 작은 상가 내의 매장에서 직원 30명과 함께 보샤임을 시작해 지금은 교외에 있는 대형 매장으로 키워냈다.

"대단한 사람이죠." 수전은 말했다. "걸치고 있는 보석, 구매이력만으로도 사람을 판단할 줄 알고 정보성이 뛰어나 누구나 원하는 것을 정확히 알죠. 협상이나 매입, 판매 능력도 뛰어난 분입니다."[24]

보석상은 잠재적으로 위험한 직업이다. 오마하 도심에 위치한 보샤임 매장은 1956년부터 1980년 사이에 여섯 차례나 강도를 당했다. 루이나 아이크는 몇 번이나 가슴께에 들이민 총으로 위협을 당하기도 했다. 언젠가 한 번, 아이크는 진열장의 보석들을 훔쳐 달아난 십대 청소년 둘을 자동차로 쫓았다. 아이들은 반 마일(약 800m)을 뛰어서 도망쳤고, 아이크는 좁은 골목길 여기저기를 자동차로 누벼야 했다. 마침 지나던 경찰 한 명이 도둑들을 가로막아 천만다행이었다.[25]

1980년에는 시급 3.25달러를 받고 일하던 경비원 한 명이 강도와 난투극을 벌이다가 권총에 수차례 머리를 가격당해 부상을 당했다. 강도는 결혼반지 세트 18개를 가지고 앞문을 향해 빠져나가려 했다.

일흔 살의 경비원은 바로 다음 주면 퇴직할 예정이었다. 그는 말했다. "전다시 일을 할 때라고 생각했어요. 녀석들을 쫓아가지 않았다면 절 겁쟁이라고 생각했겠죠. 이제는 아무도 절 그렇게 부르지 못할 겁니다."[26]

1986년 도심의 매장으로 감당할 수 없을 정도로 사업규모가 커진 보샤임은 서쪽으로 6마일(약 10km) 떨어진 지금의 부지, 리전시 코트Regency Court로 이전했다. 고급 쇼핑몰인 리전시 코트에는 현재 윌리엄스 소노마Williams Sonoma, 크리스천 노블 모피Christian Nobel Furs, 플레이밍스 스테이크하우스Fleming's Steakhouse 등이 입점해있다.

●그 분에게는 매장을 팔아야지!

그로부터 2년 뒤, 워런 버핏은 블럼킨 가족을 통해 프리드먼 일가의 보샤임 매각 의향을 전해 듣게 된다.

1988년 12월 버핏은 크리스마스 선물을 마련하기 위해 보샤임 매장을 찾았다. 판매직원과 제품을 둘러보는 버핏의 모습을 발견한 아이크 프리드먼의 사위, 도널드 예일Donald Yale은 직원에게 소리쳤다. "그 분에게 반지를 팔 게 아니고 매장을 팔아야지!"[27]

1989년 1월 별도의 협상 없이 짤막한 논의 끝에 보샤임은 버크셔 해서웨이의 자회사가 됐다. 버핏은 간단한 악수를 교환하면서 아이먼 프리드먼에게 보샤임 주식 80%를 매입했다. 매입 추정가는 6,000만 달러 이상이었다.[28] 프리드먼은 버핏에게 사업가치를 설명했고, 과연 그가 말한 그대로였다. 감사도, 재고목록도 오가지 않았다. "아이크가 그렇다면, 그런 거죠." 버핏의 말이다.[29]

버핏은 보샤임의 인수를 기뻐했다. 1989년 버핏이 주주들에게 보낸 편지는 다음과 같았다. "1983년, 버크셔는 네브라스카 퍼니처 마트의 80%를 매입했습니다. 당시 회장인 저는 로즈 여사에게 간단하지만 중요한 질문을 던지지 않은 실수를 저질렀습니다. 나이어린 남학생이라도 생각할 법한 질문이었죠. '블럼킨 가에 여사님 같은 가족이 또 있습니까?' 그래서 작년에는 실수를 바로잡았습니다. 이제 버크셔는 로즈 가의 또 다른 회사인 보샤임의 지분 80%를 매입했습니다."

버핏은 프리드먼 가의 단도직입적인 태도, 사업감각, 판매능력을 높이 샀다. "여러분이 오랫동안 존경해온 분들과 함께 일하게 돼 대단히 기쁩니다." 버핏은 말을 이었다. "블럼킨 가가 그랬듯, 프리드먼 가의 성공은 그럴 만한 것이었습니다. 양쪽 집안 모두 고객에게 이로운 것, 그 결과 자신들에게도 이익이 될 것에 집중했습니다."[30]

버핏은 아이크에 대한 일화도 소개했다. "제가 아이크를 너무나 좋아하는 이유를 설명해줄 만한 사건이 하나 있습니다. 제가 활동하는 친목단체가 있는데, 우리들은 2년마다 모여 몇 가지 주제를 놓고 이야기하죠. 지난 9월에는 산타페에 있는 리조트, 비숍스 롯지Bishop's Lodge에 모이기로 했지요. 우리는 아이크, 그의 아내 로즈, 아들 앨런에게 모임에 참석해 보석류, 보석 사업에 대한 강의를 해줄 것을 부탁했습니다. 아이크는 우리들의 기를 죽이려고 단단히 마음을 먹은 모양이었습니다. 오마하에서 2,000만 달러 만큼의 멋진 제품들을 공수해왔더군요. 약간 걱정이 됐습니다. 비숍스 롯지는 연방 금괴 보관소 포트녹스Fort Knox가 아니니까요. 그래서 전 아이크의 강의 전에 열린 오프닝 파티에서 우려를 표했습니다. 아이크는 저를 구석으로 데려가더니 이렇게 말했습니다. '저 금고 보이세요? 오후에 비밀번호를 바꿔놨기 때문에 지금은 호텔 경영진도 저걸 열 수 없습니다.' 그 말을 듣자 한결 숨쉬기가 편하더군요. 아이크는 말을 이었습니다. '그리고 허리에 권총 찬 덩치 큰 사내 둘 보이시죠? 저들이 밤새 금고를 지킬 겁니다.' 전 그제야 파티를 즐길 마음이 났습니다. 그런데 아이크는 제 쪽으로 바싹 몸을 붙이더군요. '그리고요, 버핏.' 그는 고백했습니다. '보석들은 금고 안에 없어요.'"[31]

"버크셔 해서웨이와 합병한다는 것은 이전에 보샤임을 전혀 몰랐을 새로운 구매층을 만날 기회입니다." 수전은 말했다.[32]

버크셔가 항상 고수하는 인수 방침에 따라 버핏은 기존의 보샤임 경영진을 그대로 유지했다.

"뭔가를 바꾼다는 것은 바보같은 짓이죠." 버핏은 찰리와 함께 '관중석에 앉아 응원을 하겠다'고 말했다.[33] 그리고 경영진에게 직접적인 지시를 내렸다. '아무 것도 바꾸지 말 것.' 그러나 불행하게도 그로부터 8개월 뒤 루이가 세상을 떠나자마자 모든 것이 바뀌었다.

아이크 역시 2년 뒤에 숨을 거두고 만다.

오랜 골초였던 아이크는 1991년 3월에 폐암 판정을 받았고, 그 해 9월에 세상을 떠났다.

수전은 말했다. "아이크는 보석업계에서도 독보적인 대단한 천재였어요. 세상을 떠날 때까지 9년 동안 저에게 훌륭한 스승이었습니다. 아이크의 측근으로 일했던 것은 정말이지 크나큰 축복이었습니다. 고객을 접대하는 방법에 대해 너무도 많은 것을 배웠죠."[34]

아이크의 죽음 직후 버핏은 말했다. "아이크는 사업의 귀재였습니다. 사람들의 스타일, 상상력을 이용할 줄 아는 친구였죠. 개인적으로도 아이크는 좋은 친구였습니다."[35]

이후에는 도널드 예일이 보샤임의 사장으로 취임했다. 앨런 프리드먼은 소유하고 있던 지분을 버크셔에 매각하고 베버리힐스에서 독립적으로 보석상을 열었다. 그리고 수전은 상무 자리에 올랐다.

● 본사로 부터 호출

2년 뒤인 1993년 도널드 예일은 아내 제니스Janis가 암에 걸리면서 아직 어린 다섯 아이와 아내를 돌보기 위해 회사를 그만뒀다. 이후에는 보샤임 지분을 버크셔에 넘겼다.

예일이 사직서를 제출한 지 몇 주 후 수전은 버핏의 전화를 받았다. 그녀는 당시의 일을 기억했다. "어느 날인가 아침 10시에 전화를 걸더니 말하더군요. '오후에 사무실에 들러서 미팅할 시간이 있을까요?' 앞으로의 계획을 위해 중역 전체를 소집해 회의를 하려는가 싶었죠. 그래서 기꺼이 그러겠다고 했지만, 당장 입고 있던 옷이 마음에 들지 않았어요. 그러니까, 이해하시겠지만 버핏과 회의를 할 때에는 프로다운 복장을 하고 싶었죠."

당시 수전은 보샤임에서 차로 반시간 걸리는 포트 칼훈Fort Calhoun에 살고 있었다. 그 집과는 별도로 매장에서 가까운 곳에는 작은 아파트가 있었다.

"그래서, 전 남편에게 전화했어요. 그리고 이렇게 말했죠. '버핏이 사무실에 들르라고 해서 집에 가서 옷을 갈아입어야 해. 그런데 구두는 저쪽 집에 있고 정장은 아파트에 있어.' 그러자 남편 진Gene은 말하더군요. '당신은 아파트에 정장을 가지러 가. 내가 농가에 가서 구두를 챙겨올게.' 진은 내 구두를 가지러 가려고 속도를 내며 주 경계선을 넘다가 교통경찰에게 걸리고 말았어요. 남편은 경찰에게 말했어요. '제 말을 안 믿어주시겠지만, 아내가 오후에 워런 버핏과 미팅을 하기로 해서요. 아내가 신을 구두를 가지러 가던 중이었습니다.' 경찰은 말했어요. '그것 참 좋은 소식이군요. 오늘 처음 들은 좋은 소식입니다.' 그러더니 경찰은 경고만 하고 남편을 보내줬어요."36)

수전은 다른 옷을 걸치고 구두를 갈아신은 다음 버핏을 만나러 갔다. 이야기를 시작한지 얼마 지나지 않아 수전은 버핏이 이후의 일정 때문에 자신을 호출한 것이 아니라는 사실을 깨달았다. 버핏은 그녀에게 사장직을 맡은 것을 제안했다. 수전이 서른 네 살 때의 일이었다.

"행여라도 언젠가 보샤임 사장이 되리라는 꿈은 꿔본 적이 없어요." 수전은 말했다. "버핏이 미팅하러 오라고 했을 때에는 매장운영 방식을 논의하려는 것이 아닌가 싶었죠. 그런 제안을 받자 어안이 벙벙했어요." 근심스러운 제안이었다. 당시 하던 일도 즐거웠고, 일이 늘어나는 것이 아닌가 걱정스러웠다. 그래서 수전은 버핏에게 원래 하던 일 중 일부를 대신 맡아줄 담당자를 물색해줄 것을 부탁했다. "실제로, 전 사장일이 마음에 안 들면 언제든 원래 자리로 돌아갈 수 있게 해준다는 단서 하에 사장직을 맡았지요!"37)

수전은 버크셔 해서웨이 자회사 중 두 번째 여성 CEO가 됐다. 최초는 로즈 블럼킨이었다. 그리고 1997년 로즈 여사가 은퇴하고 그로부터 5년 뒤 도리스 크리스토퍼의 팸퍼드 셰프의 인수가 이루어질 때까지 수전은 버크셔에서 유일무이한 여성 CEO 자리를 지켰다.

"그 직책을 제안할 때 버핏은 제가 여자라는 것이나 나이가 젊은 것은 아무런 문제가 안 된다고 말했어요." 수전은 말했다. "전 지금도 버핏에게 가끔 농담을 해요. 버크셔에는 지금보다 많은 여성 CEO들이 필요하다고요."[38]

버핏은 사내에 수전의 승진 소식을 발표하며 이렇게 말했다. "수전이 시급 4달러 판매직원으로 입사한 지 11년 만에 사장이 된 것은 그녀만의 특별한 고객우선주의, 그리고 유능한 사업기술 덕분입니다. 버크셔 해서웨이에서 지속적으로 꾀해온 방침들이지요. 이런 수전이 승진한 것은 더더욱 기쁜 소식입니다."[39]

버핏은 나중에 이 일을 두고 다음과 같이 회상했다. "지금까지 경영자로 일하면서 내린 결정 중 가장 잘 한 것이었습니다."[40]

수전이 보샤임 사장이 되었다는 뉴스가 발표되자 과속으로 달리던 남편을 불러세웠던 교통경찰이 그녀에게 축하전화를 했다.

수전은 버핏이 자신의 일에 지대한 영향을 미쳤다는 사실을 잘 알고 있다. "신중하게 일할 것, 스스로를 믿을 것, 자신감을 가질 것, 항상 옳다고 생각하는 바를 실천할 것. 버핏은 이런 측면에서 긍정적인 영향을 주었지요."[41]

그리고 버핏이 자유방임적이면서도 마음 편하게 대할 수 있는 경영자라고 설명했다.

"예전에는 지금보다 자주 사무실에 나왔어요. 토요일 아침 10시에 문을 열고 들어올 때도 많았죠. 그렇지만 한 번도 간섭하는 일은 없었어요. 지금은 유명세 때문에 상황이 달라졌지만요. 전 버핏이 그리워요. 정말로요."[42]

"워런 버핏을 상대로 보고할 수 있다는 사실, 그런 사람을 상사로 모시고

있다는 것은 대단한 축복이자 특권입니다.” 수전은 말했다. “진실하고 정직
하며 믿을 만한 사람이고, 사업윤리를 지키는 사람이죠. 원할 때마다 만날 수
있고요. 매년 1월에는 당해 목표를 명시한 한 페이지 분량의 메일을 받아요.
그리고 언제든 물어볼 것이 있으면 쉽게 만나주는 분이죠.”[43]

게다가 버크셔 해서웨이의 지지, 자원 덕에 보샤임은 상당한 구매력을 갖
추게 됐다. “시장에서 제품을 매입할 때에는 가장 저렴한 가격에 거래하려고
최선을 다합니다. 그 결과 필요할 때에는 선지급으로 주문을 해야 하지요. 다
시 말해 상대방이 요구하면 8주 전에 돈을 지급해야 제품을 받을 수 있어요.
이 업계에서 그럴 만한 자원을 가진 회사는 아주 적습니다. 대부분 가능한 오
랫동안 대금지급을 미룹니다. 그리고 보샤임의 경상비 지출 비율은 아주 낮
은 편이죠. 덕분에 보다 저렴한 가격에 제품을 매입할 수 있고요.”[44]

버크셔의 79개 자회사 중 하나가 되면서 자매회사들과 협력할 기회도 커
졌다. 물론 각 기업의 CEO들에 대한 평가는 개별성과에 따라 이루어진다.
그렇지만 힘을 합치면 보다 효율적인 홍보활동이 가능하고, 그 결과 여러 기
업이 동시에 이득을 보게 된다.

● 버크셔의 자회사들

보샤임은 버크셔 해서웨이가 처음으로 인수한 보석회사다. 이후 버크셔는
1995년 전세계에 230개 매장을 소유하고 있는 헬즈버그 다이아몬드Helzberg
Diamonds를 인수했다. 2000년에는 미국 10개 주에 70개 이상의 매장을 운영
중인 벤 브릿지 보석상Ben Bridge Jeweler을 인수했다.
2007년 버크셔는 보석회사 벨-오로 인터내셔널Bel-Oro International과 오라핀

Aurafin LLC을 인수했다. 그리고 이 두 회사를 합병해 이탈리아 아레조Arezzo에 본사를 둔 리치라인 그룹Richline Group을 새롭게 만들었다. 아레조는 금 세공품 생산과 디자인으로 소문난 지역이다.

매출액이 5억 달러에 달하는 리치라인은 지금도 다양한 브랜드, 생산자, 디자이너들을 영입하려는 노력을 게을리하지 않고 있다. [45]

"우리보다 덩치 큰 회사의 인수도 마다하지 않습니다."[46] 리치라인 그룹 CEO 데니스 울리히Dennis Ulrich의 말이다. 규모가 작기는 해도 리치라인은 어엿한 보샤임의 공급사다.

헬즈버그 다이아몬드는 버크셔 자회사 중 유일하게 오마하에 본사를 둔 기업이다. 불과 몇 년 전만 하더라도 도심 내 4개 매장을 운영 중이었지만, 이제는 2개의 쇼핑몰을 거느리고 있다.

수전은 헬즈버그와 보샤임의 관계를 두고 이렇게 말했다. "가까운 관계죠. 헬즈버그와 보샤임은 경쟁관계에 있습니다. 활동하는 시장이 같으니까요. 벤브릿지는 우리와는 다른 시장에 있죠. 보석업계의 경쟁은 치열하지만 두 회사는 아주, 굉장히 가까운 사이입니다. 서로를 돕고 싶어하죠. 솔직히 제가 생각하는 경쟁사는 많지 않아요."[47]

"보샤임의 최대 경쟁사는 여행업계와 전기업계에 있죠." 홍보담당 아드리안느 페이Adrienne Fay의 말이다.[사진 2.2] "반드시 다른 보석회사가 경쟁사라는 법은 없습니다."

사진 2.2 아드리안느 페이, 보샤임 홍보담당
• 자료제공: 보샤임 파인 주얼리 앤 기프트

오마하가 고향인 아드리안느는 줄곧 그곳에서 자랐고 2004년부터 보샤임에서 일했다. 아드리안느는 위스콘신 밀워키에 있는 마케트 대학Marquette University에서 공적 관계와 영어학 명예박사 학위를 받았다. 졸업 후 네브라스카로 돌아오기 전까지는 밀워키의 금융회사에서 홍보를 담당하기도 했다.

수전은 아드리안느의 말을 이어받았다. "우리 매장 제품을 원치 않는 고객에게는 헬즈버그에 가볼 것을 권합니다. 그 회사 물건을 팔아주려는 것도 아니고, 그쪽 역시 마찬가지죠. 그렇지만 다른 매장을 추천하기 전에 자매회사의 제품을 권합니다. 그렇게 되면 적어도 고객은 버크셔의 다른 자회사 제품을 사게 되는 셈이니까요."[48]

보샤임은 버크셔 주주총회 기간 동안 시즈캔디See's Candies, 넷제츠Netjets와 함께 정찬 자리를 마련해 제품을 홍보했다. 덕분에 넷제츠 고객들은 보샤임의 제품을, 보샤임의 고객들은 넷제츠 제품들을 접할 수 있었다. 그리고 모두가 시즈캔디를 맛보았다.

"버크셔 연합 덕분에 고객기반이 크게 성장했어요." 수전은 말했다. 매년 봄마다 열리는 버크셔 주주총회 기간 동안 주주들을 접대하는 것은 보샤임의 입장에서 볼 때 매우 성공적인 홍보전략이다. 총회를 마치고 돌아간 주주들은 가족, 친구들에게 보샤임 제품에 대한 입소문을 내주기 때문이다.

● 호화로운 봄

버크셔 포트폴리오 전체를 놓고 볼 때 보샤임은 적은 자산에 해당하지만 주주들의 수익률은 높은 편이다. 버크셔 연간 주주총회가 열리는 5월이 되면 보샤임, 네브라스카 퍼니처 마트는 주주들을 위한 세일행사를 개최한다. 이

기간에는 버핏과 버크셔의 부회장 찰리 멍거Charlie Munger도 매장에 들러 주주들과 이야기를 나눈다.

보샤임 매장에서 회의가 열리는 컨벤션센터까지 이동하는 것은 어렵지 않다. 무료 셔틀버스가 30분마다 센츄리링크 센터와 보샤임 매장 사이를 오가기 때문이다. 총 세 대의 버스가 순환운행하며, 편도운행에는 약 15~20분이 소요된다.

회의가 열리는 전날인 금요일 저녁, 보샤임은 생음악과 춤을 곁들인 칵테일 파티를 밤 9시까지 주관한다.

"주주들에게 매장을 보여줄 수 있는 기회를 이용하는 겁니다." 수전은 말했다. 2004년 아드리안느가 입사한 날은 때마침 파티가 열리는 날이었다. "저에게는 첫 출전이었죠!" 그녀의 말이다.

나는 2011년에 열린 칵테일파티에 보스턴에서 날 만나러 온 친구 댄 브래코Dan Bracco를 데려갔다. 아직까지 다음날 회의장을 가득 채울 인파에 대해 전혀 몰랐던 댄은 영문을 모르는 상태였다. 파티장에 도착하자 매장, 그리고 주차장 근처에 세운 천막에는 다양한 연령대의 사람들이 가득했다. 저마다 손에 든 음료잔에는 맥주와 와인이 찰랑거렸고 보석 매장에는 손님이 꽉 차 있었다.

보샤임의 파티를 경험한 댄은 감탄했다. "마치 대학에서 열리는 사교파티 같았습니다. 물론 그보다는 훨씬 절제된 파티였지만요. 기발한 홍보전략이었습니다. 술과 보석의 조합이라니!"

수전은 말했다. "보샤임에서는 매년 버크셔 해서웨이 주주총회 주간을 위해 특별히 멋진 보석 수천 점을 준비합니다." 기간 중 얻는 수익은 매년 다르지만 대개 연간 총수익에 기여하는 정도는 8~15%이다. 이 기간에는 보석류와 함께 버크셔의 회사 판촉물도 함께 판매한다. 파티장에서는 버크셔 로고가 붙은 모노폴리 게임, 퍼즐, 저금통, 펜, 여행용 머그를 만날 수 있다. 워런 버핏과 찰리 멍거의 '마법의 공'도 판매한다. 이 공을 누르면 '보류!', '더 이상 보탤 것이 없습니다', '다이아몬드를 사세요' 같은 말들이 나온다.

"가끔은 보석 제품을 강조할 때도 있습니다." 아드리안느는 말했다. "한 예로, 2년 전에는 '튜터가의 장미 브로치'를 팔았죠. 나폴레옹 보나파르트의 손녀딸이 위탁한 것이었습니다. 이 브로치는 1920년경 밴더빌트Vanderbilt 컬렉션에 포함되었던 것이죠. 박물관에 전시해야 할 정도로 귀한 보석이었어요."

2011년에는 그 해 상영된 영화 '물랑 루즈Moulin Rouge'에서 배우 니콜 키드먼Nicole Kidman이 목에 걸었던 134캐럿짜리 다이아몬드를 선보였다. 1996년에는 50주년을 맞아 545.67캐럿짜리 다이아몬드를 만들기도 했다.

보샤임은 버크셔 주주총회 주간 동안에는 브런치 준비를 위해 일요일 오전 9시에 매장 문을 연다. 일 년 중 유일하게 주주들에게만 매장을 개방하는 날이다. 2011년 버핏은 브런치가 진행되는 동안 매장에서 20여 점의 제품을 팔았다. 목걸이와 시계, 그리고 결혼 30주년, 50주년을 맞은 부부들을 위한 기념일용 반지 같은 것들이었다.

"분명 그 중 몇 건은 버핏이 아니었으면 성사되지 않았을 거래였죠." 수전은 말했다. 3만 달러짜리 반지를 산 여성고객도 있었고, 신용카드로 다이아몬드 팔찌를 사간 남자도 있었다. 남자는 그저 버핏에게 무언가를 사고 싶었을 뿐이라고 말했다. 주주총회 기간 세일행사 중 역대 최고의 매출을 올린 해였다. "버핏은 유능한 판매사원입니다. 우리에게 실망을 안겨주지 않았어요. 언제든 보샤임 판매팀에 들어온다면 두 팔 벌려 환영할 겁니다."[49]

주주총회 기간 세일행사 중 총 판매액은 지난해에 비해 45% 상승했다. 일요일 오후 한 시간 동안 버핏이 판매사원 노릇을 한 덕도 있었고, 회의가 열리는 퀘스트센터에서 제품을 팔기로 한 결정도 유효했다.

보샤임에서는 회의 중 늘 컨벤션센터에서 전시용 부스를 운영해왔지만, 기존에는 버크셔의 판촉물만을 취급해왔다. 그러다가 올해부터는 진주목걸이, 다이아몬드 커팅 귀걸이를 비롯한 기본적인 제품을 진열하는 가판대도 설치했다. 주주들은 2,000달러에 달하는 1캐럿 귀걸이를 열광적으로 사갔다.

성공적인 판매에 힘입은 보샤임은 이후 컨벤션센터 부스의 판매제품 범위를 확대할 계획이다. 이 방법을 이용하면 매장에 한 번도 와보지 않은 주주들에게도 보샤임의 인기제품 몇 가지를 보여줄 수 있다.

금요일 저녁, 보샤임 매장에는 1만4,000명이 몰려들었고, 일요일에는 방문고객수가 8,000명을 기록했다. 수전은 말했다. "손님들은 여느 때보다 열심히 물건을 사갔어요. 2010년의 판매액은 2009년에 비해 살짝 높은 수준이었습니다. 하지만 올해에는 정말이지 기쁘고도 놀라울 정도입니다. 매장은 엄청나게 혼잡했어요."[50]

주주총회가 끝난 바로 다음 날부터 그 다음 해의 행사를 계획하는 일이 시작됐다. 아드리안느는 말했다. "우리에게 있어서 버크셔 주주총회 세일행사는 5월의 크리스마스 같은 겁니다. 언제나 최고의 분위기를 연출해 주주들이 멋진 경험을 누릴 수 있게 해주고 싶은 것이 바람이죠. 내부에서는 끊임없이 계획을 수정합니다. 리젠시코트는 훌륭한 파트너입니다. 우리가 접대해야 하는 손님은 7,000명이 넘으니, 실로 유능한 파트너가 필요하죠. 홍보효과를 생각한다면 영업기간 전체를 통틀어도 최고의 투자수익률을 기록한 해입니다."

● 오마하 효과

보샤임은 앞으로도 줄곧 오마하에 본사를 두고 단독 매장만을 운영할 방침이다. 물론 오마하가 아닌 곳에 사는 개인고객의 구매액 비율도 높지만, 그렇다고 해서 다른 주로 본사를 옮기거나 매장을 추가로 운영해야 할 필요는 없다.

오마하 상공회의소에서는 경제발전에 대한 열망을 담아 'O!'라는 심벌마크를 만들었다. 보샤임은 오마하에서 매장을 운영하는 것에 더없는 만족감을 표한다. "우리로서는 그보다 좋은 입지는 없지요." 수전은 말했다. "지리적 이점 덕분에 미국 최대 보석상 중 하나가 될 수 있었습니다. 오마하에 기반을 두었기에, 뉴욕 메디슨 애비뉴Madison Avenue나 베벌리힐스의 로데오 드라이브Roder Drive에 있었더라면 비용을 감당할 수 없었을 것입니다. 오마하가 아닌 곳에서는 6만2,500제곱피트(약 6057㎡) 면적의 매장을 운영할 수는 없었을 겁니다."[51]

이제는 배송도 가능하기에 지리적 위치는 더더욱 중요치 않게 됐다. 보석 배송은 이를테면 가구나 자동차, 예술품 같은 제품에 비하면 훨씬 쉽다.

아드리안느는 말했다. "오마하에서 영입하는 것에 만족합니다. 그럼에도 전세계에 보샤임 고객이 얼마나 많은지 생각한다면 정말 자랑스러운 일이죠."

여기에 수전은 몇 마디를 더 보탰다. "직업윤리는 성공에 많은 영향을 미칩니다. 타의 모범이 될 만한 고객서비스를 베푸는 것은 보샤임의 행동강령입니다. 중서부 특유의 사고방식은 그것을 가능하게 했지요. 특히 버크셔 해서웨이 주주총회 세일행사 중 느끼는 점이지만, 북동부 연안 사람들은 보샤임 직원들의 친절하고 품위있는 태도에 예외없이 놀라워합니다. 오마하에서의 삶은 실로 축복받은 것입니다. 매장까지 5분밖에 안 걸린다는 점도 만족스럽고요. 조화로운 삶을 살아가는 데에는 오마하라는 장소가 큰 도움이 됩니다. 업계에서 일하는 대부분의 사람들은 일과 가정 사이의 조화를 꾀하려고 노력

사진 2.3 보샤임에서 주최한 헨리 도어리 동물원(Henry Doorly Zoo)를 위한 자선파티, 2011년 왼쪽부터: 파충류 및 양서류 수석 사육사 브랜든 그리브스(Brandon Greaves), 워런 버핏, 수전 자크

• 자료제공: 보샤임 파인 쥬얼리 앤 기프트

중입니다. 오마하에서 가능한 생활방식 덕분에 이 두 가지의 조화를 이룰 수 있었습니다."[52]

보샤임은 오마하 지역공동체 내의 많은 행사와 단체들을 후원한다. 2011년 7월에는 오마하의 헨리 도어리 동물원을 위한 자선파티를 주최했다. 동물을 테마로 한 보석류를 판매해 얻은 수익은 동물원 보수확장 공사를 위해 기부했다. 매장을 찾은 손님들은 독거미, 악어, 펭귄, 뱀, 그리고 워런 버핏과 함께 즐거운 시간을 보냈다.[사진 2.3]

"우리는 뛰어난 브랜드, 특히 다른 지역에 기반을 둔 브랜드와의 공동 브랜딩도 반깁니다." 수전은 말했다. "양쪽 모두에게 좋은 일이죠."

● 가족들과의 삶

수전은 1987년 크리스마스 시즌 동안 매장에 추가 투입된 인력 중 한 명이었던 미래의 남편 진 던Gene Dunn을 만났다. 진은 오마하에서도 저명한 아일랜드계 천주교 집안의 10남매 중 한 명이었다. 산업잠수부 일을 하다가 잠시 주식에 전념하기도 했던 진은 수전을 만날 당시 고급가구와 고증가구를 취급하는 기업, 미카 메카Mica Mecca를 인수했다.

"진은 보샤임에서 계속 일했다가는 제가 만나주지 않을 것 같다는 생각에, 막 싹트기 시작한 보석에 대한 재능을 포기해야 했다고 농담하곤 하죠."[53]

둘은 2년 동안 만났다. 진은 프로포즈 당시 가게에서 아이들에게 흔히 나눠주는 미니당근 3개와 함께 '3캐럿 반지'를 줬다. 첫 번째 약혼반지는 수전의 어머니가 끼던 투명한 다이아몬드 반지였다. 수전은 나중에 투명 다이아몬드로 측면을 감싼 생기발랄하고 예쁜 노란색 다이아몬드 반지로 그것을 재가공했다.

수전과 진은 1990년에 결혼했고 이제는 세 아들을 두고 있다. 진은 오마하 옆 던디Dundee의 골드버그 레스토랑Goldberg's Restaurant 오너다. 수전은 남편에 대해 이렇게 말했다. "남편은 제가 성공할 수 있게 도와준 정신적 지주입니다. 사업하는 여성을 적극적으로 자애롭게 지지하지요."[54]

보석류 연구, 세계여행, 골동품과 원석표본 수집이 수전의 취미다. "시간이 나면 산책을 즐겨요. 효과적인 심신치료제이죠. 그리고 특히 사탕, 디저트처럼 줄여야 하는 군것질을 좋아하고요.[55] 우리 부부에게는 다같이 모여놓기 좋아하는 친구들도 많습니다."

"전 꽤 바쁜 편이죠." 수전은 말을 이었다. "아이가 셋이잖아요. 애들 때문에 정신이 하나도 없어요. 어린 아들은 다섯 살 생일선물로 자전거를 받았죠.

그래서 매일 밤마다 공원에 가요. 아들은 자전거를 타고 전 산책을 하죠. 테니스도 자주 쳤는데, 오랫동안 못 쳤어요. 그렇지만 언젠가는 다시 하고 싶은 취미생활이죠."

심신의 건강을 유지하는 비결을 묻자 그녀는 말했다. "행복해져야 해요! 긍정적으로 살면서 항상 밝은 면을 보려하고요. 저는 이제껏 살면서 커다란 축복을 받았죠. 더없이 감사한 일입니다. 건강하고 삶에 대한 애정도 있고 게다가 따뜻하고 사랑스러운 가족도 있잖아요."[56]

● 진주에 미치다

최근 매장에서 만난 수전은 검정색과 흰색이 섞인 기하학 무늬 스커트를 입고 검정색 재킷을 걸친 차림이었다. 목에는 여러 줄로 된 진주목걸이가 걸려있었다. "보수적이고 고전적인 것이 제가 즐기는 패션스타일입니다. 출근할 때에는 정장 차림에 우아한 장신구로 자연스럽게 멋을 내고요. 전 차려입는 걸 좋아해요. 캐주얼은 별로 안 어울리거든요. 오랫동안 청바지를 입지 않았어요."[57]

그날 수전이 걸치고 있던 거의 모든 장신구는 소중한 기억이나 특별한 의미가 담긴 것들이었다. 왼쪽 손목에는 진주팔찌를 차고 있었다. "보샤임 20주년을 기념하는 것이죠." 오른쪽 손에는 큼지막한 다이아몬드 반지가 보였다. "이건 40살 생일선물로 남편에게 받은 선물이에요. 4.04캐럿 다이아몬드죠. 40번째 생일, 그리고 네 명의 가족을 상징하는 숫자예요. 그땐 아이가 둘이었거든요. 이젠 셋이 됐으니 거기에 맞게 캐럿수를 더해야 한다고 말했죠." 그녀는 웃으며 말했다. "남편은 2000년에 이 반지를 줬어요. 전 밀레니엄과 관련 행사를 열렬히 고대했죠. 친구들과 파티를 하던 중이었어요. 1999년 12월 31일 자정이 되자 남편이 댄스플로어 위에서 이걸 주더군요.”

오른쪽 손목에는 또 다른 진주, 다이아몬드로 된 팔찌가 있었다. “이건 오래전 결혼기념일에 받은 아주 특별한 선물이고요.” 그리고는 귀에 걸고 있는 회색 진주 드롭 이어링을 설명했다. “아, 이 귀걸이들은 얼마 전에 제가 장만한 거예요. 그리고 이 진주목걸이는….” 세 줄로 된 목걸이의 총 길이는 97인치(약 2.4m)로 백색의 타원형 진주들을 꿰어 만든 것이었다. “우린 치렁치렁한 진주목걸이를 좋아해요!” 작은 대리석만큼이나 큰 백색 진주로 만든 세 줄짜리 목걸이를 찬 아드리안느 역시 수전의 말에 동감했다. “정말 좋아하죠!”

수전은 다시 말을 이어나갔다. “진주는 가장 고전적이고 멋진 패션이라고 생각해요. 아시겠지만 전 늘 진주를 몸에 걸쳐요.” 얼마 전 출산한 아드리안느도 말을 거든다. “우리 딸은 진주목걸이를 입에 집어넣더라고요.” 수전이 끼어들며 맞장구쳤다. “우리 아들은 잘근잘근 씹어요. 정말이지 진주는 튼튼한 이갈이용 구슬이라니까요.”

“전 모든 것에는 의미가 있다는 말을 신봉하는 편입니다.” 수전은 말했다. “지금은 안 차고 있지만 집에 멋진 핀이 있어요. 보샤임 25주년 기념 핀이죠. 저에게 보석은 단순한 장신구가 아닙니다. 그런 역사가 담긴 기념물입니다.”

●가족 친화적 기업

첫 아이를 낳고 다시 풀타임으로 일하기까지 결심을 내리기란 쉽지 않은 일이었다. “많은 이들이 일과 가정생활의 균형을 이루려고 노력하죠.” 수전은 말했다. “루크가 태어났을 당시 다시 풀타임으로 일하며 제가 선택한 길을 추구해야 하는지 중대한 결정을 내려야 했어요."[58] "보석 매입을 위해 출장을 다녀오거나 이사회 회의에 참석하려면 가정이나 가족에 쏟아야 할 시간을 할애해야 했어요. 필요한 일들이니 결정하기 어려웠지요."[59]

보샤임이 오마하에서 가정친화적인 10대 기업 중 하나였기에 다행이었다. 보샤임은 자사 직원이 헨리 도어리 동물원Henry Doorly Zoo이나 조슬린 미술관Joslyn Art Museum의 회원권을 구입할 경우 금액 일부를 지원한다. 피트니스 클럽 비용도 지원대상이다. 저렴한 가격에 중식을 제공하며 임신한 직원에게는 출산 준비물을 지급한다. 유나이티드 웨이United Way, 아트 오브 다임즈March of Dimes에 기부한 직원에게는 상을 주고 운동경기와 자선행사 초대권을 제공한다.

보샤임에서는 줄곧 남성에 비해 압도적으로 많은 여성 직원들에 대한 지원을 아끼지 않았다. 프리드먼과 블럼킨 가의 여자 중 여러 명도 보샤임에서 일했다. 필리스Phyllis 이모도 16년간 보샤임에서 파트타임 경리로 일했다. 올해로 일흔 일곱인 이모는 여행을 떠나고 싶을 때마다 흔쾌히 휴가를 허락하는 보샤임의 융통적인 방침을 좋아한다.

"우리 회사 경영팀에는 젊은 여자가 많아. 그리고 가족을 아주 소중하게 여기지." 이모는 말했다. "아주, 정말이지 즐거운 가정을 꾸려나가고 있다면, 그리고 그것을 위해 필요한 시간을 쏟는다면, 지금보다 생산적으로 일할 수 있을 겁니다." 수전은 말했다.

보샤임의 간부 8명 중 7명은 여성이고, 그 중 4명이 임원이다. 수전은 사장 겸 CEO직을 맡고 있다. 그밖에도 CFO인 에린 리마스Erin Limas, 인사행정부 부사장 제니퍼 존슨Jennifer Johnson, 장신구 부문을 총괄하는 션 무어Sean Moore, 선물 부문 담당인 지니 마테Ginny Mathey, 회계 담당이자 부서 관리자인 재닛 자르Janet Saar가 있다. 아드리안느 페이는 홍보, 케런 고라키Karen Goracke

는 판촉을 맡고 있다.

수전은 여성 간부들에게 칭찬을 아끼지 않는다. "저로서는 재능이 없는 여러 분야에 뛰어난 인재들과 함께 일하고 있죠. 보샤임은 최강의 팀입니다.[60] 보샤임의 목표를 뛰어넘기 위해 준비하고 노력하는 뛰어난 경영진과 일하게 된 것은 큰 기쁨입니다. 높은 전문성과 열정을 가진데다가 근면한 직원들은 지금의 보샤임이 거둔 성공에 크게 기여했지요."[61]

워런 버핏은 보샤임의 이사회 회장이다. 그리고 아이크와 로즈 프리드먼의 막내딸인 수지 콘Susie Cohn과 마빈Marvin 부부가 아직까지 소수의 지분을 소유하고 있다.

마빈은 지난 25년 동안 보샤임에서 다이아몬드 매입을 담당했다. 지금은 비상근이지만 축일, 버크셔 주주총회 주간에는 매장에 나와 개인적인 친분이 있는 고객들의 구매를 돕는다.

보샤임 직원들은 중개료를 챙길 목적으로 일하지 않는다. 판매보다는 고객을 돕는 것이 1순위다. 회사는 기념할 만한 일이 생길 때마다 직원들에게 판촉물을 나눠준다.

수전은 말했다. "전 직원들에게 말해요. '금액으로 따지지 마세요. 의미를 가질 만한 뭔가를 꺼내보세요. 그런 것을 꺼내 볼 때마다 회사를 위해 했던 일들, 그 밖의 모든 공헌을 대가로 받은 상이라는 사실을 기억하게 될 겁니다.'"

쇼핑몰 측에서는 연중무휴 영업을 요구하지만 보샤임은 매주 일요일마다 휴점 방침을 엄격하게 준수하고 있다. "전 일요일에는 쇼핑을 안 해요. 저같은 사람만 있다면 일요일에 매장 문을 열어야 할 필요는 없죠." 수전은 설명했다. "축일에도 문을 여는 매장들이 있어요. 다른 사람들이 쇼핑하려면 어떤 가게들은 그런 날에도 문을 열어야겠죠. 하지만 의무는 아닙니다. 누구나 일주일에 하루는 '가족'을 위해 보내야 합니다."

수전은 직원들에게 직업적 성장을 위한 조언을 즐긴다. 보샤임은 GIA의 보석감정사 자격증취득을 준비하는 직원들을 위해 지속적인 교육 프로그램을 운영한다. "과정을 마치려면 오래 걸릴 수도 있습니다. 처음에는 다이아몬드부터 시작해 등급 판별 작업을 하지요. 그런 다음에는 원석 판별 작업을 합니다. 기본적으로는 원석 구분과 등급 매기는 기술을 가르칩니다. 자격증을 땄다면 감정인이 되기 위한 가장 기본적인 기술을 갖춘 셈입니다."[62]

뿐만 아니라 수전은 크레이튼 대학에서 멘토로 활동하고 있다. 지난 10년 동안 크레이튼 이사회 소속이었고 임원 파트너십 프로그램에도 참여했다.

"아주 솔직히 말해 필요로 하는 사람이 있다면 제가 큰 도움이 될 거예요. 학생들이 새로운 길을 탐색하고 나아가는 일을 도울 수 있다면야, 기꺼이 그렇게 하지요. 사회 환원과 멘토링은 의미있는 일이고, 진로탐색에 도움을 주는 것은 모두가 나서야 할 일이라는 것이 제 생각입니다. 보샤임은 사내에서는 물론 회사 밖에서도 그런 일을 하고 있죠."

수전은 일보다 가족을 우선시한다. 수전부부는 이제 막 '결혼 21주년'을 축하한 터였다. 수전은 말했다. "행복한 결혼생활, 그리고 아름답고 건강한 가족을 꾸려나가기 위한 노력을 계속할 겁니다. 저로서는 가장 중요한 목표예요."

● 비밀엄수

보석업계에서 비밀엄수는 매우 중요하다. 따라서 수전은 젊은 보석 전문가들에게 입버릇처럼 말한다. "반지를 판 다음에는 누구에게도 그 거래에 대해 이야기하지 마세요. 그리고 고객이 누구를 위해 반지를 샀을지 추측하지 말고요. 많은 경우, 그 손님의 아내에게 반지가 마음에 들었는지 물어보는 바람에 고객을 잃고 맙니다."[63]

"비밀보장은 이 업계에서 특히 중요한 부분이어서, 누가 제품을 사갔는지 떠벌리는 일은 하지 않습니다."[64] 그러나 '버크셔' 주주 일부와 다른 유명인사들이 보샤임의 고객이라는 사실은 이미 유명하다. 버크셔의 경영진이자 『버팔로 뉴스』 발행인 스탠포드 립시Stanford Lipsey, 시즈캔디 CEO 척 허긴스Chuck Huggins 역시 미래의 아내에게 선물할 약혼반지를 보샤임에서 구입했다.

2004년 12월 24일자 『뉴욕 타임즈』에 모린 다우드Maureen Dowd는 비꼬는 듯한, 거의 악의적인 사설을 기고했다. 이 사설은 힐러리 클린턴Hillary Clinton은 백악관에서 나올 무렵 보샤임에 '선물등록'을 했다고 주장했다. 하지만 수전은 그 사실을 부인했다.[65] 대변인의 말에 따르면 영부인이 좋아하는 중국제 은반지는 보샤임에서 구입한 것이었다.[66] 그 말이 사실일 수는 있지만 선물등록이 사실인지 여부는 분명치 않다.

버크셔 이사이자 버핏의 친구인 빌 게이츠는 1993년 부활절 주간 일요일, 누구의 방해도 받지 않고 보샤임에서 쇼핑을 즐길 수 있었다. 빌 게이츠가 약혼녀 멜린다 프렌치Melina French를 오마하에 데려온 것은 예정에 없던 일이었다. 그러나 버핏은 둘을 태운 전용기를 반겨주었고, 두 연인을 보샤임 매장에 태워다주었다. 둘이 결혼반지를 고를 동안에는 수전이 매장에 출근했다.[67]

버핏 역시 두 번째 아내 아스트리드 멘크스Astrid Menks와 2006년 결혼하기 전, 보샤임에서 약혼반지과 결혼반지를 모두 장만했다.[68] 그밖에도 매장을 찾는 고객은 엄청나게 많지만 직원들이 유명한 고객의 이름을 들먹이거나 자랑하고 다니는 일은 없다.

● 점진적으로 발전하는 사업모델

보샤임은 1999년 6월부터 인터넷 판매를 시작했다. 온라인 매출과 트래픽은 매년 성장세를 기록하고 있다. 그 당시만 하더라도 이는 고심 끝에 내린 결정임에 틀림없었다. 손으로 만든 모든 예술품이 그렇듯, 보석 판매에는 제품과의 감정적 유대가 필요하기 때문이다. 모니터상에 보이는 이미지만으로 그런 교감이 가능할까? 하지만 전혀 문제될 것이 없었다.

수전은 '인터넷은 도전'이라고 인정했다. "결혼 선물등록을 담당하는 부서는 보샤임의 주요 부서입니다. 신용거래가 태반인 그 부서로서는 큰 도전이죠. 다이아몬드 판매 사이트도 만들었습니다. 품질이 좀 떨어지는 일부 재고를 등록해 판매하고 있지요."69)

직원으로 일하는 풀타임 사진사는 사이트에 재고를 등록하는 일은 물론, 메일을 통해 고객에게 구매가능한 제품 이미지를 전송하는 일도 담당한다.

사이트에서는 다이아몬드, 진주, 귀금속, 그 외 다른 원석에 대한 유익한 정보도 제공하고 있다. 뿐만 아니라 고객의 요구에 따라 다이아몬드 반지를 디자인할 수 있는 코너도 마련했다. 덕분에 고객은 원하는 반지 가공과 원석을 선택할 수 있다. '오늘의 특가' 코너도 있다.

보샤임 페이스북에는 많은 고객이 연결돼 있다. '보샤임 신제품Borsheims-What's New'이라는 페이스북용 애플리케이션도 개발했다. 매우 저렴한 비용으로 잠재고객과 접촉할 수 있는 방법들이다. 보샤임에서는 막대한 광고비를 지출하는 법이 없다.

"회사 홍보예산은 연간 매출의 2%입니다." 수전은 말했다. "업계에서는 통상 8~10%를 홍보 예산으로 지출하죠. 하지만 잡지에 1만 달러짜리 광고를 싣는 일은 없을 겁니다. 세상은 넓은 걸요. 유쾌하고 만족스러운 고객, 친구와 가족에게 제품을 소개하는 고객, 지속적으로 관계를 유지하는 고객들을 끌어들이는 일은 전보다 훨씬, 훨씬 더 쉬워졌습니다.”

수전은 정기적으로 모든 보석 라인의 판매액을 상대평가한다. 2009년에는 그 중 12개 라인이 하락세를 보였고, 반면 6개 라인의 판매액은 증가했다.[70] 매장에는 두 개의 브랜드가 추가로 들어왔다. 카르티에Cartier 부티끄와 판도라Padora 매대다.

기업 판촉선물은 새로이 유행하고 있다. 대개 인센티브나 상품으로 사용하는 이런 종류의 상품들에는 시계, 탁상용 액세서리, 상품권 같은 것들이 있다. 이 부문을 담당하는 부서의 판매액은 2010년 27%나 증가했다.[71] 고객에게 금, 은, 합금 소재의 제품을 매입해 신제품으로 바꿔주거나 현금으로 보상해주는 것 역시 보샤임의 새로운 수익원이다.

“항상 다이아몬드 보상판매를 해왔습니다. 많은 경우 기존의 보석을 새로 가공하지만, 그보다 좀 더 저렴한 신제품으로 바꾸기도 합니다.”[72]

고객에게 주는 팁 #3

보샤임의 고객 서비스 센터 직원에게 요청하면 감정사는 낡아서 처분하고 싶은 보석의 가치를 판별해 가격을 알려준다. 그에 맞는 현금으로 보상받거나 예치금으로 받을 수도 있다. 현금의 경우에는 그 자리에서 받을 수 있고, 예치금은 보상판매를 하는 동시에 사용이 가능하다.

● 롤 모델

대부분 중년 남성이 선두를 이끄는 보석업계에서 일하는 수전은 말했다.

"처음 취직했을 때에는 이런 농담을 했어요. 전 세 번이나 타격을 받았다고요. 나이는 젊죠, 여자죠, 게다가 유대인도 아닌 외국인이었으니까요." 그러나 수전은 자신이 여자라는 것이 큰 문제가 되지 않았다고 생각한다. "능력에따라 평가받는 세상이라고 생각해요."[73]

그녀는 남성 위주의 업계에서 CEO의 자리에 오르기까지의 일을 회상했다.

"보석 소매업계는 미국의 다른 업계와는 매우 다릅니다. 하지만 제게는 수많은 기회가 있었기에 운이 좋았던 편입니다. 제가 보석업계에서 여성 CEO가 됐을 때만 해도, 그런 경우는 매우 드물었어요. 하지만 다수의 이사들이 그것을 요구했죠. 사람들이 절 필요로 했고 다변화를 원한 덕분에 그 자리에 오를 수 있었던 겁니다." 이 업계가 더 이상 전처럼 남성들의 세상이 아니라는 사실을 알게 되면 젊은 여성들도 힘을 낼 수 있으리라 생각합니다. 밑바닥에서 시작해 CEO에 오른 제 사례는 많은 이들에게 희망을 줍니다. 제가 보석협회 회의에서 연설을 하면 젊은 여자들이 다가와서 이렇게 말해요. '당신은 제게 영감을 주었어요.' 정말 기분좋은 말이죠."[74]

수전은 2011년 오마하 YMCA에서 선정한 여성 수상자 중 한 명이었다. 수상자를 선정할 때에는 개인·직업적 삶, 오마하 지역을 위해 실천한 봉사활동, 성과, 지역공동체에 미친 영향과 참여도를 기준으로 삼는다. 강인하고 발전적이며 자기 충족적으로 살아가려는 여성과 그들의 가족을 돕는다는 것이 이 상에서 내세우는 대의다.

수전은 스스로의 경영방식을 '열정'이라고 설명했다. 실제로 그녀는 보샤임 매장과 직원을 위해 헌신한다. 그리고 원석과 보석만큼 전문가로서의 경력에도 크나큰 열정과 지식을 가지고 있다.

수전의 하루는 매우 분주하다. 매일같이 새로운 도전과 기회가 그녀를 기다린다. 그녀는 말했다. "제 사무실은 매장 바로 옆에 있어서 항상 고객을 만날 수 있습니다. 그래서 하루 종일 많은 고객들과 대화를 나눌 수 있죠. 매장에 들어오는 고객들을 맞기도 하고, 카탈로그 고객들을 접대하기도 합니다. 판매직원을 돕고, 매입가를 계산하고, 고객에게 어울릴 만한 제품을 권하고, 진열대 제품들이 잘 팔리는지 살펴보고, 감정결과를 검토하고, 인터넷에 올라온 질문에 답변하는 일도 하죠."[75]

실제로 수전과 이야기하던 중 직원 한 명이 매입가를 알려달라는 요청을 하는 바람에 인터뷰가 잠시 중단되기도 했다. 여러 제품들을 살펴보며 매입가를 판단하는 수전의 모습은 흥미를 자아냈다. 신속하고도 조직적인 결단에서는 오랜 경험, 높은 자신감이 배어나왔다.

"보통 경영자로서 일을 해야 할 때에는 보안, 직원채용, 고객 서비스, 재무, 홍보 문제를 두고 상급직원들과 회의를 합니다. 뿐만 아니라 특정시기에는 매입 출장을 가거나 이사나 고객들과 미팅을 가지기도 합니다."[76]

● 불황으로 인한 시련

2007년 보샤임의 판매액은 최대치를 기록했다. 141년 회사 역사에서 최고의 해였다. 그러나 2008년에는 판매와 관련된 많은 업계가 불황을 겪었다. 보석업계도 예외는 아니었다. 이후 몇 년 동안 손실액을 회복하기 위한 노력이 계속됐다.

"전 낙관적이었어요. 3년 정도 걸릴 것이라 예상했죠." 수전은 말했다. "2010년은 2009년에 비해 나았어요. 2011년에는 훨씬 더 나아졌죠. 그렇지만 솔직히 우리가 바라거나 예상한 것보다는 오래 걸렸어요."[77]

경제적으로 불안한 시기에 사치품 판매는 어려운 일이다. 이런 시기에는

표 2.1 버크셔 해서웨이 산하 소매기업

가구류	보석류	사탕
조던스(Jordan's)	벤 브릿지(Ben Bridge)	시즈캔디
네브라스카 퍼니처 마트	보샤임	
R.C. 윌리(R.C. Willey)	헬즈버그 다이아몬드	
스타 퍼니처(Star Furniture)		

대개 선물할 용도로만 보석류를 구입한다. 감성에 젖어 구입하는 경우는 드물다.

"우리 매장에 누구나 원하는 제품이라는 것이 없다는 사실을 처음으로 깨달았죠." 수전은 말했다. "그런 건 시계뿐입니다."[78]

그녀는 말을 이었다. "1990년대와 2000년대 초반의 호황으로 무조건 큰 것이 좋다는 생각은 독특하고 희귀한 것이 좋다는 생각으로 바뀌었어요. 형편이 넉넉해지면 다른 방식으로 생각하게 되죠." 아드리안느는 수전의 말을 이어받았다. "흥청망청 사들이던 사치품 고객의 소비행태가 변했어요. 경제 변화의 직접적 결과라고 생각합니다."

2008년 버크셔의 판매수익은 31억 달러로 2007년에 비해 9% 하락한 액수였다. 이 수치는 꾸준히 하락해 2009년에는 29억 달러를 기록했다.

보샤임은 버크셔가 소유한 8개 소매기업 중 하나다. 2008년에는 8개 중 7개사의 판매수익이 하락했고, 2007년과 비교했을 때에는 수익은 전부 하락했다. 2009년에는 보석 관련 기업 3개사의 총수입이 12% 하락했다.[79]

2009년 수전은 100년이 넘는 회사 역사에서 유례없이 일시해고를 발표해야 했다. 판매액 하락세는 2008년 11월에도 계속되고 있었기에 비용절감 조치가 필요했다.

"직원해고는 절망적입니다." 수전은 말했다. "우리로서는 최후의 수단입니다. 2009년 3분기에는 경제회복의 조짐이 나타나리라 낙관하고 있습니다. 그렇지만 불황에도 버크셔 해서웨이와 주주들을 위해 수익성 있는 사업을 유지하는 것은 자회사인 우리가 부담해야 하는 신용상 책임입니다. 이를 위해 매우 어려운 결정을 내려야 했습니다."[80]

"직원수가 줄고 판매액도 줄었으니 전보다 열심히 일해야 하는 것이 당연하죠. 그렇지만 우리에게는 기반으로 삼을 만한 튼튼한 토대가 있었습니다. 재량에 따른 소득이 언젠가 돌아올 것이라 믿지만, 2007년의 수준을 회복하려면 3년에서 길게는 5년이 걸릴 것으로 보고 있습니다."[81]

그리고 보샤임 매장은 267명의 직원을 채용했다. 비용절감 조치에는 고용동결, 능률제 승급 폐지, 풀타임 직원의 근무시간 단축, 모든 보너스와 인센티브 제도 폐지, 그리고 홍보와 광고 비용은 물론 자선기부액의 대폭 절감 등이 있었다. 다시금 공석이 생기자, 회사는 해고됐던 직원 중 일부를 재채용했다.

비핏은 2009년 연간보고서에서 이렇게 말했다. "판매기 어려운 시기에도 전보다 나은 수익을 기록하는 회사들이 많습니다. 어김없이 특출한 경영 성과를 기록하고요. 버크셔에도 그런 일을 해낸 CEO들이 있습니다. 바로 보샤임의 수전 자크입니다."[82] 그리고 8개의 소매기업 CEO들에게도 마찬가지의 고마움을 표했다.

소매기업 판매액은 2010년부터 자리를 잡기 시작했다. 버핏의 보고는 다음과 같았다. "2010년 판매액은 29억 달러로 전년에 비해 2% 증가한 수치였습니다. 세전 수익은 1억9,700만 달러로 역시 같은 기간 22% 증가했습니다. 2010년 수익이 증가한 것은 판매액의 대폭 증가, 지속적인 비용절감 노력 덕분이었습니다. 여느 때보다 심한 불황이 닥친 2008년 소비지출은 감소했고 이러한 추세는 2009년에도 계속됐습니다."[83]

● 현대인의 필수품

수전과 아드리안느는 보석의 유행이 패션업계와 밀접한 관련이 있다고 주장했다. 당장 런웨이에서 모델이 걸친 옷만 보더라도 어떤 액세서리가 유행할지 알 수 있다. 그러나 불황 때문에 소비습관에는 변화가 생겼다.

"불황 때문에 소비는 매우 특별한 일이 됐습니다. 소비자는 자신이 구매하는 제품이 희귀하고 특별하다는 확신을 원합니다." 아드리안느는 말했다. "희귀하고 보기 힘든 원석들의 인기는 지금도 여전합니다. 자연이 낳은 희귀 보석에 대한 관심은 끊이지 않죠. 보샤임은 호주 서부의 아르가일Argyle 다이아몬드 광산과 긴밀한 사업관계를 유지하고 있습니다. 아르가일은 세계적으로 유명한 핑크색, 자색 다이아몬드가 나는 곳이죠. 일 년 내내 캐낸 양을 합쳐도 한 주먹이 될까 말까 하는 정도예요. 색도 멋지고, 특히나 드문 보석이죠. 그렇게 완벽한 핑크색 다이아몬드를 만들어낸 것은 다름 아닌 자연이고요. 게다가 그 양이 극히 소량이라는 사실 때문에 고객들은 아르가일 다이아몬드에 매료됩니다."

아르가일 광산은 1980년 처음 발견됐고 채굴을 시작하기까지는 약 10년이라는 세월이 걸렸다. 광산의 수명은 약 25년이다.

수전은 설명했다. "아르가일 광산의 남은 수명은 10년 정도입니다. 그 기간이 끝나면 광산의 생명도 끝입니다. 아르가일은 남아프리카 킴벌리처럼 가운데에 물이 고인 커다란 웅덩이 모양이 될 겁니다. 그렇게 되면 지금 시장에서 유통되는 희귀한 아르가일 다이아몬드들은 전보다 훨씬 귀해질 겁니다. 더 이상 새로운 다이아몬드를 캐낼 수 없게 되니까요. 공급은 수요에 턱없이 못 미칠 것이고요. 그리고 아시아 시장과 마찬가지로 인도와 중국 시장 역시 강세입니다. 희귀 원석에 대한 요구가 엄청나게 높은 시장이죠. 문화적으로 원석과 보석을 좋아하는 사람들이기도 하고요."

유명인사는 늘 보석 브랜드에 영향을 미친다. "케이트 미들턴Kate Middleton 은 다이애나 비Princess Diana의 반지를 끼고 결혼식을 올렸죠. 다이아몬드로 주변을 감싼 사파이어가 엄청난 인기입니다. 우리 매장에서는 진짜 사파이어인지, 아니면 근청석이나 탄자나이트처럼 사파이어 비슷한 느낌을 주는 다른 원석인지 감별하는 작업을 합니다." 수전은 말했다. "유행할 것으로 예상하는 또 다른 원석은 콩크 진주conch pearl입니다."

달팽이조개 1만 마리 중 콩크 진주를 만드는 조개는 오직 한 마리에 불과하며, 개중에도 원석으로서의 가치를 가지는 것은 10분의 1뿐이다. 더없이 진귀한 콩크 진주의 색은 연핑크색부터 복숭아색까지 다양하며, 대개는 타원형이나 길죽한 서양배 모양이다. 가장 진귀하고 값비싼 것으로 치는 콩크 진주는 표면에 불꽃 모양이 새겨진 것이다.

보샤임의 다양한 제품목록은 기본적인 것을 갖추고 있다. "다소 전통적인 송류의 제품들이시만 꾸준히 업데이트하고 있습니다." 수전은 설명했다. "더 이상 진주는 나이들어 보이는 보석이 아닙니다. 체인도 길어졌고요. 핀도 다시 인기를 끌고 있습니다. 여러 겹으로 겹쳐끼는 팔찌, 커프스형 팔찌도 유행입니다. 알이 큰 반지도 예전의 인기를 되찾고 있고요. 꼭 칵테일 파티에만 그런 것을 끼라는 법은 없죠. 큼지막하고 색이 들어간 보석, 마이크로 파베micropave 세팅을 한 반지들도 유행이고요. 이제는 다양한 자연석들이 유행하고 있습니다."

수전은 특히 골동품, 남에게 물려받은 보석을 좋아한다. 시대를 아우르는 보석의 역사, 여러 나라에서 나는 보석의 모양과 기능에 대한 그녀의 박학다식함은 입이 벌어질 지경이다. 보샤임의 에스테이트 컬렉션Estate Collection에도 1870년 창립자 루이 보샤임이 팔았을 법한 제품들이 포함돼 있다.

"우리는 빅토리아 시대 보석도 다량 보유하고 있습니다." 수전은 말했다. "1870년부터 1880년까지는 소위 '호화기grand period'로 알려져 있습니다. 역사 깊은 것들, 오래된 보석들이 유행하던 시기죠. 빅토리아 여왕이 상복을 벗고 다시 장신구로 멋을 내기 시작한 것이 바로 이 무렵입니다. 그 전까지 왕궁 관계자들은 오로지 검정색이나 진한 회색, 아니면 진한 자주색 옷만을 입을 수 있었습니다. 그렇기에 보석들도 하나같이 색깔이 어두웠고 사치스럽지 않았습니다."

마침 보샤임 회의실 탁자 앞에 앉은 우리 셋 모두 검정색 옷을 입고 있었다. 비록 그 중 둘은 진주목걸이를 걸치고 있었지만, 검정색 옷이 유행했던 것은 단지 그 이유만으로는 설명이 불가능하다.

"여왕은 27년의 애도기간을 거친 다음, 다시 밝은 색의 옷을 입었지요." 수전은 말을 이었다. "영국 왕실은 이탈리아로 여행을 떠나 고고학적 부지들을 답사했어요. 이탈리아에서는 그 시기에 아주 섬세한 모자이크, 아름다운 카메오들을 만들었지요. 황홀하면서도 점차 성장해가는 시기였어요. 빅토리아 여왕도 카메오를 좋아했죠. 그리고 그녀가 좋아하는 모든 것이 선풍적인 인기를 끌었어요."

● 관문

"버핏에게 배운 것 중 가장 중요한 교훈이 있어요. '다음날 신문기사로 보고 싶지 않은 언행을 삼갈 것.' 개인적으로나 직업적으로 제가 중요하게 생각하는 일종의 주문입니다. 이걸 생각하다보면 직업윤리에 걸맞은 행동을 하게 됩니다. 그리고 높은 기대치에 맞춰 살게 되고요." 수전은 충고했다.

“자기가 좋아하는 것이 무엇인지 알아내고, 그것을 따라가세요. 꿈을 이루기 위해서는 매일같이 전력을 다해 노력하고, 자기 앞에 놓인 기회를 붙잡아야 합니다. 절대로 문제를 두려워하지 마세요. 언제나 해결책은 있으니까요. 포기하지 않고 끈질기게 문제를 헤쳐나간 끝에 얻게 될 성과는 그 어떤 것보다 보람차다는 것을 알게 될 거예요.”[84]

평생 동안 지표 역할을 하는 난관은 결코 극복 불가능한 것이 아니다. 그보다는 새로운 방향을 일러주는 역할을 한다. 지금 걷는 길이 어디로 향할지 그릴 수 없을 때도 있다.

“어떤 삶을 살게 될 지는 결코 알 수 없습니다.” 수전은 말했다. “직원들에게 항상 말하곤 합니다. 자신이 내린 결정으로 삶의 방향이 어떻게 바뀔 지는 전혀 알 수 없다고요.”[85]

“보샤임에서 일한 덕분에 얻은 기회는 버핏과 함께 일하게 된 것이 아니었어요. 그보다는 한 번도 경험하지 못한 멋진 판매경험을 쌓을 수 있는 보석상에서 시급 4달러를 받으며 일하게 된 깃이었죠.”

“전 누구에게나 기회가 있다는 말을 철석같이 믿지만, 기회는 최종적인 결과가 아닙니다. 어쨌거나 문은 열릴 테지만, 안전한 곳에서 나와 고될 수도 있는 길을 걸어갈지, 익숙한 곳에 그대로 머물지 결정하는 것은 선택에 달린 문제입니다. 부모님은 어느 정도의 위험을 감수하는 분들이었어요. 예를 들자면, 우리 가족이 이사한 것을 생각해봐도 그래요. 어머니가 많이 아프셨을 때 전 오마하에 있었어요. 짐바브웨에 돌아가고 싶어 안달이었죠. 그러자 아버지는 말씀하셨어요. ‘우린 가족을 잊었다. 우리들끼리 새 삶을 시작했고, 너도 그렇잖니. 그런데 지금 와서 그만둘 이유가 뭐냐? 필요할 때, 그리고 원할 때에는 언제든 우릴 만나러 와도 좋다. 하지만 넌 지금 네가 걸어갈 길과 운명을 개척하고 있잖니.’ 덕분에 전 안전한 곳은 늘 그 자리에 있으니 언제든 돌아갈 수 있다고 생각하게 됐어요. 거기서 나올 생각을 하지 않았더라면 지금 같은 성공을 거둘 수는 없었겠죠.”

수전은 젊은 전문가들에게 동업자들을 존중할 것, 그리고 직급을 막론한 모든 직원의 이름을 외워둘 것을 충고했다. 그리고 대개의 경우 강한 협동심은 성공에 도움이 된다. “남들보다 먼저 나서서 최고의 실력을 발휘하세요.”

그녀의 충고는 계속됐다. “열정적으로 일하세요.” 그리고 버핏이 말한 것도 있었다. “날마다 춤추듯 일하세요.” “무슨 일을 하든 긍정적이고 열정적으로 하세요.” 회사에 대한 충성심도 강조했다. “일이 마음에 안 들면 월급을 거부하고 불만사항을 이야기하세요. 아니면 생각을 바꿔 회사를 그만두는 방법도 있지요.”[86]

수전은 자신의 가장 뛰어난 장점으로 긍정적인 태도를 꼽는다. “저는 긍정적인 태도가 남들에게 전염된다고 생각해요. 그래서 직장에서는 물론, 집에서도 그렇게 행동하지요. 웃는다고 돈이 드는 것도 아니고, 유쾌한 인사는 귀한 것이니까요. 당사자의 태도도 중요하지만 주변사람들의 태도 역시 인생을 크게 바꿀 수 있다고 생각해요. 긍정적인 태도가 중요하다고 생각하기에, 실제로도 그것을 열심히 실천하고 있고요.”[87]

보샤임의 CEO인 수전에게는 힘들기는 해도 흥미진진한 미래가 기다리고 있다. “지속적인 판매와 수익성의 성장이야말로 우리의 사업목표입니다.”수전은 설명했다. “버핏은 기본적으로 자회사의 수익성을 기준으로 성과를 판단하죠.”

“저는 아주 강하고 뛰어난 팀을 만들고 싶어요. 혜택을 누린 것은 저였지만, 공정치 못한 처사였어요. 보샤임에는 매일같이 회사의 성공을 위해 몸이 부서져라 일하는 200명의 유능한 인재들이 있는 걸요. 많은 면에서 전 보샤임을 대표하는 얼굴이지만, 사람들이 믿는 것은 저라는 개인이 아닙니다. 직원 개개인이 할 일을 다 한다는 보장, 회사의 비전과 임무에 충실하다는 보장을 받는 것이죠.”

“보석을 잘 모르면 보석상과 친분을 쌓아라.” 버핏이 입버릇처럼 하던 이 말은 고객이 가져야 하는 신뢰를 이야기한다. 비단 이 말이 아니더라도, 수전 자크에게 보석을 구입할 생각이라면 문자 그대로 보석에 대해 문외한이어도 상관없다. 그녀는 그 자체로 걸어다니는 보석 사전이다.

보샤임에 가게 되면 수전에게 ‘안녕하세요’라고 인사를 건네보자. 그런 다음 특정한 색을 띠는 원석이나 오래된 보석에 대해 알려달라고 부탁해보자. 매력적이고 유익한 경험이 될 것이다.

'창의성의 문'을 열면 아이디어가 들어온다

익숙한 일을 사업화, '일하는 엄마'의 성공 모델

도리스 크리스토퍼
Doris Christopher

Pampered Chef

Doris Christopher

Pampered Chef

1980년 팸퍼드 셰프The Pampered Chef를 설립한 도리스 크리스토퍼Doris Christopher는 현재 명예이사 회장직을 맡고 있다. 팸퍼드 셰프는 독립적으로 활동하는 컨설턴트들을 고용하고 키친 쇼kitchen show를 통해 주방용품을 판매하는 회사다. 직원은 약 800명이며 본사는 시카고 교외인 애디슨Addison에 있다.

미국과 캐나다, 영국, 독일, 멕시코에서 300여종의 주방용품을 판매하는 컨설턴트의 수가 6만명이라는 점을 생각한다면, 직원수는 상대적으로 그리 많아 보이지 않는다. 팸퍼드 셰프는 25년 동안 다음과 같은 사명을 고수해왔다.

> 팸퍼드 셰프는 직원들에게 자기 자신과 가족, 고객, 회사의 이익을 위해 최대한의 잠재력을 발휘하고 타고난 재능과 기술을 발전시킬 기회를 제공해야 할 의무를 가진다. 그리고 컨설턴트와 고객이 필요로 하는 서비스와 정보를 제공하고 양질의 주방용품을 판매해 살림의 질을 높이는 데에 기여한다.

2002년 버크셔 해서웨이는 크리스토퍼 가족에 약 9억 달러를 건네는 대가로 팸퍼드 셰프를 인수했다.[1] 당시 기자회견에서 버크셔의 회장인 워런 버핏은 이렇게 말했다.

"팸퍼드 셰프를 인수하게 돼 매우 기쁩니다. 도리스 크리스토퍼는 불모지에서 시작해 이렇듯 엄청난 회사를 만들어냈고, 현재 사장이자 COO인 셰일라 오코넬 쿠퍼Sheila O'Connell Cooper는 버크셔에서 존경하는 타입의 경영자입니다. 두 사람 모두 일과 직원들에 애정을 품고 있고요. 버크셔로서는 팸퍼드 셰프를 가족으로 맞게 된 것이 큰 기쁨입니다."[2]

사진 3.1 도리스 크리스토퍼, 팸퍼드 셰프의 설립자이자 명예회장
• 자료제공: 팸퍼드 셰프

버핏은 2002년 주주들에게 보내는 편지에서 팸퍼드 셰프 인수 건을 이렇게 정리했다.

> 버크셔는 또 하나의 중요한 기업을 인수했습니다. 경제적으로 선하고 위대한 기업, 훌륭한 경영자들이 이끌어가는 기업입니다. 두 가지 특징 모두 버크셔에서 시행하는 '입구' 전략을 지지하는 버팀목입니다. 또 하나의 버팀목은 지혜로운 매입가입니다. LBOLeveraged Buy Out 실행자나 사모기업과 달리, 버크셔에 '출구' 전략이라는 것은 없습니다. 우리는 앞으로 나아가기 위해 매입을 계속할 뿐입니다. 일반적으로 버크셔가 매각기업과 그 경영진들이 꼽는, 그리고 이따금 유일하게 선택할 수 있는 1순위인 것도 그 때문입니다.[3]

66세의 도리스는 백발이 성성한 푸근해 보이는 할머니이면서도 항상 말쑥하게 정장을 갖춰 입는다. 가정학을 전공한 도리스가 팸퍼드 셰프를 세운 것은 수백만 달러를 벌어들이는 직판 기업을 키워보려는 생각 때문이 아니었다. 그저 미취학 아동인 두 아이와 집에서 시간을 보내는 동안, 가족의 생계를 위해 얼마간의 돈이라도 벌 방법을 찾으려는 의도였다.

도리스로서는 일하는 시간을 융통성있게 조절할 수 있어야 했지만, 그런 것을 보장하는 일자리는 찾을 수 없었다.

결국 그녀는 자기 사업을 시작했다. 단독 경영자인 덕분에 필요할 때마다 자기 시간을 조율할 수 있었다. 그리고 자신의 재능과 기질에 딱 맞는 틈새시장을 발견했다.

자신이 바라는 목표에 영감과 열정, 행동을 더하면 대개는 커다란 성공을 거두게 된다.

● 실패는 성공의 어머니

도리스는 1945년 6월 2일, 테드^{Ted}와 제인 켈리^{Jane Kelley}의 세 딸 중 막내로 태어났다. 그들 가족이 살던 곳은 시카고 도심에서 남서쪽으로 12마일(약 19km)떨어진 일리노이의 오크 론^{Oak Lawn}이라는 지역이었다.

도리스의 아버지 테드는 시카고 노스 사이드^{North Side}의 로건 스퀘어^{Logan Square}에서 가스 충전소를 운영했다. 영업시간은 아침 7시부터 저녁 7시까지 하루 12시간이었고 일주일 중 6일을 열어야 했다. 직원이라고는 테드 하나뿐이었다.

도리스의 어머니 제인은 딸들을 돌보기 위해 파트타임으로 일했고, 도리스가 입학하는 해에는 다시 풀타임으로 일을 시작했다. 제인은 시카고 내의 여러 보험회사에서 타이피스트로 일한 경력이 있었다. 1950년대만 하더라도 풀타임 직장에서 일하는 어머니는 흔치 않았다. 대부분의 가정에서 돈을 벌어오는 사람은 한 명이었고, 일하는 여성은 아이를 가지면 직장을 그만뒀다.

"어머니가 절 소홀히 여긴다고 생각한 적은 한 번도 없었어요. 그런 점을 보면, 어머니가 다양한 역할을 멋들어지게 해냈다는 것을 알 수 있죠." 도리스는 말했다. "일과 가정을 조화롭게 꾸려나가는 방법은 대부분 직장에 다니던 어머니에게 배웠어요. 세 딸과 남편, 그리고 풀타임 직장. 그런데도 어머니는 늘 저녁식사를 준비했죠. 매일 저녁마다 효율적이고 조직적으로 승리를 일궈내신 분이에요. 반조리 식품을 처음 만든 것도 어머니였어요. 내일 먹을 스파게티를 위해 전날 스파게티에 들어갈 미트볼을 미리 만들어놓거나, 화요일에 먹을 스위스 스테이크를 위해 월요일에 쇠고기를 미리 익혀두는 식이었어요. 어머니가 만든 음식은 겉모양보다 영양가를 중시하는 것이었지만, 그럼에도 맛이 좋았어요. 그리고 이런 음식들로 의미있는 성과를 달성할 수 있었지요. 가족들이 다함께 앉아 식사를 할 수 있었으니까요."[4]

제인 켈리는 딸들에게 스스로 본보기를 보이면서 체계적인 살림방법을 가르쳐줬다. "살림은 어머니의 몫이었어요. 물론 아버지가 우리를 소홀히 했다는 것은 아니지만, 충전소 일이 너무 힘들어서 우리 일에 신경을 쓸 만한 여력이 없었어요." 도리스는 말했다.[5]

도리스는 월터 루터교 고등학교Walther Lutheran High School에서 가정 과목을 처음으로 수강했다. 타이핑 수업에서 낙제를 한 탓에 부족한 학점을 벌충해야 했기 때문이었다. 그녀의 어머니가 타이피스트였기에 도리스와 그녀의 가족으로서는 유감스러운 일이었다. 그렇지만 도리스는 타이핑에 취약했던 덕분에 다른 과목에 대한 소질을 발견했다. 그녀는 가정 수업에서 높은 성적을 얻었고, 이후 2년 내내 가정 수업을 모두 들었다. 도리스가 보다 유능한 타이피스트가 됐더라면 일에 대한 열정을 발견하지 못했을 것이고, 그랬더라면 팸퍼드 셰프도 존재하지 않았을 것이었다.

졸업한 다음에는 일리노이 대학의 가정학과에 입학했다. 가정관리는 도리스가 가장 좋아하는 과목이었다. 이 과목을 듣게 되면 8주 동안 여덟 명이 한 집에 살며 살림을 꾸려나가야 했다. 학생들은 돌아가면서 요리와 청소, 가계부 관리하는 일을 했다. 1967년에 졸업한 도리스는 같은 해 동급생이던 제이 크리스토퍼Jay Christopher와 결혼했다.

● 좀 쑤시는 집안일

대학을 졸업한 도리스는 인디애나 발파라이소Valparaiso의 중학교와 고등학교에서 가정을 가르쳤다. 그리고 부부는 시카고로 건너왔다.

도리스는 일리노이 뒤파제 카운티Dupage County 협동확장서비스Cooperative Extension Service에 가정학자로 취직해 성인교육을 담당했고, 그러던 중 적절한 틈새시장을 발견했다.

그녀는 마트에서는 구하기 힘들지만 좋은 가정용품에 대해 잘 알고 있었다. 게다가 적절하고 효율적인 조리법을 가르칠 수 있었다. 1972년 첫째 딸 줄리Julie가 태어날 때까지 6년 동안 그녀가 즐겁게 해오던 것이었다.

3년 뒤에는 둘째 딸 켈리Kelley가 태어났다. 도리스는 켈리가 학교에 들어갈 때까지 집에서 두 딸을 돌보며 가사를 했다. 8년 동안 전업주부로 생활한 도리스는 1980년, 파트타임 일자리를 구하기로 마음먹는다. 줄리와 켈리가 각각 8살, 5살이었으니 이제는 거의 대부분의 시간을 학교에서 보낼 것이었다. 그렇다고는 해도 아이들이 집에 돌아온 다음부터는 함께 시간을 보내고 싶은 것이 도리스의 바람이었다.

그녀는 지금까지의 경험과 배운 것들을 바탕으로 무슨 일을 해야 할지 곰

곰이 생각했다. 급식, 재봉, 접대 등 많은 선택안이 있었다. 선택의 1순위는 가족이었다. 따라서 식당, 출장요리, 매장판매처럼 근무시간이 길고 주말마다 출근해야 하는 많은 일자리는 제외해야 했다. 게다가 하나같이 초기자본금이 필요했고 지속적으로 경상비도 투자해야 했다.

도리스는 잠깐 동안 수선, 그리고 세일 행사장에서 제품 진열하는 일을 했다. 매주 토요일 아침에는 몽고메리 워드Montgomery Ward에서 한 시간 동안 재봉 수업을 하기도 했다.

"전부 융통성이 없는 일이었어요." 도리스는 말했다. "제 일정을 조절할 수 없었죠."[6] "전 모든 일을 잘해내고 싶었어요. 일정을 조율해가며 일하는 동시에 아이를 키우고 싶었지만, 하고 싶은 일을 시작해야겠다는 생각도 들었죠. 남편과 그 문제를 두고 이야기하다가 자영업이 답이라는 것을 깨달았어요."[7]

도리스가 만든 음식은 항상 맛깔스러웠다. 저녁파티는 늘 환상적이었다. 그녀의 주방에 들어선 여자 손님들은 좋은 주방용품들을 보고 감탄을 표했다.

"친구들이 꾸민 주방을 보면 정말이지 멋져요." 도리스는 말했다. "제 주방은 그렇게 멋지지도, 예쁘지도 않지만 매우 효율적이죠. 주방을 본 손님들은 제가 별 것 아니라고 생각하는 것에도 요란을 떨며 칭찬했어요."[8]

손님들은 도리스가 쓰는 조리사용 나이프, 육중한 구이판, 그 밖의 다른 용품들을 두고 신나게 이야기했다. "사람들이 말하더군요. '이 팬 어디서 사셨어요? 다음에 거기 가거들랑 제 것도 하나 사다주시겠어요?'"[9] 이런 부탁들을 듣다보니 기발한 사업 아이디어가 떠올랐다.

"제 주변에 있는 사람들은 요리를 좋아하지 않았어요. 쉬운 일이 아니었거든요." 도리스는 말했다. "속으로 생각했어요. '어쩌면 난 저 사람들을 절대로 바꿀 수 없을 거야.' 하지만 다른 한편으로는 이런 생각도 들었죠. '저 사람들은 날이 안 드는 나이프와 이 빠진 포크를 쓰고 있잖아. 제대로 된 도구만 갖춰도 요리가 재미있어질 텐데.""[10]

바로 그 때, 도리스는 좋은 주방용품을 원하는 사람이 있다는 사실, 그리고 자신이 가진 지식과 기술을 사업으로 승화시킬 수 있다는 사실을 깨달았다. 그리고 좋아하는 제품을 팔기 위해서는 설명이 필요하다는 것도 알았다. 어떤 주방용품을 보고 누구나 그것을 직관적으로 올바르게 쓸 줄 아는 것은 아니다.

"제가 요리하는 모습, 생활을 훨씬 편하게 만들어주는 좋은 도구들을 사람들의 주방에서 직접 보여준다면 돈을 벌 수 있는 것은 물론, 전과 다름없이 가정을 돌볼 수 있을 것이라 생각했죠."[11]

하지만 처음부터 홈파티를 열어 제품을 팔겠다는 생각은 아니었다. "전 항상 홈파티를 기피해왔어요." 도리스는 순순히 인정했다. "홈파티를 열게 되면 끊임없이 할 일이 생깁니다. 손님들은 예외없이 어느 정도까지는 부담감을 주고 공격적이고요."[12]

도리스는 강의와 설명이 많은 분량을 차지하는 안을 수정하고, 대신 조리법을 알려주기로 했다. 예전에 가정학 수업을 하면서 가르친 것과 비슷한 내용이었다. 도리스가 사업을 시작하면서 처음 구상한 자신의 역할은 판매사원이라기보다는 교사에 가까운 것이었다. 직판사업에서 아이디어를 얻고, 거기에 교육과 재미, 사교활동을 더한 사업 컨셉이었다.

고급 조리용품 시장 진입은 생각하지 않았다. 대신 간단하고 빠른 조리법을 알려줘 판매 제품을 마음 편히 쓰게 하는 것이 그녀의 목표였다. 10달러 이하의 다양한 제품을 소개하기로 한 것도 의도적인 결정이었다. 그저 참석하는 것만으로도 응원이 되리라 생각하고 키친 쇼를 찾은 사람들이 저렴한 제품을 구입할 수 있게끔 도와주고 싶었다. 팸퍼드 셰프에서는 지금도 1달러짜리 오렌지 껍질깍이, 2달러짜리 쌍둥이칼을 판매하고 있다.

"직판을 위한 홈파티에는 분명 제 마음에 안 드는 점도 있습니다. 그렇지만 제가 초창기 직판 회사들에 큰 빚을 지고 있는 것은 분명합니다. 저 혼자만으로는 그런 아이디어를 생각해낼 수 없었을테니까요. 그들은 분명 저에게 본보기가 되어주었어요. 전 그저 그걸 제 방식으로 바꾼 것뿐입니다." 도리스는 말했다. [13]

"저만의 직판 기술을 새롭게 만들어낼 수 있다는 사실을 깨닫게 된 그 순간부터 지금까지 오로지 앞만 보고 달려왔습니다. 처음 기획한 키친 쇼에서 만난 고객들은 제가 제공하는 종류의 정보에 목말라 있었습니다. 덕분에 알게 됐지요. 손쉬운 사업이라는 사실을요." 도리스는 회상했다. [14]

● 1인 기업

도리스는 초기 자본금을 마련하기 위해 남편 제이의 생명보험을 담보로 3,000달러를 빌렸다. 제이는 말했다. "전 아내에게 농담 삼아 말했죠. 새로 벌이는 사업자금을 위해 그 돈을 써버리면 나중에 절 무덤에 묻을 때 반밖에 못 묻을 거라고요." [15]

빌린 돈으로는 책상을 사고, 집에 별도의 전화선을 설치하고, 명함을 인쇄하고, 일정량의 재고를 구비했다. 도리스는 시카고 머천다이즈 마트Chicago's Merchandise Mart에 있는 도매 주방용품 진열대를 샅샅이 둘러봤다. 그 중 몇 가지 제품을 골라 열 개 정도씩 담고, 현금으로 물품대금을 지불했다. 그리고 사들인 물건을 차에 싣고 집으로 돌아와 400제곱피트(약 37㎡) 면적의 지하실에 회사를 차렸다. 초기 자본금을 제외하고 도리스가 다른 곳에서 돈을 빌린 적은 없었다.

"이후에도 몇 주 동안 마트를 수시로 드나들었어요. 더 먼 곳에 살았더라면 기름값이 너무 많이 드니 시카고까지 그렇게 여러 번 왔다 갔다 할 수는 없었을 거예요. 그렇게 생각하면 축복인 셈이죠. 제 인생의 퍼즐조각들이 한꺼번에 맞아떨어졌거든요." 그녀는 말했다.[16]

"전 익숙한 제품, 좋아하는 제품들을 골라냈어요. 사람들의 주방을 바꿀 만한 새로운 제품을 소개한다는 것은 신나는 일이었죠. 제가 사들인 제품 중 대다수는 도자기로 만든 것들이었어요."[17] 기본적인 가격책정 방법은 매입가에 2를 곱하는 것이었다.

"하나같이 너무 바쁘게 살아요. 주방에서 창의적인 무언가를 할 마음이 들기는 어려운 일이죠." 도리스는 말했다. "이건 진심이 담긴 일입니다.[18] 주방에서 끙끙대는 시간과 좌절감을 줄여주는 대신 가족과의 식사시간, 에너지를 보장해주는 것이 제가 하는 일의 요점이었습니다."[19]

도리스는 친구 집을 빌려 처음으로 쿠킹 쇼를 하기로 마음먹었다. 친구네 집으로 차를 몰고 가던 그녀는 하마터면 다시 집으로 돌아갈 뻔했다. 실패할 것이 뻔하다는 확신이 들었기 때문이었다. 그러나 그날 저녁 참석한 여성들은 도리스, 그리고 그녀가 소개하는 제품들을 마음에 들어했다. 도리스가 그날 올린 매상은 178달러였다. 무엇보다 다음에 열릴 키친 쇼를 궁금해하는 여자가 네 명이나 있었다.

도리스는 마음을 느긋하게 먹지 않았다. 사업을 시작하고 두 달 동안 그녀가 주최한 홈파티는 무려 18회에 달했다. 1회당 평균 판매액은 372달러였다. 그리고 사업 첫 해인 1981년의 총 판매액은 6만7,000달러였다.

"첫 해에는 아무 생각도 들지 않았어요. 신난 것도 당연했고요. 모든 것이 새로웠어요. 새로 맡게 된 햇병아리 사업가라는 역할에 갈수록 집착하게 되면 가족과의 시간이 줄어들까 두렵기도 했어요. 시간이 지날수록 일은 바빠

졌어요. 처음에는 그저 먹고 살 수 있을 정도로만 벌어야겠다는 생각이었는데, 이제 회사는 그 자체만으로도 저에게 중요한 의미가 있게 됐어요. 사람들이 보다 쉽고 빠르게 조리하는 것을 도와줘 가족과 느긋한 식사를 즐길 수 있게 해줘야겠다는 것이 발단이었죠. 제 방법은 효과적이었습니다. 반면, 정작 제가 가족과 보낼 수 있는 시간이 줄어들고 있었습니다."[20]

가족과 함께 하는 시간을 확보하기 위해 도리스는 팸퍼드 셰프를 세운 지 9개월 만에 처음으로 컨설턴트를 고용했다. 1980년대에는 지역 고객들을 상대로 제품을 판매했다. 성과도 좋았다.

도리스는 연간 100만 달러에 만족할 수도 있었지만, 한 걸음 더 나아가기 위해 다른 도시에서 컨설턴트 채용을 홍보하기로 결심했다. 처음에는 시카고에서 자동차로 갈 수 있는 도시까지가 활동범위였지만, 이후에는 그보다 먼 곳도 마다하지 않았다.

"전 안전한 곳에 가족을 두고 한 발자국 나와야 했어요. 차를 몰고 다른 도시로 가서 호텔방에 묵었죠. 안전이 보장되는 곳에서 지원자 면접을 진행했고요." 그녀는 당시의 일을 떠올렸다. "끈기가 필요했어요. 세인트루이스는 열두 번 정도 방문했던 것 같아요."[21]

"집에서 사업을 하면 내내 일만 하게 됩니다. 낮에는 일을, 저녁에는 키친 쇼를 했어요. 가족이 모두 잘 때쯤 집에 돌아왔죠. 그리고는 다시 지하실로 내려가 책상 앞에 앉는 거예요. 일주일에 80시간을 일했죠. 자명종 소리에 눈을 뜨면 이런 생각을 하게 되더군요. '이건 너무하잖아. 인생에 균형이라고는 전혀 없어.'"[22]

도리스는 처음 5년 동안 월급을 받지 않았다. 그녀와 제이는 모든 수익을 사업에 다시 투자해 땀의 결실을 일궈냈다. 초기 자본금 중 일부는 재고량 확충, 유통비, 컨설턴트에게 지급하는 인센티브로 지출했다.

지하실에서 4년을 보낸 도리스는 가까운 건물을 사들여 재고 시스템을 바로잡았다. 제품은 정렬순서에 따라 일정한 방식으로 선반에 쌓았다. 주문이 들어오면 쇼핑카트를 끌고 다니며 제품들을 골라 포장하는 식이었다. 처음 장만한 사무용 비품들은 모두 중고품이었다.

그리고 가족과 함께 모든 것의 시발점이 된 리버 포레스트River Forest를 떠났다. 팸퍼드 셰프에서는 이후 도리스의 옛집을 다시 사들여 '헤리티지 하우스Heritage House'라 이름붙였다. 이 집은 현재 특별한 용도로 사용되고 있다.

팸퍼드 셰프의 역사는 미국 사업가들에게 고전적인 모범사례다. 초기 자본금은 중요치 않다. 그 분야에 재능이나 지식, 자신의 사업능력과 제품에 대한 믿음이 있고, 사업을 시작하는데 필요한 용기를 낼 수 있다면 가능한 일이다. 적성에 맞는 일을 찾지 못한 도리스는 직접 회사를 차렸다. 현재에 대한 불만 덕분에 도리스, 그리고 새로 입사한 수만 명의 컨설턴트들은 새로운 기회를 발견할 수 있었다.

그때로 다시 돌아간다 하더라도 도리스는 똑같은 사업을 시작했을 것이다. "다른 길을 택하지는 않았을 겁니다. 큰 위험을 무릅쓰고 막대한 자금을 대출하는 대신, 편하게 시작할 생각도 하지 않았을 것이고요. 저에게는 유일한 길이었습니다. 소박하게 시작해 가진 것을 이용해 사업을 키워나가고, 얻은 수익은 항상 재투자하는 거죠. 특히 처음 5년 정도는 이렇게 해야 합니다."[23]

도리스는 사업가다운 마인드로 이야기를 이어나갔다. "사람들은 모든 일이 잘 될 때 흐름에 휩쓸리는 경향이 있습니다. 즉 어딘가 고장나지 않는 이상, 고칠 생각을 안 하는 거죠. 경영자는 사무직원, 판매직원들 덕분에 힘을 낼 수 있는 동시에 창의적이고 혁신적인 아이디어를 생각해낼 수 있다는 점을 분명히 알아야 합니다. 현 시장에 적절하게 대응하기 위해 어떤 혁신을 꾀해야 하는지 알아보려면 촉각을 곤두세우고 독창적으로 회사를 들여다보세요. 모험을 시도해볼 만한 가치가 있는 아이디어들이 있을 겁니다. 시장의 선두주자가 할 일은 창의성이라는 문을 열어 아이디어가 흘러들어오게 하는 겁니다. 계속 시끌벅적하게 만드는 거죠!"[24]

● 여자들만의 파티

개인적으로 처음 참석해본 팸퍼드 셰프 홈파티에서 지금까지 기억에 남는 것은 '셀룰로오스Cellulose'다. 맞다, 바로 그 셀룰로오스 말이다. 1990년대 중반 무렵, 나는 주민수가 1,000명도 안 되는 아이오와의 작은 시골마을에서 남편, 어린 세 아들과 함께 살고 있었다.

그 지역 여성사교모임의 일원이던 친구 뎁Deb은 자기 집에서 열리는 팸퍼드 셰프 홈파티에 나를 초대해줬다. 매달 동네사람들이 열곤 하는 종류의 홈파티인가 싶었다. 타파웨어Tupperware, 파티라이트PartyLite 제품이나 조화, 홈데코 제품을 판매하는 그런 파티 말이다. 나는 그런 파티 중 절반 정도에 참석했다. 주로 사람을 사귀려는 목적에서였다. 집에 있다보면 내 또래 여자들을 만날 일이 적었다.

나로서는 주방에 대해 할 이야기도 별로 없고, 그런 곳에서 파는 주방용품에도 별 관심이 없었다. 그렇지만 친한 친구 뎁이 주관하는 파티에는 가보고 싶었다. 파티에서 제품을 설명하던 사람이 손님들에게 셀룰로오스가 뭔지 아는지 묻던 것이 아직도 기억에 선하다. 그와 관련한 과학적 배경지식을 알고 있던 나는 이내 귀를 쫑긋 세웠다.

"대패가루입니다. 톱밥 같은 거죠." 그 사람은 이렇게 말하더니, 치즈 가루 포장지에 적힌 성분표를 가리켰다. "여기 9번째에 있네요. 치즈 가루에 셀룰로오스를 넣는 것은 가루가 엉겨붙는 것을 방지하기 위해서입니다. 그렇기에 톱밥도 같이 먹게 되는 거죠." 그녀의 말은 정답이었다. 손님들은 찝찌름한 표정을 지었다.

그러더니 그녀는 번쩍거리는 새 강판을 꺼내어 한 치의 망설임도 없이 신선한 체다치즈 한 덩이를 북북 갈았다. "손을 다칠 일이 없는 강판입니다! 덩어리 치즈를 사면 돈을 아낄 수 있지요! 가족의 건강을 생각하세요!" 결국 나는 그 강판을 사고 말았다.

나는 그때 구입한 강판을 가끔 꺼내 썼다. 어떤 때에는 효율적이었고, 그렇지 않은 경우도 있었다. 하지만 톱밥에 대한 이야기는 줄곧 내 머리에서 떠나지 않았다. 어두컴컴하고 조용한 벽장 속에 강판을 넣어둔 채, 가게에서 사온 치즈 가루를 오믈렛에 뿌릴 때마다 그 이야기를 떠올리곤 한다.

● 남편의 지원

남편 제이는 팸퍼드 셰프 설립을 도왔다. 제이가 도리스에게 처음으로 데이트를 신청한 것은 그녀가 고등학교 2학년 때였다. 제이는 도리스의 후배였다. "동창회 댄스파티에 같이 가자고 해서 깜짝 놀랐어요. 불쌍한 제이는 몰랐지만, 월터 고등학교 여학생 중 우리집이 제일 멀었어요. 우리가 계속 사귀는 것을 보고, 분명 제이의 부모님은 어째서 아들이 좀 더 가까운 곳에 사는 여학생을 만나지 않는지 의아해 했을 걸요."[25]

둘은 서로 다른 대학에 들어갔고, 떨어져있는 동안에는 각자 다른 사람을 사귀었다. 도리스는 말했다. "우리 둘이 진심으로 서로를 사랑한다면, 다른 사람을 만나보고 서로에 대해 좀 더 잘 알 수 있게 되리라 생각했어요."[26] 둘은 1967년 대학을 졸업하자마자 그 해에 결혼식을 올렸다.

사업을 시작할 당시, 제이는 도리스의 계획을 적극적으로 지지했다. 그리고 최종목표를 달성하기 위해 다양한 사업안의 장단점을 비교하는 일에 도움을 줬다.

"남편은 제 멘토예요. 늘 저에게 가르침을 주죠. 항상 그 자리에 있고요."[27] 제이는 회상했다. "아내가 1980년 팸퍼드 셰프를 처음 시작했을 때, 우린 둘 다 사업에 대해 배워야 할 것이 많았습니다. 팸퍼드 셰프 초대 CEO의 남편인 저는 한 가지 교훈을 체득했습니다. 힘을 실어주는 저라는 존재는 팸퍼드 셰프가 거두게 될 성공에 필요한 중요한 자산이라는 사실을 말이죠. 저에게는 매일같이 사업 구축에 힘을 실어줄 기회가 있었습니다. 이를테면 사람들에게 카탈로그를 배포하는 것이라든가, 키친 쇼의 주최를 제안하는 등의 간단한 일들입니다."[28]

제이는 『지하실로 와Come to the Basement』라는 제목의 책을 내기도 했다. 표지만 봐서는 '섬뜩한 공포소설이 아닐까' 싶을 정도로 불길한 분위기를 자아내는 책이다. 그보다 2년 먼저 출간된 도리스의 책 『밥 먹으러 와Come to the Table』를 읽은 독자라면 둘 사이의 상관관계를 이해할 수 있다.

도리스는 책을 통해 가족들과 한 자리에 앉아 식사할 것을 권하고 있다. 그리고 제이는 자신이 어떻게 팸퍼드 셰프를 지지했는지 이야기하고 있다.

제목에서 언급한 지하실은 초기에 팸퍼드 셰프 재고창고와 사무실로 쓰던 공간을 지칭한다. "지하실로 와"는 도리스가 사람들의 도움이 필요할 때마다 계단 위를 향해 자주 외치곤 하던 말이었다.

제이는 아내가 회사 일로 바쁠 때면 기꺼이 아이들을 돌봤다. "딸들과 저녁 시간을 보낼 수 있다는 것을 축복으로 여기기 시작했습니다." 제이는 말했다. "하나도 거추장스럽지 않았어요. 우리들은 오붓하게 저녁시간을 보내며 모두가 평생 동안 기억할 만한 추억을 만들어갔습니다. 지금도 맛있는 피자를 만들어보겠다고 웃고 떠들고, 딸아이들은 철자법을 가르쳐주겠다는 저의 헛된 노력에 웃음을 참느라 곤욕입니다. 줄리는 저랑 농구를 할 때마다 전혀 감을 못 잡고 있고요."[29]

회사의 규모가 커지자, 제이는 자신의 일 중 일부를 맡아줄 직원들을 채용했다. 제이는 말했다. "전에 제가 하던 대부분의 일은 이제 전문가들이 대신하고 있습니다. 유지보수, 운송, 홍보, 회계, 그 밖에도 눈에 안 보이는 모든 것들을 해줄 사람이 수백 명이라는 사실을 생각하면 마음이 놓이죠."[30]

● 꾸준한 성장

팸퍼드 셰프는 처음 7년 동안 꾸준한 성장세를 기록했다. 사업 첫 해인 1991년 말 컨설턴트는 총 12명, 수입은 6만7,000달러였다. 1985년에는 컨설턴트 32명, 수입은 59만2,600달러를 기록했다.

이후 성장세는 점점 빨라졌다. 1988년 판매액은 100만 달러였다. 이 시기를 기점으로 수입은 일시적으로 급등했다. 상승세든 하락세든 판매액의 급진적 변화를 조정하는 일은 어렵다. 팸퍼드 셰프는 선지급 후배송을 원칙으로 하고 있기에 현금흐름에는 아무런 문제가 없다.

"초기 성장이 느리게 나타난 것은 지극히 다행스러운 일이었습니다. 그 덕에 제가 내린 사업적 판단을 할 수 있었죠. 개인적으로 의사결정능력에는 만족합니다. 실수를 교훈으로 삼고, 소소한 성공을 이루고, 그런 것들이 되풀이되기를 바랐죠. 비록 아이들은 아직 어렸지만 천천히 사업을 키워나갈 수 있었습니다. 저에게는 너무나 중요했죠."[31]

팸퍼드 셰프는 1994년 『Inc.』잡지에서 선정한 '가장 빨리 성장한 기업' 목록 중 31위에 올랐다. 4년 동안의 실적을 살펴보자. 1989년에는 350만 달러였던 총수입은 1991년 1,000만 달러로, 1993년에는 6,350만 달러로 증가했다. 1,760%라는 엄청난 증가치였다.

1994년의 수입은 수천만 달러에 달했고 직원수는 200명이 넘었다. 1995년의 총수입은 2억 달러, 1999년에는 5억8,000만, 2001년에는 7억4,000만 달러를 기록했다.

이제 버크셔 해서웨이의 자회사가 된 팸퍼드 셰프의 연간 총수입은 버크셔의 연간 보고서와 세금 보고서 내에서 다른 자회사들의 총수입과 합산된다. 그러므로 이후의 판매액은 별도로 따져볼 수 없다. 1981년부터 2001년 사이의 총수입은 〈표 3.2〉에 나와 있다.

1996년 당시 도리스는 회사의 성장에 기뻐하며 첫발을 내딛었던 1980년 무렵을 회고했다. "지금처럼 회사가 커질 것을 알았다면 당시에는 시작하지 못했을 겁니다."[32]

창립 당시 함께 했던 소수의 직원들은 회사가 이만큼 성장하리라고는 아무도 예상하지 못했다. 신입직원들은 이렇게 큰 회사에서 일할 자격이 없다고 생각했지만, 도리스와 함께 일하는 과정에서 회사와 함께 직업적으로 성장해갔다.

"지금의 고민거리는 기분좋은 것이죠." 도리스는 말했다. "빠르게 커가는 중에도 전과 다름없이 제품과 직원에 대한 관심을 소홀히 하지 않으려 노력하는 겁니다."[33]

1990년대 중반 급작스러운 성장을 낳게 한 사업상의 결정은 무엇이었을까? 새로운 전략적 주도였을까, 아니면 단순히 예측과 계획이 불가능한 성장 급등세였을까?

한 가지 요인만을 꼽을 수는 없을 것이다. 아마도 다음과 같은 여러 가지 요인이 영향을 미쳤겠지만, 그것이 전부라고 할 수도 없다.

- 경제적 호황
- 컨설턴트의 재취업 증가
- 지리적 시장 침투 확대

재량품목에 대한 개인소비는 대개 경제적 확장기, GDP의 성장과 관계가 있다. 1991년부터 2000년 사이의 GDP 성장률은 40.1%였다.[34] 이와 동시에 팸퍼드 셰프의 성장세도 급격히 치솟았다. 반면 2001년부터 2010년 사이의 GDP 성장률은 15.3%에 그쳤다. 앞서 말했듯 2002년 이후의 총수입은

표 3.2 팸퍼드 셰프의 총수입, 1981~2001 (단위 : 달러)

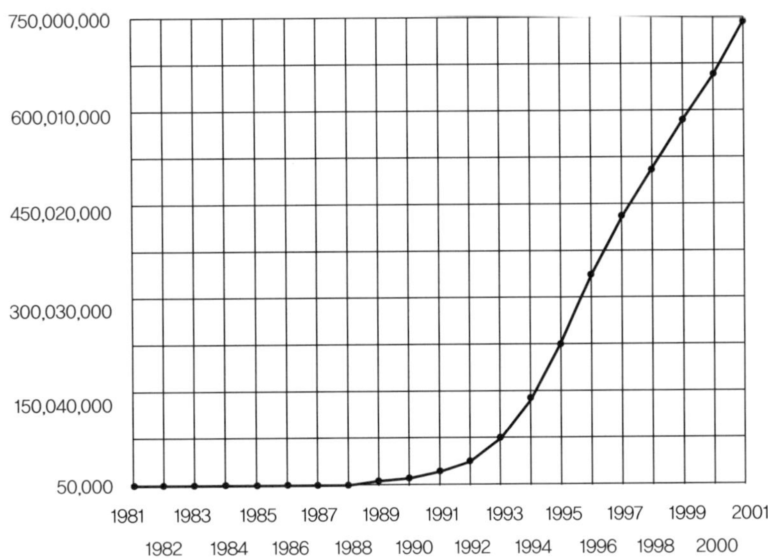

공식적으로 발표된 바 없다.

1996년 컨설턴트의 숫자는 2만5,000명, 2001년에는 7만1,000명이었다. 독립적으로 활동하는 컨설턴트가 늘어났지만 회사 지출에 별다른 영향을 미치지 않았다. 오히려 수익은 증가했다. 팸퍼드 셰프의 컨설턴트들은 임금노동자가 아니다. 총수입에 결정적인 영향을 미치는 것은 컨설턴트들이 기록한 누적 판매량이다. 한 명이 1,000달러 만큼의 제품을 팔고 다른 한 명은 10만 달러의 매상을 올렸다 하더라도 경상비는 달라지지 않는다. 두 사람의 총수입은 다시 회사로 들어가고, 회사에서 컨설턴트에게 지출하는 1인당 경비는 거의 같은 수준이다.

한 예로 2만5,000명의 컨설턴트가 활동하던 1996년, 회사 총수입은 3억 3,000만 달러였다. 2001년에는 팸퍼드 셰프 소속 컨설턴트는 7만명, 총수입은 7억4,000만 달러였다. 1996년에는 컨설턴트 1인당 판매액이 1만3,200 달러였지만, 2001년에는 10,571달러로 오히려 생산성은 저하됐다. 1인당 판매액에는 미국경제의 변화가 반영될 수도 있겠지만, 그렇다고 해도 회사 수익에 영향을 미치는 것은 오로지 총 판매액뿐이다. 그러므로 판매액이 적다하더라도 컨설턴트 숫자의 증가는 회사로서는 이익이다.

다단계 판매는 컨설턴트가 자신이 고용한 사람의 판매액에 대한 중개료를 챙기는 구조다. 이 구조에 따라 일하는 컨설턴트는 다른 사람을 고용하고, 그 사람에게는 또 다른 사람을 고용하게끔 고무한다. 챙길 수 있는 중개료 요율이 높아지기 때문에 직판 기업보다는 개별 컨설턴트에게 유리한 구조다. 그러나 팀 단위로 움직이게 되면 더 많은 컨설턴트를 고용할수록 회사의 총수입은 늘어난다.

지리적 지역 확장은 1990년대 팸퍼드 셰프의 성장을 이끈 요인일 수도 있다. 컨설턴트가 늘어나면서 지리적 활동무대도 넓어졌다. 제품을 처음 접한 고객은 구매이력이 있는 고객이나 기존 고객에 비해 소비규모가 컸다. 단골 고객을 유지하는 과정에서 난항을 겪은 이야기는 이후에 다시 언급하겠다.

헤드쿼터

성장 중인 기업에는 그에 걸맞는 물리적 설비들이 필요하다. 벽돌과 모르타르로 지은 버젓한 점포가 없는 직접판매자들에게도 운영과 재고비축을 위한 공간은 필수적이다. 팸퍼드 셰프는 창립 이후 20년 동안 사무실과 창고 규모를 꾸준히 확장해갔다. 처음에 400제곱피트 면적의 지하실에서 시작한 회사는 이제 면적 7만8,000제곱피트(약 7,200㎡), 총 3층짜리 건물로 커졌다.

놀랍게도 팸퍼드 셰프의 본사는 무려 4년 동안 도리스의 집에 있었다. 그 기간이 지나자 더 이상 지하실만으로는 재고와 배송을 감당할 수 없었다. 도리스는 집에서 2마일(약 3km) 떨어진 곳에 있는 2,500제곱피트(약 230㎡) 너비의 건물을 사들였다.

팸퍼드 셰프는 도리스의 집에서 본사를 분리하면서 사업체로서의 정당성을 확보할 수 있었다. 매입자들의 태도도 달라졌다. 그리고 처음으로 영업시간이라는 것이 생겼다. 전보다 많아진 직원과 컨설턴트 역시 한결 편안한 마음으로 일할 수 있었다. 도리스의 집에서 일할 때에는 사적인 공간을 침범하지 않을까 불안해하던 이들이었다.

1991년에는 일리노이 힐사이드Hillside에 있는 4만 제곱피트(약 3,700㎡) 면적의 건물로 옮겨갔다. 10년이 지나자 또 다시 더 넓은 부지를 찾아야 했다. 2001년에 제안한 본사 건물 신축안은 인근에 거주하는 일부 주민들의 반대에 부딪혔다. 그러나 팸퍼드 셰프 본사 건물이 생기면 애디슨 마을의 일자리도 늘어날 것이고, 세수입으로 인한 혜택도 늘어날 것이었다. 팸퍼드 셰프 본사는 2002년 1,100명의 직원을 채용해 애디슨에서 가장 큰 고용주가 됐다.

2002년 10월에는 신축 건물로 본사를 이전했다. 성대한 건물 개관식을 위해 꽃수레와 밴드, 저녁식사, 무도회를 준비했다. "우린 눈에 잘 보이는 방식으로 축하하는 것을 좋아하죠." 도리스는 말했다.[35]

새로 들어선 본사 건물은 애디슨과 그 근처 캐롤 스트림Carol Stream에 있던 건물 네 채를 합친 규모였다. 부지면적은 43에이커(약 0.17㎢), 설비면적은 14에이커(약 0.05㎢), 그리고 작은 호수도 있었다. 본사 건물의 주차공간은 1,222대, 반입구는 50개였다. 처음에는 세미 트레일러 트럭 18대의 인도, 그리고 시설 밖으로의 선적 18건이 가능한 규모였다. 2006년에는 유통센터로 사용하기 위해 바로 건너편에 있던 26만5,000제곱피트 면적의 부지를 10년 조건으로 임대했다. 유통센터는 2006년 9월에 완공됐다.

매각

가족경영 기업에서 승계계획은 매우 중요하다. 대개는 필요할 때 회사에서 중요한 역활을 담당할 만한 다른 가족을 정하고, 키워나가야 한다. 승계계획은 직원과 고객, 매입자들에게 안정감을 준다. 창업자의 경영시기가 끝나더라도 기업이 계속해서 존재하리라는 확신을 심어주기 때문이다. 가족경영 기업의 경영자는 무엇보다 먼저 자신의 2세대가 기업경영에 관심과 능력이 있는지 여부를 평가해야 한다. 도리스와 제이는 밀레니엄을 앞두고 팸퍼드 셰프의 승계계획을 구상하기 시작했다.

"저나 제이는 오래 전부터 뛰어난 인재가 무너지는 것을 숱하게 봐왔습니다. 적절한 승계계획을 마련해두지 않은 기업에서, 또는 그런 기업과 손을 잡고 일했다는 이유로 말이죠"[36]

"필요할 때 하기보다 먼저 나서기로 했어요. 전 아직 건강합니다. 승계를 생각해야 할 경제적인 이유도 없고요. 돈이 필요한 것도 아닙니다. 그저 판매와 사무 관련 직원들에게 제가 이 회사에서 손을 떼더라도 안전하다는 확신을 주고 싶었습니다."[37]

도리스는 가족 중에 마땅한 후계자가 없다고 생각했다. 처음에는 골드만삭스Goldman Sachs 은행업자들을 만나 공개채용 가능성을 논의했다. 그런 다음에는 충고에 따라 워런 버핏에게 인수 의향을 물었다. 도리스와 만나기로 한 버핏은 통상적인 보고서, 그리고 팸퍼드 셰프에서 판매하는 제품 견본들을 보내달라고 요청했다.

도리스는 버크셔 해서웨이 본사로 커다란 제품 박스 여러 개를 보냈다. 사무실 직원 15명 중 2명이 여자였다. 도리스는 말했다. "버핏이 그러더군요. 상자를 열었을 때, 사무실에서 그렇게 큰 소리로 좋아하는 소리는 처음 들었다고요. 여직원들은 자기 집에 있는 팸퍼드 셰프 제품, 특히 좋아하는 제품, 그리고 상자에서 가져가고 싶은 제품이 뭔지 쉴 새 없이 떠들었답니다. 그래서 버핏도 흥미를 보이게 됐죠."[38]

2002년 9월 1일, 도리스 그리고 그 당시 CEO였던 세일라 오코넬 쿠퍼는 오마하의 버크셔 본사에서 장장 네 시간에 걸쳐 버핏과 이야기를 나눴다.

버핏은 인수 제안을 했지만 도리스는 그 자리에서 답하지 않고, 먼저 가족과 함께 의논했다. 팸퍼드 셰프는 채무가 없고 경영상태도 좋았다. 사업을 쉽게 파악할 수 있는데다 투자수익률도 높았기에 버핏으로서는 매력적인 기업이었다.

도리스는 버핏과의 만남을 떠올렸다. "굉장히 똑똑하고 매력적이고 친절했고 인간적인 면모가 빛을 발하는 사람이었죠. 지금은 마치 제가 버핏의 골수팬인 양 말하고 있지만요. 3주 전 버핏을 만나기 전까지만 하더라도 그 사람의 일, 경영 방식에 대해서는 전혀 몰랐어요. 놀라운 경험이었죠."[39]

버핏 역시 도리스가 오마하로 건너와 매각 문제를 놓고 이야기하던 때를 기억했다. "바로 그날 팸퍼드 셰프를 버크셔 해서웨이의 자회사로 인수하고 싶다는 생각이 들었습니다. 그래서 그 자리에서 계약을 했지요. 저 혼자 키친 쇼에 가보기도 했습니다. 팸퍼드 셰프 앞치마를 두른 채 칼질을 하고 음식 맛을 보았죠. 사과 깎는 시합에서는 꼴찌를 했습니다."[40]

버핏은 버크셔 해서웨이 주주들에게 팸퍼드 셰프의 인수 가치를 다음과 같이 설명했다.

> 버크셔에서 2002년 착수한 최대 규모의 기업은 팸퍼드 셰프입니다. 1980년으로 거슬러 올라가는 유구한 역사를 가진 기업입니다. TPC 파티에 가보니 팸퍼드 셰프가 성공할 수 있었던 이유를 쉽게 알 수 있었습니다. 제품 대다수는 독점판매였습니다. 디자인도 훌륭하고 매우 실용적이었지요. 컨설턴트들은 박학다식하고 열정적이었습니다. 그 자리에 참석한 모두가 즐거워했습니다.
>
> 2년 전, 도리스는 지금의 CEO인 셰일라 오코넬 쿠퍼를 영입하면서 경영자로서의 부담감을 덜었습니다. 저는 8월에 오마하에서 그 두 분을 만나 이야기를 나누었습니다. 이 두 경영자를 동업자로 맞아야겠다는 결심을 하기까지는 10초나 걸렸을까요. 우린 곧바로 계약을 했습니다. 도리스, 셰일라와 함께 일하게 된 것은 버크셔에게 커다란 행운입니다.[41]

버핏의 방침 덕분에 팸퍼드 셰프는 인수 후에도 기존과 같은 경영방식을 유지할 수 있었다. 인수 후에는 전직원에게 그간의 노고를 치하하는 뜻으로 근속년수당 1,000달러의 보너스를 지급했다.

"버크셔와의 거래는 우리 회사가 오래도록 지킨 유산을 지키기 위한 최선의 해결책입니다." 도리스는 말했다. "우리로서는 늘 그래왔듯 팸퍼드 셰프 경영에 최선을 다할 수 있습니다."[42]

"저는 워런 버핏의 진실함, 정직함, 그리고 상도덕을 존경하고 존중합니다.[43] 셰일라와 저, 경영팀은 팸퍼드 셰프의 성장과 확립을 기대하고 있습니다. 그렇기에 버크셔는 최고의 파트너입니다. 버크셔 해서웨이의 뛰어난 브랜드가 된 것은 자랑스러운 일입니다."[44]

수 러쉬 앤 어소시에이츠Sue Rusch & Associates에서 경영 컨설턴트로 일하는 수 러쉬는 말했다. "버핏이 팸퍼드 셰프를 인수한 후, 사업은 과거에 한 번도 인정받지 못했던 정당성을 가지게 되었죠. 이로 인해 많은 기업은 이 사업이 성장가능성 있는 사업모델이라는 사실을 깨닫고, 동참을 결심하게 되죠."[45]

그러나 사업분석가들은 버크셔가 특정 직판 기업에 흥미를 보인 사실에 전혀 놀라지 않았을 것이 분명하다. 버크셔가 직판 사업에 투자한 것은 팸퍼드 셰프가 처음이 아니었기 때문이다.

버크셔는 1986년 약 3억2,000만 달러에 스콧 펫처Scott Fetzer Company를 인수했다. 그 당시 스콧 펫처가 진행 중이던 17개 사업 중에는 월드북 백과사전World Book Encyclopedia, 커비 진공청소기Kirby Vacuums, 긴수 나이프Kinsu Knives 같은 제품을 고객에게 직접 판매하는 것도 있있다. 그렇기에 버핏으로서는 팸퍼드 셰프의 사업모델을 이해하고 평가하는 일이 식은 죽 먹기였다.

● 업계의 아이콘

도리스 크리스토퍼는 직판 업계의 슈퍼스타다. 팸퍼드 셰프는 1986년 초 미국 내에서 소매상을 거치치 않고 제품을 판매하는 상인들의 단체인 직판협회DSA, Direct Selling Association에 가입했다. 도리스는 1992년 이 협회의 이사로 임명되었고, 나중에는 이사회장이 됐다. 협회의 이사진은 암웨이Amway, 에이본Avon, 씬치Scentsy, 그 밖의 여러 대학들, LA 카운티 등의 단체를 대표하는

35인으로 구성돼 있다.

DSA의 닐 에펜Neil Effen 회장은 다음과 같이 말했다. "도리스가 협회의 이사로 임명된 것은 그녀가 정말로 이 업계에서 존경받는 슈퍼스타라는 증거입니다. 직업적인 면에서 볼 때 도리스는 더할 나위 없이 정직합니다. 고객만족도 100%를 추구하는 것은 물론 자사 제품을 판매하는 2만명이 넘는 컨설턴트를 대할 때 존경과 존중을 표합니다. 노골적으로 말하자면 도리스는 직원들을 사랑으로 대합니다."[46]

팸퍼드 셰프는 빈민구제 노력을 인정받고 DSA에서 '비전 포 투모로우 어워드Vision for Tomorrow Award'를 받았다. 그리고 여성 기업가에 대한 아낌없는 지원, 인터넷 고객을 위한 온라인 커뮤니티의 적절한 활용 덕에 두 차례의 산업혁신상Industry Innovation Award을 받기도 했다.

뿐만 아니라 도리스는 DSA의 산하 기업인 직판교육협회DSEF, Direct Selling Education Foundation 회장직을 역임했다. DSEF에서 무엇보다 중시하는 것은 여성 사업가에 대한 지원, 개인의 리더십 기술과 사업가적 마인드의 향상이다. 이를 통해 조직, 연구, 지역공동체의 성공에 대한 여성의 기여도를 극대화하는 것이 협회의 목표다. 협회에서는 자존감, 사업 관련 지식을 가르치는 프로그램을 개발하는 한편 저위험, 저비용 창업방법으로 직판을 강조했다.

DSEF에서는 현재 직판경영자격증을 수료하기 위한 수강생들을 위한 시범교육 프로그램을 시행 중이다. 지역 대학 세 군데에서는 2012년 연구 프로그램을 제공할 예정이다.

도리스는 가족과 소비 서비스Family and Consumer Services에서도 인정을 받았고, 미국 가정과 소비과학 협회American Association of Family and Consumer Sciences 사업에 적극적으로 참여하고 있다. 또한 오직 선정을 통해 회원자격을 얻을 수 있는 'The Committee of 200'의 회원이기도 하다. 이 단체는 여성 사업가의 리더십을 키우고, 그에 대한 시상을 하는 한편, 발전시키는 것을 대의로 삼고 있다.

도리스는 『Working Women』지에서 선정한 '상위 500인 여성 CEO'에도 몇 번이나 오른 바 있다.

● 버핏의 자회사가 되다

2002년 버크셔의 인수로 팸퍼드 셰프의 고객과 컨설턴트들은 일부 동요를 일으켰다. 버크셔에서 주주들의 의견을 반영해 실천하는 기부행위에 대한 우려들이 문제였다.

가족계획, 임신중절을 지지하는 단체에 대한 일부 기부는 버크셔에 대한 보이콧으로 이어졌다. 팸퍼드 셰프의 연간 총수입 7억4,000만 달러는 버크셔에서 2002년에 벌어들인 420억4,000만 달러에 비하면 그다지 많지 않았다. 보이콧과 반대운동 역시 버크셔의 다른 자회사들이 신경써야 할 정도의 수준은 아니었다. 그렇더라도 팸퍼드 셰프로서는 시련임에 틀림없었다.

버핏은 오래 전부터 애견단체에 대한 기부를 두고 중역들을 비난해온 터였다. 어쨌거나 그 돈은 CEO들이 아닌, 주주들의 주머니에서 나온 것이었다. 그래서 1981년에는 주주 지정 프로그램을 시작했다.

버크셔에서는 사외주 1주당 2달러를 자선단체에 기부할 수 있게 했다. 주주들은 현금이 아닌, 기업 판촉물을 기부했다. 즉 100주를 소유한 주주라면 200달러, 150주를 가진 주주는 300달러에 달하는 판촉물을 받을 수 있는 수혜자를 지정할 수 있었다. 주주는 1인당 최대 3개의 단체에 판촉물을 기부할 수 있었다.[47]

컨설턴트들이 퇴사하고 팸퍼드 셰프에 대한 보이콧을 촉구하는 이들이 나타나자, 도리스는 버핏에게 이 문제를 의논했다.

버핏은 말했다. "물론 도리스는 저에게 그런 요구를 하지 않았습니다. 하지만 아마도 제가 기부 프로그램을 취소했으면 싶었을 겁니다. 그리고 여러분도 아시겠지만, 전 결국 프로그램을 철회하려 합니다. 문제를 해결할 수 있으리라는 것이 제 판단이었지만, 그렇게 할 수는 없었습니다. 그로 인해 원치 않는 많은 이들을 아프게 하고 있으니까요. 도리스를 따르는 사람들에게도, 도리스에게도 가슴 아픈 일입니다. 무고한 이들이 피해를 보고 있지요. 사무실에 앉아 울고 있고요."[48]

그리하여 버핏은 2003년 7월, 기부 프로그램을 철회하다고 발표했다. 그간 주주들이 지정한 자선단체는 연간 약 3,500개에 달했다. 여기에는 각종 교육단체 800곳, 그리고 400개의 교회, 교구들도 있었다.[49] 일각에서는 버핏의 결단을 두고 관대한 처사라며 칭찬했지만 철회에 대한 비난도 있었다. 발표 전에도 후에도 모두를 만족시킬 수는 없는 노릇이었다.

버핏은 2004년 주주들에게 보내는 편지를 통해 일련의 사건들을 설명하고 있다.

1981년부터 2002년까지 버크셔에서는 주주들이 원하는 자선단체를 직접 지정해 판촉물을 지정할 수 있게 하는 프로그램을 시행해왔습니다. 그간 이 프로그램에 따라 지출한 금액은 약 1억9,700만 달러입니다. 기부 빈도수가 가장 높은 단체는 교회였고, 그 외에도 수많은 다양한 단체들이 수혜자로 지정됐습니다. 그런 종류의 프로그램을 주주들에게 제공한 대기업은 버크셔가 유일했기에, 찰리와 저는 그 점을 자랑스럽게 여겼습니다.

2003년에는 하는 수 없이 이 프로그램을 철회해야 했습니다. 임신중절 문제를 둘러싼 논란이 불거졌기 때문입니다. 과거 이 문제에 대해 찬반을 표한 많은 단체들이 버크셔 기부 프로그램의 혜택을 받았습니다. 결과적으로는 임신중절 합법화를 지지하는 단체에 정기적으로 기부한 탓에 일부에서 공격을 받았습니다. 반대자들 중에는 버크셔가 아닌, 버크셔 자회사들의 제품을 보이콧하자는 개인과 단체도 있습니다. 물론 버크셔는 수혜자가 501(c)(3)*에 해당하는 한 주주들이 자유의지에 따라 기부할 권리를 제한하라는 모든 요구들을 거부했습니다. 그러나 2003년, 팸퍼드 셰프에서 개별적으로 활동하는 많은 직원들은 보이콧을 체감하기 시작했습니다. 이러한 전개는 버크셔의 직원도, 버크셔 내에서 의사결정권도 없지만 우리를 믿고 있는 많은 이들이 수입 감소로 심각한 고통을 겪고 있다는 것을 뜻합니다.

버크셔 주주들의 입장에서는 직접 기부할 때에 비해 큰 세금감면혜택을 누릴 수 있었습니다. 게다가 기부 프로그램은 버크셔에서 주장하는 '파트너십' 방침과도 궤를 같이 하는 것이었습니다. 이는 주주들을 위한 설명서에 기반을 둔 첫 번째 원칙입니다. 그러나 자신이 몸담은 회사를 탄탄히 하고자 피나는 노력을 기울이는 충성스러운 직원들이 그로 인해 해를 입고 있다는 점 때문에 이런 장점들은 퇴색됐습니다. 실제로 찰리와 저는 그렇듯 훌륭하고 근면성실한 이들이 피해를 입는 지금의 상황에서는 그 어떤 자비도 찾을 수 없습니다. 물론 버크셔와 주주들은 그 덕분에 하찮은 세금감면혜택을 누릴 수 있지만 말입니다.

버크셔는 지금부터 모회사의 입장을 반영한 기부를 하지 않기로 했습니다. 자회사들은 인수 전부터 실천해오던 관행에 따른 자선정책을 고수할 것입니다. 과거 주주들이 실천하던 기부를 위해서는 모두가 아닌, 개인의 지갑에서 돈을 꺼내야 합니다.[50]

버크셔의 부회장 찰리 멍거 역시 문제가 되었던 상황을 입에 올렸다. "팸퍼드 셰프는 반대로 인한 현실적 문제를 겪고 있습니다. 우리로서는 새로 인수한 자회사가 버크셔에 합류했다는 이유만으로 피해를 보는 상황이 달갑지 않

---

* 세금코드 501(c)(3)은 세금공제 기부금을 받을 자격이 있는 비영리기관을 가리킨다.

습니다."[51]

● 가치를 소중히 여기는 선두기업

버크셔와 마찬가지로 팸퍼드 셰프 역시 숭고한 사업윤리를 고수해 소비자들 사이에서 높은 명성을 누리고 있다. 1988년에는 BBB 횃불상Better Business Bureau's Torch Award을 수상하면서 고객, 공급사, 직원에 대한 도덕적 태도를 인정받았다.

도리스는 말했다. "위기는 대부분의 기업들이 경험하는 것입니다. 직원과 컨설턴트에게 힘이 될 만한 비전을 전달하는 방법, 확실한 방향을 알려주되 창의적인 융통성과 권한의 여지를 남기는 방식으로 의사소통하는 방법. 진정한 리더라면 솔선하는 태도로 위험을 무릅쓰고, 아이디어를 구체화하고, 지속적으로 지표와 해결책을 제시합니다. 성별에 상관없이, 리더는 주기적으로 사람들과 소통하며 자신의 생각, 목표, 비전을 알립니다."[52]

리더에게 효율적인 의사소통 능력은 매우 중요하다. "자신이 기대하는 사업상 관습을 모든 직원에게 군더더기 없고 분명하게 일관된 메시지로 전달하는 것이 비결입니다." 도리스는 말했다. "그 결과 정직함으로 명성을 쌓을 수 있고 사람들도 그 점에 매료됩니다. 누구나 올바른 행동을 하고 싶어 하죠. 메시지가 조금이라도 혼란스러우면 주변사람들은 떨어져나가기 시작합니다. 기업이 변화와 성장을 겪는 동안에도 그런 가치들을 지키는 것은 어려운 일입니다."[53]

개인 소유 자택에서 회사를 운영하려면 컨설턴트와 집주인 사이의 높은 신뢰가 전제돼야 한다. "직판에는 정직한 태도가 매우 중요하다고 생각합니다.

우린 다른 사람 집에서 사업을 하고 있잖아요. 그 집에서 초대한 다른 손님들과 어울리는 또 다른 손님인 셈이죠. 주인 가족, 그들의 친구들과 친분을 쌓고, 개인생활이나 직장생활에서 활용할 수 있는 아이디어와 전략들을 공유하며 식사시간을 즐겁게 만듭니다. 신뢰는 분명 핵심적인 요소입니다. 높은 수준의 도덕성 역시 마찬가지고요."[54]

2006년, 도리스는 호레이쇼 앨저 협회Horatio Alger Association of Distinguished Americans의 평생회원으로 선정됐다.[사진 3.3] 이 협회에서는 단출하게 사업을 시작해 큰 성공을 거둔 개인 사업가를 협회원으로 인정한다.

도리스는 말했다. "제가 생각할 때 이 상의 가장 중요한 의미는 교육을 강조하고 있다는 겁니다. 호레이쇼 앨저 협회에서 평생 교육에 지속적으로 관심을 쏟은 덕분에 사람들은 미국땅에서 성실함, 끈기, 교육이야말로 미래의

사진 3.3 도리스 크리스토퍼가 버크셔 헤서웨이 이사이자 호레이쇼 앨저 협회의 회장직을 역임한 월터 스콧 주니어(Walter Scott, Jr.)에게 호레이쇼 엘저 상을 받고 있다. 2006년.　　　　　　　　　　　　　　　　　　　• 자료제공: 팸퍼드 셰프

성공할 수 있는 기반이라는 사실을 알게 되었죠. 이곳 미국에서 출신지는 문제될 것이 없습니다. 중요한 것은 나아가고자 하는 방향이죠."

팸퍼드 셰프가 성공한 덕에 도리스와 제이 크리스포터는 자선사업계의 큰 손이 될 수 있었다. 그들은 대부분의 수익을 곧바로 교육에 쏟았다. 1999년에는 리버 포레스트의 컨커디아 대학Concordia University에 1,500만 달러를 기부했다. 루터교에서 후원하는 이 학교는 제이의 아버지가 법률 고문으로 일하던 곳이었다. 부부는 몇 년 뒤, 제이의 모교 발파라이소 대학에 1,600만 달러를 기부했다. 기부금으로 지은 건물은 2004년에 개관했는데, 여러 군데에서 건축디자인 관련 상을 받았다. 대학 측은 건물에 '크리스토퍼 도서관 정보자원 센터Christopher Center for Library and Information Resources'라는 이름을 붙였다. 2008년 제이는 이 건물에서 처음으로 열리는 전시회를 위해 개인적으로 소장하고 있던 중국 철도 모형을 빌려주기도 했다.

2008년 초에는 도리스의 모교 일리노이 대학에서 설립을 계획하고 있던 '팸퍼드 셰프 가족 회복 프로그램Pampered Chef Family Resiliency Program'를 위해 기부금을 전달했다. 기부금은 150만 달러였고, 부부는 프로그램 전용 건물 건축을 위해 1,150만 달러를 추가로 기부할 예정이라고 발표했다. 그리하여 2006년 가족회복센터를 수용한 도리스 켈리 크리스토퍼 홀Doris Kelley Christopher Hall이 완공됐다. 연구자와 교육자, 자원봉사자들이 아동과 개인, 가족의 행복 향상을 위해 애쓰는 곳이다.

"일리노이 대학은 연구로 유명합니다. 그렇지만 그곳에서 이루어지는 인간과 공동체 개발 분야 관련 연구 역시 흥미롭고 실제로도 매우 중요합니다. 그리고 가족생활의 향상 추구라는 우리 회사의 대의와도 일맥상통합니다. 가족회복센터에 바람이 있다면 아동과 가족이 여유를 되찾게 해 일상적인 스트레스에 보다 효율적으로 대처할 방법을 탐색하는 것입니다. 우리가 지켜야 할 전통에는 어떤 것이 있을까요? 그런 것들을 아이들에게 어떻게 전달할 수 있을까요? 정보를 공유하고 귀감이 될 만한 사례를 몸소 실천할 때, 가족은 더 강해질 겁니다. 센터에서는 이 분야에 관심 있는 학생들을 상대로 예비 교육을 할 수 있고 학생들은 가족의 위기 대처능력을 향상시킬 방법을 연구할 겁니다. 강인한 가족이 없다면 강인한 일꾼도 없습니다. 우린 한 배를 탄 셈입니다."[55]

크리스토퍼 가족재단이 기부하는 곳 중에는 일리노이 리버 포레스트의 도미니칸 대학Dominican University도 포함돼 있다. 도리스는 이 대학의 영양학센터 설립 기금 200만 달러를 기부했다. 시카고의 브룩필드 동물원Brookfield Zoo에는 대화학습센터 건물 보수 명복으로 150만 달러를, 마찬가지로 시카고에 있는 루터교 신학교Lutheran School of Theology에는 자유재량으로 쓸 수 있는 100만 달러를 기부했다.

● 위기와 도전

도리스가 팸퍼드 셰프를 시작한 지도 30년이 넘었다. 1인 기업으로 소박하게 시작한 회사는 수차례의 성장과정을 거쳤다. 그리고 그 과정에서 도리스는 회사의 성공을 위해 용감하고 결연한 태도로 위기에 대처해왔다.

사업가는 회사가 나아갈 방향을 정확히 예측할 수도, 여정 도중 어떤 장애물을 만나게 될 지도 알 수 없다. 도리스는 회사를 꾸려나가며 많은 교훈을 배우는 한편 새로운 기술들을 습득했다.

사업지식

회사를 시작했을 때에는 사업적 경험이라고는 전무한 상태였다. 회사의 유일한 직원으로서 아무런 준비없이 사업을 시작한 도리스로서는 배울 것이 무궁무진했다.

남편 제이는 말했다. "아내가 팸퍼드 셰프를 시작했을 때에는 깜짝 놀랐습니다. 전 아내를 과소평가했어요. 위기를 즐기고 재능을 키워나가는 모습을 보니 놀랍더군요. 아마 아내도 놀랐을 겁니다."[56]

도리스는 시행착오를 겪은 덕에 사업을 배울 수 있었다. 지금까지 그녀가 밟은 행보에서 '1인 기업을 위한 11가지 팁'을 배울 수 있다.[57]

① 열정을 따라라.

② 하고자 하는 것을 분명히 하라.

③ 틈새시장을 찾아라.

④ 가능한 최선을 다하라.

⑤ 차별화하라.

⑥ 단순한 태도를 취하라.

⑦ 경상비를 조심하라.

⑧ 본능에 따라라.

⑨ 시간을 소중히 여겨 시간관리에 능한 경영자가 되어라.

⑩ 컴퓨터 쓰는 법을 복습하라.

⑪ 고작해야 사업일 뿐이다.

컨설턴트 고용하기

도리스는 창업 후 9개월 동안 혼자 제품 설명하는 일을 도맡아했다. 그러다가 킴 베이스Kim Bass라는 여성을 컨설턴트로 고용하면서 이후 팸퍼드 셰프의 운명은 영원히 바뀌게 된다.

1인 기업일 때에는 회사의 모든 상황을 속속 알 수 있었지만, 직원을 뽑게 되면서 문제점들이 나타났다. 무엇보다 재고가 문제였다. 도리스는 자기 집 지하실에 재고가 얼마나 있는지 파악할 수 있었지만 직원들은 항상 그럴 수 없었다. 컨설턴트 보수 관련 계약서도 새로 작성해야 했고, 나중에는 적절한 중개료 항목을 위한 재조정 작업이 필요했다. 컨설턴트가 늘어나면서 그들의 교육수준, 기본적인 경력을 평가해야 했다. 도리스가 처음에 구상한 컨설턴트는 가정학자나 교사에 가까운 것이었지만, 그런 역할이 필요치 않다는 것이 분명해지면서 이 컨셉은 폐기됐다. 컨설턴트에게 필요한 것은 이동수단, 친구들이었다.

1990년에는 도리스의 자택에서 근무하는 직원만으로는 감당이 안될 정도로 사업규모가 커졌다. 1989년에 비해 컨설턴트의 숫자는 400%까지 늘었다. 새로 채용한 컨설턴트들의 판매량은 재고량을 넘어섰다. 이월주문 때문에 실제로 위험할 수도 있는 상황이었다.

도리스는 바람직하지 않은 상황을 피하고자, 이후 4개월 동안 일시적인 컨설턴트 고용동결이라는 강경책을 시행했다. 지원자들은 대기자 명단에 올렸다. 그리하여 추가적인 판매량 증가를 줄이면서 조직 내부의 움직임에 맞춰 재정비할 시간을 가질 수 있었다.

요리 안 하는 사람에게 조리도구 팔기

키친 쇼에 참석한 사람들은 높은 확률로 자신은 요리를 안 하거나, 또는 요리하는 것을 안 좋아한다는 말을 한다. '요리를 하긴 하지만 잘하라고 강요하지는 마세요.' 제품을 설명하는 사람이 이런 말을 듣게 되면 위기감을 느낀다. 요리를 안 하는 사람에게 어떻게 조리도구를 팔 수 있겠는가? 대개 이런 사람들은 보다 쉬운 요리, 시간절약을 가능케 하는 좋은 조리도구가 없다. 이 점을 노려야 한다. 생전 요리 안 하는 사람이 그저 재미난 도구나 예쁜 베이킹 접시를 써볼 요량으로 새로운 요리에 도전하게끔 자극한다. 이것이야말로 팸퍼드 셰프 제품이 가진 잠재력이다. 그도 아니라면 선물용으로 제품을 팔 수 있다.

재방문 고객

주방용품 판매에서 어려운 점은 단골을 만드는 것이다. 립스틱, 양초, 옷과 달리 거품기와 주걱은 다 쓸 일도, 닳기도 어렵다. 팸퍼드 셰프에서 취급하는 품질 좋은 제품이라면 더욱 그렇다.

이런 이유로 구석기 시대처럼 낡은 주방을 정보화 시대처럼 새롭게 업그레이드하던 나 역시 주방용품을 추가로 사들일 생각이 들지 않았다. 그리고 어떤 점에서 볼 때, 주방용품에 대한 수요가 생기려면 새로운 가구가 필요하다. 팸퍼드 셰프에서 현재 지속적으로 판매할 수 있는 올리브 오일, 향신료 같은 식료품을 취급하는 것도 그런 이유 때문이다.

주택과 취업시장은 자연스레 가구 수의 증가를 낳는다. 인구통계학 역시 한몫을 한다. 베이비붐 시대에 태어난 사람들은 대개 독립가정을 꾸리며 손자손녀들을 키우고 있다. 이로 인해 다시금 인구수가 늘어나려면 지금의 손자손녀들이 성인이 될 때까지 몇 년을 기다려야 한다.

오늘날 가구 수 증가에 큰 기여를 하는 것은 이민자들이다. 2007년 이후 매년 100만 명 이상의 이민자들이 합법적인 영주권을 얻고 있다.

2000~2005년 사이 미국으로 건너온 이민자는 800만 명 가까이 되며, 그중 절반은 불법 이민자였다. 미국 인구조사의 예상에 따르면 42년 후 미국의

인구수는 1억3500만 명까지 늘어날 것으로 보이며, 대부분 이민자 유입의 직접적 결과다.[58]

앞으로의 이민 관련 정책에 따라 가설로 예측한 것과는 전혀 다른 현실이 펼쳐질 수도 있다. 현재 미국의 출생률은 여성 1인당 2.1명이고, 인구수는 변함없이 안정적이다. 경제가 발전하게 되면 다른 사람이나 부모와 동거하는 젊은이들이 독립하면서 새로 가정을 꾸릴 것이다.

이유야 어쨌든 미래에는 가구수가 크게 늘어날 것이고, 그에 따라 팸퍼드 셰프의 시장 기반도 확대될 것이다.

고객 교육

고객을 만족시키려면 적절한 교육이 필요하다. 어떤 사람에게는 주방용품이 신세계일수도 있다. 단순히 시험삼아 써본다고 도구의 용도를 분명히 알 수 있는 것은 아니다.

팸퍼드 셰프 제품을 판매하는 컨설턴트라면 잠재적 구매자를 상대로 제품을 효과적으로 설명하는 것은 물론, 용도와 장점을 설명할 줄 알아야 한다.

"제품을 파는 것은 고객과의 관계를 쌓는 1단계에 불과합니다." 도리스는 말했다. "그렇게 사들인 제품을 집으로 가져오지만 숱한 경우에는 정확한 사용법을 모릅니다. 팸퍼드 셰프에서는 그럴 일이 없습니다. 키친 쇼에 참석한 사람은 성별을 막론하고 제품구입 전 그것을 사용해볼 기회를 가집니다. 뿐만 아니라 일단 그 제품을 구입한 고객은 주방에서 용도에 맞게 그것을 사용하는 방법을 알게 되죠. 우리는 모든 제품에 알기 쉬운 상세설명서를 제공합니다. 알맞은 보관 및 사용법은 물론, 그 제품으로 만들 수 있는 음식의 조리법도 알려주지요. 팸퍼드 셰프의 컨설턴트들은 지속적인 고객 서비스를 제공하고 있습니다. 제품을 판매한 다음에도 고객지원은 계속됩니다."[59]

적절한 제품

재미난 도구를 쓰면 요리도 재미있고 신나게 할 수 있다. 팸퍼드 셰프의 제품들은 사용이 간편하기에 조리 도중 흔히 겪는 좌절을 피하게 한다. 주문제작한 제품을 독점적으로 판매한다는 사실 역시 회사의 유명세에 도움이 된다.

팸퍼드 셰프에서 판매하는 제품은 다른 곳에서는 구할 수 없다. 그렇기에 고객의 입장에서는 더욱 더 그 제품을 사야 할 동기가 생기는 셈이다. 특권은 직접적인 가치를 가진다.

도리스는 마음에 쏙 드는 주방용품을 찾지 못하자, 자신이 생각한대로 제품을 만들어 줄 제조사를 물색했다.

"우린 제품 평가하는 일에 능숙해졌죠." 그녀는 말했다. "제조사에 가서 이렇게 말하는 겁니다. '우리 회사에서는 당신네 제품을 살 생각입니다. 하지만 손잡이가 좀 더 길었으면 해요. 아니면 가격이 더 저렴한 것도 좋고요. 동시에 세 가지 용도도 쓸 수 있는 제품이면 좋겠어요.'"[60]

팸퍼드 셰프에서는 1990년대 초부터 자사 제품을 직접 설계하기 시작했다. 왼손잡이인 도리스는 껍질 벗기는 칼, 가위, 치즈 강판 따위를 설계할 때에 누구나 쓰기 쉽게 만들고자 노력했다.

팸퍼드 셰프 제품 중 약 80%는 독점판매 제품이다. 회사에서는 지속적으로 제품의 인기도를 평가하고 카탈로그도 수시로 업데이트한다.

"전 주방저울 없이 못 사는 사람이었어요." 도리스는 말했다. "하지만 솔직히 모두가 원하는 도구는 아니죠. 그저 누군가에게는 좀 더 과학적인 주방용품이었으니까요."[61] 팸퍼드 셰프에서는 한때 주방저울을 판매했지만 인기가 없자 판매를 중단했다.

소송

성공한 기업이라면 어쩔 수 없이 불거지게 마련인 법적 문제에 대처해야 한다. 일반인들은 미국 경제계에서 소송이 얼마나 빈번한지 모를 것이다. 팸퍼드 셰프 역시 피고로 지목되기도 하고, 다른 소송에서는 고소인 역할을 하기도 한다.

팸퍼드 셰프가 과거 공급사들과 벌이는 상당수의 재판과 맞고소는 근거 여부와는 관계없이 디자인 저작권 침해, 카탈로그 불법 복제 때문이다. 역으로 팸퍼드 셰프도 제품 결함, 그리고 제품의 '근본적 위험'을 경고하지 않았다는 이유로 고객에게 고소를 당하는 일도 있다.

가장 심각했던 사건은 세라믹 구이 팬 고장으로 손가락이 절단된 고객 한 명이 고소한 일이었다. 법원은 고소인에게 보상금 260만 달러를 지급하라는 판결을 내렸다.[62]

개인적인 소견으로 보기에는 얼토당토않은 판결이었다. 나 역시 한때 일하던 회사에서 사고사 및 신체손상 보험에 가입한 적이 있다. 당시 보험 규정에 따르면 산재로 손 하나를 몽땅 잃더라도 받을 수 있는 보험금은 50만 달러였다.

기업비밀을 공유하고 '변절자' 노릇을 한 직원을 고소하는 일도 있다. 즉 다른 직판기업의 판매사원을 고용하는 것이다. 직판협회에서는 이런 행위를 금지하는 조항을 두고 있다.

소송에 대처하려면 시간도 오래 걸릴뿐더러 돈도 많이 든다. 도리스는 소송이 사업의 일부라는 사실을 인정한다. "회사로서는 자기 것을 지켜야 할 책임이 있습니다."[63]

경영 실적 추이

사업가에게 있어서 스스로 세운 회사는 보석 같은 존재로 마치 '자식'과도 같다. 그렇기에 회사의 소유권만을 보유한 상태에서 CEO 자리를 내놓고 다른 사람에게 회사를 넘겨주는 일은 어려울 수도 있다.

도리스는 2000년 10월 셰일라 오코넬 쿠퍼를 사장 겸 COO로 임명하면서 CEO직에서 처음으로 물러나려는 시도를 했다. 쿠퍼는 직판 화장품 기업인 메리케이Mary Kay, 뷰티컨트롤BeautiControl에서 중역을 맡은 경력이 있었다. 따라서 직판업계에 대한 경험도 풍부한 편이었다. 1999년 뷰티컨트롤의 CEO였던 쿠퍼는 타파웨어에 회사를 매각했다.

쿠퍼는 2002년 버크셔 해서웨이와 팸퍼드 셰프의 인수계약 당시에도 마찬가지로 노련함을 발휘했다. 그리고 2003년 1월에는 팸퍼드 셰프의 CEO가 됐다. 설립자인 도리스에게 자리를 넘겨받은 쿠퍼는 말했다. "메리케이의 특기 중 하나는 자리를 제대로 물려주는 것이었습니다. 덕분에 기업은 여러 명이 일군 노력의 결실이라는 사실을 알 수 있었죠." 쿠퍼는 말했다. "팸퍼드 셰프 역시 그렇게 하고 있고요."[64]

쿠퍼는 남성을 비롯한 새로운 고객층에 접근하는 것을 한 가지 목표로 삼았다. 당시 7만1,000명이 넘는 컨설턴트는 거의 전원이 여성으로 이루어져 있었다. 그리고 회사에서는 소수의 컨설턴트가 보다 많은 실적을 올리는 것을 권장하고 있었다. 이미 제품군은 주방용품 이상으로 확대되고 있던 시기였다. 그러나 쿠퍼는 2003년 5월 돌연 자리에서 물러났다. CEO가 된 지 고작 5개월 뒤의 일이었다. 도리스는 2003년 12월 말라 고트샐크를 영입할 때까지 다시 CEO 자리를 지켰다.

도리스는 자신의 경영방식을 간단하게 정리했다. "성공을 꿈꾸는 사람들에게는 날개를 달아줘야 합니다."[65]

● 생각해야 할 것들

오래 전부터 세계적으로 유명한 전문 요리사들은 전부 남성이었다. 지금도 여성 요리사들은 고급식당 수석 조리장의 위치나 업계에서 인지도를 얻기 위한 싸움을 계속하고 있다. 2011년 제임스 비어드 재단에서 수여하는 셰프 어워드James Beard Foundation Chef Award를 받은 14명 중 4명이 여성이었다.

주방에서 성 역할이 바뀐 이유는 왜일까? 딱히 요리에 잘 맞는 성별이 있는 것은 아니다. 다행히 직업적으로나 일반가정의 주방을 생각해보더라도 조리에 대한 성 역할 구분은 갈수록 모호해지고 있다.

팸퍼드 셰프가 사업을 개시할 당시 독립 컨설턴트의 99%는 여성이었다. 그리고 도리스는 사업을 시작하려는 여성에게 힘을 실어줬다. 컨설턴트 중 여성 비율이 높은 것은 의도적인 계획에 따른 결과가 아닌, 자연스러운 과정이다.

도리스는 말했다. "우리 회사는 남들에게 제품을 권하면서 성장해왔습니다. 그리고 여성은 다른 사람에게 정보를 알려주려는 성향이 더 강합니다."[66]

수석이사 테레사 브라운Teresa Brown의 팀에는 남자직원이 몇 명 있다. "진지한 태도로 일하는 남자직원들은 정말로 뛰어납니다." 그녀는 말했다. "지난 10년 동안 팸퍼드 셰프에서 가장 좋은 실적을 기록한 판매사원 중 한 명은 남자였습니다."

도리스 역시 젊은이들에게 주방에서 음식 만드는 것을 도우며 조리법을 배우는 동시에 즐거움을 노려볼 것을 권한다.

"아들 딸, 가리지 말고 주방으로 불러들이세요. 제가 어릴 때만 하더라도 주방은 여자만의 공간이라고 생각했죠. 스토브 앞에 서서 음식을 만드는 남자는 드물었습니다. 하지만 이제 기본적인 조리기술은 누구나 살면서 익혀야 하는 것이라고들 생각하죠. 함께 음식을 만들거나 순번을 정해놓고 돌아가며 요리하는 젊은 부부들도 갈수록 늘어나고 있습니다. 결혼 시기는 늦어지고 있고요. 그 때문에 독신으로 사는 기간도 훨씬 길어지고 있죠. 지금도 시작하기에 결코 늦지 않았습니다."[67]

도리스와 제이 크리스토퍼가 세운 회사는 1,200만 가구에 영향을 미쳤다. 팸퍼드 셰프에서 고작해야 오렌지 껍질 까는 도구를 구입한 집이라도 예외는 아니다. 그만큼 세상을 크게 변화시킬 기회를 가진 사람은 적다.

"하느님의 작품이라고 생각해요. 하느님이 저를 이끌어주셨죠. 그래서 탄생한 것이 수만 명의 직원을 위해 봉사하는 팸퍼드 셰프라는 기업이었습니다. 그리고 직원들은 가족이 다함께 밥상머리에 둘러앉는데에 기여했죠. 수백만 가구를 여유롭게 만들었습니다."[68]

크리스토퍼 부부는 멘토 역할을 하는 데에도 많은 시간을 쏟아왔다. 제이는 말했다. "개인적으로 젊은이들에게 사업기술을 가르치고 진취적 사고를 장려하는 일을 하고 있습니다."[69] 도리스는 이에 몇 마디 덧붙였다. "밥벌이, 단순히 자기 자신을 부양한다는 것 이상의 목표를 찾으라는 것, 그것이 제가 줄 수 있는 충고입니다. 개인적으로도 성과를 거두는 한편, 다른 사람을 돕는다면 스스로 최선을 다할 수 있게 될 겁니다."[70]

도리스는 또 다른 충고를 제안했다. "계속해서 떠오르는 아이디어가 있다면, 적어도 숙고를 통해 그 진가를 확인하고 진전시킬 만한 가치는 있을 겁니다. 본능에 따르세요. 그렇더라도 이성적으로 행동해야 합니다. 염두에 두고 있는 이들이 바라고 필요로 하는 틈새시장은 분명 있습니다. 진심으로 열중하고 아끼고 싶은 것도 중요하게 여겨야 합니다. 그런 제품이나 아이디어를 실현시키기 위해 끝도 없이 많은 시간을 쏟게 될 것이니까요. 진심으로 원한다면 실현시킬 방법을 생각해내야 합니다."[71]

도리스는 사업 그 자체다. 백지 상태에서 자기 회사를 세웠고, 그 회사를 거대한 규모로 키워냈으며, 모두에게 이로운 생존전략을 성공적으로 실행해 보였다. 상근 CEO 자리에서 내려온 도리스는 이제 인생의 새로운 단계에 접어들어 가족과 손자들과 더 많은 시간을 보내고 있다. 회사의 소유권과 리더십이 탄탄하다는 것을 알기에, 도리스는 한결 마음을 놓을 수 있다.

'유리천장'을 뚫고 성공을 쟁취하다

세계 시장을 무대로 파급력 있는 정보 제공

캐시 배론 탐라즈

Cathy Baron Tamraz

Business Wire

Cathy Baron Tamraz
Business Wire

"가끔은 떠안고 싶지 않은 일도 있을 겁니다. 아니면 마음에 안 드는 업무가 있을 수도 있고요. 그렇지만 그 길의 끝이 무엇일지는 모르는 일입니다. 계속해서 나아가세요! 섣불리 판단하거나 '싫다'고 말하지 마세요. 힘든 일을 피할 수 있는 길은 없습니다. 기회를 찾으세요. 그런 시도가 효과적이라는 것을 보여주는 산증인이 여기 있습니다. 크림을 휘저으면 산더미처럼 부풀어 오를 겁니다."

●●

비즈니스 와이어Business Wire의 사장이자 CEO인 캐시 배론 탐라즈Cathy Baron Tamraz를 처음 만난 건 2011년, 오마하에서 열린 버크셔 해서웨이 연간 주주총회에서 였다.

기업의 언론 보도자료와 정기 발표자료를 배포하는 비즈니스 와이어는 2006년부터 버크셔의 자회사였다. 캐시는 기업의 일상적인 경영, 장기적 전략계획 수립, 해외 확장, 글로벌 브랜딩을 관리한다. 주주총회 당시 39개에 이르는 버크셔 자회사들은 19만4,300제곱피트(약 1만8,000㎡) 면적의 (지금은 센츄리링크 센터로 이름이 바뀐) 퀘스트센터 전시홀에 자료를 전시했다. 나는 홀을 둘러보던 중이었다.

주주총회 기간 중 어느 날인가에 가보니, 캐시가 비즈니스 와이어 전시 부스에서 일하는 중이었다. 부스에는 워런 버핏의 초상화가 세워져 있었다. 비즈니스 와이어 파리 지부에서 고객서비스를 담당하는 스테파니 조브코Stephane Zovko의 작품이었다. 버핏의 초상화는 오마하 CASACourt Appointed Special Advocates 후원기금 마련을 위해 경매에 붙여졌다. CASA는 시민 자원봉사자들이 교육을 거친 후, 학대받고 버림받은 아동을 위해 의회에 의견을

사진 4.1 캐시 배론 탐라즈, 비즈니스 와이어 사장 겸 CEO
• 자료제공: 비즈니스 와이어

제안하는 자선단체다.

'미인이면서 활기찬 사람.' 능력있는 CEO 캐시를 본 첫인상이었다.

57세인 캐시는 4만 명이나 되는 참석자들과 일일이 이야기를 나누면서 그 날 하루 동안 생기발랄하고 열정적인 모습을 보여줬다.

보샤임 파인 쥬얼리의 다이아몬드, 데얼리 퀸Dairy Queen의 1달러짜리 딜리 바Dilly Bar, 프룻오브더룸Fruit of the Loom의 5달러짜리 속옷들을 판매하는 전시부스 사이에 경제 관련 기사들을 전시하는 것은 벅찬 일이다.

전시홀의 활기는 눈에 보일 정도였다. 책자와 코카콜라를 구입하고, 게코Gecko에서 자동차 보험 견적을 받는 사람들이 길게 늘어서 있었다. 2010년 연간 주주총회 첫 날 전시홀을 개장한 9시간 동안 저스틴Justin 부츠 1,053켤레, 시즈캔디 1만2,416파운드(약 5.6톤), 데얼리 퀸의 블리자드Blizzard 8,000개, 그리고 퀴컷 쌍둥이칼 8,800개가 팔렸다.[1] 그렇더라도 주주총회에 참석한 사람이라면 일반인에 비해 경제뉴스에 관심이 많았을 것이었기에, 비즈니스 와이어 부스 역시 방문객들로 북새통을 이루었다.

캐시와 나는 매년 주주총회 때마다 비즈니스 와이어에서 진행하는 자선행사에 대한 이야기를 나누었다. 캐시는 행사를 도울 자사 직원 십여 명이 함께 오마하로 건너왔다는 것, 그리고 올해가 회사 창립 50주년이라는 사실을 자랑스레 말했다. 짧은 만남이었지만 캐시의 따뜻한 성격, 사교성, 회사에 대한 자부심, 힘이 넘치는 열정을 느낄 수 있었다. 그녀는 분명 직원들에게 힘을 주는 리더였다.

캐시와 대화하는 도중, 내내 신경 쓰이게 하는 사람이 있었다. 그녀는 캐시와 이야기하고 싶어 안절부절 못하는 모습이었다. 내가 한켠으로 비켜나자 그 젊은 여성은 신이 나서 캐시에게 인사했다. "안녕하세요, 캐시. 작년에 만났는데 기억하세요?" 이 정도의 팬클럽을 거느리는 CEO라면 분명 어느 수준까지는 도달했다는 뜻이다. 그리고 캐시가 바로 그런 CEO였다.

● 정보화 시대 이전의 정보

2011년 9월 30일은 비즈니스 와이어 창립 50주년 기념일이었다. 뉴욕증권거래소는 종을 울려 이 날을 축하했다. 버핏도 직접 캐시를 만나러 왔다. 비즈니스 와이어에서 대학생을 상대로 주최한 동영상 콘테스트에서 우승한 사람도 초대받았다. "공적 관계와 커뮤니케이션의 미래는 무엇인가?" 콘테스트에서 내건 질문에 가장 멋진 대답을 제시한 대학생이었다.

버크셔 해서웨이에서 전액 출자한 비즈니스 와이어의 연간 총수입은 약 1억5,000만 달러다. 비즈니스 와이어는 회원사인 기업과 단체에서 매년 쏟아내는 보도자료, 정기 발표자료를 자사 네트워크인 NX에서 멀티미디어 형식으로 가공해 회계전문가, 언론사, 규제기관에 제출한다. 캐시는 이 회사에서 32년째 일하면서 언론 홍보자료 배포 방식의 큰 변화를 지켜봤다.

비즈니스 와이어는 1961년 10월 3일 샌프란시스코에서 로리 로키Mr. Lorry Lokey가 세운 회사다. 시작 당시 고객은 7명이었고 9×12피트(약 2.7×3.6m) 면적의 임대사무실은 비좁기 짝이 없었다. 직원은 로키 한 명뿐이었다. 그럼에도 사업은 가파르게 성장했다. 불과 4개월 만에 서비스 이용고객은 22명으로 늘어났다. 현재 비즈니스 와이어의 직원은 500명이며, 수만 개가 넘는 기업과 단체를 회원으로 두고 있다.

1979년 8월, 스물다섯 살이던 캐시는 샌프란시스코 지역신문 구인광고란을 보고 비즈니스 와이어에 전화를 걸었다. 로키는 직접 캐시의 면접을 진행했다. 영어학 학사와 박사 학위를 소지하고 있던 캐시는 커뮤니케이션 기업에서 일하는 것이 전공을 살릴 수 있는 길이라 생각했다.

로키 역시 그녀와 같은 생각이었다. 편집자로 채용된 캐시는 전화통화 내용을 받아적고, 고객사에 전달할 새로운 제안을 검토하고, 그 내용을 이해하기 쉽게 손보고, 기준에 맞게 표준화된 형식으로 작성해서 배포하는 일을 했다. 고객서비스, 커뮤니케이션이 중요한 것은 물론, 세세한 내용에도 극도로 신중해야 하는 일이었다.

이 무렵 세력을 확장한 비즈니스 와이어는 시애틀과 보스턴에 추가 지부를 열었다. 1980년, 로키는 전국적으로 입지를 굳히고자 동부 연안 쪽으로 사업 확장을 결정했다. 그리고 뉴욕 42번가에 방 하나짜리 사무실을 마련했다. 마침 캐시는 샌프란시스코에서 하던 일을 그만두고 가족들과 가까이 지내려 뉴욕으로 돌아갈 준비를 하던 참이었다. 기가 막힌 타이밍이었다. 캐시는 뉴욕 지부 뉴스 편집장을 맡는 것을 수락했다.

뉴욕 사무실 1층에 앉은 캐시는 새로운 기회, 그리고 맨해튼에서 해내야 하는 중요한 역할이 무엇인지 깨달았다. 1953년 그녀가 태어난 곳, 가족들이 거주하는 롱아일랜드와 가까운 곳으로 건너올 수 있다는 점도 또 다른 동기였다. 이제부터 뉴욕 지부는 샌프란시스코와 공동 본사였기에, 앞을 내다보고 움직여야 하는 시점이었다. 두 곳의 운영, 고용체계는 흡사했다. 어떤 이유에서든 한 쪽이 제대로 돌아가지 않을 경우에는, 다른 곳에서 그 일을 떠맡을 수 있었다.

확장일로에 선 회사에 입사한다는 것은 적재적소에서 능력을 발휘할 수 있는 기회일 수도 있다. 하지만 궁극적인 보상을 받을 생각이라면 충분히 신중한 태도를 취해야 한다. 그리하여 인생이 바뀔 만큼 중요한 사건이 일어날 수도 있다는 위험 가능성을 인식해야 한다. 거의 예외없이 발전에는 변화가 필요하다.

비즈니스 와이어에서 일을 시작했을 무렵, 캐시는 여자라는 이유 때문에 진입장벽을 느끼지는 않았다고 말한다.

"우리 회사는 여성친화적입니다." 캐시는 말했다. "늘 그래왔죠. 그리고 전 창립자인 로리 로키의 지지를 믿습니다. 재미있는 사실은 말이죠. 회사가 처음 생긴 1960년대만 하더라도 편집자가 말하는 것을 그대로 타자로 받아쳤어요. 여자가 하기에는 더없이 좋은 일이었죠. 당시 로리는 여성 지원에 상당한 기여를 했어요. 비즈니스 와이어는 샌프란시스코 내에서 사내 탁아소를 처음 갖춘 기업입니다. 혁신적이고 진취적인 마인드를 가지고 있습니다. 기존의 틀을 깨고 다른 방식으로 시도하는 것을 좋아하고요. 최고의 인재를 채용하고자 하는 동시에, 여성친화적인 기업이죠."

얼마 전 로리는 샌프란시스코 해안 지역에 있는 교양학부 중심 여대, 밀스 칼리지Mills College에 3,000만 달러가 넘는 금액을 기부했다. 생존 중인 기부자가 후원한 금액 중에서는 최대 금액이었다. 학교 측에서는 로리의 후원에 감사하고자 2008년, 로리 로키 법학 대학교Lorry I. Lokey Graduate School of Business라는 이름의 건물을 세웠다.

"말도 안 되는 소리 같겠지만, 전 여자가 남자만큼이나 뛰어나다고 생각합니다." 로키는 비아냥거리는 듯한 미소를 지으며 말했다. "여성과 남성을 두루 뽑은 회사는 상호보완적인 환경을 갖춘 셈입니다. 이 업계에서 일하면서 비교적 일찍 이 사실을 깨달았지요. 직원을 채용해야 할 단계에 이르렀을 때, 주변을 둘러보자 일에 적격인 여성들이 보였습니다. 당시 우리 회사에서는 온종일 자료를 송신해야 했다는 점을 염두에 두면 말이죠. 저는 물론이거니와, 전직원은 타이핑을 해야 했습니다. 1960년대에는 여자들이 하기에 이상적인 일이었죠. 물론 그 일을 하는 남자도 있었지만, 소수에 불과했습니다. 저는 차츰 남자들은 우리 회사에서 하는 일에 별 흥미가 없다는 사실을 알게 됐어요. 남자들은 이 일이 '여자들이 할 일'이라 생각했으니까요. 그래서 전속으로 생각했죠. '이런 젠장.'[2]

"캐시는 아주 잘해내고 있습니다." 로키는 자랑스레 말했다. "제 말이 맞았다는 것을 증명해주고 있죠. 이제는 제가 하던 일을 이어받으면서 또 다른 장벽을 깬 셈입니다. 아직까지 회사에서는 흔히 볼 수 있는 일은 아니죠. 부사장 중에 여자는 많지만 최고위직까지 오른 경우는 흔치 않습니다. 유리천장Glass Ceiling*의 존재는 여전하지만, 우리 회사는 그것을 부수고 있습니다."[3]

● 크림 부풀리기

캐시는 늘 열심히 일 해왔다. 그러나 대학교 여름방학 동안 롱아일랜드에서 택시를 몰던 시절에는 훗날 1억5,000만 달러를 벌어들이는 회사를 경영하게 되리라고는 상상조차 하지 못했다. 젊은 시절 일한 경험 덕분에 타고난 사교성은 더욱 강해졌다. 기존에 남성들이 점유하던 일을 성공적으로 해낸 캐시는 일종의 모범사례였다. 1970년대만 하더라도 '남성들이 점유하던' 일도 아니었다. '오로지' 남성들밖에 없었다. 캐시만이 예외였다.[4]

가끔은 여자라는 이유 때문에 유리할 때도 있어요. 두 가지 면에서 생각해

---

* 기업 내에서 눈에 보이지 않지만 여성들의 고위직 진출을 가로막는 장벽을 일컫는 용어.

볼 수 있죠. 비즈니스 와이어에서 성장하는 동안 제 주변에 꽤 많은 여직원들이 있었습니다. 우린 서로를 돕고 격려했습니다. 늘 좋았어요. 유리천장 같은 것이 있다는 생각은 한 번도 해본 적이 없습니다. 하지만 지금 와서 생각해보면 그 때 우리는 장벽을 부순 것이죠. 그 점이 정말 기쁩니다. 저를 역할모델로 삼는 여성이 있다면, 기쁜 일이죠."

캐시는 1987년 동부 지점을 맡게 되면서 그 일대 모든 사무실의 운영과 판매, 직원 보조를 관리했다. 그 과정에서 여러 지점과 소통해야 할 일이 잦았고 출장도 늘어났다.

1990년, 37세의 캐시는 부사장 겸 집행위원이 됐다. 잇따라 중책을 맡게 된 그녀는 1994년에는 상무, 1998년에는 전무, 2000년에는 COO, 2003년에는 사장, 그리고 마침내 2005년 12월에는 CEO직에 올랐다.

전보다 막중해진 책임을 조절하는 능력은 누군가에게 결여된 기술이거나 개인적 특징일 수 있다. 이 능력이 부족한 사람은 두려움에서 비롯된 자아인식에 집착하며, 커다란 변화를 회피한다. 그리고 알 수 없는 미래는 익숙한 현재보다 분명 나쁘리라는 생각에 두려워하며 그것을 거부한다. 지금보다 큰 책임을 떠안았을 때 가능한 결과는 두 가지뿐이다.

- 전보다 커진 책임을 성공적으로 다한다.
- 전보다 커진 책임을 다하지 못한다.

많은 경우 후자와 같은 실패가 두려워 도전을 포기한다. 그러나 새로운 도전과 책임을 받아들이려는 시도가 전혀 없다면 이미 실패한 셈이다. 그리고 우려하던 바는 이내 현실이 되고 만다. 비즈니스 와이어에서 차곡차곡 승진한 캐시를 보더라도 알 수 있듯, 보다 중요한 자리를 맡기 위해 필요한 학습

단계들이 있다. 전문기술을 습득하고 경험을 쌓으면 사다리를 밟고 차례차례 올라가는데 도움이 된다.

로키는 2005년 연례회의에서 캐시를 CEO로 임명한다는 뉴스를 발표한 다음, 이렇게 말했다. "비즈니스 와이어는 미국에서, 그리고 이제는 세계적으로 커다란 성공을 이루었습니다. 캐시는 회사의 성공을 위해 안 보이는 곳에서 일해왔습니다. 팀이 이룬 성과에 대한 그녀의 기여도는 모든 직원이 인정하는 바입니다. 인사발령을 발표한 자리에서 그녀에게 쏟아진 기립박수만 보더라도 알 수 있는 사실입니다. CEO 자리를 캐시에게 넘겨주게 돼 더없이 흡족합니다. 캐시는 인간적인 섬세함, 경영능력이 조화롭게 어우러진 인재입니다."

● 힘이 되는 여성

나는 이스트 52번가에 있는 비즈니스 와이어 뉴욕 지점 14층에서 캐시를 만났다. 진한 회색 바지정장을 입은 캐시는 나를 친절하게 맞아줬다. 그녀의 사무실이 건물 '한 귀퉁이'에 있다는 것은 이미 유명한 사실이다. 사무실 양 방향으로는 맨해튼의 멋진 전경이 내다보였다. 커다란 L자형 책상, 손님용 의자 2개, 안락의자 하나가 편안하게 놓여있는 공간이었다.[사진 4.2]

캐시는 두 개 층을 쓰고 있는 사무실을 보여줬다. 우리는 그녀가 이끌어가는 기업과 버크셔의 자회사 여성 CEO 4인방 중 한 명이 된 과정을 이야기했다.

"어머니는 평생 동안 저에게 막대한 영향을 미친 여성이죠. 제가 어머니의 딸로 태어난 것이 실로 커다란 행운이었다는 점은 잠시 잊어버린다 해도 말이죠. 한 인간으로서 어머니는 제가 아는 사람 중 가장 친절하고 섬세한 분이

사진 4.2 뉴욕 사무실에서 만난 캐시 배론 탐라즈　　　　　　　• 자료제공: 카렌 린더

있습니다.

그리고 사람들을 어떻게 대해야 하는지 몸소 보여주셨죠. 저는 매일같이 어머니의 조용한 카리스마를 따라하려 합니다. 어머니는 이제 여든여섯 살이세요. 아직 어머니와 같은 세상에 살고 있어서 행복합니다.”

캐시의 어머니는 전업주부였고 아버지는 기술자였다. 오빠, 언니와 함께 자란 캐시는 롱아일랜드의 미네올라 공립 고등학교Mineola public high school를 수석으로 졸업했다. 그리고 SUNY 오네온타Oneonta에 들어가 영어학과 교육학을 복수전공했다. 대학을 졸업한 다음에는 다시 스토니 브룩 대학Stony Brook University에서 문학 석사 학위를 땄다.

캐시는 고등학교를 졸업하자마자 바로 대학에 들어갔지만, 방학 기간에는 미국과 유럽을 두루 여행했다. 1학년 때에는 한 학기 동안 유럽에서 공부를 했다. 캐시는 그곳에 5개월을 머물며 다양한 문화를 체험했고, 각계각층의 여러 사람들과 교류하는 법을 배웠다. 여행을 통해 많은 것을 배우는 한편, 교양수업을 수강하면서 광범위한 지식과 경험의 기반을 쌓기도 했다. 커뮤니케이션 업계에서는 하나같이 매우 중요한 자질이었다. 캐시는 직원을 채용할 때에도 특정 학위를 요구하기보다는 현명하고 다재다능하며 근면성실한 사람을 선호한다.[5]

캐시는 졸업 후 곧바로 고등학교에 영어교사로 취직했다. 고등학생 신분으로 교실에 앉아있던 것이 불과 4년 전의 일이었다. 풋내기 교사였던 캐시는 아이들을 가르치며 경영을 처음으로 접했다. 그녀로서는 어쩔 도리 없이 가능한 빨리 교실을 통제하는 법을 익혀야 했다.

통제력이 사라진 고등학교 교실은 순식간에 재앙을 낳는다. 그렇게 흘러가도록 두어서는 안될 노릇이었다. 스물 둘이라는 나이에 강인함과 섬세함을 겸비하고 학습환경을 조성하는 것은 어려운 일이었다. 권력을 행사하는 동시에 집단의 구성원처럼 행동하는 것은 얼핏 모순적인 역할처럼 보였다. "어떻게 생각하면 음과 양 같은 것이었어요. 전 지금까지 제가 그렇게 해왔다고 생각해요." 캐시는 말했다.

캐리가 일을 계속하는 과정에서 공적 관계 업계에 종사하는 다른 여성들은 그녀를 고무시켰다.

"승진을 거듭하는 과정에서 고위직을 맡고 있는 여성들을 관찰했어요. UPI United Press International의 중역 도로시 브룩스Dorothy Brooks 같은 분요. 전 늘 그 분을 존경해왔어요. 자기 생각을 서슴없이 제안하고, 강인한 여성이죠. 자신에게 엄한 사람이었고요. 전 그 분이 계속해서 발전하는 제 모습을 지켜보며 주시하고 있다고 생각했어요. 구체적으로 조언을 받은 적은 없지만, 늘 주변의 다른 여성들을 살펴봤어요. 지난 몇 년 사이에는 그 분에 대해 더 잘 알게 됐지요. 제가 존경하는 분입니다."

"공적 관계 업계에서 여성들의 활약은 두드러지지만, 투자 관계에서는 그렇지 않아요. 일 때문에 처음으로 뉴욕에 건너간 1980년대만 하더라도, 뉴욕과 월스트리트는 남자들의 영역이었죠. 하지만 전 그렇게 생각하지 않았고, 그건 지금도 마찬가지에요. 그냥 열심히 하는 거죠. 부모님에게 그런 기질을 물려받았다고 생각해요."

사진 4.3 필리스 단투오노, 비즈니스 와이어 COO
• 자료제공: 비즈니스 와이어

캐시는 비즈니스 와이어 집행위원회 소속이다. 버크셔 해서웨이에 인수된 이후 이사회는 없어졌다. 집행위원 6명 중 3명(50%)이 여성이다. 포춘 Fortune지 선정 500대 기업에서 같은 항목의 비율이 16.1%라는 점을 생각한다면 월등히 높은 수치다.[6] 뿐만 아니라 캐시는 비즈니스 와이어의 합작투자 기업, PYMNTS.com에서 이사로 활동 중이다. 2009년 10월부터 오픈한 PYMNTS.com에는 뉴스 보도자료, 결제정보 등이 올라와있다.

비즈니스 와이어의 이사이자 전무, 집행위원인 필리스 단투오노Phyllis Dantuono는 1986년 입사하기 전에는 고객이었다.[사진 4.3] 판매와 고객관계에 주력하는 필리스는 매우 다양한 일을 맡고 있다. 고객 유지, 고객의 기대치를 충족시키는 것이 그녀가 하는 일이다.

"가능한 사안을 전달하고 고객과 계약을 맺는 것이 제가 할 일입니다." 필리스는 말했다. "경영팀은 회사를 운영합니다. 전 정책과 실행지침을 정하고요. 진행과정을 제대로 준비하는 것은 중요한 일이죠. 누구 하나 빠짐없이 그 과정에 따라야 합니다. 전직원이 정확히 같은 방향으로 움직여야 하고요. 새로 들어온 직원은 그 흐름에 몸을 맡겨야 합니다.”

보도자료 진위여부 확인을 요구하거나 해당 보도자료를 발표한 기업에 대한 질문공세를 퍼붓는 언론매체를 중간에서 차단한 것도 필리스의 역할이다.

캐시는 한 마디를 보탰다. “평판 문제죠. 우린 고객을 평가합니다. 그들의 주장이 틀림없다는 사실을 확인하죠. 거기에 오랜 시간을 쏟고요. 온라인에서 떠도는 정보의 출처가 우리 회사라면, 그 정보의 정확도는 매우 중요합니다.” 필리스는 비즈니스 와이어의 편집 기준, 사실 확인 여부를 지속적으로 확인한다. 유감스러운 일이지만 기업에서 거짓 정보를 퍼뜨리려 시도하는 경우도 있다.

“흔한 일이라고는 할 수 없습니다.” 필리스는 말했다. “하지만 아주 없다고는 할 수 없죠. 그러니 업무과정과 실행에 극도의 주의를 기울여야 합니다.”

지금은 뉴욕 사무실에서 90명의 직원들이 쉴 새 없이 일하고 있지만, 필리스는 고작 9명의 직원이 일하던 시절을 기억한다.

“모두가 일을 가리지 않고 해야 했죠.” 그녀는 말했다. “위에서 진행하는 프로젝트가 성공한다면 모두에게 좋은 일이죠. 부하직원이 하는 일과 고충이 뭔지 아는 상사라면 이렇게 말할 수 있을 테니까요. ‘겁먹지 말게. 자넨 그 일을 할 수 있어. 나도 그 일을 해봐서 알지.’ 상사와 팀, 어느 쪽에든 이득입니다. 물론 이제는 최전방에 있는 사람들처럼 적극적으로 경영에 참여하는 임원진은 없습니다. 그렇지만 대개는 회사에서 어떤 일이 벌어지고 있는지, 그리고 무슨 일을 어떻게 해야 하는지 잘 알고 있습니다. 우리들 중 대다수는 온갖 업무를 맡아봤고, 일하는 방법을 알죠. 우리 회사에서는 매우 중요한 자질이라고 생각합니다.”

여성으로 중역을 맡은 것을 두고 캐시는 이렇게 말했다. "힘, 자신감이 중요합니다. 장벽을 무너뜨리는 것을 두려워하지 말고 새로운 것에 도전하는 것이 중요하죠. 이따금 실패하기도 합니다. 여성, 아니면 남성의 일이라고 생각한 적은 없어요. 부모님은 저더러 열심히 일하고 꾸준히 노력해서 기회를 찾으라고 가르치셨죠."[7]

●속도 · 정확도 그리고 기술

비즈니스 와이어는 현재 미국에 26개, 유럽에 4개, 호주에 1개, 일본에 1개 지점을 두고 있다.

사진 4.4 캐시 배론 탐라즈, 2011년 인도에서 워런 버핏과 함께

• 자료제공 : 캐시 배론 탐라즈

사진 4.5 캐시 배론 탐라즈(오른쪽), 2011년 인도에서 열린 환영회

• 자료제공: 캐시 배론 탐라즈

"직접 운영하는 지점이 없는 지역에는 협력사가 있습니다." 캐시는 말했다. "중동, 라틴아메리카에는 협력사를 두고 있어서, 우리 회사의 서비스가 안 미치는 곳은 없습니다." 캐시는 추후 확장 가능성을 이야기했다. "브라질은 분명 부강한 나라가 될 겁니다. 그리고 중산층이 폭발적으로 증가하고 있는 인도에도 지점이 있지요. 얼마 전에는 워런 버핏과 인도에 다녀왔습니다.[사진 4.4, 4.5] 중국에는 협력사가 있고요. 실제로도 상당한 수익을 낳고 있습니다. 중국의 협력사는 사업 구축을 위해 사무실을 열기도 했고요." 그녀는 설명했다.

업계의 다른 회사들이 전부 이 운영방식을 따르는 것은 아니다. "우리 회사는 다른 곳과는 다른 방법을 선택했습니다. '서비스는 지역적으로, 활동범위는 국제적으로local service, global reach', 이것이 우리 식입니다. 여러 지역에 지점을 두는 대신, 전체적으로 보도국 같은 것은 운영하지 않을 수도 있죠. 대신 지역 단위로 기사에 접근하려 합니다. 비즈니스 와이어는 지역적 방법을 선호하죠. 고객사가 있는 지역 내에 집중하려는 의도입니다. 우리는 시장을 움직일 만한 파급력을 가진 뉴스를 취급합니다. 속도와 정확성, 그리고 고객에 대한 정확한 지식이 중요합니다. 고객들에게는 최고의 서비스를 제공하는 한편, 세심하게 신경쓰고 싶습니다. 그렇게 해서 고객을 유지할 수 있고, 실제로 그런 것이 우리에게도 이익이니까요."

비즈니스 와이어는 매일 1,000건이 넘는 보도자료를 45개 언어로 150여 개국에 배포한다. 2006년에는 보도자료 배포 목적으로 활용할 수 있는 동시 네트워크인 NX로 미국에서 특허를 받았다.

NX는 2009년 캐나다에서도 특허를 인정받았다. 소셜 미디어 애플리케이션 활용방법에 대한 특허는 비즈니스 와이어 콘텐츠에 대한 유저들의 접근방식을 크게 바꿔놓았다.

보도자료 배포 가격은 뉴스 분량, 배포 지역에 따라 다르다. 보통 400단어를 기준으로 하며, 100단어가 늘어날 때마다 추가요금이 발생한다. 미국 내에서 자료를 배포하는 비용은 400단어를 기준으로 할 때 최소 325달러부터 시작된다.

캐시는 말했다. "우리 회사는 대개 '선입선출First In First Out' 방식을 활용합니다. 이제는 자료 배포가 밀릴 일이 없어요. 최고의 기술과 속도를 갖췄으니까요. 배포속도는 분당 1,000건까지 가능하지만 지금은 150건 정도로 조절했습니다. 수용하는 측에서 받아들일 수 있는 수준이 그 정도라서요."

기업의 자산공개는 비즈니스 와이어에서 담당하는 서비스 중 가장 중요한 축에 든다. 신제품 발표와 주식분할 뉴스도 마찬가지다. 캐시는 설명했다. "자산공개도 우리가 하는 일입니다. 주가를 좌우할 만한 뉴스라면 무엇이든 가리지 않죠. 공적 관계와 투자 관계는 한 배를 탄 사이나 마찬가지입니다. 주가 연구를 위해 우리 사이트에 들어온 사람들은 그런 정보들을 검색하죠. 주요 뉴스 전달, 배포는 자산공개와 무관하지 않은 영역입니다. 다수의 일반인에게 빨리, 그리고 효율적으로 뉴스를 전달하기 위해, 그리고 전후 상황과 평가가 중요한 상황을 '집중조명'하기 위해 생겨난 서비스지요."

"보도자료를 처음 배포한 사람은 아이비 리Ivy Lee입니다. 1906년, 뉴저지 애틀랜틱시티Atlantic City에서 기차사고가 일어났을 때의 일이었죠." 사고 직후 리는 철도를 이용해 공식 발표자료를 배포하는 동시에, 특수 열차편을 마련해 기자들을 사고현장으로 실어날랐다. 그 후 몇 주 동안 신문, 정부 측 인사들은 펜실베이니아 철도Pennsylvannia Railroad가 보인 관대함과 성의를 침이 마르도록 칭찬했다.[8]

"잘 쓴 보도자료, 특정 자료를 돋보이게 하는 것은 누구나 이해할 수 있는 간결한 글입니다." 캐시는 말했다. "정보를 배포할 때에 선택이 중요한 것은 분명합니다. 월 스트리트의 전문가부터 메인 스트리트의 투자자들까지, 다양한 사람들이 자유롭게 정보를 접할 수 있게 합니다. 이렇듯 투명하게 보도자료를 배포하면 기자, 투자자, 애널리스트, 규제기관, 그 밖의 다른 사람들이 그 정보를 분석, 해설하고 공시할 수 있죠. 실제로 공개적이고 눈에 보이는 방식으로 대화를 시작할 수 있습니다"[9]

눈 깜짝할 새 뉴스를 확산시키는 소셜 미디어는 기업 자산공개에 대한 규제를 위협하고 있다. 이런 환경에서 캐시가 생각하는 비즈니스 와이어의 지속적인 성장안은 무엇일까?

"소셜 미디어는 거대합니다." 그녀는 말했다. "우리는 모든 보도자료에 소셜 미디어 태그를 붙입니다. 그리고 우리 쪽 소셜 미디어 사이트인 eon. businesswire.com '고급 온라인 뉴스' 쪽으로도 보내지요. 페이스북과 트위터 피드도 받고 있고요. 알고리즘이 계속 바뀌기 때문에 소셜 미디어를 담당하는 전담부서를 두고 있습니다."

비즈니스 와이어의 페이스북 페이지에는 '좋아요' 버튼을 누른 사람이 2만 6,971명, 트위터 계정(@businesswire)을 팔로잉하는 숫자는 1만6,000명이다.

"신선한 커뮤니케이션 도구입니다." 캐시는 말했다. "게다가 우리가 선택할 수 있는 수많은 도구나 방법보다 훨씬 낫고요. 그냥 지켜보기만 하면 되니까요."

비즈니스 와이어는 1995년 5월, 동종 업계 중에서는 최초로 웹사이트를 개설했다. 처음 포스팅한 자료는 회사 소개 팸플릿이었다. 검색엔진을 최적화하기 위한 웹사이트에서는 필자와 기자들을 지원하고 교육할 목적으로 마련한 가이드라인과 각종 방법들도 소개하고 있다.

멀티미디어 자료 배포는 한창 성장세를 보이는 중이다. "우리 회사에서는 1997년, '스마트 뉴스 배포' 서비스를 시작했습니다. 덕분에 사진이나 동영상, 음성자료를 보도자료에 포함시킬 수 있게 됐죠."

그 무렵부터 고객들은 엄청나게 많은 사진 스캔본을 비즈니스 와이어 홈페이지에서 온라인으로 업로드할 수 있게 됐다. "인터넷의 힘이죠. 이제는 동영상 없이 시선을 끌 수 없어요. 모든 보도자료를 '스마트'하게 만드는 것이 돌파구입니다. 멀티미디어를 활용한 보도자료와 조회수 사이에는 직접적인 관계가 있습니다. 고객사 중에는 비교적 길이가 긴 15분 분량의 동영상을 업로드하는 곳도 있습니다. 조회수는 어마어마하게 높고요. 인구통계학적으로 조회수를 분석한 평가 보고서도 가능합니다. 우리 회사에서는 뉴스를 배포하는 것은 물론, 그 뉴스를 보는 사람들을 인구통계학적으로 분석한 자료를 제공합니다. 기업이 시장을 파악하는데 도움이 되는 자료들이죠. 가장 중요한 서비스입니다."

"최근 보도자료에 태그를 부착하는 방식인 XBRL^{EXtensible Business Reporting Language} 보고서 관련 회계부서를 신설했습니다." 캐시는 말했다.

증권거래위원회에서는 2009년부터 XBRL 요구조건을 3년으로 명시했다.[10] 국제기구 및 확장성 경영보고언어, 줄여서 XBRL은 기업의 자산공개 내 정보를 식별하고 분석하기 위해 전자태그를 삽입하는 기술을 말한다. 이 방법을 활용하면 정보를 검색하는 것은 물론 스프레드시트 형식으로 다운로드하거나 분석을 위해 재조직하는 것도 가능하다.

뿐만 아니라 외국어로 되어 있는 자산공개 자료를 영어로 번역해주는 기능도 있다. 기업, 보고기간, 업계 간 재무, 경영 실적을 비교할 수도 있으며, 규제 제출과 사업 정보처리 자동화도 지원된다. 속도, 정확도는 높아지고 자산공개는 한결 손쉬워진다.

2011년 8월, 비즈니스 와이어는 유저들이 지정한 관심기업에 대한 소식을 문자메시지로 받을 수 있는 모바일 알람 서비스를 시작했다. 구독자는 관심기업의 보도자료가 발표될 때마다 즉시 문자메시지를 받게 된다. "고객들은 때와 장소를 가리지 않고 뉴스를 알리고 싶어합니다. 갈수록 그런 추세가 강해지고 있어요." 비즈니스 와이어의 미디어 서비스 제품전략 수석, 로라 스투라이티스^{Laura Sturaitis}는 말했다.

증권거래위원회^{SEC}에서는 공정공시 규정^{FD, Regulation Fair Disclosure}, 조항을 만들 무렵이던 2000년, 캐시에게 함께 일할 것을 제안했다. SEC 자문위원회는 시장력을 가진 정보 공개 과정에서 인터넷을 활용하는 정책을 검토한다. 캐시는 2008년부터 자문회 활동을 해왔다. 국내 주요 보도자료 통신사의 CEO인 캐시는 대중, 언론, 정부를 상대로 자신이 몸담고 있는 업계를 대표하는 역할을 맡고 있다. 하나같이 캐시가 관심을 소홀이 할 수 없는 상대들이다.

캐시는 기업 자산공개시 허가받은 공개창구를 이용하게끔 하도록 규제를 강화해달라고 SEC에 촉구해왔다. 미국의 증권거래소는 2008년, SEC 지침에 따라 규정을 바꿨다. 기업 홈페이지에서 이뤄지는 자산공개라 하더라도, 일정 수준의 인지도, 신망, 시기적절함, 정확도를 충족시킨다면 FD의 광범위한 비배제 배포 요구지침에 위배되지 않는다는 사실을 알았기 때문이다.

캐시는 2010년 11월부터 자사 홈페이지를 통해 자산을 공개키로 한 마이크로소프트의 결정을 혹독하게 비판하는 글을 기고했다. 구글 역시 2010년 7월부터 홈페이지에 수익을 공개하기 시작했다.

"기록은 깨지라고 있는 것이다." 캐시가 기고한 글의 일부다. "하지만 규칙은 그렇지 않다. 업계의 공정성과 사업 양쪽에 직접적으로 영향을 미치는 규칙이라면, 회계상으로 높은 기준을 적용해야 마땅하다. 가장 최근 공시를 위반한 사례로는 마이크로소프트를 들 수 있다. 마이크로소프트는 갑자기 홈페이지 공개 방식으로 전환한다는 소식을 알렸다. 그리고 여러 보도자료 배포 업체를 거치지 않고 곧바로 자사 홈페이지에 수익을 공개했다. 온라인 공개라는 마이크로소프트의 유감스러운 선택은 투자 관계에서 '최악의 관행'으로 꼽힐 만한 교과서적인 모범사례라 할 수 있다. 오마하만 보더라도 수백 개의 홈페이지를 온종일 분 단위로 체크할 생각이 없다는 거물 투자자가 있다. 그렇다면 누군들 그렇게 하고 싶겠는가?"[11]

마이크로소프트와 구글 같은 기업의 행보가 미치는 영향을 논의하며 워런 버핏을 들먹인 것은 매우 적절한 선택이었다. 버크셔 해서웨이에서는 수많은 기업의 재무상황과 명세를 세세하게 점검해야 하기 때문이다.

마이크로소프트의 창립자이자 회장인 빌 게이츠Bill Gates 역시 버크셔 이사회였기에 다소 역설적인 상황이라 할만 했다. 온라인상 자산공개 추세는 보도자료 배포 서비스 기업의 수익을 심각하게 위협하는 것은 물론, 투자자와 언론에도 악영향을 미친다는 점을 인정해야 한다. 고액 투자자로서는 수없이 많은 홈페이지를 하나하나 살펴볼 시간이 없다. 개미 투자자들이 반드시 정확한 정보를 얻을 수 있는 지식을 갖추고 있으리라는 법은 없다.

비즈니스 와이어를 비롯한 투자 관계 서비스 기업은 보도자료의 신빙성을 확인하는데 상당한 시간을 할애한다. 그런데 기업이 홈페이지에 직접 올린 정보를 투자자가 신뢰할 수 있을까? 하물며 그런 정보를 홈페이지에서 찾을 수나 있을까?

"속도, 정확도, 그리고 기술은 비즈니스 와이어의 가장 큰 강점입니다." 캐시는 말했다. "그리고 우리와 고객사가 이룬 성공의 기반은 대부분 우리 회사에 대한 신뢰입니다."

● 버크셔와의 조우

비즈니스 와이어가 버크셔의 78개 자회사 중 하나가 될 수 있었던 데에는 캐시의 제안이 상당한 영향을 미쳤다. 2005년 11월 12일 토요일, 캐시는 남편과 집에서 시간을 보내던 중이었다. 남편은 '기교 없는 워런 버핏'이라는 제목의 『월 스트리트 저널Wall Street Journal』 기사를 읽던 중이었다.[12]

"남편이 말하더군요. '와, 버핏은 마치 비즈니스 와이어의 로리처럼 말하는데.'" 캐시는 그 당시의 일을 떠올렸다. 버핏은 어마어마한 돈을 벌어들이지만 그의 경영 스타일은 지극히 자유방임적이고 본능적이며, 거침없고 가식없다는 것이 기사의 내용이었다. 캐시는 곧바로 버핏에게 사업을 제안하는 편지를 써서 팩스로 보냈다.

버핏은 그때 받은 편지를 기억했다. "캐시가 쓴 편지에는 제 마음을 울리는 뭔가가 있었습니다. 회사도 그렇고, 편지를 쓴 캐시도 그렇고요." 버핏은 말했다.[13] "캐시가 쓴 두 페이지 분량의 편지를 다 읽은 다음에는, 비즈니스 와이어와 버크셔가 찰떡궁합이라고 생각했습니다. 특히 마음에 든 것은 마지막에서 두 번째 문단이었습니다. '회사를 안전하게 경영하고 있고 불필요한 지출은 자제하고 있습니다. 비서도, 경영진도 없습니다. 그렇지만 기술적 이점을 바탕으로 사업을 발전시키기 위해 거액을 투자할 계획입니다.'"[14]

비즈니스 와이어는 이미 지난 4년 동안 인수합병 시장에 나와있던 상태였다. 내로라하는 미디어 기업 다수가 관심을 보였지만, 적당히 높은 가격을 제시하는 기업은 한 군데도 없었다.[15] 캐시는 비즈니스 와이어를 인수할 기업을 찾는 일이 실제로 어려웠다는 사실을 인정했다. "우리 회사는 45년 동안 개인기업이었습니다. 하고 싶은 일이 있으면 그 일을 했고, 진심으로 그 일을 즐겼죠. 매우 진취적인 기업이었고요. 원하는 일이 있으면 했으니까요. 위험부담이 커질수록 전 세계로 지평을 넓혀갔습니다. 가족경영 기업에서는 대개 부동산과 승계 문제가 생기죠. 로키가 여든이 다 되어갈 무렵, 그 문제를 생각했지만 로리의 집안에서는 회사를 물려받을 사람이 없었어요."

편지를 전송하고 일주일이 지난 다음, 캐시에게 한 통의 전화가 걸려왔다. 워런 버핏이었다. 캐시는 당시의 일을 이야기했다. "전 이렇게 말했어요. '안녕하세요, 버핏씨.' 그러자 그가 말하더군요. '그냥 워런이라고 하십시오.'"

버핏은 비즈니스 와이어 인수에 관심을 보였다. 캐시는 버핏에게 보다 자세한 재무정보를 보내줬다. 그리고 그 달, 버핏과 로키, 캐시는 샌프란시스코에서 만나 비공개로 인수가를 논의했다. 감정가는 6억 달러였고, 계약은 체결됐다. 인수 결정이 이루어진 날은 2006년 2월 26일이었다.

"비즈니스 와이어에는 채무가 없었고, 매각해야 할 이유도 없었어요. 그렇지만 이 회사에서 일해왔고 앞으로도 일을 계속하고 싶었던 우리로서는 주변에서 사람을 찾는 편이 현명하다고 생각했죠.” 캐시는 말했다. “재무상 협력사가 아닌, 전략적 기업에게 회사를 매각한 셈입니다. 우리에겐 돈이 필요하지 않았으니까요. 적절한 상대를 찾는 일은 너무도 힘들고 절망스러웠어요. 비즈니스 와이어는 일반적인 공식에 들어맞는 회사가 아니었으니까요. 그러다가 버크셔 해서웨이를 찾은 거죠. 버핏은 말했어요. ‘지금 하던 대로 계속하세요.’ 버크셔에서는 자회사를 변화시키려 하지 않아요. 그 기업의 사업모델이 마음에 들었기에 인수한 것이니까요. 그러니 무슨 이유로 그것을 망가뜨리려 하겠어요?”

버핏은 처음부터 캐시의 경영 자질에 자부심을 보이며 이렇게 말했다. “우리는 비즈니스 와이어를 인수하면서 업계의 선두주자이자 수익성과 잠재가능성이 높은 기업을 인수했을 경우의 청사진을 그려보았습니다. 버크셔의 모든 투자 결정에서 가장 중요한 기준은 그 기업의 경영 평가입니다. 비즈니스 와이어의 노련한 경영진은 인수 결정에 중요한 영향을 미쳤습니다.”[16]

뿐만 아니라 버핏은 캐시의 섬세함 역시 마음에 들어했다. “전화 통화를 하다가 직원이 몇 명이냐고 묻자 말하더군요. ‘504명입니다.’ 그 대답이 마음에 들었어요.” 버핏은 말했다. “‘한 500명요.’라는 대답이 아니었거든요. 이제 직원이 505명이 됐으니 좀 더 많은 일을 해낼 수 있으리라 생각합니다. 캐시는 시장지분을 100% 점유하는 날까지 만족하지 않을 겁니다.”[17]

비즈니스 와이어 직원들은 2006년 1월 16일, 회사의 매각이 임박했음을 알게 됐다. 창립자 로리 로키는 캐시와 공동으로 작성한 메일을 전직원에게 발송했다. ‘르네상스: 비즈니스 와이어의 부활’이라는 제목의 메일에는 한참 아래 이런 글이 있었다.

지난 몇 년 간 비즈니스 와이어가 매각될 수도 있다는 소문을 들으신 분들이 많을 겁니다. 기업의 미래를 보장하고 지금껏 쌓아온 것을 지속하기 위한 올바른 선택입니다. 우리는 매각, 합병, 인수 등의 선택안들을 고려했습니다. 비즈니스 와이어가 버크셔 해서웨이, 그리고 그 리더인 워런 버핏에게 매각됐다는 소식을 알리게 돼 기쁜 마음입니다.

그리고 2006년 3월 1일, 미 동부시간 기준으로 오전 8시 55분, 버크셔 해서웨이가 전액출자해 비즈니스 와이어를 인수했다는 소식이 사내에 발표됐다.

기업을 인수하는 과정에서는 대개 매각된 기업 내에서는 상당한 분열과 변화가 나타난다. 인수 자체는 조직 전체에 극심한 스트레스와 불안을 야기할 수도 있다. 그러나 버크셔에서 비즈니스 와이어를 인수했을 당시에는 별다른 동요가 없었다. 전과 다름없이 일상적인 운영이 계속됐다. 물론 그렇더라도 버크셔의 자회사가 됐다는 사실은 비즈니스 와이어에 긍정적인 영향을 미쳤다. 세간에서는 버크셔의 자회사가 됐다는 사실을 알게 될 것이었다.

"우리 쪽에서도 매각상대가 뛰어난 기업이라는 사실을 알고 있었지요." 캐시는 말했다. "고객사와 언론도 마찬가지였을 겁니다. 버핏과 찰리 멍거에게 인정받는다는 것은, 실로 대단한 일입니다. 우리가 가진 장점을 매각한 대신, 이렇게 대단한 기업이 뒤를 받쳐주는 걸요. 버크셔와 비즈니스 와이어는 동일한 사업윤리를 지지합니다. 버핏도 이 사실을 알고 있고요. 우리 회사의 자부심이 한 단계 올라가는 계기가 될까요? 아마 그럴 겁니다."

비즈니스 와이어의 이사, 필리스는 한 마디를 보탰다. "임원진은 회사의 정체성, 그리고 우리가 속한 기업이 어떤 곳인지 잘 알고 있습니다. 목표의식도 뚜렷하죠. 물론 잘 해내야 한다는 부담감은 있지만, 긍정적인 부담감이죠. 비즈니스 와이어가 늘 좋은 평판을 유지해왔다는 것이 다행이라고 생각합니다.

이제 버크셔의 자회사가 된다면 그보다 더 좋은 평판을 누리게 될 겁니다. 진정한 평가를 받게 되는 거죠."

캐시는 버크셔에서 제공해줄 수 있는 지원에 고마움을 표했다. "매입하고는 싶지만 규모가 큰 건이 있다면 오마하에 있는 친구에게 도움을 받을 수 있죠. 재무 차원에서도 도움이 되는 일입니다. 뭐라고 꼬집어 말하기는 어렵지만, 실제로 도움이 되죠."

버크셔의 다른 자회사와 맺게 된 관계 역시 새로운 지평을 열어줬다. "버크셔의 자회사들이 비즈니스 와이어를 이용해주길 바라는 마음은 분명하죠." 캐시는 말했다. "버크셔에 인수되기 전부터 우리 고객사였던 기업도 있습니다. 모든 자회사에서 보도자료를 배포하는 것은 아니지만 넷제츠, 가이코GEICO, 벤저민 무어Benjamin Moore, 존스 맨빌Johns Manville은 전부터 우리 서비스를 이용하고 있었어요. 신뢰를 쌓고 싶은 기업들이죠. 자회사들은 아마도 보도자료를 발표할 때마다 제가 주시하고 있다는 걸 알고 있을 겁니다." 버크셔의 자회사라고 해도 경제적으로 이득은 없다. "기업 규모와 거래량에 따라 할인혜택을 줄 때도 있지만, 어느 회사에나 적용되는 혜택이죠." 캐시는 말했다.

캐시는 버핏에 대해 비교적 공정한 평가를 내렸다. "버핏은 우리 회사를 좋아하는 것 같습니다. 비즈니스 와이어의 사업모델을 마음에 들어하죠. 우린 월스트리트와 긴밀한 관계를 맺고 있고, 지금껏 잘 해왔습니다. 버핏과 저는 처음부터 마음이 통했죠. 아주 든든한 사람이에요. 전 한 달에도 몇 번씩 버핏과 이야기를 나눕니다."

● 진취적이고 가족적인 직장

비즈니스 와이어의 뉴욕 사무실은 개방돼 있다. 널찍한 공간에는 파티션이 전혀 없다. 개인용 컴퓨터가 몇 미터 간격으로 설치돼 있다. 창으로는 자연광이 쏟아져 들어온다. 필요할 때에는 서로 이야기를 나누지만, 적어도 외부에서 보기에는 더할 나위 없이 조용하고 아늑한 분위기다. 통유리로 된 방 아래 넓은 방에는 컴퓨터 서버와 그 밖의 IT 장비들이 있다. 이 공간과 관리직원은 사무실의 다른 공간과 고립돼 있다. 컴퓨터 기반시설 정비 및 유지를 최적화하려는 것이 그 목적이다.

시애틀 지점 편집과정 개발 이사 뎁 수비아Deb Subia는 2011년 버크셔 해서웨이 연간 주주총회에 비즈니스 와이어 직원으로 참석하는 행운을 누렸다. 그녀는 그 행사를 두고 자본가를 위한 우드스탁Woodstock 페스티벌이라고 말하며, 당시의 경험을 이야기했다. "비즈니스 와이어는 오랫동안 가족적인 분위기로 유명한 회사였죠. 하지만 연간 주주총회에 가보니 버크셔 해서웨이의 다른 자회사들과 더불어 보다 큰 대가족의 일원이 됐다는 사실을 실감할 수 있었습니다."[18]

캐시는 인정했다. "진취적으로 일하지만, 일할 때에는 매우 진지합니다. 전 모든 직원의 이름과 가족, 생활형편을 알고자 합니다. 그런 것이 직원의 충성도, 높은 사기를 구축하는 데에 실로 도움이 된다고 생각하니까요. 우리 회사의 직원 혜택은 다양합니다."[19] 비즈니스 와이어에서는 의료보험, 401k 연금제*, 부분 휴가 같은 일반적인 직원혜택은 물론, 체력단련, 치과진료, 교

---

* 근로자에게 과세대상 소득의 일정 부분을 과세 이전에 연금제도에 적립할 수 있게 해주는 대표적인 확정 기여(DC)형 연금제를 말한다.

육 비용 상환 등을 포함한 고유한 혜택을 제공한다.

10년 이상 근무한 직원에게는 1,000달러와 함께 하와이에서 즐기는 휴가가 지급된다. "저와 하와이는 35년 전부터 인연이 있었지요. 남편과 전 그곳에서 작은 호텔을 경영했습니다." 캐시는 말했다. "그렇기에 이 직원혜택은 하와이와 우리의 인연을 더욱 빛내주는 멋진 특혜죠." 이런 혜택들을 내세운 캐시는 인재보유에서 이례적인 성공을 거뒀다.

"장기근속을 위해 하는 일이 많죠. 회사에 오래 다니게끔 권하는 것 말이에요." 캐시는 말했다. "우리 회사에 들어온 직원이 안식처를 찾길 바라는 마음입니다. 그리고 직원의 능력에 걸맞은 자리와 보상을 지급하려 하죠. 물론 돈도 중요합니다. 하지만 그보다는 자기가 인정받고 평가받는다는 느낌을 주니까요. 팀은 많지 않아요. 직원도 500명 정도고요. 그렇기에 모든 직원이 하는 일을 전부 알고 있죠. 매우 간단한 원리입니다. 일을 열심히 하면 보상을 받는 거죠. 그리고 기회가 생길 때마다 먼저 내부에서 인재를 찾을 겁니다."[20]

"전 회사 내부 직원의 일에도 관여하고 외부 인사와도 거래하죠." 캐시는 말을 이었다. "관계가 중요한 사업입니다. 사람을 움직이게 하는 요인, 회사를 위해 일하게 하는 방법, 회사는 물론 자기 자신에 대해 긍정적인 생각을 갖게 하는 방법이 한데 어우러져야 합니다."[21]

인터넷 거품경제가 꺼지면서 많은 고객사가 도산했지만, 비즈니스 와이어는 살아남았다. "실제로도 1999년부터 2000년까지는 인터넷의 호황 덕분에 사업이 번창했습니다. 보도자료를 처리하려고 편집자 50명을 추가 채용했지요. 하지만 곧바로 사업을 재정비하고 한 걸음 뒤로 물러났습니다." 캐시는 말했다. 한때 비즈니스 와이어의 직원수는 525명까지 늘었지만, 지금은 503명으로 다시 줄었다.

"전에는 비즈니스 와이어의 서비스를 이용하는 IT기업이 많았습니다. 트리

클 다운Trickle Down* 효과가 나타났죠. 우리는 그러는 동안 한 명도 해고하지 않았어요. 회사에서는 이런 생각이었죠. '함께 커나가기 위해 채용한 사람들이니, 경기가 나아질 때까지 직원들에게 도움이 될 만한 다른 방법을 찾아야겠다.' 그리고 실제로 그렇게 했고요. 무리하게 사업을 확장하지 않는다는 사실을 뒷받침하는 증거지요. 비즈니스 와이어에는 채무가 없습니다. 일을 벌일 돈이 없으면 하지 않아요."[22]

2011년, 창립 50주년을 맞은 비즈니스 와이어는 직원들에게 유급휴가를 주어 자신이 선택한 자선단체에 봉사할 수 있게 했다. 사회환원의 차원에서 벌인 일이다. 뿐만 아니라 기부금 지원 프로그램에 따라 직원 1인당 100달러, 또는 기부금의 50%(최대 1만 달러)까지 지원한다. 501(c)(3) 조항에 해당하는 자선단체를 선택한 직원들은 개인적으로 기부를 할 수 있다.

캐시는 개인적 목표 중 하나로 보다 많은 기부를 꼽는다. "선호하는 자선단체들이 있지만 원하는 만큼 시간을 쏟지 못하고 있어요. 어쩌면 언젠가 책을 쓸 수도 있고요. 문학을 전공했으니 책 쓰는 일을 하고 싶어요. 그리고 여행도 많이 다니고 싶고요."

● 포노

캐시의 사무실은 비즈니스 와이어 샌프란시스코 지점에 있지만, 대부분의 시간은 뉴욕에서 보낸다. 지금의 뉴욕 사무실은 네 번째로 정착한 곳이다. 캐

---

* 대기업의 성장을 촉진하면 덩달아 중소기업과 소비자에게도 혜택이 돌아가 총체적으로 경기를 활성화시키게 된다는 경제 이론.

시는 전혀 일반적이지 않은 자신의 일상을 이야기한다. 열차를 타고 통근할 때에는 늘 읽는 것들이 있다.

"전 아주 일찍 하루를 시작해요. 'Squawk Box' 프로그램을 보고, 열차 안에서는 대개 경영보고서를 읽죠.『월 스트리트 저널』을 읽고, 지정해놓은 관심 키워드에 맞는 뉴스를 걸러주는 구글 알림 뉴스를 읽어요."

캐시는 발로 뛰는 CEO 스타일이다. "하루하루는 다채로워요. 제가 이 일을 좋아하는 것도 그 때문이 아닌가 싶어요. 이른 시간에는 유럽에 전화를 겁니다. 한 달에 두 번, 격주 월요일 아침마다 회의를 통해 일을 처리하지요. 협력사와 외부에서 걸려오는 전화도 받습니다. 캘리포니아에 있는 버핏과도 자주 이야기를 하고요. CIO와 함께 일하는 것도 많습니다. 긴밀하게 움직이는 팀이죠. 전 직접 발로 뛰는 사람이에요. 모든 걸 직접 하죠. 달리 하는 방법을 모르니까요. 제가 이 회사의 대표인 것은 분명한 사실이지만, 세부적인 것도 놓치지 않으려 합니다. 판매부서가 어떻게 돌아가는지 알고자 안달하고, 직원들의 고충도 처리하지요."

모든 면에 관여하다보면 스트레스를 받은 나머지 소진될 수도 있다. "균형은 중요합니다. 그러니 일과 사생활, 양쪽에서 가장 생산적일 수 있는 방법을 찾아야 합니다. 하와이에서는 그런 사람을 '포노pono'라고 불러요." 캐시는 말했다.

하와이에서 '포노가 된다'는 것은 인생의 모든 것을 가지런하고 조화롭게 꾸려나가는 것을 뜻한다.

"마우이에는 1999년부터 집이 있었어요. 시간이 날 때마다 거기 가요. 다시 젊어지는 기분이니까요. 그쪽에도 업무환경을 완벽하게 구축해놔서 계속 연락을 취할 수 있죠. 건강이 제일입니다. 몸, 마음, 그리고 정신의 건강요!"

"컴퓨터에 뉴스 기사 헤드라인들을 스크랩해놔요. '강심장이 되라'는 기사들이죠. 스트레스도 많고, 다양한 일들이 일어납니다. 늘 준비를 해야 하죠. 하지만 특정한 날짜에 정확히 어떤 일이 벌어질지는 예측할 수 없어요." 캐시는 조언을 건넸다. "여유를 가져야 합니다. 어떤 일에 반응하기에 앞서, 심호흡을 한 다음 이성적으로 생각할 수 있어야 합니다. 그리고 문제를 정식 발표하고 정면대응하면서 전진하는 거죠. 회사에 문제가 생겼을 때 제가 하는 일은 즉각적인 커뮤니케이션입니다. 그렇게 하면 아무리 심각한 문제라도 상당 부분 완화되죠. 벌은 달게 받고 문제를 바로 잡은 다음 나아가는 겁니다. 그런 태도는 모두에게 도움이 되죠."[23]

캐시는 9·11 테러 당시 뉴욕에 있었다. 테러 당일에는 직원 두 명이 세계무역센터 근처에 있었다. 다행히 둘은 무사했지만, 연락이 닿지 않을 동안에는 마음을 졸여야 했다. "그 날, 그리고 그 이후의 몇 주는 개인적으로 최근 겪은 금융위기 이상으로 끔찍했습니다." 캐시는 말했다.[24]

기업 보안과 직원 안전은 CEO가 신경써야 하는 또 다른 문제다. "테러 이후에는 삶이 바뀌었어요. 이 건물은 매우 안전합니다. 우리 회사는 17년 동안 이 건물에 있었어요. 여기 있게 되어 다행이죠. 건물주도 좋고요. 앞으로도 이 건물에 있을 예정입니다."

캐시의 직계 가족으로는 1982년에 결혼한 남편 스티픈 탐라즈Stephen Tamraz가 있다. 비록 아이는 없지만 애완동물, 다른 가족들과 즐겁게 살고 있다.

일과 사생활 사이에서 균형을 유지하는 것은 모두의 바람이다. 캐시는 둘의 조화를 위해 요가를 하고 테니스에 열을 올리고 있다. "테니스를 열심히 치는 편입니다. 조그만 노란색 공을 치는 것은 스트레스 해소에 더없이 좋은 운동이죠."

"나이든 부모를 모시고 사는 사람은 많아요. 저도 그렇고요. 조화롭지 못한 나날도 있어요. 희생하고 양보해야 할 때도 있죠. 하지만 저 같은 경우에는 점점 조화로운 삶을 영위하고 있어요. 평생의 조력자가 있다면 가능한 일이죠. 물론 그래요. 힘들 때도 있어요. 그렇지만 저로서는 전혀 힘들지 않은 상황은 생각할 수 없어요. 경력을 쌓을 생각이라면 누구든 그 점을 명심해야 합니다. 이따금 힘들 때가 있다는 걸요."

캐시는 버핏의 최종 후계자와 앞으로도 인재 찾는 일을 게을리 할 생각이 없다. "막중한 임무입니다. 버핏 같은 사람과 일해보는 것은 처음이에요. 일과 사생활, 모든 면에서 정말이지 천부적인 재능을 가진 사람입니다. 상대방으로 하여금 자신만만하고 정당하게 생각하게끔 만들 줄 아는 사람이죠. 저에게 동기를 부여하는 사람이기도 하고요. 제가 연구한 버핏의 경영 스타일은 효과적이었어요. 그걸 저만의 방식에 녹여냈죠. 우리 회사에 대한 버핏의 신뢰가 어찌나 대단한지 밤에 잠도 잘 안 와요. 우스갯 소리로 하는 말이지만, 사실이에요. 외부의 동기는 필요없지만, 칭찬받는 것을 싫어하는 사람은 없죠."

"버핏은 경영자를 평가하는 안목이 있어요. 중요하기도 하거니와 버크셔에서는 매우 효율적인 자질이죠. 버크셔는 분명 신중한 기업이고, 앞으로 최고가 되고 싶어해요. 그렇지만 어떤 면에서는 가족 같은 분위기를 가지고 있는 회사죠. 전 그런 점이 좋아요. 앞으로도 지켜야 할 점이라고 생각하고요."

비즈니스 와이어의 임원진은 분기별로 전략회의를 한다. 별도의 자문위원회는 운영하지 않는다. "우리 회사에는 외부 고문이 없어요." 캐시는 말했다. "오로지 버핏 뿐이죠. 전 버핏의 반응을 살핍니다. 상호간의 관계 유지와 아이디어 제시를 위한 운영위원회는 있습니다. 우리로서는 하루하루가 중요하죠. 당장 5년 앞의 미래도 내다볼 수 없습니다. 물론 우리 쪽에서도 바라는 흐름은 있죠. 그렇게 흘러가게끔 마련해놓은 계획들을 실행하고요."

"예측은 하지 않습니다. 기업을 매각하려고 내놓은 상황에서는 힘든 일이죠. 누구나 예측을 원하지만, 뜻대로 되지 않습니다. 버핏은 우리가 지금껏 일해 온 과정에 관심을 보였어요. 과거에 기반을 두고 미래가 어떻게 될지 판단했죠. 매우 현명한 행동입니다. 그것이 바로 '현실'이니까요."

버핏의 매입보유 전략은 캐시가 비즈니스 와이어에서 32년간 일한 것을 보더라도 알 수 있다. 캐시는 젊은이들이 자신의 일과 회사를 사랑한다면 장기적인 안목을 가지고 한 가지 일을 꾸준히 해야 한다고 적극 주장한다. 그녀가 믿는 것은 성공을 위한 마법 같은 주문이 아닌, 근면성실함 뿐이다.

그리고 힘든 일, 심지어는 불쾌할 수도 있는 일도 마다하지 말라고 충고했다. "가끔은 떠안고 싶지 않은 일도 있을 겁니다. 아니면 마음에 안 드는 업무가 있을 수도 있고요. 그렇지만 그 길의 끝이 무엇일지는 모르는 일입니다. 계속해서 나아가세요! 섣불리 판단하거나 '싫다'고 말하지 마세요. 힘든 일을 피할 수 있는 길은 없습니다. 기회를 찾으세요. 그런 시도가 효과적이라는 것을 보여주는 산증인이 여기 있습니다. 크림을 휘저으면 산더미처럼 부풀어 오를 겁니다." 성실한 태도로 일해 높은 자리까지 올라갔고, 지금은 최고위직을 맡고 있는 사람이 건네는 멋진 충고가 아닐 수 없다.

사람들은 캐시 배론 탐라즈를 공적 관계와 투자 관계 분야에서 가장 크게 성공한 여성으로 꼽는다. 하지만 실제로 자질을 평가하는데 굳이 성별을 따질 필요는 없다. 그러므로 '캐시는 공적 관계와 투자 관계 분야에서 가장 크게 성공했으며 막대한 영향력을 지닌 사람'이라는 표현이 한결 적절하고 정확할 것이다.

일과 휴식을 위한 열정

다양한 직무와 학습 경험을 판매에 활용

말라 고트샬크
Marla Gottschalk

Pampered Chef

Marla Gottschalk

Pampered Chef

"열심히 일하고, 열심히 놀고, 자신의 열정을 절대로 포기하지 마세요. 그게 제가 하고 싶은 조언입니다. 일이 곧 인생은 아니지만, 인생의 일부니까요. 자신이 즐길 수 있는 일을 찾아야 합니다."

말라 고트샐크Marla Gottschalk는 고급 주방용품 직판회사이자 버크셔 해서웨이의 자회사, 팸퍼드 셰프Pampered Chef의 CEO다. 3년 동안 팸퍼드의 COO였던 말라는 2006년 5월 1일, CEO로 취임했다. 팸퍼드 셰프가 버크셔에 인수된 것은 2002년의 일이다.

말라의 취임 소식을 발표하면서 창립자 도리스 크리스토퍼는 이렇게 말했다. "저는 말라의 거침없는 판단력과 의사결정 능력을 높이 삽니다. 지난 몇 년간 우리는 브랜드의 핵심을 지키기 위해 변화를 수용해왔습니다. 이 과정에서 말라는 팸퍼드 셰프의 역사와 가치를 존중하는 모습을 보였습니다. 말라에게 회사의 대표직을 맡기면서 우리 회사의 눈부신 미래를 기대해봅니다. 팸퍼드 셰프의 경영진은 말라의 취임을 따뜻하게 환영하는 바입니다. 그리고 저는 말라와 함께 일하게 된 것을 영광으로 생각합니다."[1]

도리스는 말라가 CEO가 된 다음에도 회장직에 머무르며 회사를 위해 일했다. 말라 역시 도리스와 밀접한 협력관계를 유지했다. 둘은 버크셔의 CEO 워런 버핏에게 공동보고서를 제출했다. 2011년, 도리스는 명예회장이 됐다. 그녀의 은퇴가 한 발 가까워졌음을 알리는 신호였다.

말라는 팸퍼드 셰프 입사 이후, 이미 성공가도를 달리고 있던 기업을 다음 단계로 끌어올리기 위해 전략적으로 다양한 지시를 내렸다. 그리하여 판매부서를 위해 사업내용을 간소화하고, 기본적인 내용에 주력했다.

말라는 팸퍼드 셰프 임원진의 수장이자, 사업 전반에 관한 지침을 책임지고 있다. 일상적인 결정을 내리는 것 외에도, 장기계획을 감독하고 기업전략을 정의하는 일을 한다. CFO 짐 브리징햄Jim Bresingham, CIO 롭 샤키스Rob Sarkis 등이 임원으로 활동 중이다. 판매부서의 전무로 일하는 진 조나스Jean Jonas는 사내에서 존재감이 큰 인물이다.

말라와 개인적으로 마주친 시간은 매우 짧았다. 2011년 버크셔 연간회의 당시, 팸퍼드 셰프는 컨벤션센터 내 전시홀에 대형 부스를 설치했다. 말라와 도리스는 주방용품을 판매하는 부스에서 일하는 중이었다.

여기서 '일한다'는 것은 말그대로 자리에 엉덩이를 붙일 틈도 없이 바삐 일하고 있었다는 뜻이다! 요리를 보다 쉽게, 재미있게 만들어주는 주방용품들에 대해 설명해주려는 사람들이 부스를 가득 메우고 있었다.

말라, 도리스와 이야기를 나누고 싶었지만 둘은 눈코 뜰 새 없이 바빴다. 그런 까닭에 도리스에게 인사를 건넨 다음, 그녀가 쓴 『팸퍼드 셰프Pampered Chef』 책 한 부를 새로 사서 내지에 사인을 부탁했다.

그리고 말라 앞에 줄을 서서 기다렸다. 내 차례가 오자, 그녀가 누군

사진 5.1 팸퍼드 셰프의 CEO 말라 고트샬크
· 자료제공: 팸퍼드 셰프

지 못 알아보는 척 하며 더듬더듬 판매 중인 제품에 대해 물었다. 내가 산 것은 유방암 방지 캠페인을 홍보하는 '지브라 하이힐Zebra High Heel 케이크 서버'였다.

말라와의 대화는 고작해야 1~2분이었다. 그 짧은 시간만으로는 말라의 리더십에 대해 아무 것도 알아낼 수 없었다. 한 가지 확실한 것은, 물건을 파는 말라의 편안하고 자신감 있는 태도였다. 우리집에서는 케이크나 파이를 즐겨 먹는 편이 아니었지만, 새로 산 강철 재질의 분홍색 얼룩말 케이크 서버는 마음에 들었다. 특히 '힐' 부분은 자석처리가 돼 있어 주방 서랍 트레이에 탈부착이 가능했고, 게다가 앙증맞을 정도로 귀여웠다.

● 몸에 맞는 옷

여러분도 알다시피, 도리스는 가정학자였다. 그렇다면 팸퍼드 셰프에 입사하기 전 말라는 어떤 일을 했을까? 말라의 전공은 회계학, 재무학, 경영학이다. 사회생활을 시작했을 무렵에는 지금과 무관한 학교와 회사에 다녔다.

말라는 인디애나폴리스에서 남쪽으로 50마일(약 80km) 떨어진 인디애나 블루밍턴Bloomington에서 태어났다. 큰 도시의 지역인구가 약 17만5,000명에 불과한 곳이었다. 아버지는 물려받은 자동차 판매 대리점을 운영 중이었고, 어머니는 전업주부였다. 위로는 오빠가 세 명 있었다.

고등학생이 될 때까지도 딱히 말라의 마음을 끄는 직업은 없었다. 학점을 넉넉하게 따두었기에 상급생이 된 다음에는 하루 중 절반만 수업을 들어도 충분했다. 남는 시간에는 아버지의 가게인 커리 뷕 캐딜락Curry Buick Cadillac에서 일을 도왔다. 지금도 4대째 운영 중인 판매 대리점이다.

"아버지에게는 훌륭한 직업윤리가 있었어요." 말라는 말했다. "제 친구들 아버지보다 훨씬 열심히 일하셨죠. 그래서 전 그렇게 일하면 더 크게 성공할 수 있다고 생각하게 됐어요. 아버지는 저에게 멋진 역할모델이셨어요. 더없이 꼼꼼하게 매장을 감독했죠. 겉으로 보이는 모양새와 상관없이, 세세한 모든 면들이 성공요인이 될 수도, 패인이 될 수도 있어요. 그리고 서비스 쪽을 따로 관리하신 덕에, 기존 고객은 물론이거니와 매장에서 차를 구입한 적이 없는 신규 고객도 끌어들이셨어요."[2]

말라는 고등학교 졸업 이후 은행원으로, 그 다음에는 병원 사무 관리자로 일했다. "곧바로 돈을 벌 수 있으리라는 꿈을 품고 무모하게 일을 시작했어요."[3] 그렇게 3년이 흐른 뒤, 말라는 자신이 진정으로 가고자 하는 길이 무엇인지 깨달았다. 그러자면 더 많은 것을 배워야 했다.

말라는 인디애나 대학Indiana University에 입학했다. 그녀는 다른 학생들보다 나이가 많았고 직장생활 경험도 있었다. 게다가 이미 따로 독립해 아파트에 혼자 살고 있었기에, 신입생들이 흔히 누리는 것과는 다른 대학생활을 경험했다. 재학 기간 동안에도 계속해서 학비를 벌었다. "식당에서 일하면서 학비를 충당했어요."[4] 당시 버터필즈Butterfields라는 이름의 식당에서 일하면서 요식업계에 처음 발을 담갔다.

1984년에는 인디애나 대학의 켈리 스쿨Kelley School of Business에서 학사 학위를 받았다. 2007년, 켈리 스쿨은 말라를 '명예 졸업생'으로 인정하고 상을 수여했다. 기업에서 거둔 성공, 경영철학과 관행에 기여한 바를 기준으로 삼아 업계를 이끌어나가는 사람, CEO 자리에 오른 졸업생에게 수여하는 상이었다.

말라는 졸업과 동시에 피트 마윅 앤 미첼Peat Marwick and Mitchell 회계사로 입사했다. 지금은 KPMG라는 이름으로 바뀐 이 기업은 회계와 감사 관련 일을 주로 한다. 말라는 이곳에서 일하는 동안 금융에 대한 귀중한 전문기술을 습득하는 한편, 스스로 교훈을 깨우쳤다.

"초보 단계의 일을 맡으면서 이런저런 업무유형을 체험할 수 있는 좋은 기회였죠. 처음에는 공인회계사 자격증을 따려고 했지만, 나중에는 저도 모르게 온통 과거에만 집중하고 있다는 사실을 깨달았어요. 그리고 분명히 깨달았죠. 이제껏 일궈온 과정이 아닌, 앞으로 나아가는 방법이야말로 제가 생각해야 할 점이라는 걸요!"[5]

● 14가지 중책

그 다음 직장은 1989년에 입사한 크래프트 푸드Kraft Foods였다. 말라는 크래프트에서 일하는 14년 동안 중책을 맡으며 잇달아 승진했다. 재직기간 동안 그녀가 맡았던 직위는 무려 14가지나 됐다. 그 일을 하는 과정에서 쉴 새 없이 여기저기 뛰어다녀야 했다. 자신의 사무실과 크래프트 본사가 있는 일리노이 노스필드Northfield, 그리고 글렌뷰Glenview에 있는 사무실 사이는 적어도 3마일(약 4km)은 떨어진 거리였다.(버크셔 해서웨이는 크래프트의 최대 주주이다).

처음에 맞은 직책은 글렌뷰 사무실의 수석 재무분석가였다. 금융비용과 예산의 보고 분석 감독, 비용실적 비교, 예산안 준비 등이 그녀가 해야 할 일이었다. 말라가 임원진에게 제공하는 재부정보는 그들의 의사결정, 프로젝트 우선순위 결정에 영향을 미쳤다.

1989년 제너럴 푸드General Foods와 크래프트는 인수합병를 거쳐 '크래프트 제너럴 푸드Kraft General Foods'로 다시 태어났다. 이 회사는 1990년대 내내 다른 기업들을 인수하고 거래처를 170개국 이상으로 확장해가며 유럽과 스칸디나비아 지역으로 세력을 확장했다.

현 크래프트 CEO인 이렌느 로젠필드Irene Rosenfield는 말라가 재직할 동안 북미 크래프트의 회장이었다. 『포브스』지는 로젠필드를 '가장 권위있는 100인의 여성'으로 선정했고, '가장 영향력있는 50인의 여성 경영인' 2위로 꼽았다.

말러는 크래프트의 정직원이던 1991년부터 MBA 공부를 시작했다. 그리고 그 해 회사의 재무경영분석을 담당하게 되면서 노스필드 본사로 발령받았다. 1993년에는 일리노이 에번스턴Evanston에 있는 노스웨스턴 대학 Northwestern University 켈로그 경영대학원J.L. Kellogg Graduate School of Management 에서 경영학 석사 학위를 받았다.

1993년부터 1994년까지, 일 년 동안 판매부서 감사를 맡기도 했다. 1995년에는 노스필드 사무실에서 판매, 고객서비스 재무 부사장으로 일했다. 동시에 네 개로 나뉘어져있던 별개의 판매부서를 통합하는 일을 맡았다. 제너럴 푸드와 크래프트 합병에 필요한 작업이었다.

1996년에는 전략, 재무, 시스템, 그리고 (글렌뷰) 북미 크래프트 푸드 서비스 관련 부사장직에 올랐다. 1997년에는 (노스필드) 북미 크래프트 재무계획, 분석 부사장이 됐다.

1999년에는 (글렌뷰) 크래프트 치즈 부서 홍보전략 부사장직을 맡게 되면서 재무관련 업무를 그만두고 홍보 일에 집중하기로 결심했다.

이렇듯 새로운 지평을 넓혀가는 변환과정에 대해 말라는 이렇게 말했다. "크래프트에서는 다재다능한 인재를 원합니다. 재무 담당자에게도 단순한 수치 담당보다는 결정에 대한 참여를 권하면서 완전한 사업 파트너가 될 것을 요구하지요. 북미 크래프트 CEO인 밥 에커트Bob Eckert와 그런 이야기를 나

넓을 때, 밥은 제 생각을 지지해주었습니다. 덕분에 크래프트 내에서 가장 규모가 큰 치즈 관련 부서로 옮길 수 있었지요."[6]

말라는 2000년부터 2002년까지 포스트 시리얼Post Cereals의 전무 겸 본부장직을 맡았다. 포스트 시리얼은 미국 시리얼 업계에서 켈로그Kellogg와 제너럴 밀스General Mills 다음으로 큰 기업이었다. 말라가 맡은 일에는 브랜드 마케팅, 무역 마케팅, 시장조사, 재무, 소비자 홍보, 인사관리 등이 있었다. 뿐만 아니라 5개의 생산공장, 연구개발 시설 역시 그녀의 책임이었다.

2002년 2월에는 크래프트 푸드 재무계획, 투자관계 전무로 임명되면서 뉴욕의 라이 브룩Rye Brook으로 건너왔다. 그리고 300달러 규모의 국제적인 재무계획 활동을 이끌었다. 크래프트 운영위원이었던 그녀는 전략 수립 과정에서 핵심적인 역할을 했다.

말라는 크래프트에서 일했던 경험을 두고 이렇게 말했다. "회사에서는 직원에게 다양한 부서와 분야를 두루 경험하면서 자신이 몸담고 있는 기업을 충분히 이해할 것을 권했어요. 다양하고 많은 경험을 쌓을 수 있었던 저는 행운아였죠. 전 줄곧 열심히 일해왔고, 다음에 찾아올 기회를 찾고 있었어요. 배울 점이 있다는 생각이 들면 그다지 내키지 않는 일도 기꺼이 도맡았고, 일의 성과를 인정받았지요. 난항 중인 일을 맡아 더 좋은 방향으로 이끌어갈 수 있다면, 그것이야말로 어김없이 좋은 기회입니다."[7]

이미 유명세를 떨치고 있던 팸퍼드 셰프의 사장과 CEO직을 수락한 말라의 결정은 이제까지와는 전혀 다른 도전이 될 수도 있었다. 말라는 어떻게 회사를 성공적으로 발전시킬 수 있었을까?

● 팸퍼드 셰프 가상지구

팸퍼드 셰프는 일리노이 애디슨에 자리하고 있다. 같은 주 노스필드에 있는 크래프트 본사에서 남서쪽으로 25마일(약 40km) 떨어진 곳이다. 크래프트에서 일할 당시 말라의 주거지는 뉴욕이었지만, 팸퍼드 셰프에서 일을 시작하려면 가족이 모두 일리노이로 다시 건너와야 했다.

두 회사의 본사는 가까운 곳에 있었지만, 둘 사이에는 상당한 차이점이 있었다. 팸퍼드 셰프는 6만 명의 독립 컨설턴트망을 이용해 직판 방식으로 제품을 판매했다. 본사 직원은 약 750명이었다. 반면, 크래프트에서는 여러 나라 진열대에 제품을 놓고 판매하며, 본사에서 일하는 직원은 약 12만7,000명에 달한다.

2002년 버크셔에서 팸퍼드 셰프를 인수할 당시, 팸퍼드의 연수입은 약 7억4,000만 달러였다. 인수 이후의 자세한 수입은 보고된 바 없으며, 추정치만 발표됐을 뿐이다.

2009년 『다이렉트 셀링 뉴스Direct Selling News』에서 밝힌 팸퍼드의 연수입은 5억 달러, 야후Yahoo 재무팀에서 보고한 연수입은 7억 달러였다.[8]

지난 10년 사이 팸퍼드의 수익이 하락한 것은 사실이지만, 앞으로도 그러리라는 추측은 잘못된 것이다. 2002년 당시 판매활동을 하던 컨설턴트는 7만 명, 본사 직원은 1,000명이었다. 변화를 거친다면 보다 적은 자원을 효율적으로 활용해 비슷한 성과를 낼 수도 있다.

버핏은 말라의 성과에 만족감을 표했다. 2010년에는 이런 말을 하기도 했다. "버크셔의 자회사 중에는 판매량이 감소하더라도 오히려 수익이 향상되는 많은 자회사들이 있다. 항상 이례적인 경영의 성과를 내면서."[9] 이러한 성과를 기록한 데에 대해, 버핏은 말라는 물론, 보샤임 파인 쥬얼리의 사장 겸

CEO인 수전 자크를 비롯한 9개 자회사 경영자들에게 감사의 뜻을 전했다.

2009년 불황에 어떻게 대처했는지 묻자, 말라는 이렇게 답했다. "지금의 경제상황은 사실 우리 회사로서는 다행입니다. 전보다 많은 고객들이 예산을 감안해 외식 대신 집에서 끼니를 해결합니다. 팸퍼드 셰프 컨설턴트들은 집집마다 방문하며 2달러라는 적은 돈으로 친구들과 함께 한 끼 식사를 해 먹을 수 있는 방법을 가르쳐줍니다. 외식비보다 훨씬 저렴하죠. 손쉬운 요리법을 찾는 고객들이 많아졌죠. 대개는 5~7가지 재료를 써서 30분 안에 만들 수 있는 음식들입니다. 대단하죠!"[10]

직판기업은 즉시채용이 가능한 몇 안 되는 업계에 속한다. 많은 사람은 일자리를 못 구했을 때 자영업을 고려한다. 2004년부터 사업을 시작한 신치Scentsy 역시 홈파티 전문용품을 취급하는 직판기업으로, 심지가 없는 양초가 주력상품이다. "우리 회사의 많은 컨설턴트들이 가족이 위기에 처한 상황에서 신치에 입사했다고들 이야기합니다." 신치의 사장 하이디 톰슨Heidi Thompson은 말했다. "컨설턴트의 남편 중에는 건설업계에 종사하다가 실직한 사람들이 많습니다. 가정수입에 보탤 생각으로 시작한 이 일이 이내 가족의 유일한 수입원이 되었지요. 남편이 돕는 경우도 있습니다. 밖에 나가 일하는 것보다 아내가 하는 신치 판매일을 돕는 편이 훨씬 수입이 좋으니까요."[11]

"경제적 불황기에 직판사업이 성공한다는 것은 이 바닥에서 오래된 신념입니다." 직판협회 대변인 에이미 로빈슨Amy Robinson은 말했다. 전국적 규모의 무역협회인 직판협회는 직접판매 방식으로 고객에게 제품과 서비스를 공급하는 200개 기업을 대표하는 단체다. "특히 '경기에 영향을 받지 않는' 제품들은 특히 그렇습니다. 이를테면 화장품이나 주방용품 같은 것들요. 경기와는 상관없이 언제나 쓰는 제품들이지요."[12] 매년 홈파티 매출액은 300억 달러로, 직판 수입 중 약 30%를 차지한다.[13]

<표 5.1>을 통해 세계 100대 직판기업 중 일부 기업의 세목을 살펴볼 수 있다.

팸퍼드 셰프로서는 명성을 유지하자면 현상태를 유지해야 한다. 독립 컨설턴트로 일하는 테레사 브라운Teresa Brown은 말했다. "말라 덕분에 우리 회사의 가치는 최고조에 달했습니다. 잠시 좀 미흡한 감이 있었지요. 이를테면 오렌지 컬러 주방용품 같은 것 말예요. 다른 회사에서는 벌써 2년 전에 들여왔거든요. 지금은 아주 흔한 색이죠. 적절한 컬러와 제품, 유행에 큰 관심을 가져야 해요. 지금은 짙은 회색이 유행이죠. 봄이 되면 또 다른 컬러가 유행하고요."

"우수한 기능, 품질이야말로 가장 중요한 기준입니다. 팸퍼드 셰프의 제품이 특별한 이유도 바로 그것 때문이고요." 제품개발 이사 리사 플린Lisa Flynn이 말했다. "우리 회사의 제품개발팀은 시장을 잘 알고 있는 숙련된 전문가들

표 5.1 세계 주요 직판 기업의 개황

기업	CEO	직판 순위	총수입 (달러)	직원수	독립 컨설턴트 수
Avon	Andrea Jung	1	109억	42,000	6,500만
Natura Cosmetics (브라질)	Alessandro Giuseppe Carlucci	3	30억	5,000	100만
Mary Kay	David B. Holl	6	25억	5,000	200만
Tupperware	Rick Goings	7	23억	13,500	260만
PartyLite	Anne Butler	21	545억	1,200	6만3,556
The Pampered Chef	Marla Gottschalk	25	500억	800	6만
Scentsy	Orville Thompson	33	382억	784	10만5,000
Longaberger Baskets	Tami Longaberger	62	200억	900	3만5,000
Tastefully Simple	Jill Blashack Strahan	77	125억	330	2만7,000
Creative Memories	(Mr.) Chris Veit	79	113억	450	4만

자료제공: "Global 100", Direct Selling News, 2011년 6월

로 구성되어 있습니다. 직원들은 새로운 유행, 기회를 파악하기 위한 훈련을 받지요." 그녀는 말했다. "제품개발 능력을 토대로 하여 고객의 요구, 시장의 유행에 따라 제품라인에 신제품을 추가합니다. 그리고 기존 제품을 지속적으로 재평가하면서 더 나은 외관과 기술로 업데이트해야 할지 여부를 판단하지요."[14]

팸퍼드 셰프는 정해진 기간 동안 300가지가 넘는 구매 가능한 제품을 선보이는데, 대개는 독점판매다. (어쨌거나 나로서) 놀라운 사실은 이 중에 이를테면 19가지의 소스, 33가지의 향신료, 양념, 수세미는 물론 식품류까지 포함되어 있다는 사실이다.

● 쇼핑의 즐거움

실제로 사회학자들은 쇼핑의 역사와 의미를 연구한다. 단순히 제품을 사는 것, 그리고 쇼핑하는 것 사이에는 차이가 있는 듯하다. 제품을 구입한다는 것은 돈을 서비스나 재화와 교환하는 단순한 행위에 불과하다.

인간에게 여가시간이 주어질수록 쇼핑은 진화를 거듭했다. 쇼핑은 제품을 음미하고, 비교하고, 만져보고, 시도해보는 행위를 말한다. 인간의 열망이 담겨있는 것은 물론, '사냥하고 탐색하는' 기회를 의미하는 행위라 할 수 있다.

맨 처음에는 쇼핑, 그 다음에는 유행, 마지막 순서는 정리세일이다. 쇼핑은 진화하면서 재미와 교육적 요소를 아우르게 됐다. 토론토 세네카 칼리지Seneca College의 마크 모스Mark Moss 교수는 다음과 같이 말했다.

"많은 경우 쇼핑 덕분에 힘이 난다고 생각합니다. 영화를 보러 가려고 힘을 내는 것처럼 말이죠. 그리고 공원에서 산책하면 힘이 난다는 사람들처럼, 쇼핑을 하면서 그와 동일한 심리를 경험하는 사람도 상당수입니다. 쇼핑은 '스트레스 해소수단'입니다. 단골 가게에 가서 신제품을 사들이는 것이야말로 구질구질한 기분을 털어버릴 수 있는, 굉장히 보편적인 방법이죠. 전혀 새로운 사실이 아닙니다. 쇼핑을 통해 자유에 눈을 뜨고 그것을 인식하는 것은 물론, 환상을 충족시킬 수 있죠. 그로 인한 흥분 덕에 온갖 감정을 경험할 수도 있습니다."[15]

쇼핑은 어떤 경우 살면서 응당 누려야 하는 모든 것과 맞먹을 정도의 즐거움이다. 역사, 문화, 디자인에 대한 글을 쓰는 작가 토머스 하인Thomas Hine은 쇼핑과 섹스가 많은 면에서 닮았다고 주장했다.

"누구나 하는 행위입니다. 그것에 대한 자신의 능력을 자랑하는 이도 있고, 함구하는 이도 있죠. 누구든 적어도 조금쯤은 과거를 돌이켜보며 걱정하죠. 섹스나 쇼핑 모두 실로 어리석은 선택을 내릴 수 있는 무궁한 기회를 제공하는 행위입니다. 그리고 쇼핑이 그렇듯, 섹스 역시 어떤 경우에는 기본적인 생물학적 욕구를 충족시키기 위한 노력입니다. 물론 그럴 때의 섹스는 매우 진지하지만, 대개는 쾌락을 줍니다. 섹스를 통해 타인과 관계 맺는 법을 배울 수도 있고요. 쇼핑 역시 제품과 관계를 맺으면서, 그리고 그 행위가 뜻하는 사회적 통념을 통해 자기 자신을 파악하게 해줍니다. 제품을 몸에 걸쳐보는 행위는 곧 특정한 정체성을 걸쳐보는 것이나 다름없습니다."[16]

대개는 자신의 민족문화나 종교, 직업으로 스스로를 정의 내린다. 하지만 차츰 소비하는 유형적 객체, 이를테면 자신이 선택한 유행, 주방용품, 게임 같은 취향을 통해 자기 자신을 정의하고 있다. 다시 말해, 생활방식의 정체성을 선택하고 있는 것이다.

골프용품은 물론 유명한 골프 브랜드 의류, 관련 예술품과 액세서리를 사들여 집과 사무실에 두는 사람은 마음 한구석으로 뛰어난 골퍼로 보이길 바랄 것이다. 다른 한편으로는 골프 리조트에서 여유롭게 여가를 즐기는 사람으로 보이고 싶은 마음도 있을 것이다. 물론 그런 것들이 골프실력에는 별 도움이 안 되겠지만, 적어도 골퍼라는 정체성을 보여줄 수는 있다.

주방용품에 목매다는 사람에게도 같은 이론을 적용할 수 있다. 적절한 주방용품을 갖추게 되면 실제로도 보다 쉽고 안전하고, 효율적으로 음식을 준비할 수 있다. 디자인이 독창적이고 똑똑한 주방용품을 사용하다보면 재미도 있을뿐더러, 전에는 한 번도 시도해보지 않았던 음식에 도전해볼 마음이 싹 트기도 한다. 이 과정에서 사람들은 자기 자신을, 그리고 다른 사람 역시 그 사람을 '요리사'로 생각하게 된다.

● 진화된 쇼핑의 개념

요크 대학University of York의 명예교수이자 사회학자 콜린 캠벨Colin Campbell은 쇼핑의 사회적 타당성을 주제로 한 책을 집필했다. 그는 말했다. "많은 제품이 팔려나가는 것을 보고 있노라면 더없이 자극적이다. 공상에 불을 붙이고 백일몽을 꾸게 하는 촉매제 같은 경험이다. 많은 이들이 내면에서 느끼는 욕구와 요구는 동일하며, 그렇기에 거의 똑같은 '유사경험'을 할 수 있다."[17]

홈파티라는 컨셉은 이렇듯 유사한 사회경험, 소비경험에 딱 들어맞는다. 연극을 보러 가거나 스포츠를 관전하러 갔을 때와 비슷한 상황이다. 주변인들이 자신과 동일한 감정적 자극을 느낄 때 모두의 감정은 과장된다.

사교성, 집단적 연대감까지 아우르는 홈파티는 쇼핑의 개념을 한 단계 진화시킨다. 집이라는 고립된 환경에서 온라인을 통해 이루어지는 인터넷 쇼핑에는 사교적인 측면이라는 중요한 요소가 결여돼 있다.

물론 홈파티가 그저 재미있는 것만은 아니다. 인맥을 쌓고, 새로운 인간관계를 강화하고, 기존의 우정을 다질 수 있는 숱한 기회이기도 하다. 그리고 그런 종류의 인간관계는 여성에게 힘과 권한을 부여하는 원천이 된다.[18]

팸퍼드 셰프의 키친쇼에는 교육적 요소가 포함돼 있다. 키친쇼에 참석한 사람들은 조리법, 영양학과 관련된 유용한 팁과 정보들을 습득한다.

"우리 회사의 컨설턴트들은 고객에게 다른 곳에서는 누릴 수 없는 특별한 혜택을 제공합니다." 말라는 말했다. "물론 판매하는 입장에서 모든 고객에게 제품 사용법을 알려주거나, 구입 전 시험적으로 사용해볼 것을 허락할 수는 없습니다. 하지만 키친쇼에 참석한 고객들에게는 그렇게 할 것을 권하지요. 그 자리의 분위기도 편안하고 친근하고요."[19]

독립 컨설턴트들이 팸퍼드 셰프에서 일하는 것을 어떻게 생각하고 있는지 궁금했기에, 온라인으로 컨설턴트 소개 요청서를 제출했다. 10분도 채 안 돼 오마하에서 컨설턴트로 활동 중인 제니퍼 셸든Jennifer Sheldon에게 전화가 걸려왔다. 제니퍼가 팸퍼드 셰프에서 일한 기간은 4년 반이었다. 미시시피에서 '열정적으로' 활동하던 시기에는 매달 6~8회씩 키친쇼를 주관했다고 했다. 그러다가 오마하로 옮겨온 다음에는 집안일이 바빠져서 이제는 매달 2~5회로 횟수를 줄였다고 한다. 제니퍼는 본인이 원하는 만큼 융통성 있게 일하는 시간을 조율할 수 있다는 점에 만족스러워했다. "투자한 시간만큼 벌게 됩니다." 그녀의 말이다.

제니퍼는 추가 조사를 원하는 나를 위해 오마하에서 컨설턴트로 일하는 테레사 브라운을 추천해줬다. 테레사는 1992년부터 팸퍼드 셰프에서 일해왔으며, 지금은 풀타임으로 컨설턴트 일을 하고 있다.

테레사의 직함인 '이사National Executive Director'는 독립 컨설턴트에게 허락된 최고위직인 9단계에 해당한다. 이 직함을 가진 컨설턴트는 테레사를 비롯해

사진 5.2 왼쪽부터: 도리스 크리스토퍼, 테레사 브라운, 말라 고트섈크, 2011

• 자료제공: 팸퍼드 셰프

25명뿐이며, 모두 몇 십만 달러에 달하는 수입을 올리고 있다. 사업규모가 너무 커졌기에, 테레사 본인도 조수를 두고 있다.

테레사는 유쾌하고 다정한 성격이다. 그녀의 팸퍼드 셰프 개인 홈페이지는 이런 문구가 적혀 있다. "가족이 다시 모여 함께 저녁을 먹을 수 있게 도와주는 것이야말로 제가 할 일입니다. 오붓한 저녁식사 자리에서 진실한 가족의 마법이 시작되고 추억이 만들어집니다. 가족과 보내는 시간이 즐겁든 그렇지 않든, 당신은 여전히 가족의 일부입니다. 음식을 만들어 먹으면서 시간과 돈을 절약하고, 손님을 대접해야 하는 경우에만 외식하는 가정을 만드는 것이 제 바람입니다."

나는 지난 15년간 (어떤 종류의) 홈파티에도 가본 적이 없었기에, 테레사가 주관하는 쿠킹쇼에 참석하기로 했다. 매년 미국에서 열리는 팸퍼드 셰프 쿠킹쇼는 100만 건이 넘는다.

테레사는 전에 비해 쇼도 많이 달라졌고, 쌍방향적인 성격이 강해졌다고 귀띔했다. "저도 요리를 해야 하나요?" 나는 오만상을 찌푸리며 물었다. 먼저 말해야 할 점이 있다. 내 요리솜씨는 형편없고, 집단 활동에 참여하는 것은 별로 익숙치 않다. "아, 그다지 중요하지 않은 일들을 시킬 거예요. 예를 들면 라임을 짜는 것 같은 일이죠." 테레사는 본능적으로 내가 요리에 취약하다는

사진 5.3 테레사 브라운이 팸퍼드 셰프의 주방용품을 설명하고 있다.

• 자료제공: 카렌 린더

사실을 직감했다.

쇼를 주관한 사람은 테레사와 마찬가지로 친절한 폴릿 펜티코스트Paulette Pentecost라는 부인이었다. 테레사는 '패밀리 부리또 베이크Family Burrito Bake'와 '초콜릿 라바 케이크Chocolate Lava Cake'를 만들면서 주방용품들을 능수능란하게 설명했다.[사진 5.3]

참석자 전원이 돌아가면서 도구들을 사용해볼 수 있었고, 그렇게 만든 음식도 맛있었다. 나는 그 자리에서 친절한 아주머니들을 잔뜩 만날 수 있었고, 나 자신과 가족에게 줄 선물로 주방용품 850달러어치를 구입했다. 음, 어쨌거나 15년의 공백을 만회한 셈이다!

보통 특정한 개인이 주최자로 나서 집에서 열리는 쇼에 친구들을 초대한다. 그러면 컨설턴트들은 쇼가 끝나고 모두가 즐겁게 먹을 수 있는 음식을 만들면서 팸퍼드 셰프 제품들을 설명하는 식이다.

주최자는 주방으로 활용할 공간에 손님 수에 맞춰 의자를 준비하고, 요리재료들을 제공한다. 컨설턴트들은 참석자들에게 보여줄 샘플, 설명하면서 사용할 갖가지 주방용품들이 들어있는 커다란 나무상자를 들고 온다. 참석한 손님들은 쇼에 깊은 인상을 받은 채 조리가 끝난 음식을 먹고, 구매하기로 마음먹은 제품의 주문서를 작성한다.

테레사는 자기만의 효율적이고 모험적인 방식으로 컨설턴트 일을 시작했다. 먼저, 그녀는 집에 있던 지하실 공간을 팸퍼드 셰프 주방용품 진열장으로 개조했다. "일반적인 방법은 아니죠." 그녀는 말했다. "파티를 원하는 사람은 아주 많지만, 자기 집을 제공하고 싶어 하는 사람은 없습니다. 하지만 이렇게 해놓고 주최자가 파티 하루 전날 재료들을 갖다 주면 여기서 쇼를 할 수 있잖아요. 전 참석자 명단을 받고요."

테레사는 한 마디 덧붙였다. "그리고 여기서 팀 회의와 교육도 가능합니다.

회사에서는 한 달에 한 번, 팀 회의를 권장하거든요. 우리 팀은 쇼의 아이디어를 위해 회의 때마다 조리법을 시연합니다. 자기 집에는 없는 주방용품을 사용해보는 팀원도 있어요. 그렇게 해서 손에 익히는 거죠. 팀별로 교육주제를 선택한 다음, 개인적으로 상과 상여금을 지급합니다."

테레사는 팸퍼드 셰프에 대해 이렇게 말했다. "내부를 보더라도 그렇고, 그 자체로도 하나의 문화입니다. 그 안에서 일하다보면 정말로 거기에 녹아들게 되죠." 테레사를 고용한 사람은 세인트루이스의 바브Barb라는 컨설턴트였다. 바브 위에는 패티Patty, 패티 위에는 랜디Randy, 그리고 랜디 위에는 도리스 크리스토퍼가 있었다. 현재 활동 중인 컨설턴트는 6만 명이며, 본사라는 가계도에서 수많은 나뭇가지가 뻗어나가 풍성한 나무 모양을 이루고 있다.

다단계 마케팅은 자신은 물론, 자기 손으로 고용한 사람들의 판매수익으로 판매조직을 보강하는 사업이다. 고용이 곧 자신의 수익력에 영향을 미친다면, 그것은 중요한 문제다. 또 다른 컨설턴트를 고용한 컨설턴트들은 하부 조직 판매량을 기준으로 한 중개수수료를 손에 쥔다. 한 명을 고용하면 시니어 컨설턴트가, 두 명을 고용하면 팀 리더가 된다. 고용한 컨설턴트를 교육하면 본사에서 지급하는 '수수료'를 받는다. 판매량과는 전혀 무관한 별개의 수입이다.

"사업에 사람들을 끌어들일 지는 선택에 따른 문제지만, 그렇게 하는 편이 현명합니다." 테레사는 말했다. "한 사람을 고용했을때 받는 중개수수료는 1%입니다. 두 명을 고용하면 2%를 받고요. 그런 식으로 불어나는 거죠. (4단계인) 관리자가 되면 목돈을 벌게 됩니다." 이들이 고용한 컨설턴트 역시 또 다른 사람을 고용한다. (간접고용) 팀 리더의 경우 팀 멤버가 다른 컨설턴트를 고용해 보다 높은 단계로 올라가게 되면 혜택을 받는다.

"백만 명도 고용할 수 있죠. 하지만 그 많은 사람의 승진에 도움을 줄 능력이 안 된다면 그냥 해오던 만큼만 하는 겁니다. 세 단계 아래에 머무르는 대신, 슬기롭게 돈을 버는 거예요. 제 위에는 저보다 훨씬 뛰어난 사람들이 있고, 저로서는 지금보다 성장할 필요가 있지요.” 테레사는 말했다.

지난해 테레사가 이끄는 팀은 많은 컨설턴트를 고용한 덕에 ‘썸머 베스트 챌린지Summer’s Best Challenge’에서 우승을 거뒀다. 1등에게 주어지는 혜택은 세인트루이스에서 열리는 파티였다. 그 밖에도 테레사의 팀원 다섯 명은 판매량을 기준으로 하는 또 다른 대회에서 수상자로 선정됐다. 테레사에게 팀을 키울 수 있었던 방법을 묻자, 그녀는 이렇게 대답했다. “저도 팀원이 정확히 몇 명인지 몰라요. 아마 1,200~1,500명 정도 될 거예요.” 나는 깜짝 놀랐다.

테레사는 팸퍼드 셰프에 다니기 전, 장애 및 행동장애가 있는 아이들이 다니던 학교에서 행정보조 직원으로 일하고 있었다.

그녀는 말했다. “그 일이 좋았어요. 무슨 일이 있어도 그만둘 수는 없을 것이라 생각했어요. 멋진 일이었거든요. 팸퍼드 셰프 컨설턴트 일을 딱 세 달만 해봐야겠다고 생각했지만, 실제로는 그저 시늉에 불과했죠. 2년제 대학에도 등록했지만 졸업은 못했어요. 다시 공부를 시작하는 문제는 가끔 생각했어요. 가능한 일이었지만, 그랬다가는 취직이 어렵다고 생각했죠. 설령 대학 학위를 가지고 있다 하더라도요. 대학은 못 갔지만, 이렇게 성공했으니 된 일이죠.”

테레사가 처음으로 고용한 컨설턴트는 생후 15개월짜리 쌍둥이를 둔 전업주부인 올케였다. 테레사가 생각하기에는 이 일에 딱 맞는 요건이었지만 올케는 잠시 주저했다. 그리고 올케는 그로부터 석 달 뒤, 테레사에게 이것저것 물어왔다. “그래.” 테레사는 물었다. “그런데 왜 지금 와서?” 올케는 대꾸했다. “‘바니Barney’ 만화를 TV로 혼자 보고 있는데 문득 정신을 차려보니 애들은 방 안에 없더라고.”

컨설턴트가 계획하는 쿠킹쇼의 횟수는 천차만별이다. 테레사의 팀원 중

40%는 투잡을 한다. 대개 리더 정도 되면 매달 6~10회 정도 쇼를 가진다. "한 달에 한 번 정도가 제일 많을 거예요. 사람들도 그 정도에 만족하고요." 테레사는 말했다. "전 매달 6회 정도로 횟수를 줄이려고 하는 중입니다. 좀 더 많은 시간을 팀에 쏟기 위해서죠. 요즘에는 한 달에 5~6회 정도 쇼를 해요. 한창 커나가는 컨설턴트에게 이상적인 횟수는 일주일에 2회입니다. 큰 성공을 거둘 수 있는 마법의 숫자죠. 파트타임으로 일하는 것보다 시간이 덜 드는 수준입니다. 목표로 삼기에 최적의 수치라 할 수 있죠. 그 정도 되면 참석자들 앞에서 제품을 팔기 위해, 그리고 제품을 팔 수 있는 다른 컨설턴트를 고용하려고 노력을 멈추지 않게 되죠."

테레사는 덧붙였다. "보통 직판 기업에서 가장 중요한 것은 고용입니다. 우리도 거기에 신경을 써야 하고요. 하지만 제가 생각하는 1순위는, 실제로 소비자들이 좋아하는 제품을 판매하는 겁니다."

● 핑크 컬러

오늘날 미국의 직판사원 1,500만 명 중 약 80%는 여성이다. 직판업계가 2010년에 기록한 연총매출액은 295억 달러였다.[20] 직판업계에 여성이 많은 이유는 익히 잘 알려져 있다. 직판사업은 자기 식대로 돈을 벌고 싶은 사람에게는 최적의 방식이다. 일과 사생활을 조화롭게 유지한다는 난제를 해결할 방법이기도 하다.

이 분야에서는 계속해서 신생기업이 등장하고 있다. 2011년에는 퍼펙트리 포쉬Perfectly Posh가, 2010년에는 알렉스앤본Alex+Von, 애니아트AnyArt, 케이앤케이 디자인K&K Designs이 사업을 시작했다. "뉴페이스는 끊이지 않고 나타납니다. 그 점을 보면 직판업계는 여전히 호황 중이죠. 그리고 앞으로도 성장은 계속될 겁니다." 누스킨Nu Skin Enterprises에서 기회 및 브랜드 마케팅Opportunity and Brand Marketing 부사장을 맡고 있는 엘리자베스 틸바도Elizabeth Thilbaudeau는 말했다. "사람들은 자신의 자산, 시간을 자유롭게 관리할 수 있는 창의적인 해법을 찾고 있습니다. 직판이야말로 그 열쇠를 쥐고 있죠. 미래에는 가장 규모가 큰 업계가 될 것이라 믿어 의심치 않습니다."[21]

● 미래를 생각하다

30년 이상 설립 당시와 똑같은 방식으로 운영해온 기업은 업계에서도 찾아보기 드물다. 팸퍼드 셰프 본사에는 새로운 도구와 팁, 조리법 연구와 개발을 위해 완벽하게 구비해놓은 실험용 주방이 있다.

직원으로 일하는 가정학자, 식품과학자, 요리사, 영양사, 제품개발자들이 이곳에서 매년 400가지가 넘는 조리법을 다듬고, 시험하고, 개발한다. 모든 주방용품이 피자 스톤Pizza Stone처럼 꾸준히 인기를 끄는 것은 아니다. 피자 스톤은 도자기 재질로 만든 원 모양의 베이킹 판으로, 도리스 크리스토퍼가 초창기 제품목록에 포함시킨 제품이다.

팸퍼드 셰프는 나중에 이 제품에 고객편의를 고려해 손잡이를 추가했다. 회사는 이런 식으로 최상의 맛, 재료, 유행하는 라이프스타일에 맞춰 조리법과 제품 컬렉션을 지속적으로 확대하는 중이다.

뿐만 아니라 팸퍼드 셰프는 환경에도 관심이 지대하다. 지금은 대나무 재질의 주방제품 라인을 선보이고 있는 중이다. 대나무는 타고난 아름다움을 간직하고 있는데다가, 상당히 견고하고 재활용이 가능한 초목이다. 풀 중에서도 성장속도가 가장 빠른 편에 속해, 3~5년이면 거둬들일 수 있다. 가만히 두면 베어낸 자리에서 다시 풀이 자란다. 게다가 습기를 빨아들이거나 열을 전도하지 않으니, 그야말로 완벽한 주방용품이자 식기인 셈이다.

팸퍼드 셰프가 사업을 시작했을 1980년 당시에는 컴퓨터 시스템이라는 것이 없었다. 회사가 커감에 따라 정보기술의 접근성과 개발 역시 함께 성장했다.

"기술이 기하급수적인 속도로 변화하면서 기존의 모든 변화는 상대적으로 하찮은 것이 되어 버립니다." 도리스 크리스토퍼는 말했다. "이 점을 염두에 두고 있는 기업은 답보 상태에서 벗어나 성장할 수 있습니다. 훌륭한 기업은 변화를 수용해 시대가 내리는 시련을 이겨냅니다. 팸퍼드 셰프의 사업 기반은 쿠킹쇼이지만, 인터넷은 매우 중요한 매체입니다. 팸퍼드 셰프와 컨설턴트들이 소비자와 소통할 수 있는 또 다른 통로가 되죠. 그리고 새로운 소비자들은 이를 통해 팸퍼드 셰프의 제품을 만나보거나, 컨설턴트에게 연락할 수도 있습니다. 사업기회에 대해서도 알아볼 수 있는 기회이죠. 그렇더라도 온라인상에서 강조하고 있는 가치는 팸퍼드 셰프 사업모델에서 추구하는 인적 人的가치와 맥을 같이 해야 합니다."[22]

회사에서는 컨설턴트별로 홈페이지를 제공하지만, 그 자격을 얻으려면 판매액 1,250달러를 달성해야 한다. 온라인으로만 제품을 판매해서는 안 되지만, 그렇다고 해서 점포 앞이나 매장에서 제품을 판매할 수는 없다. 하지만 이를테면 기술 박람회나 농산물 직판장 같은 일회성 행사에는 참여할 수 있다.

"아울렛 웹사이트는 정말 놀라운 도구입니다." 테레사 브라운은 말했다. "이제 더 이상 취급하지 않는 제품은 정말이니 저렴한 가격에 판매합니다. 하지만 세일기간은 단 이틀뿐이다. 이 방법을 이용한 덕에 회사로서는 추가적 판매수익을 얻을 수 있습니다.”

회사의 입장에서는 페이스북과 트위터 역시 컨설턴트들과 소통하는 새로운 방법인 동시에, 열혈팬, 고객과 연결시켜주는 창구이기도 하다. 현재 팸퍼드 셰프 페이스북에 ‘좋아요’ 버튼을 누른 사람은 32만5,000명이며, 트위터 팔로워 숫자는 1,000명에 육박한다.

직판기업으로서는 국제적으로 이름을 알리는 것이 유리하다. 세상에는 다양한 문화권이 있고, 미국에 비해 직판을 받아들일는 속도가 훨씬 빠른 나라도 많다. 1992년으로 거슬러 올라가보자.

암웨이Amway의 공동창립자 리치 디보스Rich DeVos는 2000년에 회사 매출규모가 100억 달러에 이를 것이고, 영업국은 75개로 확대될 것이라는 긍정적인 전망을 내놓았다. 그 당시 암웨이의 매출규모는 39억 달러, 영업국가는 62개였다.[23] 그리고 디보스의 예언은 크게 빗나가지 않았다. 2010년 당시 암웨이의 매출 총액은 92억 달러였고, 80개국이 넘는 곳에 지점을 두고 있었다.

팸퍼드 셰프는 1996년 캐나다로, 1999년에는 영국과 유럽의 여러 나라로, 2000년에는 독일, 2009년에는 멕시코로 세력을 확장해나갔다. 에이본은 113개국에 지점을 두고 있으며, 메리케이 코스메틱에서 아메리칸 스타일의 화장품을 판매하는 중국인 여성 컨설턴트는 35만 명이 넘는다. 이들은 판매용 책자를 중국어로, 회사의 로고송인 ‘That Mary Kay Enthusiasm’을 중국어로 번역하기도 했다.[24]

● 멘토링

팸퍼드 셰프의 기반은 팀별 구조이다. 컨설턴트를 고용할 때부터 지속적인 멘토링, 상호 격려가 이뤄진다. 가장 뛰어난 실적을 기록한 팀원은 말라를 비롯한 중역들과 함께 체어맨 서클Chairman's Circle에 참여할 수 있다. 이따금 보상 차원으로 이루어지는 본사 투어를 통해 원탁토론에 참석할 수도 있다. 2011년 여름, 팸퍼드 셰프 컨설턴트 100명이 비행기 한 대에 25명씩 나눠 타고 본사를 방문했다. 본사는 이들에게 항공비와 숙박비를 지급하는 대신, 효율적인 업무에 대한 아이디어와 자문을 구했다.

25명의 이사들은 일 년에 한두 번, 말라, 그리고 판매를 담당하는 진 조나스와 회동한다. 테레사는 말했다. "사람들의 생각을 물어봅니다. '이러이러한 것을 선보이려고 하는데, 어떻게 생각하세요?' 좋은 방법이죠. 컨설턴트들은 회사의 생각을 알고 싶어하니까요."

Chefsuccess.com은 팸퍼드 셰프에서 활동 중인 컨설턴트들이 질문과 답변을 주고받는 온라인 커뮤니티다. 25개가 넘는 토론 게시판에서는 판매 촉진, 조리법, 자선파티, 비즈니스 팁 같은 주제들에 대한 이야기가 오간다.

회사에서는 매년 7월, 컨설턴트들을 위해 시카고의 맥코믹 플레이스McCormick Place에서 연간 회의를 개최한다. 컨설턴트라면 누구나 참석할 수 있지만, 참가비를 지불해야 한다. 한 번이라도 가본 경험이 있는 사람들은 그만한 돈을 낼 가치가 있다고들 말한다. 회의 홍보의 일환으로 특정 목표치를 달성할 경우에는 무료 참석이 가능하다. 자신이 받는 중개수수료에서 1%를 제하는 조건으로 '컨퍼런스 클럽conference club'에 등록하면 참가비를 면제받을 수도 있다. 2010년 사전등록비는 200달러였다. 조찬과 석식이 포함된 가격이다.

테레사 브라운은 입사 이후 매년 회의에 빠짐없이 참석했다. 그리고 다양한 주제로 워크숍을 진행하기도 했다. 워크숍은 생중계되는 키친쇼, 강의로 이루어진다. 회의 참가자는 약 5,000명에 이른다. 회사는 컨설턴트들의 교육적 이해도를 높이기 위해 2012년 봄, 가을에 지방에서 1일 프로그램을 진행할 계획이다. 프로그램은 전국 곳곳에서 진행될 예정이며, 회사에서 생각하는 예상 참가자 수는 1~2만 명이다.

● 힘을 얻기

직판의 장점은 자신의 생활방식을 통제할 수 있다는 점이다. 원하는 때, 장소에 맞춰 일할 수 있지만, 그 대신 예측 가능한 정기수입은 포기해야 한다. 투자하는 노력에 따라 금전적 수입은 달라진다.

취미삼아 투잡으로 직판사업을 하는 사람도 많다. 그런 경우에는 평균수입이 그다지 많지 않다. 재미삼아 일하는 사람들은 제품을 설명하고 사람들과 어울리는 데에서 '즐거움'을 느낀다.

팸퍼드 셰프의 경우, 독립 컨설턴트의 초기 시작비용은 비교적 낮은 편이다. 특별 행사기간 동안에는 보통 80달러인 최소 시작비용을 40달러로 낮춰 준다.

새로 입사한 컨설턴트가 준비해야 하는 키트 중에는 선택사항이지만 159달러짜리도 있다. 여러 직판기업의 최소 시작비용을 비교한 내용은 〈표 5.2〉에 나와 있다.

2010년, 팸퍼드 셰프에서 쿠킹쇼를 통해 제품을 판매한 평균금액은 회당 450달러였다. 컨설턴트가 팀을 만든 다음 손에 넣은 판매 중개수수료는 20~31%로 다양했다.[25]

『패밀리 써클Family Circle』잡지의 린다 피어스Linda Fears 편집장은 직판이야말로 여성을 위한 잠재적 직장이라 생각한다. 피어스는 말했다. "2003년 연

회사	최소 시작비용
신치	99달러
타파웨어	80달러
메리케이	75달러
크리에이티브 메모리즈	50달러
에이본	10달러

평균 판매수입은 1인당 2,400달러였지만, 더 열심히 일한다면 그보다 많이 벌 수 있었습니다. 인터뷰 대상자 중에는 연수입이 7,500달러 정도라는 여성도 있었고, 한 사람은 월수입 1,800달러가 일반적이라고 말하더군요. 직판사원은 스스로 움직여야 합니다. 집에서 파티를 주관, 계획하고, 새로운 컨설턴트를 고용하기 위해 솔선수범해야 하죠. 그리고 설득력을 갖춰야 합니다. 판매제품에 대한 자신의 생각을 보여줘야 하고, 관심을 보이는 청중에게 제품의 장점을 전달할 방법을 알아야 하니까요."[26]

● 지원과 기부

팸퍼드 셰프는 여성의 건강, 기아, 가족문제를 위한 자선단체 활동을 지지할 뿐 아니라, 자사 직원과 컨설턴트의 건강에도 소홀히 하지 않는다.

"최근에는 '건강보상프로그램Healty Rewards Program'을 시작했어요. 이를테면 자궁경부암 검사, 대장내시경, 유방암 초음파 같은 예방 차원의 암 검진비용을 현금으로 환급해주는 겁니다." 말라는 말했다. "그리고 사내에서는 무료 초음파 검사도 실시하지요. 스스로 건강을 돌보는 적극적인 역할을 취하면서, 다음 세대에게는 긍정적인 본보기를 보여주고 의료보험 비용을 줄일 수 있습니다. 컨설턴트들이 암 방지 캠페인의 메시지를 수용하고 암 조기 진단을 받게 하는 것이 우리가 추구하는 목표입니다."[27]

팸퍼드 셰프는 2000년부터 유방암 방지를 위한 'Help Whip Cancer' 캠페인에 참여하고 있다. 매년 5월과 10월이면 분홍색의 한정판 제품들을 판매한다. 분홍색 쌍둥이칼, 분홍색 물방울 무늬 키친타월, 분홍색 고무장갑 같은 것들이다. 이 제품이 판매될 때마다 미국암협회American Cancer Society에 1달러씩 기부되며, 제품 수익으로는 유방암 교육비용과 조기진단비용을 지원한다. 지금까지 협회에 기부한 금액은 650만 달러에 이른다.

여유가 된다면 한정판 제품들을 구입해보자! 앞서 내가 구입했다는 분홍색 얼룩말 하이힐 케이크 서버는 2011년 5월에 열린 행사 기간 동안 구입한 것이지만, 같은 해 10월에 열린 행사에서는 찾아볼 수 없었다.

뿐만 아니라 매년 10월에는 미국암협회에서 주관하는 유방암 방지 걷기 대회에 참여한다. 회사에서는 팀의 사기를 돋우기 위해 참석하는 팀에게 단체 티셔츠를 제공한다.

"다수의 진심에 다가가는 행동이죠." 말라는 말했다. "실제로는 컨설턴트들이 기금마련 운동을 주도하고 있어요. 회사에서는 도구를 제공한 셈이지만, 프로그램을 주도하는 것은 오히려 컨설턴트 쪽이죠."[28]

전국독립이사협회Independent National Executive Director의 도티 셰퍼드Dotti Shepherd는 말했다. "저는 개인적으로 유방암을 앓았던 경험이 있기에 하루하루, 매 순간이 얼마나 중요한지 뼈저리게 알게 됐죠. 전보다 모든 것에 감사하게 됐고요. 팸퍼드 셰프 일은 물론이고요. 그 일이 있고나서는 건강을 최고로 여기게 되었고, 진료시간에 맞춰 일을 조정하게 됐어요."[29]

팸퍼드 셰프는 기아구조자선단체인 피딩 아메리카Feeding America와 동역자

사진 5.4 말라 고티섈크, 판매 이사 진 조나스, 2011년 유방암 추방 캠페인 걷기 대회에서

• 자료 제공: 팸퍼드 셰프

관계에 있다. 피딩 아메리카에서는 농장, 유통사, 제조사, 소매상을 상대로 남는 식료품을 수거하고, 200개 이상의 푸드뱅크, 식료품창고, 무료급식소, 여성의 쉼터, 아동보호소, 지역공동체 급식소 네트워크를 지원한다. 1979년 '아메리카 세컨드 하비스트America's Second Harvest'라는 이름으로 설립된 이 단체는 일리노이 시카고에 본사를 두고 있으며 도리스는 이곳의 이사직을 역임했다. 그리고 팸퍼드 셰프는 20년 이상 피딩 아메리카와 협력 관계를 유지하고 있는 중이다.

라운드 업 프롬 더 하트Round-Up from the Heart는 팸퍼드 셰프에서 전개하는 또 다른 캠페인으로, 피딩 아메리카와 더불어 기아를 추방하기 위해 벌이는 운동이다. 제품을 구입한 고객들은 구매액을 모으고, 회사에서도 라운드 업

프롬 더 하트를 지지하기 위한 한정판 제품들을 해마다 시장에 선보인다.

"각각의 기부액은 적은 편이지만, 전부 합치면 꽤 큰 금액이 되니까요." 말라는 말했다.[30] 라운드 업 프롬 더 하트가 모은 기금은 1,300만 달러 이상이었다.

2000년 이후에는 어바나 샴페인 일리노이 대학UIUC의 농업, 소비자, 환경 과학 대학을 지원하고 있다. 인간, 지역공동체 개발 관련 학과에서는 가족회복 프로그램을 통한 교육기회를 제공한다.

"우리가 실시하는 가족회복 프로그램은 실제로도 팸퍼드 셰프에서 주장하는 대의, 즉, 가족생활의 질을 높이고 온가족이 둘러앉아 식사를 하자는 것과 밀접한 관계가 있습니다." 말라는 말했다.[31] 교육에서 다루는 주제로는 육아, 스트레스 조절, 일과 가정생활의 조정 등이 있다.

2010년, 말라는 미국암협회가 후원하는 프로그램인 '암에 반대하는 CEO 모임CEOs Against Cancer'에 가입했다. 미국에서도 선두를 이끄는 기업의 CEO들 중에서도 소수정예로만 구성이 되는 이 단체는 추후 여러 종류의 암을 이길 수 있는 치료제 개발을 위해, 그리고 지적 교류를 넓혀 미국 암 협회의 대의를 전국적, 세계적으로 지지한다.

이 단체에서 활동하는 CEO들은 직원 복지 프로그램을 확대해 인적자원부서를 지원하고 건강장려금을 보조하게끔 하고 있다. 이렇게 하는 목적은 직원들의 건강, 쾌유, 치료, 병에 대한 저항을 위해서다.

팸퍼드 셰프의 기업홍보 이사 로첼 맨골드Rochelle Mangold는 말했다. "우리 회사에서 일하는 컨설턴트들이 자신이 하는 일, 가족, 건강을 소중히 여겼으면 좋겠습니다. 그리고 그들에게 중요한 것은 마찬가지로 회사에서도 중요하다는 사실을 알아줬으면 싶고요."[32]

"컨설턴트들이 회사에 기여하고 지지하는 바는 실로 막대합니다. 이 모든 것을 가능하게 만든 것은 그들이죠. 놀라운 일입니다." 말라는 말했다. "이런 프로그램들을 지원하게 되어 영광입니다."[33]

● 관심 밖

말라는 켈리 경영대학원에서 학장자문위원으로 활동하고 있다. 총 93명으로 구성된 이 위원회에서 활동하는 사람들은 광범위한 경영지식, 그리고 고유한 전문 분야에 오랜 기간 종사한 경험을 가지고 있다. 자문위원들은 대학 측에서 장기적 계획을 수립하고 개발하는 것을 돕는 한편, 새로운 프로그램과 커리큘럼에 대한 비판, 연구 방향, 민간 기금을 제안한다.

말라는 한때 이사회 활동을 하기도 했다. 물론 지금이야 팸퍼드 셰프 경영에 시간을 쏟고 있지만, 과거의 워원회 활동을 한 덕에 주방용품, 조리와는 무관한 업계에 대한 식견도 갖출 수 있었다.

말라는 2003년 3월부터 2006년 12월 14일까지 미시간의 자동차 부품 공급사, 비스테온Visteon Corporation의 이사로도 활동했다. 2006년 7월 21일부터 2008년 1월 31일까지는 GATX에서 이사회 활동을 했다. 시카고에 기반을 둔 GATX의 주요 사업은 철도, 해운, 산업장비 임대 관련 일이다. 그리고 보험협회Underwriter Laboratories와 팟벨리 샌드위치Potbelly Sandwich Works, 1977년 시카고에서 설립 이사회 소속이기도 했다.

말라는 1989년 앤디 고티섈크Andy Gottschalk와 결혼했다. 앤디는 시카고의 KPMG, LLP의 파트너였다. 이제 부부는 두 딸 아만다, 로라를 키우고 있다.

"남편 앤디는 정말이지 든든합니다. 우린 아이를 낳고도 일을 계속하기로 했어요. 가사, 가족에 대한 책임은 동등하게 분담하고요. 그러니까, 둘 다 전보다 현명하게 일을 하고 있다는 말입니다. 엄마가 되었다는 것은 제 일에도 긍정적인 영향을 미쳤습니다. 정말로 중요한 게 뭔지, 일의 원동력이 뭔지 알 게 되었고, 회사를 위해 일을 완수하고자 하는 이들에게 전보다 많은 권리를 부여하게 되었지요."[34]

말라는 덧붙였다. "제가 평생 중요하게 생각한 것은 가족과 일, 두 가지입니다. 전 그렇게 복잡한 사람이 아니거든요. 살면서 오직 이 두 가지만 중시합니다. 퇴근하고 나면 수영장에 간 딸들을 데리러 갑니다. 방학에는 스키 타러 가는 걸 좋아하고요."[35]

일과 가정의 균형을 이루고자 하는 이들에게는 이렇게 조언했다. "열심히 일하고, 열심히 놀고, 자신의 열정을 절대로 포기하지 마세요. 그게 제가 하고 싶은 조언입니다. 일이 곧 인생은 아니지만, 인생의 일부니까요. 자신이 즐길 수 있는 일을 찾아야 합니다."[36]

말라는 컨설턴트 일은 해본 적이 없지만 그녀가 갖춘 홍보나 금융, 경영 능력은 팸퍼드 셰프 같은 회사의 운영에는 매우 중요하다. 견고한 가치를 기반으로 쌓아올린 회사를 경영할 수 있다는 것은 행운이다. 말라는 그런 행운과 더불어 식지 않는 인기를 누리고 있으며, 판매사원과 고객 모두에게 사랑받고 있다.

소중한 용기

본능적이고 예리한 판매 · 분석 능력

베릴 래프
Beryl Raff

Helzberg Diamond

Beryl Raff

Helzberg Diamond

"마치 마른하늘의 날벼락처럼, 지인 한 명이 전화로 물었어요. '헬즈버그 다이아몬드 경영에 관심 있어요? 워런 버핏이 당신과 이야기하고 싶어 해요.' 그리고 사흘 뒤인 일요일 아침, 전 버핏이 있는 오마하로 가는 비행기를 타고 있었어요. 버핏은 공항으로 직접 마중 나왔더군요. 그 날은 특별한 날이었어요. 막판에는 CEO직을 제안받았죠. 이틀 뒤 다시 전화를 걸어 제안을 수락했어요. 전 지금도 제가 미국에서 가장 행복하고 복이 많은 사람이라고 생각해요."

베릴 베스 래프Beryl Beth Raff는 버크셔 해서웨이에서 전액출자한 자회사, 헬즈버그 다이아몬드Helzberg Diamond의 CEO다. 헬즈버그 다이아몬드는 소매업계에서도 여러 개의 매장을 견실하게 운영하는 것으로 정평 난 기업이다. 61세의 베릴은 버크셔의 '올스타' 경영진에 최근 합류한 여성으로, 2009년부터 헬즈버그와 함께 해왔다.

1915년 캔자스시티에 설립한 헬즈버그 다이아몬드는 현재 전세계에 230여개의 보석매장을 운영 중이며, 본사는 미주리 노스 캔자스시티에 있다. 회사명에서는 다이아몬드가 특히 눈에 띄지만 매장에서는 약혼반지부터 시계까지 보석 체인점에서 흔히 볼 수 있는 종류의 제품들을 취급한다.

보석매장은 급속도로 늘어나고 있다. 어느 쇼핑몰에 가보더라도 교차로 모양의 통로에는 모퉁이마다 귀금속 매장이 하나씩 자리 잡고 있다. 지역마다 입점 브랜드에는 차이가 있지만 전국에 걸쳐 흔한 매장은 주로 헬즈버그, 제일스Zales, 케이Kay, 자레드Jared이다.

시그닛 쥬얼리Signet Jewelers는 케이, 자레드의 모회사다. 클레어Claire 매장은 어느 쇼핑몰에나 입점해있다. 그렇더라도 클레어가 주력하는 시장과 취급

사진 6.1 베릴 래프(왼쪽)와 바닛(Barnett), 셜리 헬즈버그(Shirley Helzberg), 2010

• 자료제공: 캐서린 팔리(Cathryn Farley)

하는 품목은 다른 브랜드와 비교했을 때 그다지 겹치는 편이 아니다. 클레어는 10대, 젊은 층을 상대로 저가 귀금속, 액세서리를 판매한다. 자회사 아이싱ICING은 20대 젊은 여성을 타깃층으로 삼고 있다. 클레어 매장은 다른 기업의 매장과 그 성격이 분명히 다르지만, 귀금속 소매업계를 놓고 비교할 때 클레어가 소비자에게 미치는 영향력은 고려할 만하다. 〈표 6.1〉에서는 이들 귀금속 매장의 특징을 비교하고 있다.

매장의 판매액은 많은 점을 시사한다. 각각의 매장을 성공적으로 운영할 때, 고정자본과 경상비를 보다 바람직하게 사용할 수 있다. 클레어 매장은 다른 곳과 그 규모가 비슷한 편이지만, 여느 곳보다 높은 판매액을 기록하고 있다.

표 6.1 귀금속 매장 체인점

	헬즈버그	제일스	시그닛(케이/자레드)	클레어의 ICING
매장수(개)	230	1,800	1,852	3,400
브랜드수(개)	1	6	4	2
연매출(달러)	3억8,000만	17억4,000만	32억7,000만	14억3,000만
매장당 판매액(달러)	165만	96만6,666	176만	42만588
직원수(명)	2,200	1만2,600	1만6,200	1만8,400

회사 입장에서는 수익목표를 달성하기 위해 채용 직원수를 줄이게 되면 직원 복지비를 감축시킬 수 있다. 따라서 기존 직원에게 할당하는 판매수수료와 상여금을 높일 수 있다. 기업들이 보고하는 직원수는 다소 불확실할 수도 있다. 보고시에는 정직원 뿐이 아닌, 모든 직원의 수를 헤아리기 때문이다. 많은 경우, 귀금속 매장 직원들은 파트타임으로 근무한다. 계절에 따라 휴가기간에는 추가로 직원을 채용한다.

흥미롭게도, 헬즈버그 매장에서 판매하는 보석 중에도 베릴Beryl이라는 이름이 있다. 자연광물인 베릴은 베릴륨 알루미늄 규산염의 화합물이다. 결정 상태에서는 투명하지만 불순도에 따라 초록색, 파란색, 노란색, 붉은색 또는 흰색을 띠기도 한다. 크롬이나 바니듐이 섞인 베릴은 초록색을 띠는데, 이 결정체는 에메랄드라고도 한다. 그러니 베릴 래프가 보석과 귀금속 사이에 파묻혀 오랫동안 일한 것도 어찌보면 당연한 일일 것이다.

베릴은 1968년 펜실베이니아 로즈먼트의 해리튼 고등학교Harriton High School을 졸업했다. 1972년에는 보스턴 경영대학 기업경영학과를 수석으로 졸업했고, 1976년에는 필라델피아의 드렉셀 대학Drexel University에서 MBA를 전공했다. 드렉셀 대학은 2000년, 베릴을 명예로운 졸업생 명단인 '100인의 드락셀인The Drexel 100'에 추대했다.

1992년 100명으로 시작된 이 명단에는 2년마다 뉴페이스가 추가되며, 현재 가입된 회원수는 164명이다. 여기에 포함되는 졸업생들은 직업·공익·자선 활동에서 두드러진 성과를 기록한 이들이다.

● 메이시의 마법

베릴은 1975년, 메이시R.H. Macy&Company에서 직업훈련생으로 일을 시작했다. 뉴저지 뎃퍼드Deptford의 가정용품 부서가 출발점이었다. 그리고 이 회사에서 일하는 19년 동안 바이어, 상품관리자, 매장관리자로 직책이 바뀌며 꾸준히 사다리를 타고 올라갔다.

베릴이 보석을 처음 다룬 것은 1983년, 의류와 모조보석 부서 상품관리자로 발령받고 부터였다. 그 이후에는 귀금속 부서 부사장과 상품관리자, 그리고 커스텀, 브릿지, 파인 주얼리 부서의 부사장직을 역임했다. 나중에는 이스트 메이시Macy's East 총 12개주의 브릿지, 파인, 란제리 주얼리의 이사 겸 상품 총 관리자가 됐다.

나로서는 '브릿지'* 보석이 뭔지, 도무지 알 수 없었다. 분명 카드게임을 할 때 몸에 차는 보석이라는 것이 내가 내린 결론이었다.

그런데 알고 보니, 브릿지라는 것은 귀금속 분류체계 중 하나였다. 이를테면 '파인, 브릿지, 커스텀 주얼리' 같은 식인데, 뒤로 갈수록 귀금속의 가격과 가치는 낮아진다. 브릿지 주얼리는 파인 주얼리와 커스텀 주얼리 사이에 들어간다. 이따금 커스텀 주얼리를 대신해 '패션 주얼리'라고도 한다.

---

* 두 팀으로 나누어 52장의 카드로 벌이는 '브릿지(bridge)'라는 카드 게임이 있다.

베릴은 메이시에서 일하는 동안 숫자는 사람을 다룰 수 있게 됐다. 상품 총관리자는 부서별 상품관리자들을 총괄해 여러 매장 고객들에게 필요한 품목을 선별하게 한다. 홍보 및 판매전략을 수립하고, 바이어들을 관리해 유행하는 스타일과 예정된 행사에 따라 움직이게 한다. 상품 총관리자가 하는 일에는 회사의 재무목표 달성을 위해 상품에 적절한 가격을 책정하는 것도 포함돼 있다.

베릴이 메이시에서 일한 19년은 더없이 알차고 나무랄 데 없는 경력이었다. 경영진으로 올라가기까지 지원을 아끼지 않은 메이시는 비교적 안정적이고 원만한 기업이었다. 하지만 1994년, 메이시를 떠나기로 결심한 베릴의 앞에는 한층 흥미진진한 일이 기다리고 있었다.

● 백금 반지

메이시의 경영진이었던 로버트 디니콜라Robert DiNicola는 베릴의 멘토이자 벗이다. 로버트는 1994년 4월, 제일Zale의 CEO가 됐다. 그 해 11월에는 베릴을 제일의 보석부 사장으로 채용했다.

제일의 1호 귀금속 매장은 1924년, 텍사스 위치토 폴즈Wichita Falls에서 첫선을 보였다. 보석부와 별개로 제일을 이끄는 두 명의 형제 모리스Morris와 윌리엄William은 소형가전과 카메라, 조리도구를 판매했다.

"모리스는 소매업과 보석업계에 여러 가지 공헌을 했습니다." 베릴은 말했다. "보석업계에서 신용거래를 처음 시작한 것도 모리스였죠. 젊은 커플들에게 약혼반지를 외상으로 판매해 새로운 삶의 시작을 도왔습니다."[1]

로버트는 2년 동안 맡아왔던 봉마르쉐Bon March 백화점 CEO직에서 물러나고 제일이 가장 어려웠던 시기에 CEO자리를 수락했다. 제일은 1993년 8월에 부도위기를 이겨내고 다시 재건해 독립적인 공개기업으로 등장했다. 무려 8억5,000만 달러에 이르던 채무는 청산한 뒤였다.[2] 파산에서 회복한 지 1주일 뒤, 기존 CEO는 사임했고 이사 한 명은 세상을 떠났다. 제일은 이미 새출발할 만반의 태세를 갖춘 상태였다.

"제일을 이끌어갈 누군가가 있었다는 사실이 그저 기뻤습니다." 달라스의 투자회사 베어앤컴퍼니Barre & Company의 CEO 해럴드 글래스타인Harold Glatstein은 로버트가 CEO가 됐다는 소식을 들은 직후 이렇게 말했다. "분명 위태위태했습니다. 이사회는 폭주 직전이었죠."[3]

모회사 제일이 거느리는 소매 브랜드는 총 여섯 개였다. 제일 주얼리Zale Jewelers, 제일 아울렛Zale Outlet, 고든 주얼리Gordon's Jewelers, 피플 주얼리People's Jewelers, 캐나다, 매핀스Mappins, 캐나다, 피어싱 파고다Piercing Pagoda. 제일 쥬얼리는 현재 650개의 매장을 운영 중이다. 그 밖의 주얼리 브랜드 매장들이 추가로 500개 있고, 피어싱 파고다는 670개가 넘는 미니 점포를 가지고 있다. 이들 브랜드의 연간 매출을 모두 합치면 17억 달러에 이른다.

베릴은 메이시 주얼리에서 쌓은 경험 덕분에 제일 주얼리 사장 자리에 수월하게 적응할 수 있었다. 미국 경제가 발전하던 1990년대, 제일은 점포를 업그레이드하고 보다 다양한 제품들을 선보이며 매출을 높였다.

1995년에는 회복 일로에 있었다. 'Back to Basics기본으로 돌아가라' 전략을 내세운 제일의 그 해 수입은 10억4,000만 달러로, 전년도에 비해 12.6% 증가한 수치였다. 순수익은 무려 36% 증가한 3,150만 달러였다. 1996년에는 인터넷 쇼핑몰을 열었다.

베릴은 1997년, 모회사인 제일의 이사 겸 COO가 됐다. 1998년 7월에는 사장 겸 COO까지 승진했다.

　1998년, 제일은 10개의 아울렛 매장을 개점하면서 제일 아울렛이라는 부서를 신설했다. 이렇듯 새로운 판매경로는 처음에는 인기가 없었다.(멀티 아울렛 몰이 처음으로 문을 연 것은 1974년이었다.) 그러나 아울렛 부서는 아울렛 몰을 키워나가며 전국적으로 135개까지 매장수를 늘렸다. 소매 판매가 지지부진한 최근, 아울렛 몰의 인기는 더욱 높아지고 있다.

　1998년의 수익은 4년 전보다 43% 증가한 수치인 14억3,000만 달러였다. 같은 기간 순수익은 2,300만 달러에서 6,300만 달러로, 거의 3배 가까이 증가했다. 1998년, 제일은 회계연도 중 모든 분기를 통틀어 처음으로 연속흑자를 기록했다.

　이듬해인 1999년, 베릴은 제일 역사상 최초의 여성 CEO로 발탁됐다. 로버트는 CEO직에서 물러났지만 명예이사로 남아있었다. 베릴이 CEO로 일하는 동안, 제일은 캐다나의 피플 주얼리를 인수했다. "캐나다 수출량을 늘리는 것이 우리의 전략이었습니다." 베릴은 말했다.[4]

　제일은 캐나다 내 176개 매장과 함께 7,530만 달러에 피플 주얼리를 인수했다. 앞서 1988년, 피플 주얼리에는 스와로브스키 인터내셔널Swarovski Internationl과 제일을 6,500만 달러에 차입매수한 역사가 있었다. 그리고 1992년 1월, 제일이 강제파산하면서 피플 주얼리에서는 제일을 잃고 말았다. 피플은 토론토에서 달라스로 본사를 옮기면서 더욱 효율적으로 움직일 수 있게 됐다.

　2000년, 베릴은 웹사이트 개발을 위해 직접투자를 했지만 그 해 인터넷 쇼핑몰 판매액은 예전과 별반 다를 바 없는 600만 달러에 그쳤다. 그러나 베릴은 전자상거래 매출이 낮아도 별로 걱정하지 않았다. "우리의 목표는 미래를 준비하는 겁니다. 우리 회사에서는 인터넷 환경에 대한 이해를 기반으로 브랜드들을 적절하게 넓혀나가고, 그렇게 확장한 사업을 잘 운용할 수 있을지 확인하고자 합니다. 그런 기반이 제대로 구축됐다면 업계가 성숙함에 따라 우리 역시 덩치를 키워나갈 수 있을 겁니다."[5]

제일은 자사에서만 취급하는 0.5캐럿의 '밀레니엄' 다이아몬드 반지를 판매하는 홍보 전략을 시도했다. 밀레니엄 반지에는 다이아몬드로 '2000'이라는 숫자를 새겼다. 2001년이 되면 반지 주인은 중간의 다이아몬드를 다른 것으로 바꿔 끼워 '2001'로 고칠 수 있었다. 베릴은 밀레니엄 반지가 '미래를 향해 나아가는 다리'라는 개념을 의미한다고 말한다.[6]

● 위기

2000년도 매출은 좋은 편이었다. 그 해 8월 31일, 베릴은 로버트 디니콜라가 이사장직을 그만두자마자 그 자리를 이어받았다. 그 무렵 제일에서 운영하는 매장은 약 1,400개였고, 같은 해 7월 31일 마지막 회계연도에는 17억 9,000만 달러라는 판매액을 기록했다.

"로버트 디니콜라는 회사를 일으키기 위해 성심성의껏 일한 분이고, 앞으로 나아가는데 필요한 정의, 구조, 기반을 부여했죠. 제일을 구해내고 업계 우위를 회복하기 위해 그만큼 믿음직한 분은 없습니다." 베릴은 말했다.[7]

베릴을 회장으로 임명한다는 소식보다 앞서 2000년 8월에는 제일이 2억 달러가 넘는 금액으로 피어싱 파고다를 인수했다는 뉴스가 전해졌다. 피어싱 파고다의 핵심 사업은 쇼핑몰 내에서 귀걸이를 주로 취급하는 미니점포였다. 귀걸이를 구입하면 피어싱을 증정하는 식으로, 10대 소녀들을 주요 타겟층으로 삼은 사업이었다. 나도 열네 살 때 어머니에게 피어싱을 사달라고 졸랐던 것이 기억난다. 집 근처에 그런 미니점포가 있어, 병원에 가지 않고도 귀를 뚫을 수 있었다. 피어싱 파고다는 제일에 편입된 이후 취급제품의 폭을 넓히고 디자인을 개발해 지금은 2000년의 940개보다는 적지만, 여전히 670개가 넘는 미니점포를 운영 중이다.

베릴은 피어싱 파고다 인수가 '오랫동안 물망에 올랐던 건수'라 말하며 두어 가지 이유를 언급했다. "첫째, 피어싱 파고다의 운영은 제일의 핵심 인재, 점포, 부지, 그리고 제일에서 익히 알고 있는 환경에서 가능한 일이었습니다. 따로 손볼 필요도 없고, 겹치는 사업도 없지만 제일의 브랜드들을 훌륭하게 보완해주는 기업입니다. 둘째, 피어싱 파고다를 인수하게 되면 기존에는 미치지 못했던 소비자 영역까지 접근할 수 있습니다. 즉 10대, 젊은 층 말입니다. 제일만의 힘으로 그 업계에서 존재를 어필하려면 오랜 시간이 걸릴 겁니다. 하지만 이제는 한 번의 움직임만으로도 시장에서 주력 주자가 될 수 있죠. 젊은이들이 보석류를 구입할 형편이 될 때부터, 그러니까 사춘기부터 성인까지 평생 동안 보석이 필요한 시기마다 우리 회사의 제품을 구입할 수 있게 하는 거죠."[8]

2000년도 할리데이 시즌 판매액은 3.1% 하락했다. 이 시즌 매출에 전적으로 의존해야 하는 귀금속 업계의 기업에게는 심각한 타격이었다. 2001년 1월 31일에 종료된 2차 회계분기의 매출액은 전년도의 7억3,600만 달러보다 증가한 8억5,500만 달러였지만 수익은 15% 감소한 수치였다. 기준에 못 미치는 1억5,000만 달러 만큼의 과다재고를 소진하기 위해 일시적으로 2,500만 달러를 투입한 것도 여기에 영향을 미쳤다.

2001년 1월, 베릴은 말했다. "지난 6년 동안의 실적은 경이로울 정도였습니다. 이제부터 제일은 신규 브랜드들을 성장시키는 한편, 보다 성숙한 핵심 브랜드들에 주력하며 사업을 이끌어가고자 합니다. 로버트와 저는 한 마음으로 회사를 운영하고 있습니다. 정해진 방침에 따르고, 가능한 다른 대안으로 신속하게 기어를 바꾸는 융통성을 발휘하는 한편, 탄탄하게 비용구조를 이끌어갑니다. 재무적으로 2001년도에 대한 대비는 잘하고 있다고 생각합니다."[9]

그러나 베릴이 CEO가 된 지 18개월, 이사장이 된 지는 6개월 만에 제일 이사회에서는 그녀를 강제 퇴출시켰다.

"기나긴 이야기가 있지요." 베릴은 말했다. "반년 동안 이사회 내부에서는 정치적으로 격변이 일어났고 저는 추방당했어요. 아주, 정말 너무도 힘든 시련이었습니다. 하지만 전 그저 손놓고 앉아 '전부 내 탓이야'라고 말하는 타입은 아니었어요. 전 제 자신을 추스르고 상황을 숙고한 다음, 그것을 교훈으로 삼고자 했습니다. 그리고 앞으로 나아갈 수 있게 되었지요."[10]

회사 일을 그만둔 덕에 베릴은 가족과 더 많은 시간을 보낼 수 있었다. '다른 이해관계를 좇기 위해' 이사들이 회사를 그만두던 그 무렵에는 온갖 소문이 무성했다. 하지만 지혜로운 여성이라면 자신의 경력이 위태로운 상황에서 말을 아끼는 법이다.

2005년, 칼리 피오리나Carleton S. Fiorina가 HPHewlett-Packard CEO직을 그만 둘 때, 이사회에서는 사퇴소식을 어떻게 알릴지 물었다. 그들은 칼리에게 다른 일을 하고 싶다거나 가족과 함께 하고 싶어 사임한다고 발표해줄 것을 요구했다. 그러나 칼리는 그 제안을 거절했다. "전 이렇게 말했죠. '싫습니다. 그건 사실이 아니니까요.'" 칼리는 자신이 해고당했다는 사실을 사람들에게 분명히 전달하고자 했다. "진실을 말한다는 것은 옳고 그름의 문제입니다." 칼리는 2,100만 달러의 퇴직금을 받고 HP를 그만뒀다.

"아주 소박한 사실이죠." 마케트 대학교Marquette University의 법학 교수 스캇 모스Scott Moss의 전문 분야는 고용법이다. 스캇은 칼리가 여성이 입장에서 그런 핑계를 대는 것이 도리어 상황을 불리하게 만들 것이라 생각했을 것이라 말했다. "상대적으로 여성에게 더 위험한 핑계죠. 그 때문에 사람들이 이렇게 생각할 수도 있으니까요. ‘이 일은 여자가 할 만한 일이 아니야.’ 열심히 일하면서 가정적인 남자는 존경을 받지만, 여자가 똑같이 하면 일을 태만히 여긴다고 생각하죠. 이중적인 잣대입니다.”[11]

제일이 2001년 3월에 개최한 회의에는 월스트리트의 애널리스트들이 참석했다. 제일은 이 회의에서 고가 제품에 지갑을 열지 않는 소비자를 유혹하기 위해 품질과 가격을 낮춘 저가 제품을 내세운 전략이 실패했다고 발표했다.[12] “제일에서는 제품 가격을 낮추는 것이 그저 이익만은 아니라는 사실을 알았죠.” 샌더스 모리스 해리스Sanders Morris Harris의 소매분석가 린 데트릭Lynn Detrick은 말했다.[13]

베릴이 제일을 그만두면서 돌아온 로버트 디니콜라가 회장과 CEO직에 올랐다. 그 소식으로 인해 제일의 주가는 14% 하락했지만, 이후에는 다시 반등세를 보였다. 그리고 로버트는 2002년 여름에 다시 사퇴했다. 62세인 로버트는 사모기업 아폴로 매니지먼트Apollo Management, L.P.의 수매 부문 수석고문직을 맡았다.

베릴이 제일에서 일한 기간은 6년, 퇴직금은 250만 달러였다.[14] 6년간의 회복세 후 2000년도에 최고의 매출을 올렸던 기록은 이후 제일에서 다시 찾아볼 수 없었다. 특히 CFO와 CEO직의 이직률은 이상할 정도로 높았다. 지난 20년 동안 제일의 CEO직을 거쳐 간 사람은 무려 아홉 명이었다.(비록 로버트는 두 차례에 걸쳐 CEO직을 맡았지만, 이 경우에는 한 번으로 계산했다.) 그리고 제일의 주가는 줄곧 약 3달러 선에 머물고 있다.

베릴은 제일이 지금 겪고 있는 어려운 상황에 악의도, 고소하다는 기색도 보이지 않는다. “보석업계에는 제일이 필요합니다.” 베릴은 말했다. “이 바닥은 그렇게 탄탄하지 않습니다. 선두 주자가 어려움에 처하면 다른 모두에게 악영향을 미칩니다. 전부 합치면 제일보다 큰 규모지요.”[15]

베릴은 2001년 5월, J.C. 페니 컴퍼니J.C. Penney Company의 귀금속 부서 이사 겸 판매관리직을 맡으면서 백화점 업계로 복귀했다. J.C. 페니의 본사는 텍사스 플래노Plano로, 제일의 본사가 있는 어빙과는 약 30마일(약 48km) 떨어진 곳에 있었다. 이 회사의 COO인 바네사 카스타나Vanessa Castagna는 베릴을 두고 말했다. "본능적인 판매능력, 예리한 분석능력을 갖추고 J.C. 페니에 입사한 소매업계의 리더지요."[16]

1902년, 제임스 캐시 페니James Cash Penney는 와이오밍 주에 '골든 룰 스토어Golden Rule Store'라는 이름의 포목점으로 매장을 열었다. 이것이 J.C. 페니의 시작이었다. 그리고 베릴이 있던 2002년에는 100번째 창립 기념일을 축하했다.

페니의 귀금속 사업부는 전국에 걸쳐 1,000개가 넘는 지역 매장의 귀금속 카운터를 운영하고 있었다. 사업부의 연간 매출액은 10억 달러에 약간 못 미치는 정도다. 카탈로그 판매량이 가장 높고, 그 다음이 인터넷 쇼핑몰을 통한 매출이다.

시어스Sears가 1993년 카탈로그 판매를 중단한 이후, 페니는 미국 최대의 카탈로그 소매기업으로 등극했다. 이러한 기반이 있었기에 1998년 홈페이지를 개설하면서 인터넷 쇼핑몰로 전환해가는 과정도 수월할 수 있었다. 2005년 페니의 인터넷 쇼핑몰 매출액은 10억 달러 이상이었다.

2005년 8월 화이트홀 주얼리Whitehall Jewelers는 베릴 래프를 CEO이자 이사로 임명한다는 소식을 전했다. 베릴에게 CEO자리를 물려준 휴 파틴킨Hugh Patinkin은 54세 생일을 5개월 앞두고 이른 나이에 심장병으로 세상을 떠났다.

화이트홀 주얼리는 1895년 쇼핑몰 내 보석 체인점으로 창립해 시카고에 본사를 둔 기업으로, 2005년 중반까지는 눈부신 활약을 보였다. 2005년 당시에는 화이트홀 주얼리Whitehall Co. Jewelers, 룬트스트롬 주얼리Lundstrom Jewelers, 막스 브라더스 주얼리Marks Brothers Jewelers라는 별개의 브랜드로 38개 주에서 388개의 매장을 운영 중이었다. 화이트홀이 베릴을 CEO로 삼은 것은 강력한 리더십의 발현을 바라는 마음에서였다.

화이트홀의 이사장 스티븐 풀리Steven Pully는 베릴의 임명을 두고 이렇게 말했다. "베릴 래프는 귀금속업계에서 큰 성공을 거둔 소매상인이자 중역입니다. 장기간에 걸쳐 성공을 증명해보인 베릴이 화이트홀 주얼리에 입사하게 된 것을 기쁘게 생각합니다. 이사회, 그리고 모든 직원은 베릴의 입사를 환영하는 바 입니다."[17]

베릴 역시 이에 화답했다. "화이트홀에서 일하게 된 것은 저로서는 커다란 에너지와 열정을 보듬을 수 있는 기회입니다. 화이트홀은 위대한 유산, 창창한 미래를 가진 훌륭한 기업입니다. 저는 화이트홀의 경영진과 직원, 판매인들과 함께 사업을 추진해나가면서 앞으로 보다 큰 성공을 거둘 것을 기대합니다."[18]

"보석류에 박학다식한 베릴 래프를 영입했으니, 화이트홀로서는 싸울 만한 기회가 생긴 겁니다." 귀금속업계를 분석하는 케네스 개스맨Kenneth Gassman은 말했다. "이것이야말로 2년 전 화이트홀 주얼리에 필요했던 겁니다."[19]

베릴이 CEO로 일을 시작하기 일주일 전인 9월 7일, 화이트홀에서는 그녀의 사직서를 수리했다. 이 일을 두고 화이트홀에서도, 베릴 쪽에서도 일언반구의 설명이 없었다. 베릴로서는 화이트홀을 이끌어가는 것이 분명 벅찬 일이었을 것이었다. 베릴의 사임 소식 발표 직후 화이트홀의 주가는 69% 하락했고 유동현금이 동났다.[20] 그리고 이듬해인 2006년, 화이트홀은 WJ 홀딩WJ

Holding Corporation에 인수됐다.

베릴은 2005년 9월부터 J.C. 페니 컴퍼니에서 공식적으로 새로운 임기를 시작했기에, 실제로는 이 회사를 떠난 것이 아니었다. 베릴이 새로 맡은 직책은 귀금속 부서 부사장 및 상품판매 총책임자로 전보다 높아진 자리였다.

"베릴은 성장해가는 우리 회사의 귀금속 사업에서 걸출한 역할을 해냈습니다." 페니의 대변인 팀 라이언스Tim Lyons는 말했다. "회사의 입장에서는 베릴이 그 자리를 지키고 있다는 것이 기쁠 따름입니다."[21] 베릴은 그 자리를 지킨 3년 반 동안 경영상의 뛰어난 공로를 인정받아 회장이 수여하는 상을 3차례나 받았다.

베릴이 메이시의 가정용품 판매부서에서 일을 시작했을 때만 하더라도 직업상의 진로가 불분명할 수도 있었다. 하지만 베릴은 그 과정에서 중요한 능력과 교훈들을 배워나가며 일과 고용주들에게 적응해 나갔다. 보석 소매업계에서 일하며 여러 회사의 고용주들을 겪은 베릴은 멀티 스토어 경영에 전문가가 됐다.

"일을 시작할 때마다 탄탄한 토대와 경험을 얻게 됩니다." 베릴은 말했다. "물론 '메뚜기족'은 좋지 않습니다. 그렇지만 정당하게 얻을 수 있는 다양한 경험은 배경을 넓혀주고, 대개는 경력에 도움이 될 수 있죠. 실력은 다른 사람의 인정을 받습니다. 실제로도 제가 굳게 믿는 사실이죠. 참을성을 가지세요. 몇 걸음씩 나아가고, 배우고 공부하며 호기심을 잃지 마세요. 자기만의 멘토를 찾아보세요. 멘토는 매우 중요합니다. 그리고 더불어 성장해 나갈 인맥을 만들고, 그것이 얼마나 중요한지 헤아리세요."[22]

● 갈고 닦고

2009년 4월, 베릴은 J.C. 페니 컴퍼니를 떠나 버크셔 해서웨이의 자회사인 헬즈버그 다이아몬드 회장 겸 CEO직에 올랐다. 당시 270개였던 헬즈버그의 매장수는 현재 230개로 감소했지만, 2010년 총매출액은 3억8,000만 달러였다.

헬즈버그 다이아몬드의 설립자는 러시아 이민자 모리스 헬즈버그Morris Helzberg다. 1885년 미국에 도착한 모리스는 1891년 캔자스시티에서 재봉사의 딸인 레나 코헨Lena Cohen과 결혼했다. 1990년에는 번화가인 카우타운에서 술집을 경영하기도 했다. 아이는 총 다섯으로, 둘은 딸, 셋은 아들이었다. 모두 합쳐 일곱 명이나 되는 가족은 올리브가 2809번지를 비롯해 도심지에서 여러 집을 전전하며 주거지를 옮겨 다녔다.

그리고 1915년, 모리스는 미네소타 애비뉴 529번가에 있는 12제곱피트(약 3.6㎡) 너비의 건물에 아담한 귀금속 및 가정용품 매장을 열었다. 그러나 개점 후 2년도 채 안 되어 모리스는 거동이 불편해졌고, 이제 열네 살인 막내아들 바닛Barnett이 가게를 물려받아야 했다. 바닛은 열 살부터 열여섯 살까지 캔자스시티에 살았고, 당시 월트 디즈니와 같은 중학교에 다니고 있었다.

바닛보다 나이가 많은 두 아들은 가게 일을 도울 상황이 아니었다. 첫째 모튼Morton은 치과대학에 재학 중이었고 둘째 길버트Gilbert는 1차 세계대전 복무를 위해 배를 타고 건너간 뒤였다. 누이 엘자Elsa와 버니스Bernice 역시 각각 1916년, 1917년에 결혼한 지 얼마 안 된 뒤였다. 바닛의 삼촌은 가족의 부탁을 받고 조카 바닛이 학교에서 수업을 들을 동안 가게를 봐주었다. 아직 어린 바닛은 방과 후 매일 3시면 가게에 일하러 나와야 했다.

모리스는 1922년 세상을 떠났다. 길버트는 복무를 마치고 돌아와 바닛과 손을 잡았다. 야심만만한 바닛은 광고의 힘을 맹신했다. 그는 신문광고에 수천 달러를 쏟아 부었다. 그렇게 게재한 광고 중에는 형제의 얼굴과 함께 '헬즈버그 형제를 만나보세요. 다이아몬드를 몸에 걸치세요'라는 문구를 넣은 것도 있었다. 이후 1930년대와 1940년대, 네브라스카 보석상에서는 이 문구를 표절해 '브로키 형제를 만나보세요. 다이아몬드를 몸에 걸치세요'라는 문구를 사용했다. 그리고 그 시기에는 다른 많은 상점에서 마찬가지로 중서부의 풍경을 강조한 광고를 내세웠다.

야심이 컸던 바닛은 다른 도시에도 새로운 매장을 열었다. 스물일곱 살까지 어머니와 함께 살았던 바닛은 1930년, 역시 저명한 캔자스시티의 보석상 딸과 결혼했다. 1932년 대공황이 닥쳤을 때에도 캔사즈시티 도심에 있던 헬즈버그 매장의 규모는 두 배로 늘어났다. 그 해 캔자스시티에서 매장을 확장한 대기업은 헬즈버그 뿐이었다. 길버트 헬즈버그는 1934년 자동차 사고로 세상을 떠났고, 바닛은 길버트 소유의 회사 지분을 넘겨받았다.

1940년대에는 중서부 11개 점포로 체인점을 확장해나갔다. 그리고 1944년, 바닛은 미국 다이아몬드 협회Diamond Council of America를 세웠다. 보석 판매상들에게 교육, 훈련 프로그램을 제공하는 이 협회는 지금도 비영리 단체로 승승장구하고 있다.

바닛의 아들 바닛 2세Barnett Jr.는 열다섯 살부터 가게에서 일을 시작했고, 미시간 대학에서 경제학 학위를 받은 뒤인 1956년에는 공식적으로 가족회사를 설립했다.

"자기가 상사라는 생각, 자신의 미래는 자기 손에 달렸다는 사실을 깨닫게 되면 무섭기도 하지만 짜릿한 전율이 넘쳐흐릅니다." 바닛 2세는 말했다. "전 1962년, 스물아홉 살에 헬즈버그 다이아몬드 사장이 되었습니다. 몸이 안 좋아진 아버지는 저에게 회사를 물려받으라고 했죠. 불안하기도 했고 당연히 준비도 안 되었을 때였지만, 아버지와 가족 모두가 전폭적으로 지지해주었습니다. 항상 순탄하지만은 않았지만, 늘 흥미진진했습니다. 실수도, 실패도 있었지만 저의 열정, 가족의 지원에는 흔들림이 없었습니다."[23] 하지만 안타깝게도 바닛 2세는 1973년 아파트에서 뛰어내려 자살했다.[24]

바닛 2세가 사장으로 취임했을 당시 대부분 도심에 자리한 헬즈버그 매장의 수는 총 39개였다. 하지만 1960년대 교외 쇼핑몰이 커나가면서 도심 상업지구의 수익은 하락했다. 헬즈버그는 쇼핑몰에 입점하는 것보다 케이마트Kmart 같은 기존의 매장 내 공간을 임대하는 쪽을 택했다. 크레스지S.S. Kresge Corporation에서 저가형 마트의 시초인 케이마트를 처음 연 것은 1962년이었다.

1965년, 케이마트는 헬즈버그에 (150개 중) 24개 매장 내 공간 임대허가를 내줘 귀금속 판매대를 설치할 수 있게 했다. 그러나 도심의 점포수가 줄어들면서 케이마트도 자포자기하게 됐고, 헬즈버그는 39개 매장 중 38개 매장을 폐쇄해야 했다. 이렇듯 우연한 사건의 연속으로 바닛 2세는 마침내 쇼핑몰 입점을 고려하게 됐다. 바닛 2세가 말했듯 악재가 곧 호재로 이어진 경우였다. 이는 희한하게도 헬즈버그가 내린 결정 중 가장 성공적인 것이었다.

바닛 2세는 말했다. "이상한 일이었지만, 헬즈버그는 실내 쇼핑몰을 기피하느라 시장에 너무 늦게 진입했죠. 지각한 탓에 회사를 거의 말아먹을 뻔했지만, 그래도 운이 좋았습니다. 엄청난 노력 끝에 가까스로 실수를 만회하고 최종후보가 될 수 있었습니다. 우리 회사에는 오버랜드Overland 공원에 있던 쇼핑몰에 입점한 귀금속 매장이 하나 있었는데, 당시 그 매장의 매출이 무서운 속도로 증가하고 있었습니다. 그래서 쇼핑몰 내 매장수를 여러 개 늘렸더니 빠른 성장세를 보였습니다."[25]

●'I Am Loved' 캠페인

헬즈버그의 'I Am Loved^{저는 사랑받고 있습니다}' 캠페인은 1967년 11월『캔자스시티 스타^{Kansas City Star}』지에 신문광고를 게재하면서 시작됐다. 문구를 생각해낸 것은 바닛 2세였다. 그는 여자친구 셜리 부시^{Shirley Bush}에게 결혼 승낙을 받은 후 종이 한 장을 꺼내 여러 문구를 끼적였고, 이것을 다듬어 광고 문구로 활용할 생각이었다. 하지만 자기가 쓴 문구를 보고 당황한 바닛 2세는 그것을 던져버렸다.

다음 날 아침, 쓰레기통에서 그 종이를 다시 찾은 바닛 2세는 매장의 광고 담당자에게 문구를 보여줬다. 컨셉이 마음에 들었던 담당자는 버튼 모양 액세서리를 만들고, 거기에 'I Am Loved'라는 문구를 인쇄해 공짜로 배포했다. 결과적으로 신문광고는 열화와 같은 호응을 이끌어냈다. 버튼은 엄청나게 인기를 끌었다. 그렇게 만든 버튼을 병원, 베트남 참전군인, 그 시대 유명인사들에게 증정했다. 개중에는 프랭크 시나트라^{Frank Sinatra}, 조 나마스^{Joe Namath}, 그리고 린든 존슨^{Lyndon Johnson} 대통령도 있었다. 1,800만 개가 넘는 버튼이 배포됐고 매장에서도 무료로 나눠줬다.

1970년대에는 매장수를 늘이고 외관을 새로이 디자인했다. 외벽에 설치했던 쇼윈도는 없애버리고 모퉁이에 전시장을 설치했다. 매장은 개상^{開床} 구조로 설계해 손님들이 곧바로 안으로 들어오거나 문을 거치지 않고도 편히 지나다닐 수 있게 만들었다. 헬즈버그 매장에서 '윈도우 쇼핑'의 시대는 저물고 있었다.

체인점 개수가 최고조에 달한 것은 1980년대였다. 매장수의 성장속도는 이전보다 훨씬 빨랐다. 1980년대 말, 헬즈버그는 19개 주에 81개 매장을 운영 중이었다. 연간 총매출액은 1986년 약 7,000만 달러였고 200만 달러의 매출액을 기록한 매장도 있었다.

1988년, 헬즈버그는 신임 사장으로 제프리 코멘트Jeffrey Comment를 선출했다. 필라델피아 워너메이커Wanamaker 백화점의 공식 임원이던 코멘트는 헬즈버그에서 최초로 외부인사를 영입한 경우였다.

코멘트는 꾸준한 성장, 새롭게 디자인한 매장 배치도로 헬즈버그를 성공적으로 이끌었다. 1988년 이후 문을 연 매장의 평균면적은 1,500~1,600제곱피트(약 460~488㎡)로 이전에 비해 넓어진 규모였다. 뿐만 아니라 코멘트는 '주얼리3Jewelry3'라는 이름으로 전보다 더 넓은 매장을 선보였다. 이런 이름을 붙인 까닭은 일반 귀금속 매장보다 3배 넓은 면적 때문이었다. 4,000제곱피트(약 1.2㎢) 면적에 개방 구조로 되어 있는 주얼리3 매장은 스트립몰* 방식으로 모습을 드러냈다.

● 다이아몬드 장신구

1944년 헬즈버그의 매장당 평균 매출액은 170만 달러 이상으로, 일반적인 보석 체인점의 평균 매출액의 두 배 가까운 금액이었다. 총 매출액은 2억 8,200만 달러였다. 그 해 5월, 바닛 2세는 모건 스탠리의 재무컨설턴트들과 가족경영에 대해 상담하기 위해 뉴욕을 방문했다. 플라자 호텔Plaza Hotel을 지나던 바닛 2세는 우연히 보도에서 길을 걷는 워런 버핏을 보게 됐다. 그는 곧장 버핏 쪽으로 걸어가 손을 내밀고 자신을 소개했다.

바닛 2세는 그 당시의 일을 기억했다. "그리고는, 분주한 뉴욕시민들이 우

---

* 번화가 쇼핑몰 내에 상점과 식당들이 일렬로 늘어선 것을 말한다.

리 옆을 바쁘게 지나가고 사방에서 차량이 경적을 울려대는 보도 바로 위에서, 저는 미국에서 가장 빈틈없는 사업가인 버핏에게 우리 가족이 90년 동안 이끌어온 보석회사를 매입하는 것을 고려해볼 만한 이유가 무엇인지 설명했습니다. '우리 회사는 당신이 생각하는 투자조건에 적합하다고 생각합니다.' 전 이렇게 말했어요. 버핏의 대답은 간단했죠. '정보를 보내주십시오. 기밀로 하겠습니다.' 아주 잠깐의 대화였죠."[26]

바닛 2세는 당시 1985년에 처음 사들인 버크셔 해서웨이 주식 4주만을 가지고 있었을 뿐이었다. 그리고 과거에는 오마하에서 열리는 연간 주주 회의에만 참석했었다. 가족경영 기업에 이상적인 매입자는 워런 버핏이었다. 버핏이라면 캔자스시티에 있는 헬즈버그의 본사를 그대로 둘 것이었다. 회사의 성격도 바뀌지 않을 것이고, 인사에도 변동이 없을 것이었다. 버핏이 헬즈버그 인수에 실제로 관심이 있을지도 모른다고 생각하자 바닛 2세는 전율을 느꼈다. 하지만 이후 몇 달 동안 버핏이 요구한 재무 정보를 보내지 않았다. 기밀이 유지되지 않을까 하는 걱정 때문이었다. 결국 그는 차일피일 일을 미룬 자신을 탓하며 요청한 정보를 발송했고, 오마하에 있던 버핏에게 만나자는 청을 받았다.

버핏은 주주들에게 보내는 편지에서 이렇게 말했다.

당시 예순이었던 바닛 2세는 회사를 사랑했지만, 동시에 회사에서 자유로워지고 싶어 했습니다. 1988년에는 그렇게 하기 위한 첫 걸음으로, 워너메이크 백화점의 사장이었던 제프 코멘트를 영입해 회사의 운영을 맡겼습니다. 제프의 고용은 대성공이었지만, 바닛 2세는 자기가 여전히 궁극적인 책임자라는 생각을 떨칠 수 없었습니다. 게다가 한치 앞을 내다볼 수 없이 변화와 경쟁이 치열한 업계에서 그가 소유하고 있던 귀중한 자산은 가족의 것이었습니다. 그리고 그는 그것을 분산화시키는 것이 신중한 결정이라 생각했습니다.

바닛 2세가 생각하기에 버크셔 해서웨이는 안성맞춤이었습니다. 매입가에 대한 의견을 일치시키는 데에는 시간이 조금 걸렸지만, 저에게는 단 한 점의 의문도 없습니다. 첫째, 헬즈버그는 버크셔에서 소유하고자 했던 바로 그런 기업입니다. 둘째, 제프 코멘트는 버크셔에서 원하는 경영자입니다. 실제로도 제프가 경영자가 아니었더라면 우리로서는 헬즈버그를 인수하지 않았을 겁니다. 뛰어난 경영진 없는 소매기업을 매입한다는 것은 승강기 없는 에펠탑을 사들이는 것이나 마찬가지입니다.

버크셔에서는 1995년, 바닛 2세가 원하는 거래방식이었던 면세교환펀드를 통해 헬즈버그를 인수했습니다. 그리고 바닛 2세는 가족이 소유하고 있던 상당수의 주식을 매각해 인수과정에서 중요한 역할을 해냈습니다. 물론 그로서는 그렇게 해야 할 의무는 없었습니다. 매입자인 우리는 관대한 행동을 보인 그를 정당하게 대우해줘야 할 것입니다.

한 마디 덧붙이자면, 헬즈버그는 오마하의 보석기업 보사임과는 전혀 다른 방식으로 운영되고 있으며, 두 회사는 앞으로도 별개로 운영될 것입니다.[27]

"기본적으로 버핏과의 협상 방식은 무無협상입니다. 버핏이 말한 거래 내용이 곧 거래가 되는 거죠." 바닛 2세가 내세운 거래조건에는 기존 직원을 그대로 가지고 갈 것, 회사에 손대지 않을 것이 포함돼 있었다. "전 많은 사람들이 제 무덤에 침 뱉는 것은 원치 않았습니다." 그는 덧붙였다.[28]

버크셔에 인수된 직후, 제프 코멘트는 헬즈버그의 회장 겸 CEO가 됐다. 바닛 2세는 회사에서 완전히 손을 뗐지만, 헬즈버그 사업가 멘토링 프로그램 HEMP을 만들었고, 지금도 이 프로그램의 이사장으로 활동 중이다.

HEMP는 성공한 기업의 유능한 멘토와 상대적으로 사업 경험이 부족한 멘티를 연결시켜주는 프로그램이다. 적절한 멘토링은 HEMP를 통해 동료들끼리 맺는 관계를 장려한다.

헬즈버그는 1995년 148번째 소매 전문 아울렛을 열면서 미국에서 3번째로 큰 보석상이 됐다. 그리고 버크셔의 자회사가 된 이후에는 성장을 거듭했다. 불과 일 년 사이 매장 개점수는 20개에서 30개로 늘어났으며 주얼리3 매장수도 전보다 늘어났다.

또한 헬즈버그는 높은 매장수익을 위해 쉼 없이 노력했다. 1996년 초의 매장당 평균 매출액은 200만 달러 이상이었다. 회사에서는 몇 년 뒤의 목표매출액을 300만 달러 이상으로 잡았다. 2001년에는 매장수가 200개를 넘어서면서 미국 최대규모의 보석 소매기업 중 하나가 됐다. 50개 주에 헬즈버그 매장이 있었다.

가장 큰 성장을 보인 기간 동안 제프 코멘트는 헬즈버그 다이아몬드를 이끌어나갔다. 제프는 업계는 물론 공익과 자선단체 관련 사업에 매우 적극적이었다. 임기를 수행했던 9년 동안 한 해도 쉬지 않고 크리스마스 휴가 기간이면 산타클로스 옷을 입고 1만5,000명이 넘는 아픈 아이들을 만나러 다녔다. 제프는 자신의 저서 『산타의 선물Santa's Gift』을 통해 일대일 후원에 대한 경험과 생각을 이야기하고 있다. 엘튼 존Elton John, 워런 버핏을 비롯한 여러 명이 이 책에서 자선 경험담을 들려줬다. 그리고 이들 모두는 책의 판매수익을 엘리자베스 글레이저Elizabeth Glaser 소아 에이즈 재단에 기부했다.

제프는 2004년 10월 30일까지 16년 동안 헬즈버그에서 일했다. 그리고 비공식적인 파티 자리에서 쓰러진 다음, 60세의 나이로 급작스럽게 숨을 거뒀다. 제프는 생전에 이런 말을 했다. "누구나 죽습니다. 하지만 어떻게 죽느냐 하는 문제는 선택이 가능하고, 중요합니다. 그리고 살아가면서 보다 많은 의미를 찾을수록 살아야만 하는 보다 많은 이유를 찾을 수 있습니다."[29] 버핏은 새로운 회장이자 CEO로 헬즈버그의 사장 겸 COO였던 마틴 비즐리H. Marvin Beasley를 임명했다.

"세간에서는 헬즈버그 경영진이 여러 차례 상심했으리라 생각할 겁니다."

마틴은 말했다. "하지만 그렇듯 비통한 과정은 끝났고, 우리들은 제프가 꿈꾸었던 모든 것을 이룰 겁니다. 2005년에 세웠던 대다수의 목표를 이루고자 시도하고 달성했습니다. 제프가 그 모든 것에 관여한 것은 분명한 사실입니다. 한 가지 확실한 점은 제프가 임원, 경영진 모두가 제 역할을 다하게끔 이끌었다는 겁니다. 그저 손놓고 사태를 관망하지는 않았습니다. 모두가 자기 할 일을 하게 했죠. 그리고 우린 지금도 그렇게 하고 있고요."[30]

5년 동안 CEO직을 맡았던 마틴은 2009년, 65세의 나이로 은퇴를 결심했다. 베릴이 헬즈버그 CEO의 공석 소식과 그 자리에 대한 권유를 처음 들은 것도 이 시기였다.

● 다시, 베릴 래프

베릴은 당시의 일을 이렇게 회상했다. "마치 마른하늘의 날벼락처럼, 지인 한 명이 전화로 물었어요. '헬즈버그 다이아몬드 경영에 관심 있어요? 워런 버핏이 당신과 이야기하고 싶어 해요.' 그리고 사흘 뒤인 일요일 아침, 전 버핏이 있는 오마하로 가는 비행기를 타고 있었어요. 버핏은 공항으로 직접 마중 나왔더군요. 그 날은 특별한 날이었어요. 막판에는 CEO직을 제안받았죠. 이틀 뒤 다시 전화를 걸어 제안을 수락했어요. 전 지금도 제가 미국에서 가장 행복하고 복이 많은 사람이라고 생각해요."[31]

버핏은 말했다. "베릴은 소매업계를 통틀어 뛰어난 상인이자 세력을 떨치는 멀티 스토어를 이끌어나가는 소매기업의 경영진으로 인정받고 있었습니다. 베릴이라면 본능적인 판매 감각, 새로이 맡게 될 역할에 대한 예리한 분석을 적절하게 조화시킬 수 있는 인물입니다."[32]

"버핏은 모든 면에서 놀라운 사람입니다." 베릴은 말했다. "일을 복잡하게 만들지 않죠. 버핏은 장기간에 걸쳐 지속가능하고 수익성있는 방식으로 기업을 고유하게 경영해나가길 바랍니다. 뿐만 아니라, 매우 현실적인 사람이죠."[33]

취임 발표 후 한 달도 채 안 돼 베릴은 버크셔의 2009년 연간 주주 회의에 참석했다. 당시 회의 기간 동안 베릴은 네브라스카 퍼니츠 마트를 방문하고, 버크셔 이사인 빌 게이츠를 만나는 한편, 헬즈버그 다이아몬드 디너 파티를 주관했다.

베릴은 그때의 회의를 떠올리며 이렇게 말했다. "'이게 현실일까?' 숱한 순간, 제 볼을 꼬집으며 이렇게 묻고 싶었죠. 남편에게는 이렇게 물었어요. '이 사람들과 한솥밥을 먹게 되었다니, 이렇게 운이 좋다는 게 믿겨져?' 저에게는 정말 가족 같이 느껴졌어요."[34]

헬즈버그의 임원진 7명 중 여성은 2명으로, 베릴을 제외한 다른 한 명은 홍보 부사장 베키 히긴스Becky Higgins이다. 2000년 전까지만 하더라도 소매 기업의 여성 CEO는 매우 드문 형편이었다. 물론 소매 소비시장에서는 여성이 구매 결정력 중 80%를 차지하면서 우세하고 있었지만 말이다.

"1970년대 후반부터 1980년대 초반까지는 역할모델로 삼을 만한 여성이 있었습니다. 그렇더라도 50:50의 비율은 아니었죠." 베릴은 말했다. "하지만 시간이 지날수록 여성의 비율은 차차 증가하고 있습니다." 텍사스 A&M의 소매연구센터Center for Retailing Studies 설립자 레오나드 베리Leonard Berry 교수는 말했다. "더 일찍 그렇게 됐어야 합니다. 재능이 어느 한쪽 성에 국한되는 법은 없지만, 여성의 참여가 많아져서 보다 많은 여성을 경영진으로 이끌어야 합니다."[35]

2011년 남편과 사별한 베릴에게는 아들 에드워드Edward가 있다. 베릴은 남편과 아들의 요구, 그리고 일의 균형을 맞춰가며 살아왔다. 이따금 가족에게 도 관심을 쏟아야 했다. 그녀는 2006 년 전문직 여성들이 모인 오찬 자리에 서 이렇게 말했다. "여성은 매 시간 선 택을 해야 합니다. 가족에게 신경쓰는 것을 두고 미안해하지는 마세요."[36]

헬즈버그의 규모는 더 커졌고 전보 다 품질이 뛰어난 제품들을 선보이고 있다. 쇼핑몰에 입점한 보석점들 중에 서는 최초로 미국보석협회AGS에 가입

사진 6.2 베릴 레프의 강연회. '최고의 자리에 올 라 모든 것을 경영한다는 것'
• 자료제공: 달라스 상공회 유대인 협회

을 신청했다. 그리고 2010년에는 이 협회의 회원사가 됐다. 보석상, 디자이 너, 감정평가사, 공급사를 전부 통틀어도 AGS의 회원 기준을 충족시키는 비 율은 약 5%에 불과하다. 버크셔 자회사 중 벤 브릿지, 보샤임 파인 주얼리 역 시 AGS의 회원이다.

"헬즈버그 다이아몬드가 AGS 회원이 된 것은 자랑스럽고 기쁜 일입니다." 베릴은 말했다. "헬즈버그 일가부터 시작된 우리 회사의 정신과 철학은 AGS 와 맥을 같이 합니다. 고객 보호, 훈련과 교육이 제대로 된 전문 직원의 양성, 모든 일을 성실하게 해보이는 것. 마찬가지로 쇼핑몰에 입점 중인 다른 보석 상들과 비교했을 때 헬즈버그는 가구 평균소득이 매우 높은 중상층 소비자의 요구에 부응해왔습니다. 우리의 비전은 고객들이 가능한 최고의 소비를 경험 할 수 있게끔 하며 지금껏 지켜온 소비자 기반에 꾸준히 집중하는 겁니다."[37]

베릴은 또한 업계 전문지이자 소식지인 JCK 자문회Advisory Board of Jewelers Circular Keystone, 그리고 업계가 안고 있는 사회적 책임, 교육, 법적, 규제 문제

를 위해 일하는 단체인 미국보석자문회Advisory Board of Jewelers of America와 보석자경단위원회 경영진Executive Board of Jewelers Vigilance Committee의 회원으로도 활동 중이다.

그리고 기업 이사들을 위한 비영리 단체, 미국법인이사중심협회National Association of Corporate Directors Heartland Chapter의 이사인 동시에, 기업의 여성 이사들에게 인맥과 교육을 제공하는 단체인 여성법인이사회Women's Corporate Directors에도 소속돼 있다.

베릴은 헬즈버그 경영 일로 내내 바쁜 와중에도 짬을 내어 다른 두 회사의 이사로 활동 중이다. 수공예, 장식, 재봉용품을 전국적으로 판매하는 기업 조앤스토어Jo-Ann Stores 주식회사 이사직을 맡은 것은 2001년부터였다. 조앤스토어의 본사는 오하이오 허드슨에 있다. 베릴은 이 회사의 이사인 동시에 기업운영회 회원, 보상위원회 회장이기도 하다.

또한 2007년 6월부터는 그룹 1 오토모비브Group 1 Automotive의 이사직을 역임하고 있다. 이 회사는 허드슨에 본사를 둔 자동차 소매기업으로, 전국적으로 100개 이상의 자동차 판매 대리점을 소유, 경영 중이다. 베릴이 이 두 회사의 이사로 활동하며 2009년에 받은 보수는 37만6,163달러였다.

그리고 열악한 의료시설로 인해 생명의 위협을 받는 아이들의 소원을 들어주는 비영리 단체, 메이크어위시Make-A-Wish 재단의 노스텍사스 지부 경영진, 부위원장을 역임하기도 했다. 헬즈버그는 메이크어위시 재단과 손을 잡고 'I Am Loved' 캠페인용 곰인형을 판매해서 얻은 수익금 전액을 기부했다.

베릴과 달라스의 인연도 끈질기게 이어지는 중이다. 베릴은 현재 국제여성포럼IWF 달라스 지부 회원이다. IWF는 여성의 적극적인 리더십, 국제적 영향력을 고무하고, 여성이 가진 영향력을 발휘할 기회를 극대화시키는 여성단체로, 초대를 받은 사람만이 회원 자격을 얻을 수 있다. 베릴은 비영리 연극

단체 달라스 썸머 뮤지컬 자문회Advisory Board of Dallas Summer Musicals에서도 활동 중이다.

2001년에는 ORT 미국보석협회에서 사회공동체 공로상Community Achievement Award을 수상했다. 미국 ORT는 전세계 55개국의 교육, 훈련 프로그램 네트워크를 통해 보석감정에 대한 이해와 인식을 높이는 기관이다. 사회공동체 공로상은 동종업계 종사자들의 삶의 질을 대폭 향상시킨 직업인, 닮고 싶은 역할모델을 만들어낸 사람, 사회가 나아가야 할 새로운 방향을 정립한 이들에게 수여된다.

1999년, 2006년에는 뉴욕 다이아몬드, 귀금속, 시계부문 UJA귀금속연맹에서 수여하는 '뛰어난 리더십 상Leadership Award of Excellence'를 받았다. 1999년, 여성보석인협회Women's Jewelry Association에서는 베릴에게 평생공로상을 수여했고, 2009년에는 국립보석소매업 명예의 전당National Jeweler's Retailer Hall of Fame에 헌정되기도 했다.

● 잔인한 보석

보석 소매업계에서 경력을 쌓아나가려면 대범해야 한다. 베릴은 보안, 보증 문제에 신경쓰는 동시에 패션 트렌드와 보조를 맞춰나가며 막대한 자본을 소유한 경쟁사들에 대항했다. 보석 소매점들은 다른 업계에 비해 구매횟수가 적은 고객을 유치하기 위해 각축을 벌인다. 보석 소매업의 매출 규모는 640억 달러다. 그리고 미국과 캐나다를 통틀어 가장 매출액이 높은 보석 소매기업은 아마도 월마트일 것이다.

보석 소매업의 사업모델은 진화해왔고 앞으로도 진화할 것이다. 쇼핑몰 내

보석점에서는 일반적인 소비자에게 기본적으로 똑같은 제품을 판매한다. 따라서, 새로운 판매통로를 찾고 적응해나가는 것은 제품 선별보다도 훨씬 중요하다. 날이 갈수록 쇼핑몰이 아닌 곳에서의 보석 구매액이 증가하는 추세이고, 인터넷과 홈쇼핑 채널을 통한 매출도 오르고 있다.

보석산업은 다른 사치품목과 마찬가지로 불황에는 큰 타격을 입는다. 고객들이 무분별한 소비를 자제하는 탓이다. 설사 어마어마한 갑부라 해도 예전에 비해 호사스러운 생활을 자제한다. 공원에서 데모나 시위 등이 벌어지는 시기에는 왕방울만한 유색보석과 번쩍거리는 보석류처럼 표면적으로 부를 드러내는 상징물은 인기가 시들해진다.

보석류 구매자들의 소비 습관은 베릴을 난처하게 만든다. 이 업계의 기업들은 시즌별로 들쑥날쑥한 매출에 골머리를 앓는다. 11월과 12월 휴가 기간 동안의 매출액은 전체 중 상당부분을 차지한다. 이러한 현실을 쉽게 간파해 그 기간에 맞춰 대대적으로 매출을 올리려 시도하는 사람이 있는가 하면, 다른 기간에 매출액을 만회할 수 있는 전략을 계획하는 사람도 있다. 그보다 더 나은 장기적 전략으로 우회할 생각이라면 단기적인 수익은 조심해야 한다.

베릴은 임기 동안 숱한 과제에 용감히 맞섰다. 가히 문제해결사이자 평생 교육자인 셈이다. 베릴이 이끄는 헬즈버그 다이아몬드는 경쟁사들에 비해 차별성을 가진다. 그리고 'I Am Loved'가 아직 유효한, 로맨틱한 차세대를 고객으로 모시기 위해 살아남을 것이다.

영향력을 만들어내는 사람

'목적있는 삶'이 인생과 세상을 바꾼다

샬롯 가이먼
Charlotte Guyman

Microsoft

Charlotte Guyman

Microsoft

"제가 하는 일이 지루하고 따분하다고 생각하며 손님들을 맞았더라면, 그들 역시 따분해 할 거예요. 그렇지만 제가 진심으로 그 일에 몰두하고 열정적인 태도를 보인다면, 상대방도 덩달아 열정적이게 됩니다. 피할 수 없으면 즐기세요. 일은 곧 자신을 보여주는 것입니다."

마이크로소프트MS, Microsoft의 경영자였던 샬롯 가이먼Charlotte Guyman은 2003
년부터 버크셔 해서웨이의 경영진으로 재직 중이다. 자회사 출신이 아니면서
여성으로 버크셔의 이사직에 오른 것은 샬롯이 처음이다. 워런 버핏은 역시
버크셔의 주주인 빌 게이츠 부부를 통해 샬롯을 알게 된 이후, 그녀를 이사로
초빙했다. 그들이 친해진 계기는 1995년 중국 출장 덕분이었다.

"어느 날 버핏이 전화를 걸어 말하더군요. '이사로 모시고 싶습니다.' 정
말 신나는 일이었죠." 샬롯은 말했다. "믿을 수 없으리만치 큰 영광이었어요.
버핏이 버크셔의 경영진과 이사로 영입한 사람들은 하나같이 대단했으니까
요. 버핏의 말에 완전히 의기양양해졌죠." 그리고 샬롯이 이사회에 합류한 지
2년 뒤, 빌 게이츠 역시 버크셔의 이사가 됐다.

나는 2011년 10월, 캘리포니아 라구나에서 매년 열리는 '가장 영향력있는
여성 정상들의 모임Annual Fortune Most Powerful Women Summit' 13회에서 샬롯 가
이먼을 처음 만났다.

모임의 구성원은 저명한 여성 경영인 83명, 그리고 마찬가지로 명망 높은
남성 경영인 워런 버핏으로, 이들은 그 자리에서 리더십, 글로벌 비즈니스,

사진 7.1 버크셔 해서웨이의 이사, 샬롯 가이먼
• 자료제공: 샬롯 가이먼

혁신, 공익 등의 쟁점들을 논의했다. 샬롯은 몇 년째 거듭 행사에 초대받아온 터였다.

52살의 샬롯은 어깨까지 내려오는 갈색 머리, 밝은 청색 눈동자를 한 여성이었다. 행사장에서 만난 샬롯은 흰색 무늬가 들어간 검정색의 심플한 원피스를 입고, 늘어지는 진주 귀걸이를 하고 있었다. 샬롯은 따뜻한 차를, 나는 다이어트 코크를 마시며 세인트 레지스 호텔St. Regis Hotel 식당에 대한 이야기를 나누었다. 나는 그녀의 부드러운 목소리, 지성, 매력에 사로잡히고 말았다.

● 가치 증진

2003년, 버크셔 이사회에는 커다란 지각변동이 있었다. 그해 들어 새로 영입한 이사만 해도 네 명이었다. 회장 워런 버핏은 주주들에게 자기추천을 요청했고, 2003년 주주들에게 보내는 편지에서 다음과 같이 말했다.

"저는 지난해, 이사회의 변화를 꾀하기 위해 버크셔 이사직에 적임자라 생각하는 주주들에게 자기추천을 권했습니다. 버크셔 이사직에는 책임보험도, 높은 보수도 따르지 않지만, 스무 명 이상이 이 자리에 지원했습니다. 대부분 CEO 중심사고를 가진 유능한 이들로, 버크셔의 주식을 100만 달러 이상 소유한 대주주들이었습니다. 찰리와 저는 후보들을 검토한 끝에, 지금의 이사진은 그대로 두되 자기추천을 하지 않은 주주 네 명을 추가로 지명하기로 했습니다. 바로 데이비드 고츠먼, 샬롯 가이먼, 돈 커우Don Keough, 톰 머피Tom Murphy였습니다. 전 그들 모두의 친구이기에 각각의 장점을 잘 알고 있습니다. 네 명은 모두 버크셔의 뛰어난 이사로서 사업적 재능을 발휘할 것입니다"[1]

자회사가 무려 79개에 이르는 버크셔 해서웨이는 매우 복합적인 기업인 만큼 관리도 힘든 일이다. 샬롯은 이사가 하는 일, 그리고 이사회의 존재가 버크셔에 얼마나 중요한 지 잘 알고 있었다.

"이사회는 기업에서 가장 중요한 구성요소라고 생각합니다. 전 버크셔 해서웨이의 주주들은 물론 고객, 정부기구를 위해 일하는 사람이죠. 하지만 이사회가 곧 경영진은 아닙니다. 이사회는 경영진을 지지하는 단체이자, 기업의 양심입니다." 샬롯은 말을 이었다. "이사회에서는 기업의 전략, 규제환경, 일련의 계획들, 그리고 기업이나 조직에 닥친 중요한 문제들을 지극히 신중하게 파악해야 합니다."

컴퓨터 기술과 인터넷 전문기술을 갖춘 샬롯이 버크셔 이사회에 합류하면서 이전에는 부족한 감이 있던 특정 분야의 값진 지식을 활용할 수 있게 됐다. 샬롯은 버크셔 이사회에 합류한 직후 웰스 파고Wells Fargo의 전직 이사이자 버핏의 친구 겸 동업자인 섀론 오스버그Sharon Osberg와 함께 가이코GEICO본사를 찾았다. 가이코의 웹사이트 성능 향상을 돕는 것이 출장의 목적이었다.

2011년 11월에는 워런 버핏, 캐시 배론 탐라즈와 함께 일본에 다녀왔다. 셋은 후쿠시마 현에 있는 버크셔 자회사의 탄소구 공장 개업식에 참석했다. 지진 피해를 입은 지 일 년도 채 안 된 시기였지만, 비즈니스 와이어Business Wire의 도쿄 지점도 방문했다.

사진 7.2 왼쪽부터 샬롯 가이먼, 워런 버핏, 캐시 배론 탐라즈, 2011년 일본 출장 당시

샬롯은 이사회 산하 감사위원회에서 활동하고 있다. 샬롯 말고도 수전 데커, 돈 커우, 토머스 머피가 감사직을 맡고 있으며, 그 중 머피가 감사위원장이다. 이들은 기업의 재무제표, 그리고 법적 효력, 규제력을 가지는 서류들을 감독하는 일을 한다.

특정 기업의 이사회 산하 감사로 활동하려면 시간도 시간이거니와, 이사회를 관리하는 일의 강도도 높은 편이다. 위원회 활동은 정해진 규제 조건에 따른다. 미국증권거래위원회SEC에서는 감사위원회 내부 재무 전문가의 자격조건을 정의한 바 있다.[2] 규정에 따르면 다음과 같다.

• 일반적으로 통용되는 회계이론, 재무제표에 대한 이해를 갖춘 자

• 견적, 이자, 준비금과 관련된 회계, 이론들의 보편적인 응용능력을 갖춘 자

- 광범위하고 복잡한 회계가 필요한 경력 준비, 감사, 분석, 재무제표, 평가가 가능한 자. 이는 모두 기업의 재무제표, 또는 그 일에 관련된 직원 개인이나 다수를 적극적으로 관리하는 과정에서 쌓을 수 있는 것들이다.
- 재무 보고서의 내부통제, 절차에 대한 이해를 갖춘 자
- 감사위원회 활동에 대한 이해를 갖춘 자

2002년 제정된 사베인즈 옥슬리 법안Sarbanes–Oxley Act*에 따르면, 기업은 감사가 가능한 최소 1인 이상의 전문가를 두었는지, 그리고 감사위원의 이름, 경영을 맡고 있는지 여부를 공개해야 한다. 그러한 감사위원회 소속 금융전문가가 없다면 이를 공개하고, 그 이유를 설명해야 한다.[3] 버크셔에서는 이러한 보고 기준에 따라 85세의 머피를 전문가로 명시하고 있다.[4]

샬롯은 감사위원회 일을 두고 이렇게 말했다. "정말 재밌어요! 사업에 대해 훤히 알 수 있게 되니 아주 좋죠. 회사의 회계와 맞물려 긴밀하게 움직이게 되거든요. 보험, 에너지, 철도 같은 산업에는 흥미로운 규제조건들이 아주 많아요. 그런 기업의 CFO들은 CEO만큼이나 머리가 좋아야 하지요."

버크셔의 감사위원회에서 가장 최근 올린 실적 중 가장 널리 이야기되는 것으로는 데이비드 소콜David Sokol 사건이 있다. 데이비드는 버핏의 오랜 벗이자 동료, 그리고 버크셔의 자회사 넷제츠의 CEO였다. 그는 2011년 초반, 버핏에게 인수를 제안하기 전 루브리졸Lubrizol의 주식을 개인적으로 매수했다. 그리고 버크셔에서 넷제츠의 인수를 발표했을 때, 주식으로 300만 달러의 수익을 벌었다.

데이비드가 벌인 짓을 알게 된 감사위원회는 이를 조사하고 이사회에 보고

---

* 2002년 제정돼 전 세계적으로 영향을 미치고 있는 미국의 기업 회계 개혁 및 투자 보호법.

해야 할 책임이 있었다. 위원회에서는 루브리졸의 주식을 매수한 소콜이 기업윤리 기준을 위반했다는 결론을 내렸고, 데이비드는 CEO직에서 물러났다. 버핏은 데이비드의 행동을 두고 '이해할 수 없으며 용서받을 수 없는 짓'이라 평했다.[5]

버크셔에는 다양한 자회사가 있다. 따라서 이사들이 관련된 모든 분야에 대해 지식을 쌓기란 어려운 일이다. 하지만 샬롯이 버크셔를 좋아하는 것은 바로 그런 이유 때문이다. "정말 재미있어요. 너무도 다양한 분야가 있으니까요. 다시 경영대학원에 다니면서 사례연구를 하는 기분이에요. 늘 회사에 대해 무언가를 배울 수 있고, 다른 분야를 알게 되거든요."

샬롯은 특정 기업의 이사회에 몸담기 전에, 경영진의 능력을 확인해보라고 충고했다. "자신이 그 회사에 대해 잘 알고 있는지, 앞으로도 알고 싶은지 생각해보세요. 이사라면 회사에 도움이 되어야 합니다. 어떻게 도움이 될 수 있을지 잘 모르겠다면 이사직은 거절하는 게 좋습니다. 전 늘 그 점을 생각합니다."

● 경쟁의 시작

샬롯은 1956년 시애틀에서 남쪽으로 12마일(약 19km) 떨어진 곳에 있는 워싱턴 렌턴에서 태어났다. 네 아이 중 막내였고, 딸은 샬롯 하나뿐이었다. 침실 두 개 뿐인 집에서는 가족과 샬롯의 할머니까지 함께 살았다. 가족은 샬롯이 여덟 살이 돼서야 시애틀 중산층 지구의 침실 네 개짜리 집으로 이사했다.

샬롯의 부모는 둘 다 펜실베이니아 서부에서 자랐다. 외할아버지는 YMCA의 평신도였다. 어머니는 1년 동안 피츠버그 대학에 다녔지만, 대공황이 닥치자 가족의 생계를 생각해 취직을 하자면 자퇴하는 수밖에 없었다.

샬롯의 부모는 2차 세계대전이 끝난 뒤 결혼하고 브라질로 건너갔다. 아버지는 그곳에서 항공공학을 가르치는 일을 했다. 부부는 첫째를 낳고 미국으로 돌아왔고, 아버지는 보잉Boeing의 항공기술자가 됐다.

보잉의 주요 생산공장 두 개는 워싱턴 렌턴, 그리고 에버릿Everett에 있었다. 렌턴 공장부지는 과거 습지가 많은 워싱턴 호수의 기슭이었던 곳이었다. 보잉은 이곳에서 1941년부터 비행기 제작을 시작했다. 처음 맡은 발주는 미국 공군용 정찰기 제작이었다. 보잉이 만들어낸 것은 실험적인 비행정인 XPPB-1 수상폭격기였다. 그리고 1965년 이후, 렌턴 공장에서 만든 보잉 737 민간항공기는 엄청난 성공을 거뒀다.

샬롯의 어머니는 봉사활동을 하면서 네 아이를 키우느라 항상 바쁜 주부였다. 샬롯이 중학생이 됐을 때, 어머니는 다시 지역 대학에 들어가 전문 학위를 취득했다.

샬롯은 이른 나이에 일을 시작했다. "열네 살 때 자폐아를 돌봐주고 처음으로 돈을 받았어요. 시간당 1달러 정도 되는 돈이었죠!" 샬롯은 말했다. "두 번째로 일 한 건 열일곱 살 때였는데, 파이 가게에서 계산원과 제빵사였죠."

고등학교를 졸업한 샬롯은 워싱턴 대학에 입학했다. "부모님은 첫 해 등록금을 내주셨고, 나머지 학기 등록금은 재학 기간 동안 여러 가지 일을 하며 충당했어요." 신입생 시절에는 저녁마다 기숙사 식당에서 일하기도 했다.

운이 좋았던 샬롯은 시애틀에서도 유명한 두 곳의 회사에서 일할 수 있었다. "1학년이 끝난 여름 동안 시애틀의 스페이스 니들Space Needle에서 승강기 버튼 조작원 일을 했어요. 신나는 일이었죠." 605피트(약 184m) 높이의 건물인 스페이스 니들에는 세 대의 승강기가 있었다. 그 중 고속 승강기 두 대는 10mph, 분당 800피트라는 빠른 속도로 움직였다. 그보다 느린 나머지 한

대는 주로 화물적재용으로 쓰고 있었다.

10년 전, 샬롯은 우연히도 미래의 동료가 될 빌 게이츠를 만나게 된다. 당시 열한 살이던 빌 게이츠는 스페이스 니들 식당에서 저녁을 사주겠다는 목사님을 따라나섰다. 목사는 '산상수훈山上垂訓'으로 유명한 마태복음 5, 6, 7장을 암송해보라고 시켰고, 빌은 나무랄 데 없이 구절을 외워보였다.

일찍이 직장생활을 시작한 덕에 샬롯은 유용한 교훈 몇 가지를 알게 됐다. 승강기에 오른 손님들에게는 스페이스 니들에 대한 이야기를 들려주어야 했다. "제가 하는 일이 지루하고 따분하다고 생각하며 손님들을 맞았더라면, 그들 역시 따분해할 거예요. 그렇지만 제가 진심으로 그 일에 몰두하고 열정적인 태도를 보인다면, 상대방도 덩달아 열정적이게 됩니다. 피할 수 없으면 즐기세요. 일은 곧 자신을 보여주는 것입니다."

"전 손님들과 더불어 일하는 것이 정말로 즐거웠어요. 대학에 다니는 내내 일을 했죠. 여름방학에는 풀타임으로, 겨울에는 파트타임으로요. 덕분에 부모님에게 손 벌리지 않고 대학 생활에 필요한 돈을 대부분 벌 수 있었습니다. 전 열아홉 살부터 경제적으로 독립해왔고, 그런 점에서는 아주 운이 좋았다고 생각해요." 샬롯은 말했다.

샬롯은 1978년 동물학 학사학위를 받고 졸업한 다음, 동물행동학 현장연구를 할 계획이었다. 졸업 후에는 여행을 좀 다니다가 다시 캘리포니아로 건너왔다.

"씨월드SeaWorld의 고래 조련사가 되고 싶어서 샌디에이고로 갔죠. 하지만 제가 시작하게 된 일은 교육부서의 관광가이드 일이었어요."

우연의 일치로, 당시 사우스웨스트Southwest 항공사에는 (아마도 워싱턴 렌턴에서 생산한) 맞춤형 보잉 737기 3대가 있었는데, 씨월드는 광고의 일환으로 비행기에 범고래 샤무Shamu*같은 것을 그려놓았다.

샬롯은 지정된 전시관에 상주하며 동물, 그리고 동물이 서식하는 환경에 대한 이야기를 들려주는 과학 교육자 일을 했다. 예전에 스페이스 니들에서 관광객을 상대하는 일, 그리고 샬롯의 동물학 학위에는 썩 잘 어울리는 일이었다. 그렇기는 해도 수많은 동물 종에 대해 배우려면 어느 정도의 직무훈련은 필요했다.

"배울 수 있는 직장이라면 다 좋아요. 그날 아침에 일어났을 때와 비교해, 잠들기 전에는 더 많은 것을 알게 되었으면 하고 바라죠. 멈추지 않는 배움과 성장은 재미나요. 바로 그런 점 때문에 일이 재미난 거죠."

관광객들을 상대로 한 교육, 가이드 경험은 훗날 팀을 경영하는 일에 도움이 됐다. 샬롯은 손님들을 상대하면서 그들의 시선으로 세상을 보는 방법을 알게 됐다. "손님들에게 얻은 한 가지는 그들이 주는 신선함이었어요." 샬롯은 말했다. "모든 것이 새로웠으니 신이 날 수 밖에요. 젊은 시절에는 정말 좋은 교훈이 되었죠. 이곳에서 자란 손님이 아니더라도 따분해하는 사람이 있어요. 자기가 있는 장소가 어디든 가장 중요한 건 시기입니다."

샬롯은 맹렬하게 일하면서도 항해 직무훈련을 받았다. 그리고 씨월드에서 근무하는 한편, 단시간 내에 요트 대여기업의 대리가 됐다.

●HP의 경영 철학

샌디에이고에서 일한 지 1년도 안 되었을 때, 샬롯은 아직 초기 단계인 컴퓨터 업계에서 일해보고 싶다는 생각을 했다. 시애틀로 돌아온 샬롯은 지역

---

* 씨월드의 마스코트 격인 고래의 이름

대학에서 진행하는 포트란fortran 컴퓨터 프로그래밍 언어 강의를 신청했다.

학교에 다니는 동안에는 돈을 벌 목적으로 다시 스페이스 니들에 입사했다. "아주 유동적으로 일할 수 있는 직장이었어요. 샌디에이고에서 돌아와 학교 다니는 4개월 동안 일자리를 찾아야 했을 때, 절 다시 채용해줬죠. 좋은 직장이 있다는 건 정말 다행스러운 일이었습니다. 직원들도 잘 해주었고요. 회사는 일을 열심히 하는 직원을 놓치지 않으려 한다는 사실을 알게 됐죠."

샬롯은 여러 분야를 통틀어 구직활동을 시작했고, 1980년 4월에는 워싱턴 벨뷰의 HP 본사에서 현장 마케팅 대표직으로 채용됐다. HP는 1938년 캘리포니아 팔로알토에서 시작된 기업으로, 기반이 탄탄하고 성공가도를 달리고 있었다. 당시 연간 총수입은 30억 달러였고 직원수만 해도 5만7,000명 이상이었다. 1980년에는 최초의 PC인 HP-85를 시장에 선보였다.

샬롯은 말했다. "HP에서 일하는 동안 컴퓨터 판매부서의 대표가 되기 위해 1년 과정의 훈련 프로그램을 마쳤습니다. 1년 뒤에는 제가 그렇게 원하던 알래스카 판매부서로 발령이 났고요. 그 후로 2년 이상, 2주에 한 번 꼴로 워싱턴과 알래스카를 오갔습니다. 전 알래스카 대학, 알래스카 파이프라인 서비스 컴퍼니Alyeska Pipeline Service Company, ARCO, 미육군 소속 극한 연구소, 그리고 알래스카 주정부에서 일하는 기술자와 과학자들에게 실시간 처리방식 컴퓨터 HP-1000 시리즈, 데스크톱 컴퓨터 9800 시리즈를 판매했죠. 몇 년 뒤에는 열 명 정도 되는 웨스턴 워싱턴과 알래스카 연합 시스템 공학팀을 이끌게 되었습니다. 시애틀에서 HP 알래스카 지점을 준비하는 과정이었죠. 그 일을 2년 동안 하면서 사업에 대해 좀 더 배워야겠다고 생각하게 되었습니다. 재고나 수취계정 관리에 신경을 써야 하는 이유 같은 기본적인 것도 몰랐으니까요. 죽을 때까지 판매, 판매보조로 일하고 싶지는 않았습니다. 사실 제가 좋아하는 것은 기업전략, 경영이었거든요. 그래서 워싱턴 대학 경영대학원에 입학했죠. HP에서도 아량을 베풀어 학업에 필요한 휴가를 내어주었기에 풀타임 직장에 계속 다닐 수 있었습니다."

● 생각하고, 기반을 다져라

샬롯은 MBA 학위를 취득한 뒤, 경영직에 지원하기 시작했다. "졸업하자마자 8군데에서 제안이 들어왔습니다." 그녀는 말했다. "마지막 학기에는 혈안이 되어 일자리를 찾았죠. 그리고 워싱턴 레드먼드에 있는 MS에서 채널 마케팅 부장으로 일하기로 했습니다. 당시에는 작은 회사였죠. 첫 근무일은 1987년 4월이었고 제 사번은 1,187번이었습니다." 그렇게 샬롯은 시애틀에서 두 번째로 유명한 회사인 MS와 인연을 맺게 됐다.

당시 MS는 마이크로소프티Microsoftie, 또는 소프티Softie라고 불렸다. 샬롯은 1987년부터 1999년까지 MS에서 마케팅, 종합관리자로 근무했다. MSN 인터넷 판매와 마케팅 종합관리, 키드 및 게임 소프트웨어 종합관리, 소비자부서 마케팅, 해외 마케팅 등이 그녀가 하던 일이었다.

1975년 뉴멕시코에서 시작한 MS는 1979년 워싱턴 벨뷰로 이전했고, 1986년에는 워싱턴 레드먼드에 최종적으로 자리를 잡았다. 그 당시에는 무시무시한 성장세를 보이고 있었다. 1987년에는 윈도우 2.0이 출시됐다. 그 해 말 직원수는 1,816명, 연간 총수입은 3억4,600만 달러에 달했다. 전년도의 1억9,700만 달러와 비교해보면 급속한 성장이었다. 1999년 샬롯이 MS를 그만둘 당시 직원수는 3만1,575명, 연간 총수입은 197억5,000만 달러였다. 이제 MS의 연수입은 약 700억 달러에 이른다.

MS는 창의적 인재와 전문기술 보유를 위해 같은 일을 담당하는 전문가로

소규모 집단을 꾸리는 전략을 추구했다. 그리고 직원들이 스스로 할 일을 규정하게 하는 자유, 신입직원 채용과 훈련에 대한 권한을 위임한다는 점에서 다른 기업과는 달랐다. MS에서는 직원들의 자기비판, 학습, 발전을 고무했다.[6]

일하는 과정에서 벌어진 직원의 실수는 회사 전체의 실수로 인정하고자 한다. 직원의 입장에서는 너무도 다양한 미지의 영역을 탐구해야 하기 때문이다. (마땅히 그래야 할 경우에) 처벌하지 않으면, 직원들은 마찬가지로 위험이 도사리고 있을지 모르는 길을 두려워 않고 나아간다. 그리하여 보다 자유로이 아이디어를 펼쳐나가고, 실패할 수도 있는 프로젝트라도 회피하지 않게 된다. 직원에게 실패할 수 있는 자유를 허용한다면 회사의 발전에는 도움이 된다.[7]

1987년, MS는 에그헤드Egghead, CompUSA 같은 소매점을 통해 대대적인 판매활동을 전개 중이었다. "다양한 제품들을 소매기업에 매칭하는 것은 힘든 일이었습니다. 그렇기에 MS에서는 주력상품을 내세운 프로그램을 출시해 소매기업의 부담을 덜어주는 한편, 본사로서도 보다 효율적으로 움직일 수 있으리라 생각했습니다." 샬롯은 말했다.

샬롯이 처음으로 참여한 대규모 프로모션은 MS Works 건이었다. 새로 나온 버전을 시험기간 동안 전국 매장 내에 선보이는 것이 샬롯이 해야 할 일이었다. 가정용 오피스 프로그램 MS Works는 MS Office에 비해 용량과 가격 부담이 적은 대신, 기능을 간소화한 것이었다.

그리고 샬롯은 해외 마케팅 담당자가 됐다. "경력 훈련을 경험하기에는 더없이 좋은 자리였죠." 샬롯은 말했다. "해외, 거기에 제품지원, 국내제품군을 총괄하는 상무 보좌직으로 일했어요. 이를테면 가격전략과 마케팅 같은 문제에 대한 중역들의 사고방식을 실제로 가까이에서 접한 것은 처음이었어요.

전 빌 게이츠 직속으로 일했으니까요. 당시만 하더라도 MS의 규모는 꽤 작은 편이었어요. 이사회에 대한 일반적인 생각, 전략적 문제와 상충관계에 대한 견해들을 알게 됐어요."

MS 해외부서에서는 특정국가에 맞춤화해 시장출시하기 위한 제품들을 제작했다. 나라마다 원하는 기능이 달랐기에, 고객맞춤 방식으로 진행해야 했다. 미국과 프랑스의 MS Word 프로그램 구입가가 다른 것은 제품 자체가 다르기 때문이었지만, 고객들은 이 점을 이해하지 못했다. 샬롯이 해결해야 할 가장 중요한 문제였다. "고객층은 날이 갈수록 세계화되어가는 추세였기에, MS 역시 그러한 추세에 발맞춰야 했습니다."

1990년대 초반이 되면서 미국의 많은 기업들은 세계화에 맞춘 사고방식, 행동으로 전환해야 했다. "MS에서 일하던 때는 그런 시기의 정점이었습니다. 실로 대단한 경험이었죠." 샬롯은 말했다. "전 여러 나라 경영자들이 모인 회의에 참석했습니다. 실제로 자기 회사를 운영하는 사람들이었죠. 전부 CEO들이었어요. 그들에게는 다양한 업무에 대한 권한이 있었어요. 전 너무도 많은 교훈을 배웠습니다."

● 샬롯의 거미줄

MS 직원들이 추진하는 다양한 프로젝트 중에는 성공하는 것도, 실패하는 것도 있다. 그렇더라도 모든 직원들은 MS의 제품을 만들어 이후 유저가 그것을 사용하는 방식에 영향을 미칠 수 있다. 누구에게나 전세계에 영향력을 발휘할 기회가 있는 셈이다. 직원들이 중요한 개별 업무로 인해 회사는 막대한 수익을 벌어들일 수도, 잃어버릴 수도 있다. 하지만 수백만 유저들에게 긍정적인 영향을 미칠 수 있는 중요한 제품을 만들어낼 수 있는 기회가 있기에, 직원들은 그러한 위험도 무릅쓴다.

MS는 소비자 시장에 진입하면서부터 진화를 거듭해왔다. 샬롯은 1993년에 이렇게 말했다. "주로 취미생활을 열심히 하는 사람, 재택근무를 하는 사람을 상대로 PC를 판매했습니다. 대부분의 소프트웨어는 생산성, 게임을 위한 것들이었죠. 그러던 시장이 이제는 배우자, 자녀, 연로한 부모층까지 아우르고 있습니다. 기본적으로 컴퓨터를 조금이라도 아는 사람, 전문가라고는 하지만 자기만의 PC가 없는 사람들이죠."[8] 상황은 급격하게 변화했다. 샬롯은 정보화 시대가 팽창해나가는 초창기를 경험했다.

샬롯이 맡은 제품군, 고객 홍보에서 가장 어려운 점은 인지도가 낮은 기업의 소비재를 홍보하는 일이었다. MS의 고객 상당수는 기업을 기준으로 제품을 선택하는 경향을 보였다. 자잘한 제품 여러 가지로 고객들의 관심을 끌기란 힘든 일이었다.

성장이 가속화될수록 고객 부서에서는 홍보에 대한 근본적인 문제에 당면했다. MS라는 이름을 넣지 않고 별도의 브랜드를 만들어야 할지 고민이었다. 대중적이지 않은 운영체제, 오피스 프로그램을 연상시키는 MS라는 이름이 소비자들에게 악영향을 미칠까 하는 걱정에서였다.

샬롯은 이를테면 '라이프웨어Lifeware'처럼, MS와는 별개의 브랜드를 만들어내자는 쪽에 찬성하는 입장이었다. 그러면 MS라는 이름에서 떠오르는 '전문적인 것에 심취하는 이미지'와는 전혀 다른 이미지를 만들어낼 수 있을 것이었다. 그러나 샬롯은 물론, 다른 경영진들 역시 MS라는 브랜드명이 자산이 될 수 있다는 사실을 입증해주는 조사결과를 보고, 마음을 바꿨다. 그리고 1993년, 'Microsoft Home'이라는 서브 브랜드를 선보였다.[9]

"우린 MS의 서브 브랜드가 필요하다고 생각했습니다. 가정용 시장과 기업용 시장의 타겟팅은 전혀 다르니까요. 실제로 MS Home 제품들의 이미지는 전문기업에서 일하는 사람을 떠오르게 하는 MS의 이미지보다 친근합니다. 소비재 시장은 변화하고 도약하고 있습니다. 이제 컴퓨터는 이를테면 책이나 영화, 다른 컴퓨터 게임 같은 학습, 엔터테인먼트 도구들과 경쟁하고 있지요."[10]

샬롯의 부서는 이따금 다른 기업으로 인해 위협을 받기도 했다. 당시 새롭게 부상하던 컴퓨터 업계의 경쟁이 얼마나 치열했을지는 아무도 모를 일이다. 1993년 11월, 백과사전을 제작하는 캠톤Compton에서는 검색, 멀티미디어 활용법에 대한 코딩 특허를 취득했다고 발표했다. 이와 동시에 MS에서는 새로운 CD-ROM과 멀티미디어 소프트웨어를 발표했다. 여기에는 Encarta 백과사전, 그리고 Dinosaurs 에듀테인먼트 CD-ROM 같은 제품들이 있었다.

소프트웨어 개발자들은 캠톤에서 취득한 특허로 인해 신제품 출시에 차질이 있을 것이며, 미국 특허청에서는 소프트웨어 응용에 관한 복잡한 코드를 평가할 만한 인력이 없다고 불평했다.

크리스마스 시즌 제품 판매를 준비 중이던 샬롯은 특허권 때문에 빚어질 수도 있는 위험한 상황을 두고 이렇게 말했다. "MS에서는 속도를 높이고 있습니다. 1986년, 시애틀에서 처음으로 CD-ROM 관련 회의를 주관한 이후 CD-ROM과 멀티미디어 기술을 적극적으로 장려해왔습니다. 이 일은 MS에서 갓 시작한 것이 아닙니다."[11]

캠톤의 특허출원으로 41건의 클레임이 제기됐지만, 미국 특허 상표국에서는 1994년 3월에 이를 기각했다. 클레임의 이유들이 명백하지만 새로운 기술은 아니라는 것이 그 이유였다.

MS의 경영진은 1993년 크리스마스 시즌 판매량을 예측했는데, 샬롯의 예상 판매량은 2만 개였다. 가장 낙관적인 축에 속하는 이들조차 판매량을 과소평가했다. 결과적으로 판매된 개수는 12만 개였다. 시장 점유율 중 65%가

넘는 수치였다.[12]

1994년 중반, MS가 보유한 시장용 CD-ROM 제품은 총 54가지로, 27개 언어로 출시 중이었다. 1995년에는 100가지를 넘어섰다. 성인, 아동을 위한 교육용 소프트웨어 개발도 샬롯의 일이었다. 이를테면 플라이트 시뮬레이터Flight Simulator, 디노사우르스Dinosaurs, 줄리아 차일드Julia Child, 뮤지컬 인스트러먼트Musical Instruments, 마이크로소프트 머니Microsoft Money, 마이크로소프트 프로젝트Microsoft Project 같은 제품들이었다. "MS의 수입원을 생각해볼 때 우리의 역할은 매우 미미했지만 상당히 혁신적이었죠." 샬롯은 말했다.

MS에서는 많은 제품을 제작했지만, 시장점유율은 그다지 높지 않았다. 한 예로 1991년에 출시된 마이크로소프트 머니의 판매량은 경쟁사의 비슷한 프로그램 퀴큰Quicken에 비해 7분의 1 정도에 불과했다.[13] 이렇듯 저조한 판매량의 이유는 인튜이트Intuit에서 1984년 선보인 퀴큰은 이미 수천 명이 사용 중이었기 때문이었다. 1988년 9월에는 시장출시된 소프트웨어 제품 중 판매량 1위를 기록하기도 했다.

샬롯은 1993년, 패배를 인정했다. "인튜이트는 그 업계에서 매우 탄탄한 입지를 다졌습니다. 브랜드 인지도도 엄청나게 쌓았지요. MS에서는 지극히 현실적으로 (발판을 다지기까지의) 시간을 내다보고 있지만, 싸움은 이미 시작되었습니다."[14] 마이크로소프트 머니는 수 년 동안 개인회계 소프트웨어 시장에서 1위와 큰 격차를 둔 2위를 고수했고, 갈수록 시장점유율을 잃은 결과 2009년 판매중단됐다. 그렇지만 성장 가능성은 여전한 제품이다.

'데이비도우의 규칙Davidow's Law'은 1980년대 인텔Intel의 판매담당 및 부사장을 지낸 빌 데이비도우Bill Davidow의 이름을 딴 규칙으로, 먼저 제품을 선보인 기업이 시장을 독점하게 되리라는 것이 그 내용이다. 그리고 그 제품으로 인해 원조라 할 만한 제품이 빛을 잃는다면 더욱 효과적이다.[15] 시장에 가장 먼저 진입한다는 것은 중요한 이점이다. 설사 그 제품이 나중에 선보인 제품보다 품질이 떨어진다 하더라도 말이다. 기존의 것에 익숙한 유저의 행동양식을 바꾸려 하는 것보다, 유저가 필요로 하는 기능에 맞춘 신제품을 출시하는 편이 훨씬 수월하다.

데이비도우의 규칙에서는 속도가 관건이다. 발이 느린 혁신자는 뒤처진다. 소프트웨어 신제품은 기존 제품을 쉽게 대체할 수 없다. 소프트웨어는 마모되는 제품이 아니기 때문이다. 진부해지면 생명력을 잃고 만다. 성공을 거둔 많은 제품들이 게임에서 이긴 것은 기업이 눈앞의 이익보다 시장점유율을 중시한 까닭이었다. 합리적인 가격에 소프트웨어를 구입한 유저들은 그 제품에 충성하고 헌신하게 된다.

그러나 퀴큰은 데이비도우의 규칙을 따랐기에 성공한 것은 아니었다. 퀴큰이 출시되었을 당시 이미 시중에 나와 있던 개인회계 프로그램은 46가지나 되었지만, 하나같이 복잡하기 짝이 없었다. 유저들은 잘못했다가는 바보처럼 보이지 않을까 싶어 전전긍긍했다.

MS 소비자 제품 부서 내부에서 벌어지는 경쟁을 두고, 샬롯은 이렇게 말했다. "MS가 소비자 시장에서 치열하게 경쟁하는 것은 타 기업이 아닌, 다른 창의적인 흥밋거리와의 경쟁 때문일 겁니다. 우리의 경쟁상대는 영화, 책 같은 겁니다. 그렇기에 소프트웨어는 재미있어야 하죠."[16]

MS에서는 그러한 경쟁에도 걱정하지 않았다. 얼마 안 있으면 MS에서는 컴퓨터로 영화를 보고 책을 읽을 수 있는 제품을 출시할 것이었다.

샬롯이 MS에 있을 동안 가장 큰 성공을 거둔 제품은 인터넷 탐색 도구인 익스피디아Expedia였다. 샬롯과 같은 해 MS에 입사한 멜린다 프렌치Melinda French 역시 익스피디아 프로젝트를 함께 했고, 1994년에는 빌 게이츠와 결혼했다.

"익스피디아는 여행용 CD-ROM을 만들겠다는 생각에서 시작되었습니다." 샬롯은 설명했다. "우린 여행서적을 출간하는 대형 출판사에 CD-ROM에 여행서를 앉혀달라고 부탁했죠. 그런데 파트너로 일하던 직원이 말하더군요. '이 CD-ROM으로 여행사를 만들 수 있어요. 인터넷의 힘을 빌려서 말이죠.' 그 친구와 전 빌 게이츠에게 그 아이디어를 설명했죠. 유능한 프로그램 관리자인 그렉 슬링스타드Greg Slyngstad, 마케팅 매니저 리치 바튼Rich Barton의 도움을 받은 끝에 익스피디아가 탄생했습니다."

MS에서는 1996년 익스피디아만을 위한 부서를 만들었고, 1999년에는 별도 분리시켰다. 2001년에는 티켓마스터Ticketmaster에 인수됐다. 2008년, 익스피디아는 'CNNMoney'에서 선정한 '인터넷 서비스, 소매 업계에서 미국에서 가장 존경받는 기업' 3위에 랭크됐다.

그렉은 15년 동안 MS에서 일한 뒤 VacationSpot.com으로 이직했지만, 2000년 다시 익스피디아에 매각되면서 MS에 재합류했다. 2002년에는 다시 익스피디아에서 나와 Roost.com과 Kayak.com 이사회에서 일했고, 지금은 TravelPost.com의 CEO직을 맡고 있다.

샬롯 역시 1995년 3월, MS와 제휴한 드림웍스DreamWorks와 함께 일했다. 당시 제휴관계에 따라 MS에 합류한 사람들이 데이비드 게픈David Geffen, 스티븐 스필버그Steven Spielberg, 제프리 카젠버그Jeffrey Katzenberg였다. 이들은 새로 만든 영화사 스튜디오를 위해 소프트웨어 개발업체와 파트너십을 맺고자 했다.

"전 하급 간부로서 드림웍스와의 제휴를 준비했어요." 샬롯은 말했다. "동료였던 브루스 야콥슨Bruce Jacobsen이 저와 함께 했어요. 브루스는 캘리포니아로 건너가 드림웍스 인터랙티브Dreamworks Interactive를 경영하게 되었고, 제가 그의 일을 대신하게 되었죠. 키즈, 게임 분야였어요."

샬롯이 MS를 그만두기 전 마지막으로 맡았던 직책은 MSN 인터넷 판매 및 홍보 관리자였다. MS에서는 1995년, 인터넷에 집중하는 쪽으로 회사를 재정비했다. 이에 따라 인터넷 부서를 신설했고, 거의 모든 제품에 인터넷 관련 요소를 포함시켰다.

"빌 게이츠는 인터넷을 금광에 비유했어요." 인터넷 사업부 부장이었던 제프 티엘Jeff Thiel이 말했다. "실제로 승리하는 자가 광맥을 캐는 광부일지, 그 광부들에게 저울을 파는 사람일지는 알 수 없습니다. 그렇지만 어쨌거나 우린 이길 겁니다."[17]

샬롯은 새로이 맡게 된 MSN에서 웹 채널 광고란 판매를 담당하는 판매원들을 관리했다. MSN에서는 '마블Marvel'이라는 코드네임을 붙인 프로젝트를 진행 중이었다. 이 프로젝트는 처음에 '마이크로소프트 네트워크Miscrosoft Network'라는 이름으로 시장에 선보였다. 1995년 온라인 서비스로 시장에 첫선을 보였을 당시에는 주제별 폴더 파일 시스템을 갖춘 아메리칸 온라인 American Online같은 다이얼 접속 방식 공급사가 되는 것이 목적이었다. 런칭 당시에는 인터넷을 통한 공개적 접근이 불가능했다. 출시 후 3개월 동안, 서비스 이용을 위해 가입한 유저수는 50만이 넘었다. 1996년 직후에는 MSN 2.0을 런칭하고 인터넷 접속 서비스도 제공했다.

그리하여 여행, 금융, 부동산, MSNBC 뉴스를 아우르는 포털 사이트 MSN 웹 채널이 탄생했다. 광고판매 수익의 성공 여부를 직접적으로 좌우하는 것은 웹사이트 방문자수였다. 광고주들은 광고예산을 최적으로 활용할 수 있는 투자방법을 모색했고, 이는 결국 방문자수에 달린 문제였다. "다수의 방문자수는 성공 여부에 매우 중요합니다. 그렇지만 단순히 콘텐츠만 중요한 것은 아닙니다. 어떻게 해야 광고주와 좋은 파트너 관계를 맺을 수 있는가, 하는 것이 문제죠."[18]

원-윈 관계로 협력하게 되면 장기적인 성공을 거둘 수 있다. 광고주의 입장에서는 온라인 방문자수, 온라인 광고를 통한 구매추적이 가능할 뿐 아니라, 다른 홍보 방식으로 인한 구매도 추적할 수 있다.

온라인 광고 수입을 처음으로 공개한 업체는 1996년 설립된 인터랙티브 애드버타이징 뷰로Interactive Advertising Bureau였다. 새롭게 나타난 온라인 광고 업계에서 그 해 동안 벌어들인 수익은 약 2억6,700만 달러였다. 그리고 2009년에는 230억 달러에 육박했다.

● 예상치 못한 큰 변화

초반부에 등장한 다른 신흥기업들이 그랬듯, MS 역시 자유분방하고 재미있는 근무환경으로 널리 알려져있다. 직원들은 청바지 차림으로 원하는 시간에 출퇴근한다. 공짜 음료수도 마음껏 마실 수 있다. 매년 MS 직원들이 먹는 음료수는 2,300만 개가 넘는다. 다음은 로버트 슬레이트Robert Slater가 쓴 글이다.

"빌 게이츠는 직원들을 극진히 대접한다. (차별없이 모든 직급의 프로그래머들에게) 1인용 사무실, (마찬가지로 누구에게나) 개인 PC, (매우 중요한 혜택인) 공짜 콜라를 제공한다. 덕분에 직원들은 본인이 하는 일이 사회에 상당한 기여를 하고 있다고 생각하게 된다. MS의 젊은 직원들은 바로 이런 매력적인 점들에 이끌린다."[19]

직원들은 일하는 것에도, 노는 것에도 열심이다. 직장에서 노는 일도 허다하다. MS 창립 25주년 기념책자에는 이런 글이 실려있다. "이곳에는 온통 농담, 쓸모 있는 우스갯소리가 난무한다. 농담의 타이밍, 그 효과는 누구도 예측할 수 없다. 실없고 미숙한 농담이 있는가 하면, 그 사람만큼이나 기발하고 재치 넘치는 농담도 있다. 한 가지만은 분명하다. 그저 머리를 식히려는 생각으로 본사 부지 레이크빌Lake Bill을 느긋하게 한 바퀴 돌고 오느라 사무실을 한 시간 이상 비우더라도, 돌아올 때까지 그 사실을 눈치채는 사람은 한 명도 없다."[20]

샬롯은 말했다. "그간 몸담았던 기업들은 하나같이 열심히 일하고 즐겁게 놀자는 모토를 추구했습니다. 전 정말 행운아였죠. MS에 입사할 당시에는 젊은 직원이 태반이었어요. 실제로 전 나이 많은 축에 속했죠. 지금 와서 생각해 보면, 제품 홍보팀에서 아이가 있는 기혼자는 저 하나뿐이었어요. 전 서른 살에 입사했죠. 우린 아주 재미나게 일했어요."

"지금도 기억나는 재미난 에피소드 하나가 있어요. 전 M&M 초콜릿을 정말 좋아했어요. 지금은 안 먹지만요. 사무실 직원 린다의 책상 위에는 늘 풍선껌 자판기에 들어있는 M&M 초콜릿이 있었어요. 전 발표 준비를 하느라 야심한 시간까지 야근을 하는 날이면 거기 들어있던 초콜릿을 마구 먹어치워 버렸죠. 그리고는 다음 날 다시 자판기에 채워넣을 초콜릿을 사다주고요. 정말이지 난처했어요. 창피하기도 했고요.

그런데 한 번은 휴가 다음 날 복귀했는데, 팀원들이 제 책상서랍 속 파일을 전부 꺼내놓았더라고요. 서랍을 열어보니 M&M 초콜릿이 한가득이었어요. 전 정말로 아무 말도 하지 못했다니까요. 배후에서 조종한 사람은 마이크 메츠거Mike Metzger였지만, 어쨌거나 팀원들이 같이 한 짓이었죠."

● 달리는 사람들

빌 게이츠와 폴 앨런Paul Allen은 MS를 시작하면서 자신들과 지식 수준, 행동, 성격이 비슷한 사람들을 고용했다. 미국 최고의 대학을 갓 졸업한 똑똑하고 열정적인 사람, 급속도로 발전하는 컴퓨터 업계에서 일하던 많은 청년들이 MS에 입사했다. 대부분 컴퓨터 말고 다른 관심사라고는 없는 20대 독신 남녀들이었다.

"회사에서 첫 야유회를 갔는데 주변을 둘러보니 아이를 데려온 사람은 한 명도 없더군요." 전직 상무인 마이크 메이플스Mike Maples가 말했다. "그때, MS가 아주 젊은 기업이라는 사실을 깨달았어요. 직원들의 평균연령은 26세 정도였고, 대개는 미혼이었죠. 그렇게 긴 시간 동안 일할 수 있었고, 일하고자 했던 것도 그 덕분이었습니다. 어떤 개발자는 6주 내내 사무실 밖으로 나가지 않고 프로젝트에 매달리기도 했어요. 그 안에서 먹고, 자고, 아예 살았죠. 한 번은 사무실 앞으로 지나가는데 그 안에 있던 직원들이 거의 잠든 상태로 키보드에 손을 올려놓고 있더군요. 사람들은 머리가 멈출 때까지 계속 일했어요."[21]

1984년, 애플Apple에서 나와 MS로 부임한 아이다 콜Ida Cole은 회사 최초의 여성 중역이었다. 37세의 여자인 아이다는 특별한 존재였다. 그녀는 빌 게이츠 직속 부사장직을 맡게 됐다.

아이다는 말했다. "남자처럼 일을 하려고 한 적은 한 번도 없습니다. 전 그저 저일 뿐이니까요. 제가 하는 모든 일에는 최선을 다합니다. 성별과는 상관없이 젊은 사람들의 재능을 알아보고 키워주는 것이 중요하죠. 여자라고 특별 대우한 적은 없습니다. 단 한 번도요! 그런 행동은 여자들을 뭉치게 하기보다는 오히려 분리시키는 겁니다. 능력은 성별과 아무런 관계가 없습니다."[22]

1980년대만 하더라도 특히 프로그래머를 비롯한 여직원은 MS에서 매우 드문 존재였다. 그들은 남자 동료들의 대우에 그다지 만족스러워하지 않았다. 그리하여 몇몇 여직원들은 1990년, MS의 여직원들을 지지하는 단체 '호퍼스Hoppers'를 발족했다. 이 단체의 이름은 1952년 COBOL 컴퓨터 프로그래밍 언어를 만들어낸 그레이스 호퍼Grave Hopper 해군제독의 이름을 딴 것이었다. 1969년 제1회 '올해의 컴퓨터 공학인'을 받은 사람도 여자인 그레이스 호퍼였다.

호퍼스는 소프트웨어 개발자들을 대상으로 하는 단체였다. 홍보부 소속이었던 샬롯은 호퍼스 회원이 될 수는 없었다. 샬롯은 말했다. "HP, MS는 유감스럽게도 둘 다 기술 관련 기업이었습니다. 경영, 프로그래밍을 맡은 여성은 부족했죠. 하지만 두 기업 모두 현실을 바꾸고 싶어하는 것 같았습니다. 그리고 훈련을 통해서, 또는 타고난 적성을 발휘해 기꺼이 전문가가 되고자 하는 직원이 있다면, 지극히 공정한 기회를 주었죠."

MS의 집단 프로그램 관리자였던 테리 쉴레Teri Shiele는 호퍼스의 목적을 세 가지로 요약했다.

- MS에서 일하는 여성의 삶을 향상시킨다.
- 보다 많은 여성을 MS로 끌어들인다.
- MS 내 여직원의 승진을 돕는다.

테리는 말했다. "제가 윈도우Windows 팀에서 일할 당시, 중요한 회의에 참석한 200명 중 여자라고는 저 하나뿐이었어요. 우린 호퍼스 이사회를 창단했고, 제가 이사장이 되었습니다. 회사의 후원은 일절 받지 않았습니다. 전부 자발적으로 한 일이었죠. 환경을 바꾸려는 열망에서 나온 것이었습니다. 호퍼스는 이제 덩치가 커졌습니다. 수백 명이던 회원수는 단시간 내에 수천 명이 되었죠."[23]

MS는 1년도 안 돼 호퍼스를 공식단체로 인정했다. 호퍼스에서는 젊은 여직원들을 상대로 컴퓨터, 공학 관련 지식을 가르치는 하계 컴퓨터 캠프를 운영한다. 컴퓨터 공학을 연구하는 여직원들에게는 대학 장학금을 수여하고, 워크샵 혜택도 제공한다. '딸들을 일터로Take Our Daughters to Work Day' 프로그램, 공동 네트워크와 홍보 이벤트도 후원하고 있다.

MS에서 인사부 부사장으로 일하던 데보라 윌링햄Deborah Willingham은 1980년부터 1990년대 사이의 여성 구직자 수가 매우 적었던 것을 기억하고 있다. "전통적인 남성 위주 사회에서 일하는 여성이 된다는 것이 항상 재미있는 것만은 아닙니다. 저 같은 경우만 하더라도 학교생활이 매우 힘들었어요. 교수들 몇 명은 절 지목하며 이렇게 말하기도 했죠. '내 수업을 듣는 여학생 중 C 이상 맞은 사람은 없었네.' 본받을 만한 멘토, 역할모델도 많지 않았어요. 제가 여성을 위해 할 수 있는 최선은 그런 환경에서 성공해 사람들에게 인정과 기대를 받는 것이라 생각했습니다."[24]

그리고 이렇게 덧붙인다. "간부급 여성의 비율이 적절한 기업은 한 군데도 없습니다. 이 점을 생각해보자고요." 데보라는 기술 훈련을 받은 대졸 여성의 수가 적은 것을 한 가지 이유로 꼽는다. "성공하려면 어느 정도의 경험이 필요합니다. '간부급 여성이 더 필요하니, 지금보다 많은 여성을 그 자리에 앉힙시다' 이건 말도 안 되는 소리죠. 밑바닥부터 시작해야 합니다."[25]

윌링햄을 선두에 내세운 MS는 남성에 비해 경영 경험이 적은 여성에게 보다 많은 일자리를 주어 간부직에 지원하는 여성 수를 늘렸다. "팀의 다양성을 키워나가기 위해 그 사람에게 위험을 감수하고 일을 맡길 수 있을지, 우리가 자문하는 것은 그 점입니다."[26] 윌링햄은 말을 이었다. "MS에는 저와 함께 일하는 실로 뛰어난 여성 핵심인력들이 있습니다. 우린 여전히 긴밀한 관계를 맺고 있죠.”

● 섬기는 리더십

규모가 작았을 무렵 MS는 출중한 전문가들의 집합소 같은 곳이었다. 그러나 덩치가 커짐에 따라 경영 능력이 있는 사람을 채용하거나, 기존의 직원을 키워나가야 했다.

“보고하는 아랫사람이 있으면 누구나 ‘매니저’라는 직함을 갖게 되죠.” MS의 인사부장이었던 마이크 머레이Mike Murray의 말이다. “회사로서는 매니저들이 부하 직원들의 역량을 좀 더 이끌어 내주기를 바랍니다. MS에서 경영자로 성공하려면 중요한 조건 세 가지를 갖춰야 합니다.”

- 집단, 그리고 집단 구성원의 목표, 목적, 성과측정 기준을 분명히 한다.
- 세부 과정을 파악하기 위한 지루한 업무 계획에도 능숙해야 한다.
- 지속적으로 피드백을 줘야 한다.[27]

MS의 경영진인 샬롯은 소위 최전선에 있었다. “엄청나게 바빴죠.” 샬롯은 말했다. “늘 현장에 있어야 할 것 같거든요. 그러니까, 아무리 주말이라고 해도 다른 직원들과 함께 제품을 선적하는 자리에 나가있어야 하는 겁니다. 사람들은 그런 점을 존경하니까요. 그리고 전 자기가 하는 일을 제대로 해낸 만큼 성공하게 되어 있다고 생각합니다.”

“전 관계와 과업을 중시하는 사람입니다.” 샬롯은 덧붙였다. “상황에 따라 다양한 리더십이 필요하다고 생각해요. 예컨대, 업무 방식을 모르는 직속 신입직원에게는 상대적으로 직접적인 리더십이 필요할 겁니다. 직원들이 할 일을 제대로 못하는 가장 큰 이유는 그들에게 정확한 기대치를 말해주는 사람이 없기 때문입니다. 그런 이유로 전 업무에 대해 제가 원하는 분명한 기대를 이야기해주려 합니다. 물론 문제를 겪는 사람에게는 훈련이나 도움의 손길도 필요하죠. 일에서 얻게 되는 성과가 성공을 낳는 겁니다. 어느 한 사람 덕분에 성공하는 건 아니죠.”

“전 늘 직원을 섬기는 리더가 되려 합니다.” 샬롯은 말했다. 즉, 팀의 요구를 중시하고, 직원 개개인의 발전을 장려하며, 직원들의 문제 해결에 도움을 주는 경영자가 되고자 한다는 뜻이다. 그렇게 함으로써 만족감을 이끌어내며, 직원들에게 동기를 부여해 사내 분위기와 역할에 따라 업무를 처리하고 기대에 부응하게끔 한다.

『뉴욕 타임즈』에 샬롯이 경영자로서 거둔 성공에 대한 기사가 실렸을 때, 이는 전국적으로 관심을 끌었다. 직원포상제, 직원유지를 다룬 기사였다. 1997년 당시, 샬롯은 100명이 넘는 직원을 관리하고 있었다. 팀 차원의 포상, 지속적으로 동기를 부여할 방법을 모색하던 샬롯은 ‘차르-라테Char-Latte’라는, 소속 부서만을 위한 상을 만들었다.

“뛰어난 성과, 멋진 팀워크를 보여주거나, 정의를 위해 방해물을 없앤 직원들에게 수여하는 상이었죠. 직원들은 아주 재미있어했어요. 상품은 라테였어요. 헬륨가스 풍선에 그걸 달아서 회의실에 띄워놓았죠. 엄청난 인기였습니다.”[28]

놀라운 아이디어였지만, 12년 동안 5개 부서를 거치며 일할 수 있었던 MS 같은 기업에서는 그다지 특별한 것은 아니었을 수도 있다. 샬롯은 다양한 부서에서 일한 경험 덕분에 광범위한 지식을 얻었고, 여러 동료와 고객과 만나고 교류할 기회를 누릴 수 있었다. "MS에서는 유용한 학습경험, 경력을 쌓을 수 있어서 좋았어요!"

● 촉매

MS가 오랫동안 자선활동, 사회적 책임에 열심이었던 것은 유명하다. 회사에서는 경제, 사회, 환경에 대한 관심을 운영에 반영하고 있다. 2011년에는 『기업의 책임Corporate Responsibility Magazine』지에서 선정한 '100대 기업 시민' 중 23위에 오르기도 했다. 이 순위는 다음과 같은 7가지 요소를 기준으로 삼는다.

- 환경
- 기후 변화
- 인권
- 고용관계
- 기업지배구조
- 자선사업
- 금융

2011년에 1위로 선정된 기업은 존슨 컨트롤Johnson Controls이었고, 캠벨 수프Campbell Soup Company와 IBM이 그 뒤를 이었다.

MS의 직원 기부금과 기업 공동출자금은 2009년 9,000만 달러에 이르렀다. 다수의 직원이 부를 쌓아가는 한편, 보다 나은 세상을 만들고자 하는 열망을 불어넣어 사회적 책임을 다하고 기부하게 만든 것은 분명 대단한 성과다. MS 직원들이 소프트웨어 제품을 만들어낸 것은 해야 할 일이었기 때문이기도 했지만, 동시에 지금보다 나은 삶이 가능해지리라는 믿음 때문이기도 했다.

회사에서 오래 전부터 벌여온 자선활동에 영감을 준 것은 빌 게이츠의 모친이자 유나이티드 웨이United Way의 회장이었던 메리 게이츠Mary Gates였다. "빌의 가족이 시작한 자선활동은 회사 내로 확장되어 일종의 기업문화가 되었습니다." 부사장 겸 법무자문위원인 파멜라 패스먼Pamela Passman은 말했다.[29]

뿐만 아니라 MS에서는 직원들에게 미술 감상을 독려한다. 기업 차원에서 수집한 다양한 종류의 현대미술품은 5,000점 가까이 되며, 전국 180개 이상의 MS 사무실에 설치되어 있다. 수집한 미술품에도 나름대로의 쓸모가 있다. 창의성, 혁신을 장려하는 고무적인 업무환경을 조성하기 위한 것이다. MS의 직원 및 초대손님들은 매달 레드먼즈에 있는 MS 컨퍼런스 센터에서 다양한 미술 강좌를 들을 수도 있다.

샬롯은 MS 출신회Microsoft Alumni Foundation의 창립멤버이자 창립자 모임Founder's Circle 회원이기도 하다. 8만5,000명이 넘는 MS 출신들이 세계무대에서 활동 중이다. 모임의 창립목적은 'MS 출신의 단결력을 꾀하는 한편, 이타적인 변화를 위해 능력을 발휘하는 것'이다. 이들은 150개 이상의 비영리단체, 전세계에서 움직이는 사회적 기업을 설립하고 후원한다.

2011년 포브스에서 선정한 미국 최대 부자 400인에는 MS의 억만장자 세 명이 포함됐다. 빌 게이츠(590억 달러), 스티브 발머(139억 달러), 폴 앨런(132억 달러)이 그들이었다. 그리고 1981년 처음 발행한 옵션주 덕에 돈방석에 앉은 직원도 있었다.

"MS에는 몇 가지 응용 프로그램들이 있어, 재직 기간 중 자기 소유의 옵션주를 관리할 수 있었습니다." 그룹 프로그램 관리자였던 제프 라이프먼 Jeff Reifman의 말이다. "어느 날이었죠. 같은 사무실 맞은편에서 앉아있던 동료가 옵션주로 10만 달러 이상을 벌게 된 것을 알고는 실감이 안 난다는 말을 했죠." 제프가 1999년 MS를 그만두면서 옵션주로 챙긴 이익은 600만 달러였다.[30]

하지만 타이밍이 관건이었다. 1999년 12월 31일이 되기 전까지 옵션주를 현금화하지 않은 이들은 하락세를 지켜봐야만 했다. 2000년, 닷컴 기업들의 폭락으로 MS 주식은 65%나 떨어졌다.

"정확한 수치는 모르겠지만 2000년만 하더라도 MS 주식으로 목돈을 손에 쥔 사람은 1만 명 정도 되었습니다." 시애틀의 경제학자 리처드 콘웨이 2세 Richard S. Conway Jr.는 MS에 소속돼, 자사가 워싱턴에 미친 영향을 연구 중이었다. "하지만 이제 이 업계에서 부자가 된 사람들은 휘청거리고 있죠."[31]

CEO 존 코너스John Connors는 말했다. "옵션주는 단기적인 복권이 되고 말았습니다. 이렇듯 부자연스러운 현상이 일어나리라 예상한 사람은 아무도 없었습니다. MS의 높은 성과도 물론이고요. 애초에는 장기적 프로그램으로 생각했던 것이 단기적인 배당 프로그램이 되고 말았죠."[32] 2003년, MS는 옵션주 혜택을 중단하고 직원 주식매입제로 전환했다.

오늘날 엄청나게 많은 MS 출신들이 독지가로 활동 중이며, 개중에는 사회적 문제를 해결하기 위해 새롭게 회사를 시작한 사람도 있다. MS에서는 사회의식을 함양한다. 물론 누구든 자선을 베풀 수는 있지만, MS 직원들은 회사에서 배우는 사업교훈과 기술에 힘입어 자선활동과 모험적인 사업을 추진해나간다.

"사람들이 생각하는 '영리'와 '비영리'의 차이는 그다지 크지 않습니다." 샬롯은 말했다. "그러니까, MS에서는 세상을 바꿀 만한 중요한 사업을 하고, 그 과정에서 돈이 오고 갑니다. 그러면서 돈을 벌기도 하고요. 하지만 제가 생각하기에 그런 건 중요하지 않습니다. 빌 게이츠, 그리고 그가 MS와 함께 일궈낸 성과가 중요하죠. 빌 게이츠는 실제로 사람들에게 기술을 전달하고자 했습니다. 그가 해낸 모든 것은 그저 돈을 벌기 위한 것이 아니었죠. 빌 게이츠를 움직이는 힘은 돈이 아니었습니다.”

●목적이 이끄는 삶

샬롯은 각각 3세, 8세, 11세였던 아이들과 더 많은 시간을 보내기 위해 1999년 MS를 그만두고 이후에는 자선활동, 경영위원회 활동에 참여했다. 가정, 이사회와 자선활동에 쏟는 시간을 분배하는 방법에 대한 신속하고 간단한 답은 없었다. “결국, 100% 이상을 하게 되는 거죠.” 샬롯의 대답이다.

샬롯은 남편 도우와 함께 레이크 워싱턴 동쪽 기슭에 있는 워싱턴 메디나에 살고 있다. 맞은편으로는 시애틀이 있고, MS 본사 부지에서는 서쪽으로 7마일(약11km) 떨어져 있는 곳이다. 빌 게이츠 부부 역시 MS의 다른 직원들과 함께 인구수가 약 3000명에 이르는 동네에 산다. 샬롯은 취미삼아 요트, 스키, 자전거, 하이킹, 요가, 필라테스, 피아노를 즐긴다.

2000년에 합류한 워싱턴 의과대학University of Washington Medicine 이사회에서는 10년 이상 활동해 재무, UWMC 의료위원회 일을 맡았고, 나중에는 이사장이 됐다. 지금은 UW 의학전략계획위원회에서 활동 중이다.

“그 어떤 공공기관과 비교해보더라도 의학연구로는 수준급인 기관입니다. 하버드 의과대학 다음으로 꼽죠.” 샬롯은 말했다. 현재 미국 내의 의과대학은 총 152개이다. UW 의과대학은 워싱턴, 와이오밍, 알래스카, 몬타나, 아이다호, 총 5개 주에서 진료 중이다. 샬롯은 말을 이었다. “시애틀의 하버뷰

Harborview를 비롯한 4개 병원과 협력해 직접 병원을 꾸려나가는 몇 안 되는 의과대학 중 하나로, 1등급 외상정문 치료병원이자 1차 의료기관이죠. 시애틀 연합 암 협력회와 소아병원에도 교수진을 파견하죠."

2007년부터 이사로 활동하는 인권단체 세이브 더 칠드런Save the Children에서는 재무, 감사, 보수, 집행위원회 활동을 하고 있다. 세이브 더 칠드런은 청년층과 가족을 위한 경제적 자족 합법화, 교육혜택 제공이라는 두 가지를 중점사업으로 삼고 있다.

샬롯은 세이브 더 칠드런의 산하 단체 '사커 세이브Soccer Saves'의 자문위원이기도 하다. 사커 세이브는 전세계 인권단체들과 손을 잡고 불우한 청소년들이 건강하게 살아갈 수 있게 돕는 일을 한다. 이들은 축구가 가진 힘을 이용해 에이즈 교육, 영양 공급, 남녀평등, 생식에 관련된 건강을 추구한다.

샬롯은 인간미와 동정심이 넘치는 이상주의자로, 마음먹은 것은 뭐든 이룰 수 있다는 것을 믿어 의심치 않는다. 그녀는 말했다. "전 항상 세상을 바꾸고 싶습니다. 사람들이 지금보다 나은 세상을 만들었으면 하는 것이 저의 바람이에요. HP에 있을 때에도, 스페이스 니들에서 일할 때에도 같은 생각이었죠. 한 사람의 개인이 많은 사람을 감동시키고, 그리하여 더 많은 사람이 감동을 전할 수 있으리라 생각합니다. 매끄러운 수면에 조약돌 하나를 던지면 잔물결이 멀리, 더 멀리까지 퍼져나가는 것과 마찬가지요."

샬롯에게는 세이브 더 칠드런의 프로그램이 진행 중인 나라들을 방문한 덕에 자선사업에 개인적으로 관심을 가질 기회가 있었다. 보고상 통계수치를 검토하는 것만으로는 시중의 여행지도에는 나오지 않는 나라의 생활여건이 어떤지 전혀 알 수 없다. 2011년 5월, 샬롯은 아프리카 말라위를 찾았다. 말라위의 한 마을에서는 아동사망과 출산사망률 감소, 임산부 교육, 이를테면 탈수방지용 키트 같은 건강용품 보급을 위한 프로그램이 진행 중이었다.

사진 7.3 이스라엘과 가자 지구 사이의 긴 터널 연결부

• 자료 제공: 샬롯 가이먼

2010년 10월에는 남편 도우와 함께 세이브 더 칠드런이 인권 프로그램을 전개 중이던 가자 지구Gaza Strip와 팔레스타인 서안 지구West Bank를 방문하기도 했다. 부부는 그 지역의 학교, 직업훈련 기관을 탐방했다. 이스라엘에서 가자 지구로 가려면 야외에 노출돼 있는 기다란 철제 통로를 걸어 여러 개의 문을 지나야 했다.[사진 7.3]

"갑자기 움직이게 되면 망루에서 국경 침입자를 감시하는 군인들이 쏘는 총에 맞을 거라고 충고하더군요." 샬롯은 당시를 떠올렸다. "불법인 데다가 위험하기도 했지만, 어린아이를 비롯한 사람들은 집 지을 재료를 구하려고 완충지대라는 중립지대에서 무너진 건물 잡석을 모으는 일을 하고 있었어요. 당나귀가 끄는 수레에 잡석을 실은 다음, 다시 건축 중인 부지까지 몰고 가는 거죠. 그러다가 가끔 누군가 총에 맞는 소리가 들리기도 했어요."

"서안과 가자 지구 사람들, 그리고 세이브 더 칠드런 팀과 파트너들이 이

렇듯 혼란스러운 지역의 발전을 위해 인내심을 가지고 협력하는 모습은 실로 감동적입니다."[33]

이런 경험은 여러 가지 감정을 불러일으킨다. 평소에 당연시하던 것과 전혀 다른 환경에서 살아가는 사람들을 보면 경이롭고도 망연자실한 기분을 느끼게 된다. 사람들의 생활이 조금이나마 개선되는 것을 보면 희망을, 자신의 행동이 크나큰 해악이 되는 것을 보면 부질없는 삶에 대한 불안감을 가진다.

샬롯은 2004년, 캘커타를 방문했을 당시 바쁜 시간을 쪼개어 '죽어가는 이를 위한 마더 테레사의 보금자리Mother Teresa's Home for the Dying'에서 봉사활동을 했다. 그곳에서 만난 에이즈와 결핵에 걸린 젊은 여성은 샬롯의 눈길을 사로잡았다. 피골이 상접한 여인이었다. 여인의 눈길에서 생기를 되살릴 수 있는 사람은 아무도 없었다.

다음 날, 샬롯은 멜린다 게이츠와 함께 다시 그 곳을 찾았다. "멜린다는 방문을 열고는 잠시 멈추더니, 곧바로 그 여자 쪽으로 다가갔어요." 샬롯은 말했다. "그러더니 여자가 앉은 의자 앞에 서더니 손을 잡더군요. 여자는 그래도 멜린다를 쳐다보지 않았어요. 멜린다는 이런 말을 했죠. '당신은 에이즈 환자에요. 하지만 그게 당신 탓은 아니잖아요.' 다시 한번 그 말을 되풀이했어요. '당신 잘못이 아니에요.' 그러자 여자는 비오듯 눈물을 흘리며 멜린다를 바라보았어요." 샬롯은 그때의 광경을 잊지 못한다. "멜린다는 여자 옆에 나란히 앉았어요. 영원처럼 긴 순간이었죠."[34]

세이브 더 칠드런은 샬롯의 고향에서는 키노 인디언Quinault Indian 보호구역 내 빈곤가정 아동의 건강과 영양 문제를 위해 노력 중이며, 인근 미시시피 삼각지대도 활동지역이다. "2014년까지는 미국의 50개 주 전체에서 활동했으면 합니다." 샬롯의 말이다.

미국 내에서 세이브 더 칠드런은 정부에서 제시하는 건강기준을 활용하고 있으며, 미취학 아동의 교육과 응급상황 대비를 지원하고 있다. 샬롯의 긍정적인 자세는 다른 사람들에게 영감을 준다. 이는 직원, 이사, 아내와 어머니, 어떤 삶에서든 귀중한 자질이다.

샬롯은 사업이나 인간관계에 힘을 보탤 수 있었던 기회를 감사히 여긴다. 살아오면서 줄곧 적극적으로 새로운 지식, 일할 기회를 찾아온 그녀였다. 저절로 생긴 일은 하나도 없었다. 샬롯은 자신이 필요한 때와 장소에 늘 그 자리에 있었다. 자발적으로 그 자리를 맡아 사람들에게 긍정적인 영향력을 발휘했으며, 그 과정에서 개인적으로도 이득을 얻을 수 있었다.

겸손한 그녀는 사업, 자선활동에서 자신이 거둔 성과를 자랑하는 법이 없다. 더 많은 것을 배우고 더 나은 세상을 만들고자 하는 열망 덕분에 끊임없이, 묵묵히 제 할 일을 다한다.

샬롯 역시 그 사실을 알고 있다. "제가 하고 싶은 일을 할 수 있었으니, 아주 운이 좋았죠. 사람은 뿌린 만큼 거두는 법입니다. 물론 넘치는 투지와 야망을 품는 것도 멋진 일이죠. 그렇지만 다른 한편으로는 자기가 하는 일에 애정을 품는 것도 좋습니다. 그러니 좋아하는 일을 하고, 지금 하는 일에 애정을 가져보세요. 더 나은 성과를 내게 되니 일도 재미있어질 겁니다. 전 제가 아주, 엄청나게 운이 좋았다는 사실을 한 번도 잊은 적이 없습니다."

영감을 주고자 하는 열망

IT업계 영입 1순위⋯ 능력과 경험을 최대치로

수전 데커
Susan Decker

Yahoo

Susan Decker

Yahoo

"뛰어난 리더라면 자신을 추종하는 이들의 행동을 제약하지 않습니다. 더 열심히해서 일을 마치라고 하기보다는 동기를 부여합니다. 자신의 힘을 믿게 하고, 보다 높이 날아오를 수 있는지 시험해보게 해, 간섭받지 않고 할 일을 끝내도록 해야 합니다."

버크셔 해서웨이의 이사진 12명 중 여성은 2명이다. 여기에 포함되는 수전 데커Susan Decker는 49세의 나이로 최연소 이사다. 2007년 5월부터 이사회에서 활동한 수전은 동시에 규제, 보상, 지명 위원회, 감사회에도 소속돼 있다.

수전은 버크셔의 이사로 취임할 당시 야후Yahoo의 사장이었다. 그녀를 추천한 것은 버크셔의 부회장인 찰스 멍거Charles Munger 그리고 마찬가지로 버크셔의 이사이자 워싱턴포스트 컴퍼니의 사장인 도널드 그레이엄Donald Graham이었다.

"세 명 모두 수전에게 최고점을 주었습니다. 수전은 상당히 까다로운 시험에 통과했죠." 버크셔의 워런 버핏 회장은 그 무렵을 회상하며, 수전이야말로 버크셔의 이사직에 '적격타'였다고 말했다. "적절한 선택이었습니다. 젊은 수전은 그만큼 오래 일할 수 있었으니까요. 차기 이사를 물색할 때에도 수전 같은 인재를 찾을 수 있다면 정말 좋겠습니다."[1]

그리고 구체적인 이유도 덧붙였다. "신임 이사를 뽑는 과정에서는 오래 전부터 고수해 온 기준에 따랐습니다. 경영자의 마인드를 가진 사람, 비즈니스에 능한 사람, 기업에 관심이 있으면서도 독립적인 사람을 이사로 선출한다는 기준이었죠. 수전이야말로 바로 거기에 맞는 사람이었습니다. 버크셔에서는 수전을 이사로 임명하게 된 것을 기쁘게 생각합니다. 버크셔에서 제시하는 네 가지 기준에서 모두 높은 점수를 받았고, 게다가 마흔 네 살밖에 안되었습니다. 아마 여러분도 아시겠지만, 늙은이인 저로서는 갖추지 못한 장점입니다. 앞으로도 젊은 이사를 물색할 계획이지만, 지금까지 지켜온 네 가지 기준을 간과하는 일은 절대로 없을 겁니다."[2]

수전과 함께 규제, 보상, 지명 위원회에서 활동하게 된 다른 두 명은 월터 스콧 2세Walter Scott Jr., 데이비드 고츠먼David Gottesman이었다. 다음과 같은 항목을 실행하며 이사회를 보조하는 것이 그들이 할 일이었다.

- 기업규제 지침 추천
- 이사회 후보 추천, 검토, 평가
- CEO의 보수 결정, 그 밖의 다른 직책에 따른 보수 감독

아마 이 중 CEO의 보수를 정하는 일이 가장 쉬울 것이다. 버핏은 임기 35년 중 24년 동안 S&PStandard & Poor's의 평가보다 높은 성적을 기록했지만, 지난 30년 동안 그의 연봉은 10만 달러였고 이는 앞으로도 그럴 것이다.[3] 버핏은 보너스를 요구하는 일이 없으며 옵션주는 전혀 받지 않는다. 뿐만 아니라 우편요금, 사적 용무로 전화를 쓰거나 직원을 부릴 때의 비용을 회사에 따로 지불하는데, 이 금액은 연간 약 5만 달러에 달한다.

"나이 많은 임원진이 상대적으로 훨씬 미약한 성과를 내는데도 많은 보수를 받는 걸 생각해보십시오. 그렇게 생각해보면 엄청난 이익이죠." 버크셔의 주주이자, 펜실베이니아 랭케스터의 가드너 루소 앤 가드너Gardner Russo & Garnder의 파트너인 톰 루소Tom Russo가 말했다. "버핏 정도의 인사라면 연봉

10억 달러를 받을 만하다고 말할 수도 있었겠죠. 하지만 버핏은 그럴 사람이 아닙니다."[4]

버핏의 연봉은 보통 CEO들에 비해 낮지만, 그의 순가치는 해마다 수백만 달러씩 늘어나고 있다. 버핏은 배당수익금, 버크셔의 소유권에서 얻는 장기적인 현금 수익으로 재산을 늘려나간다. A급 주식 중 33.3%, B급 주식 중에서는 8.4%를 소유하고 있으며, 2010년에 '벌어들인' 수익은 약 6,280만 달러였다.[5]

수전은 2011년 샬롯 가이먼Charlotte Guyman, 도널드 커우Donald Keough, 토머스 머피Thomas Murphy와 함께 이사회 감사위원회에서도 활약했다. 감사위원회에서 하는 일은 기업의 재무제표, 그리고 법적, 규제 효력을 지닌 문서를 모니터하는 것이다.

이제는 개인 투자자이자 고문이지만, 수전은 23년 동안 계속 일을 해왔다. 그녀는 1962년 11월 17일, 콜로라도 덴버에서 태어났다. 1984년에는 매사추세츠 메드포드의 터프츠 대학Tufts University에서 컴퓨터공학, 경제학 학사 학위를 땄다.

수전이 컴퓨터 업계에 발을 들인 것은 대학을 졸업하기 전의 일이었다. "여름방학 동안 대학에서 컴퓨터 프로그래밍 관련 일을 했어요." 수전은 말했다. "GE 자회사에서 1년간 일했죠. 4세대 프로그래밍 언어를 전문으로 하는 곳이었어요. 학비에도 보탬이 되었고 일도 즐거웠죠. 이것저것 잘하는 사람보다는 특정 분야의 전문가로 이름을 알리려면 남들보다 이른 나이에 몸값을 올려야 한다는 사실을 알았습니다."[6]

대학을 졸업한 직후에는 하버드 경영대학원에 입학했다. 그때만 하더라도 여학생은 극소수에 불과했다. 1975년 수전의 동기 중 여학생은 고작 11%뿐이었지만 1995년에는 28%로 늘었다. 이후에는 꾸준히 증가해, 2011년 가을에는 하버드 경영대학원 입학생 중 39%가 여성이었다.

하나부터 열까지 매력적이었다. 수전은 대학원에서 배운 귀중한 교훈을 아직도 잊지 않고 있다. "리처드 테드로우Richard Tedlow 교수님은 뛰어난 분입니다. 학생에게 교사는 강의자료보다 중요하다는 사실을 가르쳐주셨죠. 기업 역시 마찬가지입니다. 리더는 업무 자체보다는 열정, 유머, 목적의식을 전달해야 하죠. 전 늘 그 교훈을 잊지 않았습니다."[7]

수전은 1986년에 하버드 경영대학원에서 경영학 석사 학위를 땄다. 2010년 9월 30일에는 가장 뛰어난 동문에게 수여하는 '자랑스러운 동문상Alumni Achievement Award'을 받았다. 이 상은 1968년부터 해마다 수여되는 것으로, 직업, 업계, 지역사회에 크게 기여한 개인을 대상으로 한다. 그리고 상을 받은 165명 중 23명(14%)이 여성이었다. 수여자 중 유명인으로는 로버트 맥나마라Robert S. McNamara, 1968, 역시 버크셔의 이사인 토머스 머피1990, 맥 휘트먼Meg Whitman, 2008, 제임스 로벨James A. Lovell, 2010, 로버트 크래프트Robert K. Kraft, 2011가 있다.

수전은 2008년 포브스지에서 선정한 '100인의 영향력 있는 여성' 목록 50위에도 이름을 올렸다. 같은 잡지에서 2006년 선정한 '연봉이 많은 여성' 2위에 오르기도 했다. 2007년에는 19위로 순위가 떨어졌지만, 그 당시에도 연수입은 1,000만 달러가 조금 넘는 정도였다.

● 월스트리트의 기적

수전은 하버드 대학원 졸업 직후 입사한 DLJDonaldson, Lufkin & Jenrette에서 14년을 일했다. 지금은 사라졌지만, DLJ는 1959년 윌리엄 도널드슨William H.

Donaldson, 리처드 젠렛Richard Jenrette, 댄 러프킨Dan Lufkin이 공동 설립한 투자 은행이었다. 뉴욕에 본사를 둔 DLJ는 인수주선, 판매와 무역, 투자와 상업금융, 회계법인 서비스, 투자조사, 벤처캐피털, 주식중개업무 서비스, 온라인과 상호 중개 서비스, 자산관리 등의 업무를 했다.

수전이 처음에 맡은 업무는 미디어 분야를 담당하는 투자분석이었다. 전부 30개가 넘는 매체, 출판, 광고, 유가증권에 대해 기관투자자들에게 보증범위를 제공했다. 업계와 기업의 세부적인 것에 몰두하게 된 수전은 회의에도 수십 차례 참석했다. 그리하여 보다 큰 그림을 이해하게 되면서 다양한 핵심정보들을 가려낼 줄 알게 되었는데, 대개는 기업에서 추려낸 정보보다 훨씬 나았다. "(중역들이) 항상 기업이나 업계에 대한 수전의 평가에 반색한 것은 아니었지만, 그녀를 존중한 것은 사실입니다." DLJ 시절 옛 동료, 질 그린탈Jill Greenthal의 말이다.[8]

수전은 이런 능력을 갖춘 덕분에 『인스티튜셔널 인베스터Institutional Investor』의 '올 아메리카 리서치 팀All America Research Team'에 10년 연속으로 최고의 분석가로 선정돼 인정받았다. "애널리스트로 일하던 시절, 버핏은 저에게 커다란 영향을 미쳤습니다. 전 버핏과 같은 방식으로 기업을 판단하고 가치를 평가하지요." 수전은 말했다.[9]

수전은 DLJ에서 애널리스트로 일하던 시절, 주식시장에 상장한 야후를 1년 반 동안 담당했다. 그리고 1996년에는 야후의 광고 매대 중 75%가 공란으로 남을 것이라 보고했다.[10] 2000년 6월에는 DLJ를 그만두고 캘리포니아에 본사를 둔 야후에 입사했다. 이전의 그렇듯 깊이 있는 분석은 결과적으로 훗날 그녀에게 유리하게 작용했다.

1998년, 수전은 DLJ의 해외 투자분석사업 계획과 구축을 도왔던 글로벌 에쿼티 리서치Global Equity Research의 상무이사로 취임했다. 수전의 가장 중요한 업무는 3억 달러를 운용하는 동시에 해외팀을 기반으로 삼아 연구결과를 쌓고 직원들을 관리하는 것이었다.

수전이 DLJ에서 보인 성과는 상사들에게 좋은 평가를 받았다. "수전은 제가 함께 일한 직원 중 가장 뛰어난 열 명에 꼽힙니다." DLJ에서 수전의 상사였던 스튜 로빈스Stu Robbins는 그녀를 두고 이렇게 평가했다.[11] 수전이 사직하고 두 달 뒤, DLJ는 크레딧 스위스Credit Suisse에 인수됐다.

● 머리 좋은 고문

1989년 수전은 공인재무분석사CFA 자격증을 취득했고, 2000년부터 2004년까지 4년간 재무회계기준 자문위원회FASAC에서 근무했다. FASAC는 1973년에 공인받은 기관으로 미국 회계표준위원회FASB에 대한 자문이 주요 업무다. FASB에서는 '통용되는 회계기준'을 정립해 미국 기업에서 현행 기준에 상응하는 공적 금융 보고서를 작성하도록 한다. 수전은 코네티컷 노워크에 있는 FASB 본사에서 위원회와 분기별로 회의를 하면서 7명의 정규멤버들에게 정보를 제공하는 한편, 다양한 의견을 평가한다.

FASAC의 멤버 35명은 CEO, CFO, 그리고 공공회계 기업의 중역, 전문조직의 이사, 학술과 분석 기관의 중역들이며, 완벽한 재무보고와 성실한 공개가 이들의 관심대상이다. 2011년의 정규 구성원은 37명이었으며, 그 중 11명(29.7%)이 여성이었다.

수전이 FASAC에서 활동하던 2002년, 사베인스-옥슬리 법안이 통과돼 연방 법률로 제정됐다. 이는 분명 FASB에서 통과시킨 것 중에서도 논란의 여지가 가장 많은 회계 법안으로, 보다 투명한 기업회계를 목적으로 한다. 하지만 사실 일각에서는 법안의 요구조건이 오히려 역효과를 낳는다고 주장하기도 한다.

뿐만 아니라 이 법안에 따르면 공기업은 수익 중 일부를 FASB에 자금으로 제공해야 한다. FASB는 예전에 비영리 기관인 재무회계재단Financial Accounting Foundation의 계열사였으나, 지금은 준準정부기관에 해당한다. 법률을 회계기준으로 삼아 수백만 달러의 벌금을 부과한다. 이를 시행하는 공개기업 회계감독위원회PCAOB 역시 사베인스-옥슬리 법에 따라 만들어진 집단으로, 연방정부의 감사기준을 정하는 일을 한다.

● 야후

2000년 6월, 캘리포니아 서니베일에 있는 야후에 입사한 수전은 게리 발렌수엘라Gary Valenzuela가 이전에 맡았던 CFO직에 올랐다. 이 자리를 둘러싼 경쟁은 치열했다. 그 당시 야후의 CEO였던 팀 쿠글Tim Koogle은 발렌수엘라의 퇴직 의사를 귀로 듣고도 믿지 못했다.

"팀이 말하더군요. '얼마나 많은 CFO들이 그 자리에 오르려고 심복들을 쳐낼지, 모르시겠습니까?'" 발렌수엘라는 말했다. 야후의 1대 CFO였던 그로서는 후계자를 지정해야 할 임무가 있었다. "CFO 경력이 부족하다는 우려의 목소리도 있었습니다." 수전에 대해서는 이렇게 말했다. 그러나 수전에게는 기업의 사업모델에 대한 탄탄한 지식이 있었다. "제가 늘 하는 농담이 있었죠. 수전이 풀어야 할 문제들은 골치 아프기 짝이 없으며, 재무모델은 하나같이 복잡하다고요."[12]

팀은 수전의 영입을 두고 다음과 같이 말했다. "수전이 야후 경영팀에 들어온 것을 참으로 기쁘게 생각합니다. 수전은 재무 분야에서 확고한 명성을 누리고 있고 우리 회사를 깊이 이해하고 있습니다. 수전 덕분에 야후에는 폭넓은 재무경력, 국제적인 전문기술이 도입되었지요. 야후는 주주들을 위해 가치를 높이고자 자발적으로 노력해왔고 우수한 재무기록, 게리의 리더십 덕분에 탄탄한 긴축재정을 자랑해왔습니다. 저는 수전이 이런 노력을 리드하는 동시에 현상태를 유지해 나가리라 확신합니다."[13]그리고 수전은 이후 7년 동안 야후의 CFO 자리를 지켰다.

야후의 발단은 스탠포드 대학에서 석사과정 중이던 제리 양Jerry Yang과 데이비드 필로David Filo가 지루함을 이기지 못하고 장난삼아 농구게임에서 이길 수 있는 시스템을 함께 만들면서부터였다. "학업을 끝낸 다음 살 생각을 하니 정말이지 싫었습니다." 제리는 당시를 회상했다. "솔직히, 우린 석사 과정에 신물이 나 있었어요. 논문을 피할 수 있다면야 뭐든 할 생각이었죠."[14]

야후의 상장은 수전이 입사하기 불과 4년 전의 일이었다. 신생기업 야후는 얼마 후인 2000년, 10억 달러의 수입을 올리는 기업으로 성장했다. 하지만 그렇듯 커다란 성공은 이미 정점에 도달한 듯 보였다. 이제는 다른 시기로 접어드는 때였다.

2000년 1월 3일, 야후의 주가는 최고치인 120달러를 기록했다. 그리고 같은 해 6월에는 주가가 반토막이 났다. 9·11 테러 직후인 2001년 9월 26일에는 8.11달러로 최저치를 기록했다. 현재 야후의 주식은 약 15달러선이다. 2001년 4월과 11월에는 800명이 넘는 직원을 해고해야 했다. 수전은 당시 인원삭감으로 연간 절약할 수 있었던 금액이 약 3,000만 달러에 달했다고 말했다.

야후의 부사장이자 CFO였던 수전은 금융, 설비, 투자관계, 고용, 법적문제를 비롯해 기업의 모든 재무, 관리 부분을 다뤘다.

"사내풍조와 비전을 만드는 일, 인재를 물색하는 일, 우선순위와 관리책임을 재고하는 일에 많은 시간을 쏟았지요." 수전은 말했다. "다시 말해, 앞으로 20년 동안의 미래를 위해 저와 동료들이 맡은 역할을 고찰한 셈입니다. 물론 회사의 입장에서는 그 미래가 50년이기를 바라지요. 제가 회사를 그만둘 무렵에는 차세대 리더들을 위한 자리를 만들어 놓았기를 바라는 마음입니다."[15]

수전은 닷컴 업계에 닥치고 있는 문제를 일찌감치 알아차렸다. 물론 다른 사람들은 그 사실을 받아들이지 않았다. 그녀의 주장은 고유한 분석 기술을 통해 밝혀낸 사실에 기반을 둔 것이었다. 숫자는 거짓말을 하는 법이 없었다. 수전은 야후가 다른 닷컴 기업에서 거둬들인 수입이 총 얼마나 되는지 정확히 계산한 다음, 약점이 무엇인지 알아냈다. 주로 다른 인터넷 기업에 서비스를 제공하는 닷컴 기업은 인터넷 업계의 유동성에 영향을 받기 쉽다. 닷컴 기업들이 무너질 경우, 야후는 수입의 상당 기반을 잃게 될 것이었다.

"수전은 6분기 내내 잇달아 그런 전망을 내놓았습니다." 시티그룹Citigroup의 인터넷 분석가 마크 마하니Mark Mahaney는 말했다. "주가가 곤두박질치던 때였습니다. 수전은 그때까지 경영팀에서 제공하지 않았던 구체적인 정보를 제시했습니다. 닷컴 산업의 문제점을 처음 지적한 것도 수전이었고요."[16]

분석가였던 수전은 전략적인 리더로 전환하는 과정에 적응했다. "분석가로 일할 때에는 가치와 잉여현금 흐름에 집중하는 경향이 있었습니다. CFO가 된 다음부터 일일 회계의 가치관계에는 이전보다 신경을 덜 쓰게 되었지요." 수전은 말했다. "그렇다고 회계가 별로 중요하지 않다는 말은 아닙니다. 전 보수적으로 결정하는 편이죠. 우리는 일반회계원칙GAAP EPS을 희석시키는 결단을 내리지만, 그렇더라도 가치를 만들어내는 선택입니다."

의견을 전달할 때에는 극히 신중한 태도를 취해야 했다. 경솔하게 굴었다가는 분석가들의 과잉반응으로 야후의 주가가 하락할 것이기 때문이었다. 지나치게 냉정하거나 들뜬 의견은 어느 쪽에도 도움이 안 된다. 수전은 수익을 보고할 때, 또는 지침이나 추후 전망을 전할 때마다 보수적인 입장에서 몸을 사리는 편이다.

"월스트리트에서는 특정 기업에 대한 시장의 기대치를 고려해야 합니다. 우리가 생각해야 할 문제는 이런 것이죠. 지금 시장에서는 뭐라 말하고 있습니까? 예를 들어봅시다. 인터넷 업계가 몰락하던 시절을 돌이켜본다면 시장에서 예측하는 총수입을 확인하고 사전에 대비할 수도 있었습니다. 결정적으로 지극히 투명한 의사소통을 하고 가능한 변수를 줄이는 것이 제가 할 일이라는 사실을 알고 있습니다."[17]

수전은 보통 CFO들에 비해 전략적인 계획수립, 의사소통에 훨씬 더 관여하는 편이다. "수전은 야후의 경영에서 전략적으로 매우 중요한 역할을 하고 있습니다." 마히니는 여기에 몇 마디 덧붙였다. "그런 수전의 역할은 인터넷 대기업의 CFO들과 비교해본다면 마치 밤과 낮처럼 극명한 대조를 이루지요."[18]

● 두 개의 직위

2006년 12월 야후는 3개의 주요 사업군으로 회사를 재정비했다. 수전은 여전히 CFO직을 맡는 한편, 광고와 출판 그룹의 리더로 임명됐다. 나머지 두 개의 사업군은 서비스, 기술 그룹이었다.

야후는 기자회견을 통해 수전의 새로운 직책, 그리고 새로이 정립한 기업의 목표를 발표했다. "수전은 기업 사업전략에 중요한 공헌을 했으며, 재무와 관리 지침의 모든 측면을 결정하고 관리했습니다. 얼마 전까지도 시장 사업부를 총괄했고 앞으로는 광고와 출판 그룹의 리더로서 경영을 계속할 것입니

다. 이 그룹은 보다 많은 광고주와 발행인들을 위해 가치를 추구하는 것을 목
표로 삼으면서 광고주가 타겟 고객층과 인터넷을 통해 소통하는 방법을 변화
하게끔 이끌 것입니다. 온라인은 물론 오프라인에서 야후의 세계적 광고 네
트워크를 성장시키는 것이 그룹의 목표입니다."[19]

테리 세멜Terry Semel은 2001년부터 2007년까지 야후의 CEO직을 역임했
다. 테리는 다음과 같이 적었다. "누구보다 뛰어난 금융전문가인 수전은 우리
회사의 사업전략에 지대한 공헌을 했습니다. 중역 중에서도 뛰어난 인재이
며, 전에 없던 중요한 역할을 수행하기에 적합한 사람입니다."[20]

야후의 수석부사장이었으며 지금은 그루폰Groupon의 사장인 롭 솔로몬Rob
Solomon도 말했다. "정말이지 놀라운 사람입니다. 그 어떤 금융전문가보다 명
석한 수전을 영입한 것은 잘한 일이라고 생각합니다."[21]

광고 그룹을 리드하는 동안 수전은 이베이eBay와의 광고계약, 광고기술 기
업인 라이트 미디어Right Media 인수를 비롯해 주목할 만한 계약을 여러 차례
성공시켰다. 수전은 야후의 뉴스 차관단, 새로운 광고 플랫폼의 론칭을 지휘
했다.

2007년 6월, 테리는 CEO직에서 물러났지만 2008년 1월까지는 결정권이
없는 회장으로 회사에 남아있었다. 공동창립자 제리 양이 CEO 자리에 올랐
고, 수전은 사장이 됐다.

이런 식의 인사이동에 놀란 사람이 있는가 하면, 수전이 CEO가 되어 가는
과정을 알리는 신호로 여기는 사람도 있었다. "CFO로서 수전은 존경받는 인
물이었습니다." 토머스 웨이젤 파트너스Thomas Weisel Partners 투자은행에서 분
석가로 활동하는 크리스타 퀼즈Christa Quarles는 말했다. "그렇지만 결과분석
과 기업경영은 다른 문제죠."[22]

"야후가 하는 사업에 대한 수전의 분석은 훌륭합니다." 포레스터 리서치

사진 8.1 야후 사장 수전 데커의 직원 연설, 2008년 4월

• 자료 제공: "El Presidente", ⓒ 2008 Yodel Anecotal,
Creative Commons Attribution 2.0 이용:
http://creativecommons.org/license/by/2.0/legalcode

Forrester Research 찰린 리Charlene Li의 말이다. "안 좋은 소식을 전할 때에는 그 소식이 좋지 않은 까닭, 대처방법을 함께 이야기하니까요. 하지만 수전이 회사를 경영할 수 있을까요? 중요한 점은 바로 그것이죠. 자신의 역량을 입증해야 할 시점입니다."23)

수전은 이런저런 우려에도 불구하고 야후 경영팀에서 적극성을 발휘했다. 사장이 되기까지의 행보도 매우 순조로웠다. 인사발령을 발표하는 자리에서 테리는 수전이야말로 업계에서 가장 재능이 뛰어난 중역이라 평가했다. 그리고 몇 마디를 덧붙였다. "지난 몇 년 동안 수전은 기업의 전략추구 과정에서 다양하고 중요한 역할을 해냈습니다. 그리고 보다 막중한 책임을 성공적으로 이행하면서 뛰어난 능력과 리더십을 보여주었습니다." 뿐만 아니라 테리는

수전이 임기를 맡았던 7년 동안 '매우 뛰어난 CFO'였다고 평가한다.[24]

동료들 역시 수전을 두고 열의에 넘치며 열정적이라 말했다. 사장이 된 수전은 야후의 사업전략과 비전을 리드했으며, 서비스와 광고, 출판이라는 3개의 주요 서비스 그룹에 대해 판매, 제품 홍보, 제품 개발, 유통을 비롯한 국내외 사업운영을 전반적으로 이끌었다.

● 성 연구

수전이 경영진으로 몇 년간 활동할 동안 여성 CFO는 매우 드물었다. 1995년 『CFO』지는 『포춘』에서 선정한 500대 기업 중 여성 CFO가 10명이라는 사실을 밝혀냈다. 2007년에는 이 수치가 38명(7.6%)으로 증가했다.

대기업 CFO직 여성 중 절반은 내부 인사, 나머지는 외부 채용을 통해 발탁됐다. 여러 면에서 볼 때 남성과 같은 절차를 거친 인사였다. CFO직 인사권을 가진 경영진 중 여성이 늘어남에 따라, 이 수치는 앞으로 늘어날 전망이다. 2007년 한 해 동안 대기업의 여성 경영진 비율은 전년도의 16%보다 늘어난 21%를 기록했다.[25] 그리고 이러한 추세는 여전히 진행 중이다.

수전은 단 한 번도 목표에 방해가 되는 유리천장에 부딪친 적이 없다고 말했다. "그런 식으로는 생각하지 않습니다. 그저 아침 일찍 출근해 어떻게 성과를 낼 수 있을지를 궁리하죠."[26] 야후에서 일할 당시, 수전은 이렇게 말했다.

여기에 그치지 않고, 야후야말로 유리천장이 옛말에 불과하다는 사실을 보여주는 실례라 주장했다. "옛날에나 있었던 일이라 생각해요. 회사에 여자가 별로 없던 시절 말입니다. 그렇지만 이제는 모든 수치들이 제대로 된 방향으로 나아가고 있다고 생각합니다. 야후만 보더라도 직원의 성별은 고르게 분

포돼 있습니다."[27]

수전이 이렇게 말한 2008년 당시 야후의 직원 중 여성은 32%, 소수집단은 45%를 차지했다. 얼마 전 야후는 포춘에서 선정한 '일하기 가장 좋은 100대 기업'에 올랐다. 현재 정직원 숫자는 약 1만3,700명이다.

경영진의 성비를 따지자면 분명 개선의 여지는 있다. 총 9명의 이사회 중 여성은 2명이며 11명의 경영진 중 여성은 1명에 불과하다.

● 정당한 승계자

수전은 사장이 된 이후 협력, 제휴, 인수 협상에 관심을 쏟았다. 2008년 1월 마이크로소프트MS에서 450억 달러를 인수액으로 제안했으나 야후는 금액이 너무 낮다는 이유로 이를 거절했다. 알려진 바에 따르면 제리 양, 수전을 비롯한 야후의 이사들은 MS에 매각하는 것을 반대했다고들 한다. 물론 주주들이야 제안이 들어온 거래를 통해 수익을 챙기고 싶어했다.

2008년 3월 3일, 수전과 MS의 빌 게이츠 회장은 오마하에서 열린 버크셔 해서웨이 주주 총회에 참석했다. 두 회사의 인수협상은 여전히 진행 중이었으나, 두 대표는 그날 만큼은 다른 장소에서 만나 인수가를 논의했다.

"버크셔 연간 회의에 참석 중이었습니다. 역시 버크셔의 이사였던 빌 게이츠 바로 옆 자리였죠." 수전은 말했다. "전 자리에 앉아 그의 귀에 속삭였어요. '제가 키스로 인사라도 해야 할까요? 사람들이 보고 우리가 결혼하는 줄 알면 어쩌죠?' 빌은 말했어요. '그러지 말고 목석처럼 일어나서 악수를 합시다. 이 곳에 있는 3만 명이 우리를 보고 있어요.'"[28]

합의점을 찾지 못한 MS는 야후에 대한 입찰을 중단했고, 야후의 주가는 급락했다. 이후 연달아 이어진 공개석상에서 수전은 매각협상 실패에 대한 난처한 질문에 답해야 하는 상황에 처했다. [사진 8.2]

5월 7일, 수전은 MS와의 협상을 두고 다음과 같이 말했다. "보고서에 적지 않은 내용을 말씀드릴 수는

사진 8.2 2008년 5월 28일, 웹 2.0 회의 질의응답 시간 중 수전 데커
• 자료 제공: 르네 블로짓(Renee Blodgett),
매직 소스 포토그래피(Magic Sauce Photography)

없습니다. 회사의 기밀은 쉽게 새어나가니까요.… MS는 물론, 다른 모든 기업들도 마찬가지고요. 가격이 문제였습니다. MS로서는 기가 막히게 좋은 타이밍이었죠. 당시 야후의 주가는 19달러로 낮은 수준이었죠. 우리는 월스트리트에 회사가 하는 일을 제대로 알리지 않았고 주가가 낮은 것도 사실에 대한 이해 부족 때문이었습니다. 한 차례 제안이 있었지만 제안한 주가는 약 4달러 정도였습니다. 발머Ballmer*였다면 그 제안을 받아들였을지도 모르겠습니다. MS에서는 좀 과하다 싶은 결정이었습니다."[29]

수전은 야후의 의사결정 과정, 그것이 회사에 미치는 긍정적인 영향에 대해서도 말했다.

"야후의 이사회는 주주의 가치를 극대화하는 것에 집중합니다. 이사회가 고려해야 하는 가장 중요한 변수는 금액이죠. 납득할 만한 최종가가 나오지 않았기에, 여러 가지 문제들을 논의하지 못했습니다. (공개는) 직원들에게는 충격요법이었습니다. 회사가 앞으로 할 일을 보여주는 과정에서 직원들은 다

---

* 스티브 발머Steve Ballmer, 당시 마이크로소프트의 2인자이자 현재 CEO.

소 흥분했죠."[30]

야후에서 상당수의 주식을 보유한 주주 칼 아이칸Carl Icahn은 협상실패를 달갑지 않게 여겼고, 이사회 교체를 위해 움직이겠노라 밝혔다. 야후는 MS의 인수제안에 대한 대처방식을 두고 주주들과 법정공방을 벌였으며, 이는 여전히 진행 중이다.

수전은 MS와의 거래불발에 대한 대안으로서 구글의 협상 제안을 모색하려 했다. 그러나 미국 법무부는 인터넷 광고 업계의 경쟁을 막고자, 이를 차단했다.

2008년 11월 18일, 야후는 당시 CEO인 제리 양을 대신할 후보를 물색 중이라 발표했다. 내부 인사에 따르면 수전은 CEO 후보였다. 수전은 이전에 비해 많은 책임을 떠안고 있었고, 높은 자리에 올라 있었다. 이 문제에 대해 지난 2년간 구두로, 서면상으로 많은 이야기가 오간 터였다. 수전은 야후의 차기 CEO였다. 사람들이 거듭 같은 이야기를 반복하다보면, 결국에는 그 이야기를 믿게 된다. 그런 까닭에 수전이 CEO로 임명되지 않았을 때 모두가 깜짝 놀랐다. 어쩌면 수전 자신도 놀랐을 것이었다.

CEO 자리에는 캐롤 바츠Carol Bartz가 올랐고 수전은 사임의사를 표했다. 그녀는 전직원에게 보내는 마지막 메일을 통해 흔쾌히 물러난다고 밝혔다. 메일의 일부 내용을 아래에 옮겼다.[31]

수전의 다음 행보는 곧바로 정해지지 않았다. 업계에서 쌓은 경력과 지식을 보유한 수전은 유능한 컨설턴트이자 박학다식한 개인투자자이기도 하다. 지금도 수전은 가정을 꾸리는 한편 여러 회사의 이사회 활동을 하느라 눈코 뜰새 없이 바쁘다.

• 발신인 : 수전 데커

• 발송시각 : 2009년 1월 13일, 화요일, 오후 2:32

• 수신인 : all-worldwide@yahoo.inc.com

• 제목 : 다음 장

야후 직원들에게

　이렇게 멋진 회사에서 더없이 보람찬 9년을 보낸 지금, 다음 장(The next chapter)을 위해 떠날 시기라는 판단을 내렸습니다. 야후에서 전환적인 여행의 다음 장을 계획하고 있듯 말입니다.

　결코 가벼운 마음으로 내린 결정은 아닙니다. 근 10년간 이 회사에서 일해왔고, 그 동안 모두와 더불어 커다란 변화를 거쳤습니다. 저는 특히 이사회, 그 중에서도 제리에게 감사를 표하고 있습니다. 처음 입사했을 때부터 저의 동료이자 친구였으니까요. 그리고 저에게 야후의 성공에 기여할 수 있는 기회를 주었습니다.

　지금의 야후는 제가 입사했던 2000년 당시의 회사와는 전혀 다른 모습입니다. 전 세계적으로 가장 빨리 진화하는 업계의 주요 기업다운 회사입니다. 재정상으로 볼 때 2000년에는 10억 달러가 조금 넘던 수입기반은 이제 70억 달러 이상이 되었습니다. 약 4억만 달러였던 영업현금 흐름은 4배 이상 뛰어 20억 달러에 근접했습니다. 그 동안 우리는 함께 세계적으로 약동하는 인터넷 기업인 야후를 발전시켰습니다. 외부에서는 이제 막 이해하기 시작한 방식으로 기업을 변화시켰습니다. 그것이 가능했던 것은 고객의 요구를 예측하고 온라인 시장의 역동적 변화에 앞서 사업모델을 발전시킨 덕이었습니다. 여느 때보다 경쟁이 치열했지만 야후는 결단력있게 행동했고 창의적으로 나아갔습니다.

　야후와 함께 한 시간은 저에게 크나큰 기쁨입니다. 그리고 개인적으로나 직업적으로 풍부한 경험을 쌓게 해준 계기였습니다. 다음 행보를 위해 떠나지만, 여러분 모두 앞으로도 잘 되기를 진심으로 바라마지 않습니다.

● 기숙학교

유명 기업의 리더들은 수전의 성공과 능력에 찬사를 보냈고, 자기 회사의 이사회로 영입하려 했다. 스티브 잡스Steve Jobs 역시 수전을 픽사 애니메이션 스튜디오Pixar Animation Studios의 이사로 임명했고, 수전은 2004년 6월부터 픽사가 디즈니에 매각된 2006년 5월까지 이곳에서 일했다.

2004년 10월에는 시애틀에 본사를 둔 코스트코 홀세일Costco Wholesale Corporation 이사회에 합류했다. 버크셔의 부회장 찰리 멍거 역시 코스트코의 이사였다. 개별적으로 이사회 활동을 하는 수전이 코스트코에서 매년 받는 보수는 3만 달러이며, 이사회와 위원회 회의에 참석할 때마다 추가로 1,000달러씩 받는다. 또한 코스트코의 모든 이사들은 매년 10월마다 제한주식 3,000주를 받는다. 2010년, 수전이 코스트코에서 받은 보수는 총 20만5,879달러였다.

그런가 하면 인텔Intel Corporation의 크레이그 바렛Craig R. Barrett도 수전에게 이사직을 제안했다. 수전이 인텔에서 일한 것은 2006년 11월까지였다. 캘리포니아 산타클라라에 본사를 둔 인텔은 컴퓨터 장비 부품을 설계하고 구축하는 일을 했다. 수전은 인텔의 이사인 동시에 감사 위원장, 재정 위원회 멤버로도 활동했다. 그녀가 2009년 인텔에서 받은 보수는 26만5,000달러였다.

캘리포니아 글렌데일에 본사를 두고 온라인 법률문서를 제공하는 유한회사, 레걸줌닷컴LegalZoom.com에서는 2010년 10월 20일까지 이사로 일했다.

수전이 버크셔 이사로서 받는 보수는 연간 2,700달러로, 다른 기업의 이사들이 받는 돈에 비하자면 터무니없을 정도로 적다. 그러나 특히 얼마 전 버크셔의 감사 위원이 된 다음부터, 수전은 버크셔에 상당한 시간을 투자하고 있다. (보수도 연간 4,000달러로 늘었다.)

이사회 활동은 상당한 시간을 필요로 한다. 기업의 감사 위원회는 업무량도 만만치 않고 시간도 많이 쏟아야 한다. 두 회사에서 감사 위원으로, 또 다른 회사에서는 감사 위원장으로 일하려면 신경 쓸 일도 많다.

그렇기에 야후의 주주들은 수전이 이사회 활동에 투자한 시간에 만족하지 못했다. 2008년 8월에 열린 주주총회에서 야후의 투자자이며 아이언파이어 캐피탈Ironfire Capital의 창립자인 에릭 잭슨Eric Jackson은 수전에게 이렇게 물었다. "연간 187시간이나 되는 시간을 여기에 쏟는 편이 어떻겠습니까?" 수전은 이를테면 코스트코에서 배운 공급 네트워크 관련 지식을 야후에서 어떻게 활용했는지 예로 들며, 여러 회사에서 많은 것을 배웠다고 답변했다.[32]

● 아이비리그의 멘토

수전은 2009년부터 2010년까지 모교인 하버드 경영대학원의 창립과정EiR을 지원했다. 이 기간 동안에는 창업에 뜻이 있는 학생들과 함께 일했다. 그리고 개발활동과 관련이 있는 경우 학교의 학부개발, 교과과정 실행에도 도움을 줬다.

2010년에는 실리콘 밸리 몰입교육 프로그램Silicon Valley Immersion Experience Program이라는 것을 개발했다. 1, 2학기 사이 방학 동안 생산적인 일을 하려는 교직원, 학생들에게 현장연구 경험을 제공하는 프로그램이었다.[33]

"EiR 프로그램이라면 제가 야후 자문 활동을 하는 동안에도 시간을 융통성 있게 활용하면서 학교 일에 계속 집중할 수 있으니 안성맞춤일 것 같았습니다." 수전은 말했다.[34]

수전은 여학생들의 역할 모델이자 멘토 역할을 할 수 있기에 하버드 경영대학원에 미치는 영향력도 그만큼 크다. 하버드의 여학생 수는 늘어나고 있지만 여교수의 숫자는 여전히 턱없이 부족하다. 〈표 8.1〉은 교수 등급에 따른 여성의 비율을 보여준다.

여성 멘토가 부족한 것은 여성 장학생의 수가 적기 때문일 수도 있다. 하버드 대학원에서는 각 과별로 상위 5%를 '베이커 장학생Baker Scholars'으로 지정한다. 2010년 베이커 장학금을 수령한 학생 중 여학생은 20%에 불과했다. 2009년에는 전체 학과 중 여학생의 비율이 35%까지 늘었지만, 베이커 장학생 중 여성은 여전히 11%에 지나지 않았다.[35]

웹스터Webster 사전에서는 사업가란 '사업이나 기업에 닥칠 위험에 대비하고 그것을 관리, 예측하는 사람'이라 정의하고 있다. 대개는 맨주먹으로 사업을 시작한 사람을 진정한 사업가라 여긴다. 내가 아는 수전 데커는 그런 부류는 아니다. 사업가의 정의에서 가장 중요한 요소는 기업 경영권에 닥칠 위기를 예측하는 능력이다. 그리고 수전에게는 어느 사업가에게나 필수적인 요소인 혁신을 갖춘 기술기업에서 일한 경험이 있다.

수전은 기술업계에서 경력을 쌓은 덕분에 다른 사업가들과 마찬가지로 값진 통찰력을 얻을 수 있었다. "기술업계의 경우 누구나 남들보다 똑똑하게, 빨리, 단순하게 일하면서 계속해서 소통하고 싶다는 열망을 품고 있습니다." 수전은 말했다. "이러한 욕구를 보다 나은 방법으로 표출하고자 하는 사업가라면 그가 속한 기업, 서비스에서 좋은 인재가 될 수 있습니다."[36]

표 8.1 하버드 경영대학원 여성 교원 수

교수 등급	여성 비율
정교수	18%
부교수	24%
조교수	37%

야후에서 일하던 시절, 수전은 스탠포드 대학생들을 상대로 사업가라는 주제에 대한 강의를 하기도 했다. "무슨 일을 하든, 고객이야말로 앞을 비추는 등불이라 생각하고 거기에 집중하세요. 어려운 일이죠. 처음부터 그렇게 시작하지 않았다면 바뀌기도 힘들 겁니다. 하지만 성공에는 큰 도움이 됩니다." [37]

● 일시정지

2009년 야후를 그만둔 이후 수전은 회사에 집중하던 시간을 소중한 가족과 사회환원에 쏟을 수 있었다. 수전은 이혼 후 세 아이와 함께 캘리포니아 마린 카운티로 거처를 옮겼다.

"어느 음악에나 음표, 휴지가 있죠. 곡 전체를 만드는 과정에서 휴지는 음표만큼이나 중요하고요. 지금의 전 휴지기에 있습니다. 제가 얼마나 휴식을 원했는지, 이제 깨달았어요. 앞으로 몇 년 사이에 적절한 기회가 와서 평생 그 일을 하게 된다면, 그것도 좋은 일이죠. 하지만 지금은 일에 대해 전혀 생각하고 있지 않아요. 잠시나마 이렇게 보낼 수 있는 시간이 있다는 건 너무도 감사한 일이죠." [38]

하지만 휴식이 언제까지고 계속될 것 같지는 않다. 지금도 수전은 얌전히 앉아 때를 기다리지만은 않는다. 물론 발표, 초청강연 일정은 예전에 비해 느긋해졌지만, 교수 회의와 세미나에는 여전히 참석하는 중이다.

2011년, 포춘에서 선정한 영향력 있는 여성 모임에서 수전을 만난 적이 있다. 그곳에서도 수전은 다른 여성들과 인맥을 쌓고, 워런 버핏과 오찬을 하는 중이었다.

"수전은 CEO가 되고 싶어하지만, 그에 못지않게 다른 일도 하고 싶어합니다." 버핏은 말했다. 그리고 이사로서의 수전이 너무도 마음에 들기에 버크셔의 직원으로는 고용할 생각이 없다고도 덧붙였다.[39]

포춘의 대기자, 패티 셀러스Patty Sellers는 말했다. "수전은 뛰어난 금융전문가입니다. 포춘지 선정 500대 기업 중 다른 곳의 CFO로 취임할 수도 있었죠. 하지만 이미 야후에서 CFO로 일해봤으니까요. 이야기를 나눠보니 대기업 경영에 더 관심이 있더군요. 자신의 열혈 팬인 버핏의 힘을 이용해 다시 일선에 뛰어들 것은 당연한 일입니다. 요즘처럼 힘든 구직시장에서 든든한 힘이 되어주는 사람이 있다는 건 좋은 일이죠."[40]

수전은 운동 마니아로 마라톤, 스키, 하이킹을 즐긴다. 야후에서 장기간 일할 수 있었던 것도 몸이 건강한 덕이었다. 그리고 비영리 재단인 세이브 더 칠드런의 수탁자이자 재무, 관리 위원회 멤버이기도 하다. 세이브 더 칠드런은 전세계 120개국 이상에서 빈곤, 소외, 취약한 아동과 가정을 위해 활동하고 있다.

2005년 3월부터 2007년 5월까지는 스탠포드 경제정책조사연구소Stanford Institute for Economic Policy Research에서 이사로 활동했다. 연구소는 스탠포드 연구자들과 학자들을 민간부문과 연계해 장기적인 경제정책을 개발하는 것을 목표로 삼고 있다.

동료와 친구들은 수전을 두고 가식 없는 사람, 재미난 걸 좋아하는 사람이라고들 말한다. 수전의 동료 마지 폭스Margie Fox는 뉴욕에서 열린 클린턴 세계기구Clinton Global Initiative 파티에 수전과 동행했다가, 수많은 유명인사들에 둘러싸이는 바람에 깜짝 놀란 수전을 보기도 했다.

"수전은 자기가 얼마나 대단한 사람인지 모릅니다." 마케팅 회사 맬로니앤 폭스Maloney & Fox의 경영자, 폭스는 말했다.[41]

● 중요한 교훈

수전은 리더십에 대해 이렇게 말했다. "뛰어난 리더라면 자신을 추종하는 이들의 행동을 제약하지 않습니다. 더 열심히해서 일을 마치라고 하기보다는 동기를 부여합니다. 자신의 힘을 믿게 하고, 보다 높이 날아오를 수 있는지 시험해보게 해, 간섭받지 않고 할 일을 끝내도록 해야 합니다."[42]

"야후에서 수없이 이야기했던 것이 '신속한 실패'입니다. 리더의 입장에서는 위험을 무릅쓰고서라도 새로운 시도를 장려하는 분위기를 조성하고 싶어합니다. 하지만 많은 경우 그 해답을 알아내지 못하거나 실패하고 맙니다. 만약 실패하게 된다면, 가능한 빨리 실패하는 것이 좋습니다. 그래야 전열을 다시 가다듬고 이후의 새로운 아이디어나 제품, 기회에 착수할 수 있으니까요."

"바로 얼마 전, 1학년생들을 위한 신입생 환영의 밤 행사에 다녀왔습니다. 선생님은 교실 내에 '실수고백함'을 비치해두고 아이들에게 실패를 두려워하지 않게끔 힘을 실어준다더군요. 아이들은 자기가 저지른 실수를 쪽지에 적고, 고백함에 넣는 겁니다. 상자가 가득 차면 모든 학생이 그것을 축하하고요. 정말 멋진 생각이에요."[43]

야후의 마케팅 이사 리사 내쉬Lisa Nash는 이렇게 말했다. "시기가 좋을 때든 나쁠 때든 모두가 수전을 믿습니다." 사람들의 이런 믿음, 여기에 더해진 수전의 재무, 경영 노하우는 다시금 경영진으로서 활용할 때가 올 것이다.

수전의 경력을 한 마디로 요약하면 '열정'이다. 그녀가 일을 시작할 당시, 뉴욕의 투자금융 업계는 급속도로 움직이고 있었다. 그러나 실리콘 밸리의 활발한 기술업계와 비교한다면 비교적 침착하고 평온한 상황이었다.

야후의 인터넷 광고, 브랜딩, 검색엔진 서비스, 그 밖의 다양한 전략과 프로젝트는 다양한 사업방식을 요한다. 주방에서 한꺼번에 여러 가지 일을 하는 것은 매우 힘들지만, 수십억 달러가 오가는 기업에서 내리는 의사결정은 다수의 인생에 그보다 훨씬 더 큰 영향을 미친다.

수전은 이미 기술업계의 역사 중 일부가 되고 있다. 하지만 그녀의 결정적인 능력은 아직 드러나지 않았다. 혜성처럼 등장한 수전은 이글거리며 이름을 떨치고 있다. 그 빛은 앞으로도 한동안 사그라지지 않을 것이다.

진실을 밝힌 워터게이트의 여인

정론을 기치로 언론 발전을 이끌다

캐서린 그레이엄
Katharine Graham

Washington Post

Katharine Graham

Washington Post

"우리 기자들과 출판업체들 모두는 민주 사회의 기능을 제대로 수행하기 위해 사건을 기록하는 핵심적인 역할을 합니다. 나는 우리 모두가 독자를 향해 늘 눈을 낮추고 사회의 복잡한 문제를 찾아내서 기사에 잘 반영할 수 있길 바라고 기도합니다."

●●

캐서린 그레이엄은 포춘Fortune 선정 미국 500대 기업 CEO 중 최초이자 한동
안 유일한 여성 CEO였다. 그녀는 1963년부터 1991년까지 워싱턴포스트컴
퍼니Washington Post Company의 사주이자 『워싱턴포스트』의 발행인으로 활동했
다. 워싱턴포스트컴퍼니는 버크셔 해서웨이의 자회사는 아니었다. 하지만 버
크셔는 워싱턴포스트의 최대 소수주주였다. 따라서 캐서린과 버크셔의 회장
워런 버핏은 사업적 동료로 친밀한 우정을 지속해 올 수 있었다.

캐서린은 이 책에서 소개된 여성 CEO들과는 다른 차별점을 가지고 있다.
바로 버핏은 케서린의 상사는 아니었다는 점이다. 그들은 각자의 자회사들을
가지고 경영에 참여하고 있는 CEO들과 함께 일하는 사람이었다. 그럼에도
불구하고 캐서린이 중요한 인물로 이 책에 소개된 이유가 있다. 바로 그녀가
버크셔와 끊임없이 관계를 맺고 버핏과 지속적으로 친분을 유지하면서 대기
업을 이끌어 낸 뛰어난 여성 사업가였기 때문이다. 캐서린과 버핏의 관계는
특별했다. 그리고 캐서린은 경영업계에서 여성 기업가들의 롤모델로 자리매
김했다.

캐서린은 삶의 절반 이상을 전통적인 딸로, 아내로, 그리고 네 아이의 엄마

사진 9.1 캐서린 그레이엄

• 자료제공: 국회도서관, 미국연방정부(PD−USGOV) 링크 허용
www.loc.gov/about/awardshonors/livinglegends/katharine_Graham.jpg

로 지내왔다. 그러나 예상치 못한 상황이 그녀의 모든 것을 바꿔 놓았다. 그녀의 나이 46세에는 '미국 기업 역사상 가장 뛰어난 CEO중에 하나'라고 포춘지에서 언급하기도 했다. 실제로 캐서린은 포춘지가 선정하는 10명의 위대한 CEO들 중 9위에 오르기도 했다.[1] 또한 세계 연감에서는 매년 가장 영향력 있는 25인의 인물을 선정하였는데, 그녀는 투표를 시작한 1976년 첫해에 뽑혀서 향후 몇 년 동안 이름을 올렸다. 1993년에는 포춘지 선정 전미경영인 명예의 전당에 그 이름을 올릴 수 있게 됐다.

1877년, 워싱턴포스트컴퍼니는 신문 워싱턴포스트를 창간했다. 워싱턴포스트컴퍼니는 신문사뿐만 아니라 교육자회사인 카플란Kaplan, 케이블 · 인터넷 유선통신 업체 케이블 원Cable One, 웹진 슬레이트Slate Group 등 다양한 미디어 관련 업체를 보유하고 있다. 『뉴스위크Newsweek』도 50여 년 동안 보유하고 있다가 재정적자로 인해 2010년 시드니 하먼Sidney Harman에 매각했다. 음향기기 회사인 하먼인터네셔널Harman International의 설립자 하먼은 뉴스위크 매입당시 92세였으며 8개월 후 사망했다.

버크셔는 1973년부터 워싱턴포스트 주식을 매입하기 시작했다. 그리고 2004년까지 'B급 주식' 25%를 보유해 워싱턴포스트 소유권의 약 18%를 가질 수 있었다. 'A급 주식'은 캐서린의 법정 상속자만 보유할 수 있었다. 2010년 기준 워싱턴포스트의 매출액은 약 47억 달러, 직원 수는 약 2만 명이었다.

사진 9.2 캐서린 그레이엄이 그녀의 회고록으로 퓰리처상을 받고 있다.
• 자료제공: 에일린 바로소(Eileen Barroso) / 컬럼비아 대학

캐서린 그레이엄에 대한 전기문은 이미 많이 출판됐다. 그 중 그녀가 직접 자신의 이야기를 담은 회고록 『퍼스널 히스토리Personal History』는 1998년 퓰리처상을 수상했다.[사진 9.2] 이 책을 통해 캐서린의 인생 역경과 솔직한 개인사를 엿볼 수 있다.

● 가족기업

캐서린은 1917년에 부유한 가정인 유진 메이어Eugene Meyer와 아그네스 메이어Agnes Meyer의 다섯 남매 중 넷째 딸로 태어났다. 유진은 야망이 있고 매우 엄격한 아버지였다. 반면 어머니인 아그네스는 자기 생각에 쉽게 빠지는 성격을 가지고 있었다. 아이들은 자라는 동안 보모가 돌봐줬다. 사실 캐서린이 태어난 지 4개월 만에 아그네스는 아이들만 보모에게 맡겨둔 채 맨하탄에서 남편 유진이 홀로 지내고 있던 워싱턴Washington D.C.으로 떠났다. 그 후 4년이 흐르고 난 뒤에야 비로소 가족은 함께 지낼 수 있게 됐다.

1933년, 유진은 당시 파산 위기였던 워싱턴포스트 신문사를 82만5,000달러에 매입했다. 1938년 캐서린이 시카고대학을 졸업한 후, 아버지 유진은 그녀가 워싱턴포스트에서 일하기를 원했다. 하지만 캐서린은 샌프란시스코로 넘어가 『샌프란시스코 뉴스』 기자로 일한 뒤에 1년 후 워싱턴포스트에 입사했다. 그녀가 처음 맡은 일은 독자란이었다. 그녀의 다른 형제들은 아무도 언론업계에 관심을 갖지 않았다.

캐서린은 워싱턴포스트에 입사한 이듬해, 하버드 법대를 졸업한 필립 그레이엄Philip Graham과 결혼했다. 결혼 후 캐서린은 엘리자베스Elizabeth, 도널드Donald, 윌리엄William, 스테판Stephen 등 네 아이를 출산했고, 한 남자의 아내이자 네 아이의 어머니로 사는 데에만 열중했다. 그리고 7년 후인 1947년부터는 『매거진 랙Magazine Rack』에 컬럼을 쓰기 시작했다.

유진은 당시 여성은 신문사를 경영할 수 없다고 생각했다. 따라서 그의 유일한 아들은 의사였기 때문에 캐서린의 남편인 사위 필립에게 워싱턴포스트를 물려주기로 결심했다. 필립은 군복무를 마친 후 1946년 1월부터 협력 발행인으로 일을 시작했고, 6개월이 지난 후 발행인으로 정식 취임했다. 1948년, 유진은 가족만 소유할 수 있으며 의결권이 있는 'A급 주식'의 70%는 필립에게, 30%는 캐서린에게 매각했다.

캐서린의 결혼생활은 순탄치 못했다. 필립은 매력적이었고 훌륭한 남자였지만 공공연하게 캐서린을 비판하고 품격을 떨어뜨리는 발언을 서슴치 않았다. 남편에게 받아온 잦은 모욕감도 모자라 1957년에 시작된 필립의 조울증은 캐서린을 힘들게 만들었다. 결국 필립의 증세는 극도로 심한 정신병으로 이어졌다. 이로 인해 당혹스런 일들도 많았다. 가장 심했던 사건은 1963년 신문사주들의 연간총회 당시 필립이 연설대에 올라가 참석자들의 이름을 일일이 호명하며 옷을 벗어버린 일이었다.

캐서린은 지적이고 야심찬 여성이었다. 하지만 그 당시 미국 사회 상류층에서는 아내와 어머니란 모름지기 언제나 순응해야만 했다. 캐서린은 스스로 '도어매트 와이프Doormat Wife'라고 칭했다. 즉, 언제나 짓밟히고 모든 것을 참아왔다는 뜻이다. 결국 필립은 다른 여자와 바람을 피고 이혼을 요구하면서 신문사는 그가 차지할 수 있게 해달라고 요구했다. 캐서린은 기꺼이 이혼은 받아들이겠다고 했지만(다행히 그런 일은 일어나지 않았다.), 메이어가家 소유의 회사는 절대 줄 수 없다고 완강히 거절했다.

결국 그들의 갈등은 필립의 28구경 엽총자살로 인해 깔끔하게 해결되지 않은 상태로 마무리 되고 말았다. 1963년, 필립이 정신병원에 입원해 있을 당시 잠시 휴가를 받아 고향 버지니아 글렌 웰비 농장에서 캐서린과 함께 있던 중 일어난 일이었다. 필립이 원한 것은 단순한 휴가가 아니라 계획된 일이었다. 이를 캐서린이 알았을 때 필립은 이미 세상을 떠난 후였다.

"필립은 언제나 자신이 괜찮은 사람이라는 것을 나에게 말하곤 했습니다. 실제로는 그렇지 않는 경우가 많은 데도 말이죠." 캐서린은 말했다. "그는 결국 자살하기 위해 고향으로 간 거였죠."[2]

필립의 사망 이후 『뉴욕타임즈New York Times』는 부고란에 다음과 같이 언급했다.

"그는 90타 수준의 골프를 쳤고 정기적으로 저녁모임에 나타났다. 손에는 베르뭇Vermouth*이 담긴 얼음잔을 들고, 대규모 연회는 피했다. 그는 아무도 모르는 운동모임에는 성실한 회원이었으며 격렬한 운동은 피하기 위해 비공식적인 모임에만 전념한 것으로 알려진다."[3]

필립은 오크힐Oak Hill 묘지에 안장됐다. 그레이엄가의 조지타운 바로 맞은 편에 위치한 곳이었다. 울타리 옆 그의 무덤자리는 캐서린의 침실에서도 보이는 곳이었다.

필립 사망 한 달 후, 캐서린은 워싱턴포스트의 사주이자 발행인으로서의 위치를 담담히 받아들였다.

"나는 일을 하고 싶었고 신문사를 지키기로 결심했어요. 필립의 자리는 내가 맡게 되었지만 사실 나는 회사를 운영할 수 있는 힘과 능력은 턱없이 부족했다고 생각했지요."[4] 캐서린은 회상했다. "아버지와 남편이 보여주었던 열정과 애사심은 상상할 수도 없을 정도였어요."[5]

캐서린은 회사에 대한 권한을 모두 가지고 있었지만 별도로 신문사 경영과

---

* 식욕을 돕기 위해 마시는 와인의 일종. 칵테일 재료로도 쓰인다.

발행에 관한 업무를 더 배워야겠다고 결심했다. 그녀는 발행이나 고객 불만에 관련된 전화 응대와 광고 분류 등 기본적인 업무들을 도맡기 시작했다.

"사람은 어느 회사에 들어가도 거기에 맞게 변하게 되지요." 캐서린이 말했다. "그러면서 점차 자신감이 생겨나게 됩니다. 완전히 다른 나로 변하는 것은 아니지만 원래의 내 모습은 조금씩 없어지고 소속된 곳과 하나가 되어가는 것이죠."[6] "나는 내가 얼마나 알아야 할 게 많은지 미처 깨닫지 못했어요. 결국 그러한 내 모습이 제 직원들에게는 고통이었죠."

사실 캐서린은 다른 사람들에게 경영을 맡겨놓고 이름만 걸어놓을 수도 있었다. 그러나 회사에 출근해 몸소 활동적으로 일하는 것이 사람들을 이끌 수 있는 힘이 된다는 것을 알게 됐다.

캐서린은 자신의 한계점을 알게 되는데 오랜 시간이 걸리지 않았다. 따라서 벤자민 브래드리Benjamin Bradlee를 신문사의 편집이사로 고용한 것은 현명한 일이었다. "내가 한일은 그저 한 발 먼저 조심스럽게 내딛은 것뿐입니다. 그 다음 두려웠지만 눈을 감고 무작정 앞으로 달려가니 놀랍게도 스스로 이 자리에 앉아 있게 되었네요."[8] 캐서린의 말이다.

캐서린은 분명 자신의 역할을 잘 수행했다. 그녀는 직접 기사를 쓰지 않았다. 또한 다른 기자들에게 기사 내용을 정해주지도 않았다. 캐서린은 말했다. "나는 지금까지 기사를 건드려 본적이 없습니다."[9]

워싱턴포스트의 유명한 기자인 밥 우드워드Bob Woodward는 이렇게 말했다. "캐서린 회장이 기사작성과 편집에 손을 대지 않았다는 것은 사실입니다. 그러나 중요한 것은 따로 있습니다. 그녀의 마음은 늘 거기에 있었다는 것입니다. 그것도 아주 격렬하게 말이죠. 그 시절에 캐서린은 그녀가 주최하는 일명'오프 더 레코드Off the Record' 모임에서 유용한 비밀자료들을 종종 얻어오곤 했습니다. 저는 언제나 그 비밀을 지켜주었지요. 우리는 늘 농담삼아 이야기합니다. 좋은 기삿거리가 아닌 내용은 절대 공개되지 않는다는 것이 캐서린의 법칙이거든요."10)

캐서린의 장남 도널드 그레이엄Donald Graham은 1970년에 워싱턴포스트에 합류했다. 미군 제1기병사단으로 월남전에 참전해 제대하고 15개월 동안 워싱턴에서 경찰로 근무한 후의 일이다. 도널드는 경영에 참여하기 전까지 뉴스부, 스포츠부, 편집부 등 다양한 부서에서 경험을 쌓았다. 심지어 트럭 배송업무까지 했다.

워싱턴포스트에 입사하기 전 경찰로 일하기를 원했던 도널드의 결정에 대해 캐서린은 이렇게 말했다. "맙소사, 도널드가 그렇게 결정한 것은 근본적으로 잘한 일이었어요. 도널드는 경찰이라는 직업이 사람들의 삶을 알아가는 좋은 방법이 될 것이라고 미리 알았던 거죠. 그 아이는 기자는 커녕 경찰 기자도 해본적이 없었어요."11)

1979년에 캐서린은 워싱턴포스트 발행인 직책을 내려놓았지만 여전히 이사장직과 워싱턴포스트컴퍼니의 CEO 자리는 유지했다. 그 후 1991년이 되서야 CEO 자리에서 떠났고 2년 후 1993년에는 회장직에서 은퇴했다. 76세의 나이였다. 도널드는 어머니가 걸어온 길 그대로 처음에는 발행인 직책을 물려받고 뒤이어 CEO와 이사장까지 순서대로 맡았다. 도널드는 현재까지 워싱턴포스트컴파니의 CEO와 이사장을 맡고 있다.

● 여성 리더십의 시작

캐서린의 어머니 아그네스 메이어는 그녀가 워싱턴포스트의 발행인이 됐을 때 여전히 살아있었고 딸을 자랑스럽게 여겼다. 아그네스는 시간이 있을 때마다 캐서린보다 더 여성운동에 많은 시간을 보냈다. 그녀는 1920년 미국에서 여성참정권 획득을 위해 후원자가 됐고 2차 세계대전 당시 정부가 근로여성들을 위한 보육시설 정책을 수립하지 못하고 지원하지 않는 것에 대해 비판했다. 아그네스는 나중에 이렇게 기록했다."여성들이 가지고 있는 유일한 소명은 바로 '어머니'다."[12] 재향군인, 이민노동자, 교육개혁, 인종차별이 가지는 문제점들에 대해서도 고민하고 연설해왔던 아그네스는 1970년 83세의 나이에 암으로 사망했다.

여성해방운동으로 알려진 여성운동의 두 번째 물결은 1960년 초반에 시작됐다. 이 운동은 끊임없이 여성들을 괴롭혔던 여성재생산권리, 동등임금법, 출산휴가후원, 가정폭력과 성희롱 문제가 사라지게 하기 위해서 싸워왔다.

캐서린은 자신감 갖기 위해 오랜 시간이 필요했다. 그녀는 스스로를 믿지 않았고 그런 약한 마음이 회사에 해를 끼칠까봐 정말로 두려워했다.

"내가 살아온 사회에서는 대부분의 여성들이 불평등한 대우를 받았고 본인들도 그게 당연하다고 생각했지요." 캐서린은 말했다. "그리고 내 주위에는 지배적인 남자들이 많았고 결국 내 자신은 약해서 낮은 대우를 받아야하는 존재로 여기게 되었어요. 실제로 평등하지 않았죠. 생각해보세요. 그런 약한 마음을 가지고 있는 상태에서 한 회사의 대표로 일을 시작해야 했어요. 정말 그것은 절망 그 자체였어요."[13]

처음 캐서린이 남성 중심인 경영의 세계에 입문하는 방법은 스스로 더 남성적으로 행동하는 것이었다. 하지만 결국 그녀의 여성적인 성향이 경영에 도움이 많이 됐던 것으로 판명이 났다. 많은 동료들은 캐서린이 상대의 말을 매우 잘 들어주고 지도자를 잘 섬기는 사람이라고 말했다. 그녀는 중요한 결정을 해야 할 상황에 놓이면 조금 시간이 걸리더라도 최대한 많은 사람들의 의견을 듣는 쪽을 택했다. 때로는 성질이 급한 사람들이 간혹 못 참기도 했지만, 그녀의 방법은 거의 매번 옳은 결과를 가져왔다.

캐서린의 아들 도널드는 어머니의 회고록에 이렇게 남겼다. "제가 과거로 돌아갈 수만 있다면 1963년, 그 시절에 여성들이 한 기업의 CEO가 되는 것을 적극 추진하고 싶습니다. 여성 CEO는 영향력이 있고 많은 일을 해낼 수 있다는 것을 알게 되었거든요."[14]

사실상 1963년에 여성이 CEO가 된다는 것은 극단적으로 드문 일이었고 미국 내 대기업에서는 단 한 번도 전례가 없던 일이었다. 실제로 캐서린은 포춘지 500대 기업에 포함될 만큼 충분히 큰 대기업의 유일한 여성 CEO였다. 2차 세계대전 중 여성을 고용하는 일이 갑자기 늘어나기는 했지만 기혼 여성이 일하는 것은 1950년 이후 10여년동안에는 그리 흔한 일이 아니었다. 특히 비서, 선생님, 간호사는 이 시기 여성들이 거의 원하지 않았던 직업이었다. 그러나 1963년에 이르자 다양한 방법으로 전문적인 여성들을 위한 길이 열리기 시작했다.

일단, 1963년에 동등임금법이 통과됐다. 이는 1961년 케네디 대통령 재임 시절 시작된 대통령직속 여성지위위원회의 추천으로 이뤄진 결과였다. 회장은 엘리노어 루즈벨트Eleanor Roosevelt가 맡았고, 그즈음 하버드에서는 경영대학원에 여학생이 입학할 수 있었다.

또한 여성운동가 베티 프리단Betty Friedan이 『여성의 신비The Femenine Mystique』를 출간한 것도 1963년이었다. 이 책은 여성들이 본인의 재능이나 잠재력은 잊은 채 어머니 또는 아내로 살아가야 한다는 주류적인 사고방식에 대한 내용이 주를 이룬다.

메리 케이 애쉬Mary Kay Ash는 44세 때 스탠리 홈 프러덕트Stanley Home Products에서 일하는 동안 승진에서 떨어졌다. 대신 승진한 것은 그녀가 트레이닝한 남자직원이었다. 이에 분노한 메리는 일을 그만두고 곧바로 자신의 경험을 바탕으로 사업을 꿈꾸는 여성들에게 도움을 줄 수 있는 책을 쓰기 시작했다. 이 책은 결국 메리의 사업계획서가 됐다. 그녀는 1963년 '메리 케이 화장품Mary Kay Cosmetics'을 설립했다.

캐서린이 활동할 당시 롤모델이나 멘토로 삼을 만한 여성 사업가는 거의 없었다. 따라서 캐서린은 항상 사회 진출에 자신감이 없었다고 회상했다. "나는 여성들이 집안일이나 육아일 외에는 남성들보다 지성, 지배력, 지도력, 경영능력 모두가 뒤쳐진다는 생각을 늘 가지고 있었답니다."[15]

이에 대해 워런 버핏은 다음과 같이 말했다. "캐서린은 지금까지 늘 부당한 교육을 받아왔어요. 그것은 바로 오직 남성만이 경영할 수 있는 유전자를 가지고 있다는 것이죠. 그러나 한편으로 그녀는 독립적이며 일급 저널리즘 조직이 사회를 훌륭하게 만들고 유지하는데 핵심적인 역할을 할 수 있다는 점을 명확히 알고 있었습니다. 그랬기 때문에 필립이 사망하자마자 선택의 여지없이 캐서린은 워싱턴포스트를 선택했고 할 수 있는 한 밀어부쳐야 한다고 생각했어요. 하지만 사실 캐서린은 엄청 두려웠죠."[16]

『USA 투데이』 창립자 앨런 누하스Allen H. Neuharth는 캐서린이 미국신문발행인 협회에 처음으로 참석했을 때를 기억했다. "그 당시 나이가 지긋하신 분들은 여성인 캐서린을 못마땅해 했습니다. 하지만 그녀는 강한 경쟁 상대였고 한편으로는 행복하지 않은 실패자였습니다. 그녀는 남성들이 이해한 내용을 그녀 자신의 방법으로 표현하는 법을 알고 있었어요."[17]

워싱턴포스트 소속 뉴스위크 업무환경에서는 성불평등이 명백히 존재했다. 캐서린은 이를 바로 잡기 위한 시도를 몇 번이나 반복했다. 1960년 후반 캐서린은 늘 불평하곤 했다. "뉴스위크에서는 망할 놈들이 아무도 여성과 함께 일하고 싶어 하지 않아!"[18]

다음은 뉴스위크 영업부 회의에서 있었던 일이다. 한번은 캐서린이 회의에 여성 직원들이 참여하지 않는 것에 대해 궁금해 했다. 그러자 간부직원 하나가 "안 그래도 복잡한 일이 많은데 여자까지 회의에 참석하면 골치가 아프다"고 대답했다. 당시 회의에 참석한 유일한 여성이었던 캐서린은 재떨이를 세게 던졌다. 재떨이가 깨지는 소리와 동시에 캐서린은 "성차별주의자!"라고 소리 질렀다. 그 사건 이후 영업부 회의에는 결국 여성 직원들이 참석할 수 있게 됐다.[19]

"예전 뉴스위크에서 우편업무를 맡아 일할 때만 해도 여자가 기자가 된다는 것은 꿈도 꾸지 못했답니다." 노라 애프런Nora Ephron이 말했다. "캐서린이 언급한 결정적인 두 가지 요인이 있습니다. 하나는 남자동료들(대부분이 그녀의 직원들)로 부터 생색낼 수 있는 그녀의 감각과 또 다른 하나 글로리아 스타이넘Gloria Steinem*과의 오랜 대화입니다."[20]

뉴스위크에서는 상황을 개선해보려는 캐서린의 시도도 효과가 없었다. 잡지사 여성 직원들은 연방법원에 성차별에 대한 불만에 대해 고소하기에 이르렀다. 이 소송은 해결이 됐지만 2년 후 또 다른 불만에 대한 고소가 접수됐다. 뉴스위크 편집자가 고용인들에게 한 약속을 지키지 않았다는 이유에서였다. 이때 경영진으로부터 구체적인 행동방안을 약속받으면서 여성 직원들은 소송에서 이기게 됐다. 이와 비슷한 소송은 1980년 워싱턴포스트에서도 일어났다.

캐서린에게 여성이라는 이유로 특별한 문제에 직면한 적이 있었는지 물어본 적이 있다. "나는 늘 많이 생각하지요. 처음에 나는 내게 닥친 모든 난관이 내가 경험해 보지 못한 것이라서 그런 줄 알았어요. 모두 새로 배워야 했으니

---

* 1970년대 미스(Miss)와 미시즈(Mrs.)를 통합한 미즈(Ms.)라는 신조어로 진보적 여성주의 잡지를 창간한 페미니스트(feminist).

까요. 만약 내가 남자였다면 훨씬 쉬웠을 것이라는 생각은 꿈에도 하지 못했답니다."[21] 캐서린의 대답이다.

캐서린은 의도적인 페미니스트는 아니었다. 그녀는 일부러 여성 기자와 발행인을 위한 행동을 하지는 않았다. 그녀는 할 일을 했을 뿐이다. 『미즈』잡지에 초대됐을 때 캐서린은 "나는 미즈Ms.보다 미시즈Mrs.를 더 선호하며 늘 미국에서 가장 영향력있는 여성으로 불리는 게 싫다"고 말했다. 캐서린은 이 잡지가 시작될 때 착수금으로 2만 달러를 준 적이 있다.

캐서린이 사주로 있는 동안 워싱턴포스트에는 여성 고용인들이 크게 늘어났다. 워싱턴포스트 기자인 로버트 카이져Robert Kaiser는 이렇게 말했다. "캐서린과 함께 일해 본 여성은 모두 느끼는 감정이 있죠. 부분적으로는 고용주이자 같은 여성으로 대했던 점도 한 몫했겠지만 아마도 캐서린이 언제나 진정으로 여성들의 편을 들어줬다는 점이 크게 기여를 했을 것입니다."[22]

고용에 대한 관례가 점차적으로 변해가고 있다고 해도 여성이 임원진에 들어가는 유리문은 아직도 굳게 닫혀있었다. 간혹 극소수의 여성들이 입사해서 이 관례를 깨드린 경우가 있지만, 그들은 단지 고용인들이 평등함을 보여주기 위한 수단으로 사용됐을 뿐이었다. 그러나 수십 년이 지나자, 드디어 여성들은 최상위 경영진 그룹에 들어갈 수 있는 기회를 얻었으며 이사회의 이사진이 될 수 있었다. 전 뉴스위크 사장 마크 에드미스턴Mark Edmiston은 캐서린에 대해 이렇게 이야기했다. "캐서린은 이사진 명단에 고위급 CEO 여성의 이름을 올리기 위해 많은 노력을 했습니다. 하지만 그녀의 능력으로도 (여성이 이사진에 오른다는 것은) 한참 동안 쉽지 않았답니다."[23]

워싱턴포스트컴퍼니 이사진은 현재 11명의 이사들로 구성돼 있다. 이중에 두 명(18%)이 여성이다. 한 명은 캐서린 웨이무스Katharine Weymouth로 캐서린 그레이엄의 손녀딸이다. 다른 한명은 제록스의 CEO였던 앤 멀캐이Anne

Mulcahy다. 캐서린 웨이무스는 2008년도에 워싱턴포스트의 발행인으로 임명 됐다. 그녀의 어머니인 랠리 웨이무스Lally Weymouth는 현재 기자이자 수석 편 집장으로 활동하고 있다.

1963년 CEO가 된 캐서린은 업무와 사생활을 따로 구분하지 않았다. 낮에 는 일을 하고 밤에나 주말에는 집에서 쉬거나 사교 생활을 즐겼다. 캐서린의 지인들은 종종 뉴스거리를 제공하기도 했다.

캐서린은 자신이 맡은 회사에 대한 책임감 때문에 사생활은 희생시킬 수밖 에 없었다. 그녀가 회사를 인수했을 때 어린 두 아들은 겨우 10살, 14살이었 다. 그녀는 더 이상 가족들을 위해 온전히 시간을 보낼 수가 없었다. 다행히 큰 딸 랠리와 큰 아들 도널드는 대학에 진학한 후였다. 당시 캐서린은 어린 아들 둘에게 편지를 썼다. "너희들은 동시에 엄마와 아빠 모두를 잃게 됐구 나."[24] 그래도 여전히 그녀는 할 수 있는 최선을 다해 아이들의 스포츠 경기 에도 참석했으며 다양한 이벤트 행사에도 데리고 다녔다.

캐서린은 자식들에게 워싱턴포스트에서 일할 것을 강요하지 않았다. 하지 만 그렇다고 막은 것도 아니었다. 그녀가 자식들에게 원한 것은 단 한가지였 다. 스스로 돈을 벌라는 것이었다.

'자식들을 워싱턴포스트에서 일하게 하는 것은 어떻겠냐'는 질문을 받았을 때 캐서린은 이렇게 말했다.

"아마 한 두 자리 정도는 내어줄 수 있겠지요. 하지만 그 자리도 아이들이 완벽하고 전문적으로 일할 수 있을 때여야 가능한 것입니다. 나는 단지 영화 를 좋아한다는 이유로 내 아이가 영화평론가 자리를 맡을 수 있다고 생각하 지 않습니다. 그것은 그들의 앞날을 망치는 것이겠지요. 나는 아이들이 그들 만의 계획을 가지고 있다고 굳게 믿고 있어요. 그들이 강렬히 원하고, 잘할 수 있는 자신감이 있으며, 일 자체를 신중하게 여기지 않는 이상 이 일을 하라고 그들에게 강요할 필요는 없다고 느낍니다. 하지만 만약 그렇게 생각하는 아이가 있어서 제 신문사에서 일을 하게 된다면 우리에게 그보다 더 건설적인 일은 없다고 봅니다. 반면 맡은 자리에서 제 역할을 충분히 감당하지 못한다면 그것이야말로 최악의 상황이 되겠지요. 아마 신문사를 망치게 될 겁니다.”[25]

캐서린은 회사를 경영하는 동안, 모든 에너지와 신경을 쏟아 부었다. 현재 홀로 세 아이를 키우고 있는 손녀 캐서린 웨이무스 역시 업무와 가정일 두 가지의 균형을 맞추려고 노력하고 있다. 웨이무스는 이렇게 말했다. “나는 요즘 시대에 모든 것을 다 감내하려는 여성들을 보면 무척 걱정이 됩니다.”[26]

누구나 자신의 열정을 따라 행동하는 것은 언제나 좋은 일이다. 만약 내가 가지고 있는 열정과 하고 있는 일이 같다면 반드시 목적이 뚜렷하고 보상받는 삶을 살 것이다. 캐서린은 신문사 경영을 무척 사랑했다. “나는 완전히 이 일에 빠져있습니다. 이 일로 나는 늘 신이 날 수 있답니다.”[27] 캐서린은 말했다.

● 도전

신문사를 경영하려면 수많은 위험, 논쟁, 도전의 짐을 늘 안고 가야한다. 최고의 기사를 완성하기 위해 위험을 감수해야 하며 논쟁도 중립적으로 받아들여야 한다. 모든 사람들이 늘 기사에 만족하는 것은 아니며 특정기사를 옹호하는 독자들이 늘 있는 것도 아닐 것이다. 기사의 목적은 사실을 추구하는 것이고 신문은 그것을 사실 그대로 내보내면 되는 것이다. 대중들은 정확하고 시기적절한 정보들을 알 권리가 있다.

도널드는 말했다. “지금까지 워싱턴포스트의 리더들은 시민들이 뉴스기사를 자유롭게 접할 수 있도록 하기 위해서 엄청난 위험을 감수해야만 했습니다. 펜타곤 문서와 워터게이트 사건을 보도하기로 한 어머니의 결정이 바로 가장 유명한 두 가지 사건이죠."[28]

1971년 6월은 여러 가지 일로 논쟁이 야기됐던 시기였다. 펜타곤Pentagon 문서는 2차 세계대전 이후부터 작성된 것으로, 미국 국방부가 정치·군사적으로 베트남에 개입하게 된 과정에 대한 일련의 기밀문서다. 미국 정부에서는 국가 기밀문서라며 워싱턴포스트와 뉴욕타임즈에 이 문서가 실리는 것을 막기 위해 고군분투했다. 하지만 대법원에서는 언론의 자유를 인정하며 신문사의 손을 들어줬다.

다음해 워싱턴포스트는 워터게이트Watergate 사건을 폭로했다. 이 일로 워싱턴포스트는 퓰리처상을 수상하게 된다.

워터게이트 사건은 1972년 6월 17일, 민주당 전국 위원회 본부가 있는 워터게이트 호텔 한 사무실에 다섯 명의 건장한 남자가 문을 부수고 들어왔다가 체포되면서 시작됐다. 당시 워싱턴포스트 편집국장 하워드 사이먼Howard Simon은 이 사실을 알고 집에 있는 캐서린에게 전화를 걸었다. "지금 무슨 일이 일어나고 있는지 알면 도저히 믿을 수 없을 겁니다."[29]

닉슨Nixon 대통령 재선위원회는 조사과정에서 사건 내용을 어떻게 입수했는지 알아내기 위해 밥 우드워드Bob Woodward와 칼 번스타인Carl Bernsstein을 포함한 워싱턴포스트의 몇몇 기자들을 소환했다. "나는 벤 브래드리Ben Bradlee에게 가서 이렇게 말했어요. '방금 아래층에서 경비원에게 전화 한 통을 받았는데 내 이름이 적힌 소환장을 누가 들고 왔다고 합니다.' 그랬더니 그가 말하길 '일단 영화 한 편 보고 오면 그 사이에 어떻게 된 상황인지 알아보고 있을께요.' 그래서 나는 영화를 보러갔습니다. 내가 본 영화는 『딥 스로트Deep Throat』였어요. 사무실로 돌아와 보니 우리가 가지고 있던 그 문서는 이미 캐서린 그레이엄에게 전달된 후였어요. 결국 만약 우리들 중 누군가가 감옥에 가야한다면 그녀도 함께 가야한다는 뜻이겠지요." 칼 번스타인이 말했다.

"벤이 말했어요. '무슨 일이 있기야 하겠어요? 카메라 기자들은 모두 법원 뒤쪽에서 우리 회장님이 교도소로 들어가는 것만 기다리며 지켜보고 있을 텐데요.' 사실 캐서린은 원칙을 알고 있었기 때문에 이미 교도소로 들어갈 준비를 하고 있었어요. 하지만 결국 나는 소환장을 되돌려 받았고 그들은 물러났습니다. 애당초 그들은 캐서린을 데려갈 마음이 없었던 것이었죠."[30]

캐서린은 가장 힘들었던 시기인 워터게이트 사건 조사 당시 아버지의 말씀이 떠올랐다. "너가 옳다고 생각할 때는 기꺼이 옳은 일에 혼자서 서 있을 준비를 하고 있어야 한다."[31]

밥 우드워드는 워터게이트 사건 조사 당시 부정 폭로 기자로 활동할 초기, 전 법무장관 존 미첼John Mitchell에게 사건의 증거를 얻기 위해 전화를 걸었을 때를 회상했다. "그는 자신만만하게 나에게 협박하며 말했습니다. '캐서린의 유방을 탈수기에 끼게 해주겠다.' 지금의 법무장관인 에릭 홀더Eric Holder가 그렇게 협박하는 모습이 상상이나 되세요? 그들은 아마도 존 미첼이 기자들에게 감시 없이 자유롭게 말하는 것을 절대 허락하지 않을 것입니다."[32]

워터게이트 사건 이후 캐서린은 많은 상을 수상하게 됐다. 그리고 밥 우드워드와 칼 번스타인이 워터게이트 사건에 대해 쓴 책을 영화화하기 위해 캐서린은 영화감독이자 배우인 로버트 레드포드Robert Redford와 만나기도 했다. 나중에 『대통령의 사람들All The President's Men』이란 제목으로 영화를 찍을 때 감독은 캐서린 역을 맡을 여자배우도 섭외를 했지만 사실상 편집돼 개봉될 때는 영화에 포함되지 않았다.

이 모든 사건을 캐서린이 홀로 감당하기에는 너무 많은 관심을 받고 있었다. 그녀는 기자들이 워터게이트 사건 기사로 인해 부당한 압력이나 신변의 위협을 받지 않도록 힘썼다. 캐서린은 한 조찬 자리에서 다음과 같이 말했다. "우리 기자들과 출판업체들 모두는 민주 사회의 기능을 제대로 수행하기 위해 사건을 기록하는 핵심적인 역할을 합니다. 나는 우리 모두가 독자를 향해 늘 눈을 낮추고 사회의 복잡한 문제를 찾아내서 기사에 잘 반영할 수 있길 바라고 기도합니다."[33]

캐서린은 기자들이 가져야 할 적절한 역할에 대해 잘 알고 있었다. 중립적인 뉴스는 독자들이 이해하기 쉽다. 그리고 신문기사는 논제를 염두에 두고 시작할 수 없다. "그것은 우리의 책임이 아닙니다." 그녀가 말했다. "이 사회를 개혁하는 것은 우리의 책임이 아닙니다. 우리 기자들이 그 망할 기업들의 경영을 망치기 위해 있는 사람들이 아니란 말입니다. 그저 정보들을 전달하기 위해 여기 이 자리에 있는 것입니다. 우리는 망할 놈의 정치개혁자들이 아니란 말입니다."[34]

캐서린은 세상에 알려진 워터게이트 보도에 대해 늘 그녀의 역할을 최소화시키고 그 어떤 명예도 받아들이지 않으려고 했다. 하지만 그 대신 사건을 보도한 기자들에게는 큰 힘이 돼 줬다. "그것은 고지식하고 수줍어 보이려고 한 행동이 아닙니다." 캐서린이 말했다. "사실 내가 영웅이 될 만한 일을 한 것이 정말 없습니다. 내가 한 것은 단지 워싱턴포스트 편집직원들과 기자들에게 멈추지 말고 계속 보도하는 작업을 진행하라고 한 것 뿐입니다. 저는 그들의 판단과 능력을 굳게 믿고 있습니다. 나는 우리가 그 일을 계속 'go ahead' 진행해야 된다고 생각했습니다. 그것이야말로 진정 우리가 하는 일인 것입니다. 헤로이즘(영웅중의)은 무언가 엄청난 선택을 했을 때 말할 수 있는 것이지요. 우린 해야 할 일을 했을 뿐이죠. 알려진 것처럼 우리는 단단한 밑바탕에 위에 서 있습니다. 우리는 늘 눈을 뜨고 살펴봅니다. 더군다나 우리를 후원해 주는 기업들도 있습니다. 우리가 쓰는 제대로 된 기사는 그들에게 이윤을 남겨줍니다. 뗄레야 뗄 수 없는 관계인 것이죠. 그렇게 간단한 것입니다. 뭐, 잠은 잘 못자기도 했지만 말입니다."[35]

캐서린에게 다가온 또 다른 도전은 1975년에 일어난 노조연합의 데모였다. 그 싸움은 금방 폭력으로 변했다. 노조연합의 멤버들이 사무실을 부수고, 야간직원들을 기습하고, 방화를 시도했다. 캐서린은 인형으로 만들어져서 화형에 처해지기도 했다. 노조연합의 부대표 찰스 데이비스Charles Davis는 피켓를 들고 다녔다. "필립은 캐서린을 잘못 쏜 것이다!"[36]

캐서린은 139일 동안 지속된 파업에도 신문이 발행될 수 있도록 정면으로 맞섰다. 노조연합이 마지막 회사의 제안을 거절했을 때 결국 캐서린은 모든 노조원을 해고하고 다른 인력으로 채웠다. 이 때 처음으로 그녀는 여성들도 해고했다.

파업을 직면하고 해결해 나가는 캐서린에 대해 워런 버핏은 이렇게 말했다. "캐서린은 걱정하고 고통스러워했습니다. 행여나 이 일로 가족들이 40여년 동안이나 공을 들여 이루어놓은 결과물을 망치는 것이 아닌가 하고 말입니다. 몇몇 그녀의 지인들은 이제 그만 항복하라고 권하기도 했습니다. 그녀의 두려움은 극에 달했지만 결국 그녀는 인내했습니다."[37]

전 워싱턴포스트 기자 제이 스미스J.Y Smith와 노엘 엡스타인Noel Epstein은 이렇게 말했다. "경영자로서 그녀의 강점은 지성, 굳건함, 배우고자 하는 의욕, 사람들을 판단하는 능력입니다. 그녀의 직원들은 늘 자유롭게 일했지요. 하지만 모두들 그녀가 회장이라는 사실만은 늘 염두에 두고 있었어요. 그녀역시 기자들에게 자유롭게 글을 쓰라고 했지만 그들은 한 번도 그녀를 걱정되게 할 만한 기사는 쓰지 않았다고 말하곤 하지요."[38]

"이것이 바로 워싱턴포스트의 강점입니다." 밥 우드워드가 말했다. "한마디로 정치라고 말할 수 있습니다. 감히 워싱턴포스트는 미국에서 가장 큰 언론기관이라고 말할 수 있습니다. 그들은 그들이 해야 할 일을 잘 알고 있어요. 사실 그들은 힘든 상황일수록 더욱 최선을 다한답니다."[39]

캐서린은 다사다난한 수도 워싱턴에서 살면서 늘 존재하는 위기상황과 논쟁의 여지가 가득한 정치적 이슈들을 잘 해결해 나갔다. 그녀가 말했다, "1917년에 어머니가 쓰신 일기장을 보면 이렇게 적혀 있어요. '사건들은 너무 빨리 지나간다.' 이 간단한 한 문장은 제 삶의 전체를 그대로 나타내는 문장과도 같았습니다. 많은 드라마가 존재하는 워싱턴에 살면서 급하게 앞만 보고 달려오는 것은 좋지 않다는 생각이 들었습니다."[40] 가장 어려운 시기에 그녀는 살기 위해 더 강해졌다. 이러한 도전들은 소심한 한 신문사의 계승자였던 캐서린을 자신감 넘치는 리더로 탈바꿈시켰다.

● 버핏과의 조우

버핏은 늘 자신이 워싱턴포스트를 처음 만난 것은 13살 워싱턴에서 신문배달을 할 때였다고 말한다. 당시 그의 아버지는 국회의원이었다. 그가 캐서린을 개인적으로 만나게 된 것은 1971년이었다.

『월간 워싱턴Washington Monthly』의 창설자인 찰스 피터스Charles Peters는 자사 투자자인 버핏을 캐서린에게 소개했다. 버핏은 자신이 주주로 있는 출판업체인 『뉴요커New Yorker』 잡지를 캐서린이 살 의향이 있는지 물어보고 싶어 했다.

"버핏이 캐서린을 소개해달라고 청했지요." 찰스가 말했다. "그리고 그들의 만남은 그들 모두에게 매우 좋은 일이 되었답니다. 버핏은 캐서린의 가장 큰 경영 스승이 돼 주었고, 또한 워싱턴포스트의 최대 소수주주가 되었기 때문입니다. 게다가 그들은 서로 알기 전보다 훨씬 돈을 많이 모았으니까요. 나도 10% 정도 달라고 했었어야 했는데 말이죠."[41]

당시 캐서린은 뉴요커 잡지를 살 마음이 없었다. 하지만 훗날 그들이 만났을 때 버핏은 캐서린에게 깊은 감명을 받았다. 결국 그 마음은 워싱턴포스트컴퍼니에 대한 관심으로 이어졌다. 그 후 워싱턴포스트컴파니는 일반인들에게 주식을 발행하기로 결정했다. B급 일반주식은 주당 26달러에 발행됐다.(이후 스플릿 조정이 되면 주당 6.50로 발행된다.)

B급 주식은 현재 25억이 넘는 가치를 지니고 있다. 2004년에는 각각 1,000달러로 거래가 됐지만 이후 주당 350달러로 급락했다. 1986년부터 뉴욕타임즈 사장으로 있는 슐츠버거Sulzbergers와 캐서린이 미국 내 주요 미디어 그룹을 가지고 있으며 가족기업으로 있는 유일한 사람들이다.

"워런 버핏은 나중에 나에게 말했어요. 사실 그 때 우리가 주식을 공개할 필요는 없을 것 같았는데 결국 나중에는 기뻤어요." 캐서린이 말했다. "사실상, 나도 아직까지 주식이 공개된 것에 대한 책임을 져야 하는 것만 제외하고는 좋았거든요."[42]

1973년부터 1년간, 버크셔 해서웨이는 1,060만 달러 가치 정도의 워싱턴포스트컴퍼니 주식을 매입했다. 그리고 한동안 주식시장이 하락됐을 때 주식을 매입했다.

버크셔의 부회장 찰리 멍거는 말했다. "20% 가치에 가까운 주식을 매입했습니다. 그래서 우리는 누가봐도 이길 수 있는 게임에 있는 것과 마찬가지였어요. 그것은 정말 꿈이었어요. 캐서린 그레이엄가 사람들은 매우 상류층이었거든요. 그래서 꿈이라는 것이지요. 절대적으로 지독한 꿈이었죠."[43]

캐서린은 말했다. "버핏은 내가 그를 알지 못할 때 이미 우리 회사 주식을 사들였어요. 이후 그는 우리 회사주식을 5% 가지고 있다며 나에게 편지를 썼고 이렇게 말했지요. '그레이엄 여사에게, 나는 방금 당신 회사 주식 5% 매입했습니다. 그리고 당신에게 해를 끼칠 생각은 절대 없습니다. 나는 워싱턴포스트가 엄청난 회사라고 생각합니다. 나는 이 회사를 그레이엄가가 가지고 있고 그들이 경영하는 회사라는 점도 무척 마음에 끌렸습니다.' 그래서 나는 그를 만나기를 요청했어요. 그리고 만나고 난 후 생각했습니다. '와우, 이 사람 정말 굉장한 사람이구나.'"[44]

버핏이 워싱턴포스트에 처음 직접 방문했을 때, 그는 워싱턴포스트를 인수할 생각은 없다고 다시 한번 캐서린을 안심시켰다. 점심식사 후에 나눈 대화에서 버핏은 캐서린에게 더 이상 워싱턴포스트 주식을 사지 않겠다고 말했다. 그는 워싱턴포스트의 주식을 사는 것에 대해 캐서린이 걱정하고 있다는 것을 알아챘기 때문이다.

캐서린은 말했다. "그는 회사의 약한 부분을 어린아이의 젖니로 묘사했어요. 그리고 '만약 그것들이 마치 늑대이빨같이 행동한다면 나는 그것들을 가차 없이 뽑아버릴 거야.' 나도 그렇게 하는 것이 좋다고 동의했죠."[45]

"나는 그를 이사회에 초대하였습니다. 사람들은 그가 나를 통해 회사를 운영하고 싶어한다고 생각했지만, 사실상 그에게 조언을 구한 것은 바로 나였지요. 그가 얼마나 똑똑한지 알고 있었기 때문입니다. 그는 경영에 대해 정말 많은 것을 가르쳐 주었어요. 그는 내가 얼마나 경영에 무지한지 금방 깨닫게 했지요. 그는 이사회에 올 때마다 20여개의 보고서를 들고 왔답니다. 그것은 각각 다른 기업들의 연말보고서였지요. 마치 경영학교에 등록되어 다니는 기분이었답니다."[46]

버핏은 이사회에서 재무위원회를 맡고 있었다. 그는 2011년에 이사직을 그만뒀다. 1974년에 입회한 이래 1986년부터 1996년까지 10년 동안 잠시 떠나 있던 것을 빼고는 26년 동안 이사로 활동했던 것이다. 버핏은 버크셔의 해외기업인수를 위해 장기적으로 해외에 머물게 돼 떠나는 것이라고 말했다.

"버핏은 끊임없이 저에게 도움이 되는 메모를 보내주었어요. 때때로 그는 내가 미처 알지 못하고 있던 문제점들을 알려주기도 했죠." 캐서린이 말했다. "처음에 나는 내가 얼마나 운이 좋은 사람인지 알지 못했습니다. 그러한 사람을 스승으로 둘 수 있었는데도 말이죠. 어느새 나는 그의 충고에 의지하게 되었고 좋아하게 되었습니다. 사실상, 내가 그렇게 애타게 배우고 싶었던 경영을 기본부터 가르쳐 준 것이나 마찬가지였습니다."[47]

도널드 그레이엄은 말했다. "버핏의 결정없이 포스트에서 이루어진 것은 아무것도 없습니다. 그가 지난 37년 동안 우리에게 진행하라고 일깨워 준 일들은 수도 없습니다. 케이블원의 매입, 휴스톤과 샌 안토이노 TV 인수 건, 자회사 주식 매입 건, 연금자문가 선별 건 등이 바로 그것이죠."

"물론 그가 하지 말라고 했던 큰 일들도 많이 있습니다. 어머님이 자서전에서도 언급하셨지만, 그것은 바로 어머니가 신문사와 방송국을 사고 싶어 할 때 버핏이 준 조언입니다. 그녀는 이미 경매에 입찰했지만 버핏의 조언을 듣자마자 엄청난 금액의 경매를 취소하셨죠. 이와 마찬가지로 그는 기업에 악영향을 끼칠 만한 일들에 대해서도 계속 조언해주었습니다."[48]

"버핏은 최고입니다. 지난 37년 동안 우리는 회사에게 꼭 필요한 최고의 자문가를 가질 수 있는 특권을 누렸습니다. 그는 지금도 여전히 우리가 필요하면 언제든지 자문해주겠다고 말합니다. 곧 진행될 워싱턴과 오마하를 잇는 통신시설과 에어라인 관련 업무 외에도 얼마든지 많거든요"[49]

버핏은 캐서린이 워싱턴포스트를 경영하면서 필요한 자문을 조언해주는 사람이었으며 지도자이자 어시스트였다. 캐서린은 경영의 기초적인 부분들을 알아가면서 자신감도 생겨났다. 그의 경영수업은 그녀의 식습관과 복장스타일도 개선시켰다.

버핏과 캐서린은 금세 매우 가까운 친구가 됐다. 1974년 6월, 캐서린은 캘리포니아 라구나에서 살고 있는 버핏과 그의 가족을 방문한 적이 있다. 훗날 캐서린은 버핏에게 다음과 같은 편지를 썼다. "당신의 강렬함, 집중력과 열정은 나를 겁나게 만들었죠. 하지만 당신이 가지고 있던 또 다른 모습들, 즉, 예의바른 품격, 유쾌함, 즐거움, 따뜻함은 나를 안도시켰답니다."[50]

버핏도 캐서린과 친해진 초반에 다음과 같은 편지를 썼다. "당신이 권위를 유지하면서 능력있고 지적으로 다양한 사람들과 진정으로 친해질 수 있고, 동시에 스스로가 만남을 최대한 즐길 수 있다면, 당신은 분명 또 다른 무언가를 얻을 수 있을 것입니다." 이 편지는 씨즈캔디See's Candy 박스에 담겨 전해졌다.[51] 캐서린은 말했다. "나에게는 두 스승이 있습니다. 한 명은 워런 버핏이고 또 다른 한 명은 경험이지요."[52]

버핏은 워싱턴포스트가 1985년 캐피탈 시티즈 커뮤니케이션스Capital Cities Communication가 소유한 53개의 케이블방송을 3억5,000만 달러에 매입했을 때 정말 중요한 경영전략을 캐서린에게 조언했다. 그 결과 몇 년 후 케이블방송에서 큰 이익을 볼 수 있었다. 반면 다른 비케이블 방송사는 쇠퇴했다.

현재, 1984년에 매입한 주식을 포함한 버크셔의 워싱턴포스트 지분 가치는 6억 달러이다. 여전히 640억 달러 가치의 다른 버크셔 소유주에 비하면 1% 부족한 것이라 할 수 있다. 〈표 9.1〉에서는 2011년 12월 현재 버크셔가 가장 많은 주식을 보유하고 있는 5개 기업을 보여주고 있다. 표에서 보여지는 기업 외에도 뱅크 오브 아메리카(50억), 크래프트 푸드(33억), 존슨 앤 존슨(24억), 월마트(22억), 코노코필립스(20억) 등이 있다.

버핏은 1984년 캐서린에게 쓴 편지에서 워싱턴포스트에 버크셔가 투자한 재무적인 영향에 대해 요약했다. "버크셔 해서웨이는 1973년 봄과 여름 각각 워싱턴포스트의 주식을 매입했습니다. 당시 주당 1,060만 달러였으며 현재 시장 가치는 1억4,000만 달러 정도 되지요. 만약 우리가 당시 같은 금액으로 다른 기업의 주식을 매입했다면 현재 나타난 결과는 아마 다음과 같았겠지요. 다우존스Dow Jones에서 5,000만 달러, 간넷Gannett에서 3,000만 달러, 나이트리더Knight-Ridder에서 7,500만 달러, 뉴욕타임즈New York Times에서 6,000만 달러, 타임즈 미러Times Mirror에서 4,000만 달러 정도의 가치를 가지고 있었을 것입니다. 단순히 100만 달러의 평균이익을 보기보다는 6,500만 달러에서 1억1,000만 달러로 상승시키는데 의의를 둘 수 있습니다."[53]

캐서린은 2001년 6월, 84세의 나이로 사망했다. 당시 그녀는 아이다호Idaho의 선 밸리Sun Valley에서 개최된 앨런 앤 컴파니Allen & Company 컨퍼런스에 참석 중이었다. 앨런 앤 컴파니는 미디어와 연예부문에서 부티크 투자은행Boutique Investment Bank*이다.

이 컨퍼런스는 매년 7월에 일주일동안 진행된다. 캐서린과 버핏의 가족은 매년 참석했다. 버크셔 해서웨이 이사회 멤버인 도널드 키Donale Keough가 앨런 앤 컴파니 회장으로 있다.

캐서린은 그녀가 묵고 있던 방에서 의식이 없는 상태로 발견됐다. 아직까지 그녀가 넘어지면서 뇌에 손상이 간 것인지 아니면 심장마비였는지는 확인되지 않았다. 캐서린은 발견 즉시 항공편을 통해 보이시Boise**로 옮겨졌지

표 9.1 버크셔 해서웨이가 가장 많은 주식을 보유하고 있는 5대 기업   (2011년 12월)

회사	소유지분율(%)	시장가치(달러)
코카콜라(Coca-Cola)	8.8	135억
IBM	5.4	124억
웰스 파고(Wells Fargo)	6.8	97억
아메리칸 익스프레스 (American Express)	13.0	74억
프로텍터 앤 갬블 (Protector & Gamble)	2.8	50억

만 의식을 되찾지 못하고 3일만에 사망했다.

버핏은 워싱턴 국립 대성당에서 거행된 캐서린의 장례식에서 장례절차를 도맡아 진행했다. 운이 좋게도, 캐서린은 그녀의 본거지인 워싱턴에 안장됐다. 그녀는 워싱턴을 사랑했고, 워싱턴에 대한 이야기를 담은 책을 발행할 계획을 가지고 있었다.

사망 당시, 책은 완성되지 않은 채 진행되고 있었다. 캐서린의 비서 에벌린 스몰Evelyn Small과 편집장 로버트 고트리브Robert Gottlieb가 내용들을 엮어서 『캐서린 그레이엄의 워싱턴Katharine Graham's Washington』이란 제목으로 2002년에 발간했다. 이 책의 서문에서 캐서린은 다음과 같이 말했다.

"지난 80여년 동안, 워싱턴은 나의 본 고향이었습니다. 내가 지향하는 모든 것들은 이 곳을 위한 것이었습니다. 워싱턴은 내가 여기에 살지 않았다면 어쩌면 만나지도 못했을 다양한 사람들을 만나게 해준 곳이었습니다. 워싱턴은 나의 마음 깊은 곳에 훤하게 자리 잡은 곳입니다. 지역적으로든 국가적으로든 가장 중요한 정치가 내 피에 자리 잡고 살게 한 곳이 바로 이곳입니다. 간략하게 말해서 워싱턴은 내가 만날 사람들을, 갈 장소를, 할 일을 모두 발견하게 한 곳입니다."[54]

● 유산

그래이엄 사람들은 워싱턴포스트를 계속 지배하고 이끌어왔다. 몇몇 주주

---

* 특정 업종이나 개인 부유층을 타깃으로 맞춤형 사업을 하는 금융 기관
** 아이다호의 주도

들은 이해하지 못했다. 바로 이 부분에서 가족기업이 가진 부정적인 면이 나타난다. 바로 주주들에 대한 책임감이다.

"우리가 주식을 소유한 이유는 그들이 신문사 기업이라서가 아닙니다. '그럼에도 불구해서'이지요." 인터내셔널 밸류 어드바이저International Value Adviser의 찰스 드 보크Charles de Vaulx가 말했다. 그의 회사는 워싱턴포스트의 지분 7.4%를 가지고 있다. 버크셔 다음으로 가장 많은 지분을 가지고 있는 회사다. "그들이 신문사 경영이 더 이상 가망이 없다는 결론에 이르게 된다면 더 이상 정에 휘둘리는 감정은 없겠죠."[55]

하지만 그레이엄가의 신문사에 대한 애착과 그들의 결속력은 매우 강했다. "그레이엄가는 신문 가족이라고 해도 과언이 아닙니다. 그리고 나는 그들이 워싱턴포스트를 계열사로 독립시키는 시나리오는 상상조차 할 수가 없습니다." 기업분석가 존 모턴John Morton의 말이다.[56]

"신문 사업은 점점 더 어려워 질것이며 사실 이미 매우 어려워졌습니다." 버핏이 신문에 대해 말했다. "신문은 포스트 컴퍼니의 중심물인 것은 확실합니다. 하지만 그것이 단지 가장 많은 돈을 벌어준다는 의미는 아니지요."[57]

버핏은 한동안 신문 산업에 대해 비관적인 이었다. 비록 버크셔가 2011년 12월에 『오마하 월드 헤럴드Omaha World Herald』를 매입했긴 했지만, 그것은 버크셔의 전형적인 매입기준에 맞지 않는 감정적인 선택이었다고 보여 진다. 신문 산업의 기본법칙은 명백하게 망가지고 있다. 버핏은 말했다. "찰리와 내가 젊었을 때, 신문은 큰 돈을 벌어들일 수 있는 사업 중 하나였습니다. 어느 발행인이 남긴 유명한 말을 봐도 알 수 있습니다. '나는 대단한 미국의 관습 덕분에 성공할 수 있었다. 그것은 바로 독점과 족벌주의다.' 신문사가 하나 있는 도시에서는 아무리 품질이 떨어지고 경영이 형편없더라도 이윤은 펑펑 쏟아졌습니다. 그러나 현재, 거의 대부분의 신문사 사주들은 그들 세계에서 지속적으로 설 자리를 잃어가고 있다는 것을 깨닫고 있습니다. 간단히 생각해보십시오, 만약 인터넷을 포함한 케이블과 위성방송이 제일 처음 나왔다면 신문은 아마 이 세상에 존재하지 않았을 것입니다.[58]

버핏과 캐서린은 경영 실전에서 같은 철학을 공유하고 있었다. 버핏은 말했다. "캐서린은 가장 중요한 경영의 룰을 알고 있습니다. 첫째는 주변에 재능 있는 사람들을 많이 두고 책임감을 가지고 그들을 가르치는 것이지요. 늘 그들에게 감사하는 것도 잊지 않았습니다. 둘째는 계속적으로 고객들에게 도움을 줄 수 있는 양질의 신문을 발행하는 것입니다."

저널리스트 리더 중 캐서린보다 더 많은 업무량을 수행한 사람은 아무도 없었다. 결과적으로 그녀의 열정은 엄청난 수익을 창출했다. 정말로 '품질 조정' 기준으로 신문과 텔레비전 이윤 마진을 봤을 때, 캐서린은 워싱턴포스트컴퍼니를 밑바닥에서 제일 윗부분으로 끌어올린 것이나 다름없었다.

"캐서린은 명석함으로 직감을 발휘하였고, 워싱턴포스트컴퍼니의 CEO로서 엄청난 애사심을 유지하고 있었습니다. 그녀는 그녀가 가장 바라는 일이 경영부문에서 퓰리처상을 받는 것이라고 늘 말했었죠. 결국 그녀는 해냈습니다."[59] 버핏의 말이다.

현재 캐서린의 자손들은 워싱턴포스트에 그들만의 표시를 만들고 있다. 사무실에서 캐서린 웨이무스는 'KW' 또는 'K-Wey'라고 언급된다. 웨이무스는 훗날 도널드 그레이엄의 자리에 앉고 싶어 한다. 그러나 도널드는 사업승계에 관해 "나는 내 자리에 오래 머물고 싶습니다"라고 말했다.[60] 캐서린 웨이무스 세대에서는 더 이상 회사를 이어받을 사람은 없다.

랠리는 두 딸들 케서린과 동생 파멜라에게 현실에 대해 명확하게 알려줬다. "어머니는 세상은 아무것도 우리에게 빚진 것이 없다고 하셨습니다. 성공은 90%의 고된 노력과 10%의 재능으로 이루어진다는 말씀도 해주셨죠." 캐서린은 말했다. "나는 우리 어머니가 그렇게 해왔다는 것에 대해 무척이나 감사하게 생각합니다."[61]

신문 발행인으로써 캐서린의 책임감에 대해 웨이무스는 이렇게 말했다. "나는 우리가 해야 할 일에 대해 매우 정확한 눈을 가지고 있다고 생각합니다. 앞날은 분명 매우 힘들어질 것이에요. 그러나 우리는 자리를 잘 잡았다고 생각해요. 우리는 굉장히 많은 부분을 시장에 침투하고 있고 훌륭한 신문과 웹사이트를 가지고 있으며 또한 대단한 사람들과 함께 일하고 있죠."[62]

웨이무스는 그녀의 할머니 캐서린에 비해 공공정책에 관여하지는 않았다. "그건 제가 할 일이 아니라고 생각해요." 웨이무스가 말했다. "나는 그쪽 일에는 열정이 없습니다. 할머니는 존 F. 케네디JFK, John F. Kennedy와 린든 B. 존슨LBJ, Lyndon B. Johnson를 알고 있었고, 그것은 그녀의 세상이었죠. 저도 유명 인사들을 만나는 것을 좋아하기는 하지만 그저 좋아할 뿐이랍니다."[63]

캐서린 그레이엄의 회고록은 그녀의 삶을 생생하게 보여줬다. 그리고 그녀는 결국 퓰리처상을 받게 됐다. 워싱턴포스트 기자 데이비드 브로더David Broder는 말했다. "워싱턴포스트에서 35년 동안 일하면서 영광스러운 적이 여러 번 있었습니다. 하지만 무엇보다 가장 기억에 남는 일은 캐서린이 퓰리처상을 받았던 날이라고 말할 수 있죠. 그녀는 회고록으로 많은 찬사를 받았습니다. 그것은 그녀에 대해 오직 본인만이 할 수 있는 이야기를 스스로 쓴 책이었습니다. 그녀가 퓰리처상을 받았다는 뉴스는 이미 회사에 다 퍼졌지만 미국연합통신AP을 통해 공표되기 전에 축하하는 것은 관습상 불가했답니다."

"캐서린은 그날 오후 편집실에서 내려와 편집이사 렌 다우니Len Downie의 사무실에서 앉아 논설위원인 맥 그린필드Meg Greenfield와 함께 소식을 기다렸습니다. 편집실 직원들도 사무실 근처에 다같이 모여서 기다리고 있었지요. 공표가 된 후 그녀가 밖으로 나오자 박수소리가 시작되었고 멈출 줄을 몰랐죠. 아무도 표현하지는 않았지만 우리는 모두 지금 이 순간이야 말로 그녀에게 감사를 표현해야 할 때라고 생각하고 있었을 겁니다. 그녀야말로 우리에게 일하는데 있어서 끊임없는 지지와 무한한 자유를 주신 분입니다. 그 모든 것은 발행인이자 사주로서 직원들에게 줄 수 있는 최고의 선물이라고 말할 수 있습니다. 박수소리가 끝나가자 그녀는 참았던 눈물을 흘렸고 그것은 우리도 마찬가지였습니다."[64]

캐서린은 말했다. "나는 정말 특혜를 누린 사람입니다. 내가 사랑하고 열정이 있는 일을 한다는 것은 삶에 있어서 특혜를 받은 거나 마찬가지입니다. 그리고 나에게 주어진 기회는 믿을 수 없는 엄청난 것이었습니다."[65]

캐서린 그레이엄의 유산은 다양한 미디어를 보유하고 있는 수십억 달러 가치의 기업이다. 그녀는 워싱턴포스트컴퍼니를 아버지나 남편이 운영한 것보다 훨씬 더 잘 키워냈다. 그녀는 여성 리더의 롤모델로서 우리의 기억 속에 오랫동안 남을 것이다.

10
chapter

더 이상
'유리천장'은 없다

발전적 시대 변화를 이끄는 여성 리더십

여성 리더의 위상과 역할 변화

Women at the Top and at the Table

"남성과 여성 각각의 장점을 뽑아내 조화를 이루게 하는 것은 보다 삶의 경험이 배가 되고 지식과 지혜 또한 넓혀준다. 성의 다양성은 성장과 혁신을 가져다준다. 비단 새로운 컨셉과 그에 대한 방법을 알려준 뿐만 아니라 바라보는 관점과 관계들을 확장시킨다."

여성이 한 기업을 대표해 경영하는 것은 지난 40여년 동안 꾸준히 화제가 돼왔다. 혹자는 이를 두고 '공정성'과 관련 있다고 말하기도 한다. 남성 경영인들 위주인 기업의 인사 관행에서 여성들에 대한 일종의 '배려' 또는 '구색 맞추기'라는 것이다. 하지만 우리는 무엇보다 여성 리더가 다양한 사회·문화에 어떻게 기여하고, 기업의 성공과 경제적 강점에 어떻게 영향을 미치는지에 대해 간과해서는 안 된다.

지난 20년 동안 포춘 선정 100대 기업 대표자들을 비교해보면 분명히 차이가 있다. 20년 전보다 현재 젊은 여성 리더의 수는 확실히 늘어났고, 소위 일류대학을 나온 사람만이 리더가 될 수 있다는 불문율도 깨진 듯 보였다.[1]

해마다 포춘 순위에 오르는 기업들은 계속 바뀐다. 지난 20년 동안 순위가 떨어지지 않은 기업은 단 20개다.

버크셔 해서웨이는 2012년 현재 79개의 자회사를 가지고 있다. 이 중 4개의 자회사 대표는 여성이다. 2001년에 비해 4배 증가한 것이다. 또한 12명의 이사진 중 2명, 임원진 중 2명이 여성이다.

버크셔는 전체 직원이 26만명이나 되는 거대 기업이다. 하지만 오마하에 있는 본사에 근무하는 직원은 단 21명이다. 이들 21명 중 2명인 여성은 핵심 임원진이다. 세금부회장 쉐론 헥Sharon Heck과 내부감사이사인 레베카 아미크 Rebecca Amick가 본사에서 근무하는 여성 임원이다.

이처럼 여성이 기업의 핵심에서 근무한다는 것은 시대 흐름이 변화하고 있다는 증거다.

● 다양성

직장 내에서 여성과 남성이 적절히 섞여 있고 다양한 인종이 함께 일하는 것이 생산성과 효율성을 증가시킨다는 연구결과는 수도 없이 많다.

국제경영자문기업인 맥킨지 앤 컴퍼니McKinsey & Company에서는 운영마진과 시장자본화를 포함한 조직의 우수성에 대한 연구결과를 발표한 바 있다. 이 연구에 따르면 최고 경영진에 여성 인재가 3~4명 포함된 경우 상대적으로 수익이 높은 것으로 나타났다. [2],[3],[4]

여성 리더는 대체적으로 대중과 의사소통에 능하고, 전략적인 통찰력과 경쟁 우위를 제공한다. 중역 임원진에 여성이 포함된 경우 다양한 에너지와 독특한 통찰력으로 기업 경영을 활기차게 한다.

기업 리더로 여성이 남성보다 우월하거나 또는 남성이 여성보다 우월하다는 것은 아니다. 일반적으로 편견이 있는 것보다는 더 넓은 사고방식을 가지는 것이 이익이 될 때가 있다.

남성과 여성 각각의 장점을 뽑아내 조화를 이루게 하는 것은 보다 삶의 경험이 배가 되고 지식과 지혜 또한 넓혀준다. 성의 다양성은 성장과 혁신을 가져다준다. 비단 새로운 컨셉과 그에 대한 방법을 알려준 뿐만 아니라 바라보는 관점과 관계들을 확장시킨다.

　여성은 자신이 남성과 다른 두뇌를 쓰고 있다는 것을 쉽게 인정하지 않을 것이다. 하지만 수많은 연구결과는 실제로 여성이 남성과는 다른 방법으로 두뇌를 사용하며, 그것이 사실상 여성의 자산이 되고 있다는 것을 증명하고 있다. 모든 기업에서 공통적으로 나타나는 사실을 보면 각각 다양한 업무 중에서도 특히 여성이 잘 다루는 일이 있다. 반면 남성이 잘 다루는 일이 있다는 것이다. 물론 성별에 상관없이 모든 업무를 잘 수행하는 경우도 있다. 가장 이상적인 것은 여성과 남성이 골고루 섞여 팀이 구성되고, 그 팀의 리더는 여성과 남성의 성향을 골고루 지니고 있는 사람이 되는 것이다.

　최고 경영진이 남성으로 치우치게 되는 원인은 '가족 책임'일 수도 있다. 가정에서나 직장에서 성별의 균형을 맞추는 일은 정말 필요한 일이다. 여성은 아직도 부당하게 많은 부담을 지고 있다. 여성이 반드시 모든 것을 잘해야 할 필요는 없다. 여성이라고 한 번에 모든 것을 해내야 하는 것은 아니다.

　2002년 발표된 연구에 따르면 여성의 직위는 자녀수에 반비례하는 것으로 나타났다. 단, 남성의 개입이 전혀 없는 경우다. 실제로 남들보다 더 성공한 남성일수록 대체적으로 배우자와 아이들이 있는 것으로 나타났다. [5]

　멘토링 경험은 남성과 여성에 많은 차이가 있다. 남성은 주관적으로 상황을 인지하고 판단하는 성향이 강한 만큼 여성을 멘토링하는 경우는 흔치 않다. 따라서 남성보다 여성이 멘토링과 조언에 주로 의지한다고 할 수 있다. 하지만 일반적인 기업 구조는 상위 그룹으로 갈수록 남성의 비율이 높다. 결국 높은 직위의 여성일수록 멘토를 찾기 힘들 수밖에 없다.

　멘토링은 젊은 여성에게 매우 효과적이다. 관련 설문을 보면 45~66세 여성 66% 이상이 같은 여성에게 조언을 받아본 적이 없다고 답했다. 반면 18~29세 젊은 여성 50% 이상은 여성 멘토가 있다고 말했다. [6] 만약 이러한 멘토링이 승진에 영향을 끼치는 강한 요인이 된다면, 여성은 계속 승진하는 것에 반해 남성의 승진주기는 일정하게 유지될 것이다.

기업의 여성임원들은 의식적으로 다른 여성직원들의 멘토가 돼 주는데 더 많은 시간을 투자한다. 매들린 올브라이트Madeline Albright*는 2010년 TED 여성 컨퍼런스에서 이렇게 말했다. "다른 여성들을 돕지 않는 여성들은 지옥에 가게 될 것이다."

사람들은 일반적으로 여성중역임원이 가지고 있는 성향에 대해 많은 오해를 한다. 강한 여성들은 사람들에게 반감을 가지게 하고, 그것이 여성 리더들이 원하는 이미지가 아니라는 것이다. 이것은 아마도 젊은 여성들이 CEO가 되고는 싶지만 주저하게 되는 이유로 이를 합리화하는데 기인할 것이다. 그 누구도 자라면서 '불필요한 인간'이라는 딱지를 붙이고 살고 싶진 않을 것이다.

미국 12대 최고 경영학교를 졸업한 여성들은 MBA 학위과정 중 여성이 부딪히게 되는 장벽들에 대해 다음과 같이 말했다. [7]

- 여성 롤모델의 결핍 : 56%
- 직장과 개인 사생활의 균형 및 맡은 업무의 불일치 : 47%
- 수학Math 능력에 대한 자신감의 결핍 : 45%
- 고용인의 지지와 격려의 결핍 : 42%

또한 여성들은 중역 임원진 자리보다는 자신에게 맞는 선택을 하기도 할 것이다. '영향력있는 직급'에 대해 기업 여성의 27%가 직장 생활에서 '가장 중요한 목표'라고 말했고, '뚜렷한 목적이 없음'이 가장 낮은 순위를 차지했다.

---

* 빌 클린턴 대통령의 지명으로 1997년 취임한 미국 최초의 여성 국무장관. 매들린 올브라이트는 당시까지 미국에서 가장 높은 지위에 오른 여성이다.

(8위)[8] 이러한 여성들이 보다 더 중요하게 생각하는 점들은 다음과 같다.

- 존경하는 사람들과 관계를 맺는 능력 : 82%
- 직장 내에서 '스스로' 느낄 수 있는 자유 : 79%
- 짜여진 일정에 얽매이지 않는 기회 : 64%

일단 여성이 임원이 되면, 그 자리에 계속 남아있기 위해 남성처럼 행동해야 한다는 말을 종종 듣게 된다. 하지만 시간이 지나면서 결국 여성들도 다양한 지도자 성향을 가지고 있다는 것이 인정됐다.

출세를 향한 사다리를 타고 올라가기 위해서 여성은 고유 성격과는 다른 행동도 할 줄 알아야 한다. 자신을 더 나은 사람으로 홍보하는 '셀프 프로모션Self-Promotion'을 예로 들 수 있다. 여성은 자신에 대해 말하는 것과 자신의 강점에 대해 표현하는 것에 익숙해져야 한다. 흔히 여성은 스스로 자신의 능력을 인정하면서도 거기에 대해 남에게는 말을 아끼는 경향이 있다. 성공한 남성이 그 책임을 자신에게 돌리는 것에 비해 여성은 일반적으로 남들에게 감사의 표현을 하는 것을 보면 알 수가 있다.

● CEO

2012년 1월, '포춘 500대 기업'에 선정된 기업의 CEO 중 여성은 18명3.6% 이었다. 반면, 1996년에는 1명, 2010년에는 15명이었다. 유럽에서는 여성 지도자 수가 나라별로 큰 차이를 보였다. 일반적으로 성 다양성은 북유럽과 동유럽에서 가장 강했고 상대적으로 남유럽과 독일은 약했다. 노르웨이가 전

체 CEO의 32% 이상을 여성이 차지함으로써 선두를 달렸다.[9]

CEO에 대한 연구를 보면, 〈표 10.1〉과 같이 문화적 차이가 큰 영향을 미치는 것으로 나타났다.[10],[11],[12]

신흥시장에서 고도성장을 보여준 나라는 상대적으로 여성 리더들이 많이 나왔는데, 이는 남성 지도자의 오랜 부재로 국가 성공을 위해서 성별에 상관없이 가장 강한 지도자를 선출한 것에 기인한다.

세계경제포럼이 발표한 이른바 성 격차 보고서Gender Gap Index에서 미국은 전체 135개국 중 17위를 차지했다. 1위는 아이슬랜드로 성별간 격차가 가장 작은 것으로 나타났다.[13]

〈표 10.2〉를 보면, 세계적으로 산업별로 여성 CEO가 보다 많은 비중을 차

표 10.1 국가별 여성 CEO가 차지하는 비율

국가	여성 CEO의 비율 (%)
태국 (Thailand)	30
중국 (China) (본토)	19
핀란드 (Finland)	13
노르웨이 (Norway)	12
터키 (Turkey)	12
브라질 (Brazil)	11
이탈리아 (Italy)	11
유럽연합 (European Union)	9
일본 (Japan) (등록된 모든 기업)	5.4
미국 (United States) (일반 기업)	5
FTSE 350 (영국) (United Kingdom)	4
미국 포춘지 500 (U.S. Fortune 500)	3.6
ASX200 (호주) (Australia)	2
일본 니케이 (Japan Nikkei) (선정된 기업)	0.8

지하는 산업이 있는 가하면 아예 존재하지 않는 부문도 있다.

여성 비즈니스 기회 확대를 위한 비영리단체인 카탈리스트Catalyst에서 2011년 조사한 통계에 따르면, 일하는 여성이 50% 정도 된다고 간주했을 때, 여성이 임원직에 오르는 것은 여전히 남성들에 비해 뒤처지고 있다. [14]

- 미국 내 일하는 여성의 비율 : 46.7%

- 경영 또는 전문직에 종사하는 여성의 비율 : 51.5%

- 포춘 500대 기업 중 여성임원 비율 : 14.4%

표 10.2 전 세계 주요 산업별 여성 CEO비율

산업	여성 CEO의 비율 (%)
농업	18
미디어 / 엔터테인먼트	14
건강	12
여행 & 관광	11
전문 서비스	10
식료품	9
에너지	8
IT / 통신	4
엔지니어링 / 건설	3
금융서비스 / 보험	2
물류 / 운송업	0
광산업	0
자동차산업	0
부동산	0
섬유	0
화학	0

• 포춘 500대 기업 중 여성이사진 비율 : 15.7%
• 포춘 500대 기업 중 여성최고수익자 비율 : 7.6%
• 포춘 500대 기업 중 여성 CEO 비율 : 3.6%

보수를 비교해보면, 2010년 경영대학원을 졸업한 남성이 받는 평균 연봉이 7만8,820달러였고, 여성들의 평균 연봉은 7만8,254달러였다.[15]

1500개 미국 상장기업에서 조사된 바에 따르면, 여성은 CEO가 되지 않는 이상 남성보다 연봉이 높은 경우는 거의 드물다고 한다. 그러나 CEO 자리에 오른 소수의 여성은 남성과 유사한 연봉을 받게 된다.[16]

● 비즈니스 교육

여성이 최고경영자 자리에 오르기 위해서는 경영학위가 요구된다. 예전에는 여성이 남성과 동등하게 경영학사 및 석사학위를 얻기 위해서는 상대적으로 많은 시간이 필요했다. 하지만 요즘 여성은 남성과 거의 동등한 학력을 가지고 있는 것으로 나타났다. 〈그림 10.1〉을 보면 거의 40년 동안 여성 학위 수여자은 점진적으로 증가하고 있는 것을 알 수 있다.[17]

학위 수여자들의 성 불균형은 좁아지고 있다. 지난 2009~2010년 시험주기에 더 많은 여성(10만5,900명)이 미국 경영대학원 입학시험GMAT, Graduate Management Admission Test을 치뤘다. 이는 50여년전 시험 시작된 이후 가장 많은 여성이 참여한 것 전세계적으로 GMAT시험을 치룬 학생의 40.1%다.[18]

MBA 프로그램에서는 여전히 남성보다 뒤쳐진 30%만이 여성으로 확인된 반면, 법과대학원과 의과대학원에서는 성비율 균형이 거의 이뤄졌다.

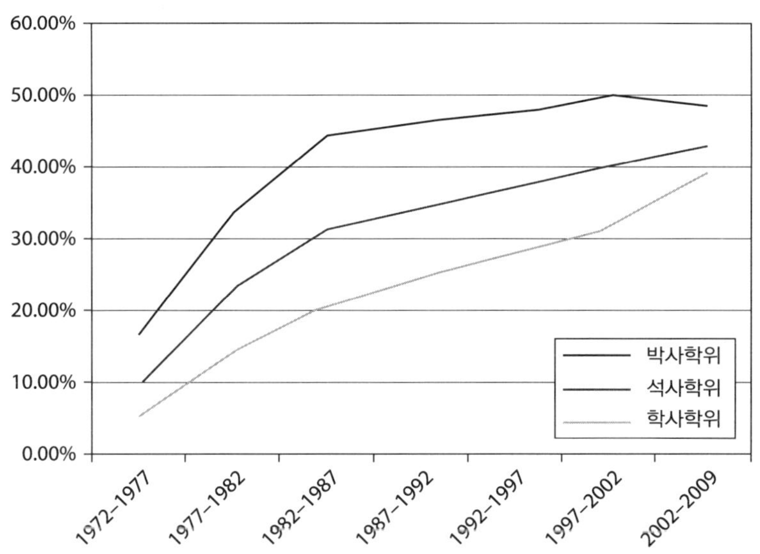

그림 10.1 경영학 학사 · 석사 · 박사 학위수여자들의 비율그래프 (1972년~2009년)

• 출처: 미국 교육부 (2010년)

이같은 차이가 나타나는 이유는 아마도 '타이밍'의 문제일 것이다. 물론 모두 그렇지는 않지만, 거의 대부분 의과대학에서는 학사졸업후 바로 대학원 과정에 진학하게 된다. 로스쿨에서는 대체로 2년제 학점제 교육과정을 이수한 후 대학원에 등록하는 추세를 보이고 있다. 그러나 경영대학원에서는 일반적으로 4년 또는 6년 정도의 실무경험 후에 입학이 가능하다. 이러한 조건은 여성들에게는 그들의 삶을 반영하였을 때 중요한 결정이 될 수밖에 없다. 가정을 꾸려야 할 시기와 맞물리거나 혹은 아이가 생겨 육아에 전념해야 할 시기가 될 수도 있다.

2011년 미국 MBA 총 졸업생의 36.8%는 여성으로 확인됐다.〈그림 10.2〉 지난 9년 동안 아주 느린 속도로 조금씩 꾸준히 상승하는 변화를 보였다.

자신만의 목적을 가지고 기업 경영의 세계에서 도전하게 될 여성들에게는 특히 MBA에서 공부하는 내용들은 매우 필요한 자원들이다.

대학원과 같은 교육기관에서 더 많은 여성교수진과 여성간부직원을 채용하는 것은 본보기가 돼줄 수 있다. 여성교수진과 학교 임직원은 공부하는 여학생에게는 롤모델이 돼 줄 수 있으며 남학생과 다양하게 상호교류하는 방법도 알려줄 수 있다. 이것 또한 대학원에서 여성이 쌓아갈 수 있는 교육적 자산에 포함된다.

대학원에서 아직까지 남성교수진이 차지하는 비율이 높기는 하지만 여성교수진도 전에 비해서는 그 수가 늘어가고 있다.

경영대학발전협의회AACSB에서 발표한 통계를 보면 지난 10년 동안 여성교수진의 비율은 2002년도에 23.6%에서 2011년 29%로 상승했다. 그러나 오히려 간부교수의 여성비율은 떨어졌고, 여성의 승진과 재임기간 획득에 있어서는 성 격차가 많이 벌어졌다.

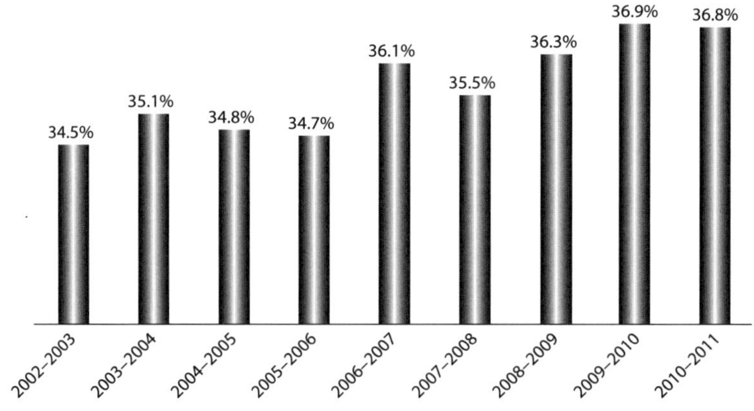

그림 10.2 MBA 여성 졸업생의 연별 비율

• 출처: 카탈리스트, 2011

현재 미국 내 아이비리그를 포함한 대학교에서 4년제 총장직을 맡은 여성의 비율은 총 23%로 나타난다. 경영대학 학장을 맡은 여성의 수는 1990년대 이후로 꾸준히 증가하여 현재 총 668명 중 거의 17%를 차지하고 있다.[19]

● 비영리단체

미국 비영리단체에서 여성 리더가 차지하는 부문은 일반기업보다 높은 편이다. 비영리단체에서 일하는 여성 직원의 수가 거의 75%를 차지하는 것은 지극히 정상적인 결과라고 할 수 있다. 이런 현상에 대해 여러 가지 의견들이 있다. 일반적으로 여성은 사회적 문제에 대해 남성보다 비교적 많은 동정심을 가지고 관심을 보이는 경향이 있다는 것이다. 그리고 비영리단체에서 다루는 문제들은 전통적으로 여성이 관련된 이슈들로 집중돼 있다는 점이다. 교육문제와 의료 · 건강문제를 예로 들 수 있다. 한편으로는 여성이 비영리단체와 같이 대체로 급료를 적게 주는 직장에서 일하는 것에 대해서도 많이 주저하지 않는다는 점에서 간단하게 정리된다.

비영리단체에서 일하는 수많은 여성이 간부가 되기 위해 많은 노력을 한다. 하지만 규모가 큰 단체일수록 여성 CEO는 쉽게 찾아보기 힘들다. 1년 예산이 100만 달러 미만인 단체에서는 여성 CEO가 57% 이상 차지한 것에 비해, 예산이 그 이상인 단체에서는 겨우 38% 밖에 되지 않는다.[20] 필랜스로피 클로니클Chronicle of Philanthropy라는 미국의 비영리 신문에서 2009년 조사한 결과에 따르면 규모가 큰 순위 400대 비영리단체에서 여성 CEO의 비율은 단지 19% 밖에 되지 않았다.[21]

● 정치

전 세계적으로 정치계에서 여성 리더는 아직 드물다. 195개국에서 여성 대통령과 총리는 10%, 8%에 그쳤고 여성 국가원수가 9.2%로 비슷했다. 선출된 영국의 의회의원들은 개략적으로 19% 정도가 여성으로 확인된다.[22] 미국 국회에서는 17%가 여성인데, 그 중 76명이 하원에서 17명이 상원에서 일하고 있다.

● 기업 오너

미국에서 새로운 비즈니스를 시작하는 여성오너들은 증가하고 있지만 아직 남성오너들을 따라잡지는 못했다. 전체 28.7%의 비농업분야에서 여성이 오너인 기업은 780만개로 추정된다. 게다가 460개 기업은 남성과 여성이 동등하게 운영하고 있다. 수리보수·정비·세탁업 및 건강관리·사회복지업 부분에서 기업을 운영하는 여성은 30%가 약간 넘는다.[23]

엔젤펀드를 필요로 하는 창업부문에서는 여성이 열세를 보였다. 2006년에 13%였던 비율은 2010년에 21%로 상승했다. 금리가 일반적으로 18.4%인 것에 비해 여성은 비교적 13%의 저금리 펀드를 받았다.[24]

● 투자자와 자선사업가

창업을 준비하는 회사는 벤처자본가 또는 엔젤투자자가 필요하다. 이러한 비즈니스 투자 집단에 속해있는 여성의 수는 여전히 적다. 2006년 어윙 마리온 카우프만 재단Ewing Marion Kauffman Foundation이 보고한 바에 따르면, 2005년 한해 5만 건의 거래에서 총 231억이 투자됐는데, 약 22만5,000명으로 추정되는 엔젤투자자들 중에 여성은 8%가 채 되지 않는다고 한다.[25] 여성의 비율은 서서히 올라 2010년도에는 13%가 됐다.[26]

여성은 단순히 엔젤투자자로 투자자금을 보내줄 뿐만 아니라 회사를 시작하려는 이들에게 멘토와 조언가가 돼 줄 수 있다. 이러한 여성투자자들이 늘어나는 현상은 이사회에서 지명되는 여성의 수가 늘어나고 있으며 여성이 CEO로 있는 기업이 더욱 성장하고 발전할 수 있도록 많은 지지를 받고 있는 것을 반증한다.

벤처자본투자 산업은 남성지향적이며, 규모가 작고, 한 지역에 집중돼 있는 경향이 있다. CVE 캐피탈 기업CVE Capital Corp. 회장이자 CVECenter for Venture Education의 창립 CEO인 트리쉬 코스텔로Trish Costello는 말했다. "대부분 벤처자본자들에게는 엄격하고 신임있는 기업동료집단이 있습니다. 그들은 잠재성있는 거래에 관해 그 누구에게도 절대 누설하지 않으며 통상 이 작은 내부 집단에서 여성들은 거의 찾아볼 수 없습니다."[27]

사회 자선사업에 참여하는 여성의 수는 증가하고 있다. 자선사업은 자원봉사와 기부와 관련된 넓은 범위의 활동을 포함하고 있다. 여성은 전통적으로 자원봉사가였고 1970년대 여성운동기간동안 여성문제들을 후원하기 위해 많은 기관들을 설립했다. 현재 많은 여성이 독립적인 자선기부자로 활동하고 있으며, 실제로 그들은 개인자금과 자산을 자유롭게 관리해 정치, 사회, 경제 모든 분야의 미래의 양상을 구체화하고 있다.

여성은 남성보다 오래 살기 때문에 향후 50여년동안 약 41조원이 그들의 영향력 아래 통제될 것이라는 전망도 있다. "최근 들어 대다수 부자들은 여성입니다." 뱅크 오브 아메리카 메릴린치의 부회장이자 국립재단중역인 클레어 코스텔로Claire Costello는 말했다. "그러므로 비영리단체에 종사하는 모든 사람들은 여성들이 가지고 있는 자본력과 도덕적인 마인드에 주목해야 할 것입니다. 왜냐하면 돈의 흐름을 좌지우지하는 힘은 여성들에게 있기 때문입니다."[28]

● 이사회 멤버

이사회의 목적은 기업 내 활동을 감시하고 조언하기 위한 것이며, 이사회의 주요 활동은 매년 예산을 책정하고, CEO를 평가하며, 기업정책 및 목표를 설정하는 것이다. 이러한 활동은 지분을 가지고 있는 주주들이 기업경영을 관리하고 경제적 이익을 창출하기 위한 것이다.

각 기업에서는 다양한 인종과 성, 나이와 인생경험을 가진 구성원들을 통해 많은 자산들을 얻어낼 수 있다. 마찬가지로 이사회 구성은 이러한 다양성에서 이익을 얻게 된다. 프로텍터 앤 갬블의 전 회장인 A.G. 래플리Lafley는 말했다. "다양한 구성원으로 이루어진 조직에서는 균일화된 조직과는 달리 다양한 생각과 혁신적인 아이디어로 보다 더 훌륭한 성과를 보여줍니다."[29]

기업이사회에서는 나이, 성, 배경, 재임기간 등을 포함한 여러 방면에서 다양성이 떨어진다. 이사회가 비슷한 조건들을 가진 사람들로 구성된다면, 각 개인들은 집단사고Group Think에 빠져들게 되는 경향이 있으며 단체의견에 동의하기 위해, 혹은 그 의견이 잘못된 아이디어라도 지지하게 될 수 있다.[30] 엔론Enron에서 이런 상황에 대한 확실한 예시를 보여줬다. 이사회에서 CEO의 독재로 제시된 '잘못된 결정'을 모두 승인해 결국 기업부실로 이어졌던 것

이다. 이는 일명 '엔론 사태'로 알려져 이론화 됐다. [31]

"많은 조직 내에서, 각 개인의 능력보다 오히려 집단에서 나오는 결과가 더 어리석을 수 있습니다." 워싱턴대학 심리학 교수이자 『그룹 지니어스Group Genius』의 저자인 키스 소여Keith Sawyer의 말이다.

브레인스토밍Brainstorming도 해결책이 되지 못할 수 있다. 창의력과 혁신은 다양한 구성원들로 모여진 그룹에서 개인의 아이디어들을 모아 협력한 결과로 나타난다. 각자의 번뜩이는 아이디어들이 모아지고, 다양한 의견들이 덧붙여져서 다듬어지면 효과적으로 문제를 해결할 수 있는 적절한 결정이 되는 것이다. [32]

하지만 단지 구성원의 다양성을 위해 실전 경험이 없는 사람들을 영입하는 것은 그룹에 아무 도움도 되지 않을 것이다. 할당수에 대한 찬반론은 필연적이며, 실전은 더 이상 시나리오 속 가상현실이 아니다.

2003년 노르웨이에서는 법안 하나를 통과시켰다. 모든 상장기업은 의무적으로 2008년까지 이사회의 40% 이상을 여성이사진으로 구성해야 한다는 것이다. 스페인, 프랑스, 네덜란드에서도 같은 법안을 통과시켰다. 2011년 7월 유럽의회에서도 결의안을 내보냈다. 유럽연합에 2020년까지 적어도 40% 이상을 여성이사진으로 구성해야 한다는 것이다. [33]

다양한 구성원들이 확실한 수익을 보장해준다는 근거가 있지만, 원하는 성과를 얻기 위해 할당수를 지정하는 것은 너무 과감한 처사가 아닌가 싶다. 할당수를 강요받은 기업의 여성은 자발적으로 여성이 참여한 기업에 비해 효과가 있어 보이지 않았다. 우리는 이런 강압적인 방법이 유럽기업에 이익이 되는지 아닌지 곧 알게 될 것이다.

새로운 이사회 멤버들은 현존하는 이사들의 추천으로 영입된다. 이러한 방법은 남성멤버들만 계속 영입되는 결과를 초래할 것이다. 그렇기는 해도 후보자들을 뽑는 사람들은 회사 주주들이다. 그래서 그들이 가지고 있는 장점들을 기반으로 하여 후보자들을 객관적으로 평가하는 일은 결국 주주들이 해야 할 몫이다.

만약 투표용지에 여성의 이름이 없다면, 의식적으로든 잠재의식이든 간에 현존 이사들이 여성을 이사진으로 영입하는 것을 꺼려한다는 의미이기도 하다. 실제적으로 이사회 선거에 몇 표가 나오게 되는가? 대리투표는 버려지게 되거나 펀드매니저에게 할당돼 있을 것이다. 필요한 자릿수보다 더 많은 후보자들이 나오는 경우가 얼마나 자주 있는가? 이러한 상황에서 주주들이 새로운 멤버를 뽑기 위해 고민할 일도 전혀 없으며 사실상 선거 자체가 무의미한 것이다.

포춘지에서 선정한 500대 기업에서는 모두 총 5,520명의 이사들이 있다. 2011년 여성이사진의 비율은 총 16.1%로 2010년에 15.7%, 2009년 15.2%였을 때보다는 오름 추세다. 2009년과 2010년 모두, 50% 이상의 기업에서 적어도 두 명의 여성이사를 보유하고 있었지만, 10%이상의 기업에서는 여성이사가 아예 없는 것으로 나타났다.[34]

유럽에서는 여성이사의 비율이 상대적으로 더 낮았다. 크랜필드 경영대학에서 매년 발표하는 여성 FTSE 이사회 보고서에 따르면, FTSE 100대 기업 이사회에서 여성이 차지하는 비율은 겨우 12.5%다. 전년에 비해 아주 근소한 차이로 오른 결과다. 호주 ASX200에서도 여성이사진 비율은 8.3%로 나타났다.[35]

이사회에 아예 여성이사가 없거나 여성임원조차 없는 기업들은 많이 있다. 앞에서 본 것과 같이, 산업유형에 따라 여성 CEO가 차지하는 비율이 달라진다. 특히 미국 석유 및 가스 사업에서는 여성 CEO를 거의 찾아볼 수 없다. 여성들이 많이 고용되고 실제적으로 그들이 엄청난 지식과 전문기술을 가지고 있는데도 말이다.

여성 CEO가 있는 기업에서는 상대적으로 더 많은 여성이사들을 볼 수 있다.[36] 덴마크에서 한가지 연구결과를 발표하였는데 남성 CEO가 딸을 가진 이후에는 여성직원들의 보수가 높아지고 복지도 좋아진다는 것이다. 이런 상관 관계는, 특히 첫 번째 자식이 딸인 경우 더욱 강하게 나타난다.[37]

소비자 구매결정의 80%는 여성이 만들어낸다. 이는 엄청난 금융파워다. 여성들은 이 힘을 기업여성들의 발전을 위해 선별적으로 행사할 수 있다. 임팩트 구매Impact Purchasing는 본인의 믿음과 관념에 따라 행동하는 기업의 물품만을 구매하는 행위다. 임팩트 투자Impact Investing도 같은 원리로 투자하는 행위다.

여성이 주요 목표고객이 되는 산업에서 여성이 CEO이며 여성이 이사회의 50% 정도를 차지하고 있다면 업무는 당연히 아주 쉽게 진행될 것이다. 여성이 관련된 건강관리 산업에서도 마찬가지일 것이다. 그러나 이러한 상식적인 접근방법이 포춘 500대 기업에서는 아직 현실화되지 않았다.〈표 10.3 참조〉 여성들이 우세한 시장과 관련된 10개 기업 중 평균적으로 여성 대표자의 비율은 고작 27.52%로 나타났다. 심지어 그 중 여성 CEO는 두 명뿐이었다.

기업목적을 두루 살피고 관리하기 위해서는 반드시 기업이사회에 여성대표자가 충분히 속해 있어야 한다. 기업의 상품이 오직 여성만 사용하는 제품일 경우, 여성대표자의 필요성은 극대화된다. 〈표 10.4〉를 보면, 여성제품 관련 기업으로 선별된 어느 기업에서도 여성이사 구성 비율이 50%를 넘지 않는 것으로 나타났다.

상기 10개 기업 여성이사 비율의 평균은 29.22%가 된다. 이 수치는 〈표 10.3〉의 기업 평균보다는 약간 높은 편이다. 두 그룹의 평균비율은 모두 포춘 500대 기업의 평균인 15.7% 보다는 높다.

표 10.3 주요 여성고객을 가지고 있는 우량기업의 여성이사진 비율(%)

회사(포춘지 랭킹)	여성이사의 수	총 이사의 수	여성이사의 비율(%)
프로텍터 앤 갬블 (26)	5	11	45.5
메이시스 (107)	4	10	40.0
TJX (119)*	3	9	33.3
크래프트 (49)*	3	10	30.0
존슨 앤 존슨 (40)	3	12	25.0
타이손 푸드 (93)	2	8	25.0
킴벌리 클라크 (130)	3	12	25.0
수퍼발루 (61)	3	14	21.4
코올스 (142)	2	10	20.0
세이프웨이 (60)	1	10	10.0

표 10.4 주요 화장품 · 여성의류 기업의 여성이사진 비율(%)

회사	여성이사의 수	총 이사의 수	여성이사의 비율(%)
레브론	3	11	27.3
에스티 로더	7	15	46.7
로레알 USA	3	11	27.3
에이본*	5	10	50.0
엘리자베스 아덴	1	7	14.3
앤 테일러 (주식회사)*	4	9	44.4
챠밍숍스 (주식회사)	2	10	20.0
제이 크루	1	5	20.0
콜드워터 크릭	2	9	22.2
리미티드 브랜즈 (주식회사)	2	10	20.0

---

* 여성이 CEO인 기업

이사회의 권력과 기업의 성과는 서로 연관성이 별로 없다. 특히 많은 부서가 있는 대기업에서 이사회의 효력을 평가하는 것은 어렵다. 버크셔 해서웨이의 자회사들은 이사회를 의무적으로 둬야 할 필요는 없다. 79개의 자회사 중 이사회를 가지고 있는 기업도 있고, 집행위원회나 자문위원회 등을 두고 있는 기업도 있다.

델러웨어 대학 존 와인버그 기업지배구조연구소 이사를 맡고 있는 엘슨 Elson은 말했다. "업무성과를 결정하는 지배요인은 두 가지라고 생각합니다. 하나는 이사들이 소유권을 동등하게 나누어 가지는 것과 또 하나는 이사들의 독립성을 인정해 주는 것입니다."[38]

형평성에 관해서 말하자면, 직접 자신의 돈을 기업에 투자한 이사들은 옵션을 통해 지분을 받은 이사들보다 훨씬 개인적으로, 감정적으로 업무에 헌신한다.

근무지가 다른 기업인 이사들은 직장을 잃게 될 위험부담이 없이 자유롭게 생각하고 독자적으로 행동함으로써 그에 따른 가치를 가져다준다. 물론 최악의 경우 이사직을 떠나게 될 수도 있다. 대표이사는 일반 대중이나 소비자들과 같은 객관적인 전망에 따라 기업을 잘 살펴볼 수 있으며, 가장 가치가 있는 사람은 바로 기업과 관련된 산업에 경험이 있는 독립이사들이다.

다른 기업의 CEO들과 최고임원진들로 구성된 이사회는 강력한 지도력을 보여준다. 하지만 종종 기업에 필요한 전문기술에 대해서는 논의가 없고 '위험평가'와 같은 이사들의 임무수행에만 치우치게 되기도 한다.

이사회 멤버가 되면 많은 시간을 할애하게 된다. 한꺼번에 너무 많은 일들을 소화해내려고 하면 결국 효과적으로 업무를 해낼 수 없게 될 것이다. 대표 행사인 분기별 이사회 외에도, 시간을 많이 써야하는 일도 있다. 감사위원회는 가장 많은 시간이 할애되는 업무다. 은퇴한 사람들은 특히 상당한 시간을 이사회에 참여하는데 사용하게 될 것이다.

● 미래

이 책에 소개된 내용을 포함해 여러 부분에서 여성대표의 수는 계속적으로 변화할 것이다. 그리고 앞으로도 더 많은 여성 리더가 나올 것이다. 이러한 전망은 두 가지 요인에서 그 원인을 찾을 수 있다.

하나는 다양한 경영팀들을 구성하기 위한 기업의 의도적인 행동이라고 볼 수 있는데, 주주들과 소비자들이 경영과 이사회 구성에 많은 관심을 두게 되면 기업은 반응할 수 밖에 없는 것이다. 또한 미국 외 몇몇 국가에서도 현 정부에서 각 기업마다 성별균형의 지배형식을 강요하고 있다.

다양성이 늘어나게 된 두 번째 요인은 30여년 전보다 여성과 남성이 균등하게 교육을 받고 직장에서 평등하게 일할 수 있게 된 외부환경에 있다. 이는 환경의 영향을 받은 자연적 진화라고 말할 수 있다. 현재 중간관리자층에 있는 여성들은 앞으로 미래 CEO와 이사직에 유력한 후보자가 되기 위해 가치 있는 지식과 경험을 쌓아가고 있다.

버크셔 해서웨이에서 미래 여성지도자를 점찍어 보는 것은 거의 불가능할 것이다. 새로운 CEO들의 50%는 보통 기업 안에서 임명되고, 나머지 50%는 외부에서 영입된다.

지금까지 79개의 자회사들을 검토해 본 결과, 현 남성 CEO의 후임자로 여성후보는 아직 없는 것으로 나타났다. 하지만 정년 때문에 곧 새로운 CEO를 뽑아야 할 기업들도 여럿 있다. 새로운 CEO가 여성이 될지 남성이 될지는 아무도 알지 못한다. 아마 어느 정도는 산업 특성에 달려있을 것이다.

하지만 한 가지 사실은 분명하다. 바로 버크셔 해서웨이를 비롯한 많은 기업에서 여성 CEO와 임원들, 그리고 이사의 수는 앞으로도 계속 늘어날 것이다.

Notes

Introduction

1. Robert Hagstrom, The Essential Buffett (New York: John Wiley & Sons, 2001), 84.

2. Warren Buffett, 2006 Annual Report, Berkshire Hathaway, Inc., February 28, 2007.

3. Warren Buffett, Outstanding Investor Digest, May 24, 1991.

4. Charles T. Munger, Poor Charlie's Almanack (Marceline, MO: Walsworth, 2005), 81.

5. "How Warren Buffett Manages His Managers," CNNMoney, CNN, October 12, 2009.

6. Warren Buffett, Letter to Shareholders, February 26, 2011.

7. Warren Buffett, Memo to Berkshire Hathaway Managers ("The All-Stars"), July 26, 2010.

8. Warren Buffett, 2007.

9. Eric Jackson, "Best in Class: America's Top Boards," Breakout Performance (blog), July 7, 2009, http://breakoutperformance.blogspot.com/2009/07 /best-in-class-americas-top-boards.html.

10. Rachel Soares, Baye Cobb, Ellen Lebow, Allyson Regis, Hannah Winsten, and Veronica Wojnas, "2011 Catalyst Census: Fortune 500 Women Board bnotes 19 March 2012; 9:39:21 253 Directors," Catalyst December 2011. http://catalyst.org/file/533/2011_fortune _500_census_wbd.pdf. Accessed January 29, 2012.

11. Warren Buffett, Proxy Statement for Annual Meeting of Shareholders, Berkshire Hathaway, Inc., April 30, 2011.

12. Warren Buffett, 2011.

13. Warren Buffett, 2007.

14. Carol Loomis, interview with Warren Buffett, Fortune Most Powerful Women Summit, October 3, 2011.

15. Warren Buffett, Letter to Shareholders, Berkshire Hathaway, Inc., February 27, 2004.

Chapter 1 _ Rose Blumkin

1. Carol Loomis, "The Inside Story of Warren Buffett," Fortune, April 11, 1988, 26.

2. Robert Batt, personal interview, August 2011.

3. Ibid.

4. Rose Blumkin and Dennis Mihelich, "Mrs. Rose Blumkin Interview," Douglas County Historical Society, August 30, 1983.

5. Joseph Schneersohn, "The Founding of Shchedrin." In Tzemach Tzedek and the Haskala Movement (Brooklyn, NY: Kehot Publication Society 1962), 10.

6. Robert Dorr, "Proud to Be a Jew," Omaha World Herald, April 1, 1979.

7. "Mrs. B's 100th Birthday," Omaha World Herald, December 9, 1993.

8. "Mrs. B Is 80," Omaha World Herald, January 24, 1974.

9. Robert Batt, 2011.

10. Alice Schroeder, "Rose," in The Snowball: Warren Buffett and the Business of Life (New York: Random House, 2008), 491.

11. "Shipping," The Timberman, Volume 15, (Miller Freeman Publications, Inc., August 1914), 45.

12. Robert McMorris, "Blumkin Business Phenomenon Began at Age 6," Omaha World Herald, July 9, 1967.

13. Rose Blumkin and Dennis Mihelich, 1983.

14. Ibid.

15. Ibid.

16. "The Life and Times of Rose Blumkin, An American Original," Omaha World Herald, December 12, 1993.

17. Rose Blumkin and Dennis Mihelich, 1983.
bnotes 19 March 2012; 9:39:21 254 NOTES

18. Robert McMorris, 1967.

19. David Perry, "Wanek Captures Three Industry Warriors in Bronze," Furniture Today, March 25, 2007.

20. Ibid.

21. Rose Blumkin and Dennis Mihelich, 1983.

22. Ibid.

23. Robert McMorris, 1967.

24. Rose Blumkin and Dennis Mihelich, 1983.

25. Jean Sullivan, "Rose Blumkin." Oral recording. Part of the American Jewish Committee's William E. Wiener Oral History Library. 1974.

26. "More about Mrs. B," Omaha World Herald, January 12, 1970.

27. Liz Reardon, "Lawsuit Says There's Only One Mrs. B," Omaha World Herald, January 14, 1984.

28. Jackie Kroeger, "Jury Awards Carpet Installers $10,000 in Suit against Mrs. B," Omaha World Herald, August 26, 1993.

29. Jean Sullivan, 1974

30. "The B? For Rose Blumkin It Ought to Stand for Busy," Omaha World Herald, July 14, 1989.

31. C. David Kotok, "At 90, Mrs. B Runs Store with Fervor," Omaha World Herald, December 12, 1983.

32. "Rose Blumkin," Omaha World Herald, January 4, 1979.

33. "Getting Personal—Mrs. Rose Blumkin," Omaha World Herald, June 1, 1977.

34. Sonja Schworer, "From Wheelchair, Mrs. B Plans Leasing Expansion," Omaha Metro Update, February 11, 1990, 23.

35. Robert Dorr, "Red Cross Gift Memorializes Mrs. B's Desire to Help People," Omaha World Herald, August 10, 1998.

36. Rose Blumkin and Dennis Mihelich, 1983.

37. Robert Dorr, "Farewell, Mrs. B," Omaha World Herald, August 11, 1998.

38. Robert Dorr, "Mrs. B Dismisses Idea of Retirement at Age 96," Omaha World Herald, July 7, 1990.

39. Robert Dorr, "Furniture Mart a Handshake Deal," Omaha World Herald, September 15, 1983.

40. "The Life and Times of Rose Blumkin, An American Original," 1983.

41. Warren Buffett, Letter to Shareholders, March 14, 1984.

42. Robert Dorr, "Sale of Blumkin Stock Will Avoid Friction," Omaha World Herald, September 16, 1983. bnotes 19 March 2012; 9:39:21 Notes 255

43. "My Hero Is," Omaha World Herald, November 30, 1986.

44. Robert Batt, 2011.

45. Warren Buffett, Letter to Shareholders, March 1, 1991.

46. C. David Kotok, 1983.

47. Robert Dorr, "Mrs. B: 'I Got Mad and Quit.'" Omaha World Herald, May 12, 1989.

48. Robert Dorr, "Son Says No One Wanted Mrs. B to Leave," Omaha World Herald, May 13, 1989.

49. Robert Dorr, "Mrs. B Would Strike a Deal to Regain Carpet Department," Omaha World Herald, May 16, 1989.

50. Steve Jordan, "Mrs. B: New Store 'To Let 'Em Have It.'" Omaha World Herald, September 15, 1989.

51. Robert Dorr, July 7, 1990.

52. Alice Schroeder, 2008, 495.

53. Ibid, 503.

54. Jim Rassmussen, "Healing Complete for Mrs. B," Omaha World Herald, April 23, 1993.

55. Rose Blumkin and Dennis Mihelich, 1983.

56. "The Life and Times of Rose Blumkin," December 12, 1993.

57. Robert McMorris, 1967.

58. Alice Schroeder, 2008, 504.

59. Jewish Press, "Rose Blumkin and Family Give One Million Dollars," January 23, 1981.

60 Rose Blumkin and Dennis Mihelich, 1983.

61. Dennis Burrow, "From Mrs. B to Mr. K: Do Not Underestimate Best Country in the World," Omaha World Herald, October 28, 1962.

62. Rose Blumkin and Dennis Mihelich, 1983.

63. "My Hero Is," Omaha World Herald, November 30, 1986.

64. Rose Blumkin and Dennis Mihelich, 1983.

65. Robert Dorr, "Nearly 104, Mrs. B Retires," Omaha World Herald, October 26, 1997.

Chapter 2 _ Susan Jacques

1. Elizabeth Taylor, My Love Affair with Jewelry (New York: Simon & Schuster, 2003).

2. Warren Buffett, "What You Should Know About the Jewelry Business," www
   .borsheims.com/borsheims/CustomerServices−Buffett.aspx, 2011. bnotes 19
   March 2012: 9:39:21 256 NOTES

3. Philip Durell, "Berkshire Hathaway Susan Jacques Interview/Chat," Motley
   Fool, May 13, 2005.

4. Ibid.

5. Gordon Munro, "Rhodesia History Summary," Our Rhodesian Heritage (blog),
   http://rhodesianheritage.blogspot.com/2010/02/rhodesia−history−summary.
   html, February 15, 2010.

6. Mary De Zutter, "Borsheim's Chief Credits Friedman as Retail Mentor," Omaha
   World Herald, June 26, 1994.

7. Philip Durell, 2005.

8. Gordon Munro, 2010.

9. "Zimbabwe Demographics Profile 2011," Index Mundi, www.indexmundi
   .com, accessed September 2011.

10. Mary De Zutter, June 26, 1994.

11. Ibid.

12. Susan Kuhlmann, "Borsheim's Jewelry Manager Finds This Country's
    Opportunity 'Phenomenal'," Midlands Business Journal, March 10−16, 1989,
    3−4.

13. "About Susan Jacques," USA Today, May 10, 2000.

14. Donna Frischknecht, "Susan Jacques, Borsheims: Going Where Life Takes
    Her," All Business, May 19, 1997.

15. "Omaha's Crown Jewel," The Reader, Keep Omaha Home, 2007, 24−25.

16. Susan Kuhlmann, 1989.

17. Mary De Zutter, June 26, 1994.

18. Robert Dorr, "Sisters Hit Right Path in Omaha," Omaha World Herald, January
    26, 1989.

19. Ibid.

20. Robert McMorris, "Borsheim Jewelry Business Sparkles in Downtown Store,"
    Omaha World Herald, July 26, 1980.

21. Dana Parsons, "Big Board Gilds Golden Years," Omaha World Herald, January
    21, 1976.

22. Robert Batt, personal interview, August 2011.

23. Dana Parsons, 1976.

24. Mary De Zutter, June 26, 1994.

25. Omaha World Herald, "Theft Victim Gets His Boy," August 8, 1967.

26. Al Frisbie, "Guard: Nobody Taking My Gun," Omaha World Herald, September 9, 1980. bnotes 19 March 2012; 9:39:22 Notes 257

27. Andrew Kilpatrick, "Borsheims: A Jewel," in Of Permanent Value (New York: McGraw Hill, 1998), 373.

28. Robert Hagstrom, The Essential Buffett (New York: John Wiley & Sons, 2001).

29. Omaha World Herald, "Ike Friedman's Life Glittering Success," September 13, 1991.

30. Warren Buffett, Letter to Shareholders, February 28, 1989.

31. Warren Buffett, Letter to Shareholders, March 2, 1990.

32. Midlands Business Journal, February 4, 1994.

33. Robert Dorr, "Buffett's Firm Buys 80 Percent of Borsheim's," Omaha World Herald, January 24, 1989.

34. Philip Durell, 2005.

35. Jim Rasmussen, "Borsheims Chief Ike Friedman Dies of Lung Cancer at Age 67," Omaha World Herald, September 12, 1991.

36. Robert Miles, "The Appointed One—Susan Jacques, Borsheims Fine Jewelry." In The Warren Buffett CEO (New York: John Wiley & Sons, 2002).

37. "About Susan Jacques," 2000.

38. Poppy Harlow, "The Woman behind Buffett's Bling," CNN Money, May 13, 2011.

39. Mary De Zutter, "Borsheims to Get New President, CEO," Omaha World Herald, January 6, 1994.

40. Warren Buffett, Letter to Shareholders, March 1, 1999.

41. Robert Miles, 2002.

42. Russ Banham, "The Warren Buffett School," Chief Executive.net, December 1, 2002, http://chiefexecutive.net/the-warren-buffett-school.

43. Philip Durell, 2005.

44. Ibid.

45. Anthony DeMarco, "Berkshire Hathaway Subsidiary to Buy Italian Jewelry Brand," Forbes.com, September 12, 2011, www.forbes.com/sites/anthonydemarco /2011/09/12/berkshire-hathaway-subsidiary-to-buy-italian-jewelry-brand.

46. "Berkshire Unit Richline to Buy Italian Jeweler," Reuters, September 10, 2011.

47. Philip Durell, 2005.

48. Robert Miles, 2002.

49. "Salesman Warren Buffett Gives Borsheims Best Weekend Ever," Borsheims Blog, May 4, 2011, www.borsheimsbrk.com/1903/salesman−warren−buffett −gives−borsheims−best−weekend−ever. bnotes 19 March 2012; 9:39:22 258 NOTES

50. Michaela Saunders and Steve Jordon, "The Buffett Effect: Sales Records at Two Stores," Omaha World Herald, May 5, 2011.

51. "Omaha's Crown Jewel," 2007.

52. Ibid.

53. Mary De Zutter, June 26, 1994.

54. Ibid.

55. "Style Shot," Omaha Magazine, September/October 1999, 19.

56. Ibid.

57. Ibid.

58. Mary De Zutter, June 26, 1994.

59. "About Susan Jacques," 2000.

60. Robert Miles, 2002.

61. "About Susan Jacques," 2000.

62. Allison Edwards, "Borsheims Expands Sales Floor, Inventory," Midlands Business Journal, July 11−17, 1997, 1, 16.

63. Teresa Novellino, "Borsheims CEO Gives Career Advice at GIA Career Fair," National Jeweler, June 8, 2010.

64. Philip Durell, 2005.

65. Steve Jordon, "A Wish List for Hillary? Not at Borsheims," Omaha World Herald, December 27, 2000.

66. Maureen Dowd, "Liberties: Hillary's Stocking Stuffer," The New York Times, December 24, 2000.

67. Andrew Kilpatrick, 1998.

68. Steve Jordon, "Buffett Can Knock on Wood, Light 81 Candles," Omaha World Herald, August 28, 2011.

69. Philip Durell, 2005.

70. Richard D. Brown, "Borsheims Counters National Luxury Retailer Slump," Midlands Business Journal, November 27, 2009.

71. Michelle Leach, "Borsheims Adds to Product Mix, Reports Double−Digit Sales

Gains," Midlands Business Journal, April 22, 2011.

72. Susan Kuhlmann, 1989.

73. Robert Miles, 2002.

74. Ibid.

75. "About Susan Jacques," 2000.

76. Ibid. bnotes 19 March 2012; 9:39:22 Notes 259

77. Michelle Leach, 2011.

78. Susan Kuhlmann, 1989.

79. Warren Buffett, "2009 Berkshire Hathaway Annual Report," February 26, 2010.

80. Christine Laue, "Borsheims' 13 Layoffs Are the First in Company History," Omaha World Herald, June 10, 2009.

81. Richard D. Brown, 2009.

82. Warren Buffett, 2010.

83. Warren Buffett, Berkshire Hathaway Inc. 2010 Annual Report, February 26, 2011.

84. "About Susan Jacques," 2000.

85. Russ Banham, 2002.

86. Teresa Novellino, 2010.

87. Robert Miles, 2002.

Chapter 3_Doris Christopher

1. Robert G. Hagstrom, The Warren Buffett Way (Hoboken, NJ: John Wiley & Sons, 2005).

2. Marc Hamburg, "Berkshire Hathaway to Acquire The Pampered Chef," press release, September 23, 2002.

3. Warren Buffett, Letter to Shareholders, February 21, 2003.

4. Doris Christopher, Come to the Table (New York: Warner Books, 1999).

5. Doris Christopher, The Pampered Chef (New York: Random House, 2005).

6. Lucinda Hahn, "Pampered Life," Chicago Tribune, January 18, 2005.

7. Jodi Heckel, "Pampered Chef Chief: Family Still Comes First," The News-Gazette, August 10, 2003.

8. S. A. Mawhorr, "Success Comes in the Shape of a Spatula," Daily Herald, July 24, 2000.

9. Lucinda Hahn, "Pampered Life," Chicago Tribune, January 18, 2005.

10. Robert A. Mamis, "Bootstrapping Lessons: Master of Bootstrapping Administration (MBA)," Inc., August 1, 1995.

11. Michele Fitzpatrick, "Recipe for Success," Chicago Tribune, April 14, 1996.

12. S. A. Mawhorr, 2000.

13. Doris Christopher, 2005.

14. Ellyn Spragins, "Building a Company Warren Buffett Would Buy," Fortune, February 1, 2003.

15. Michele Fitzpatrick, 1996.

16. Doris Christopher, 2005. bnotes 19 March 2012; 9:39:22 260 NOTES

17. Deborah Pankey, "Pampered Chef Founder Remembers 30 Years of Gadgets," Daily Herald, November 2, 2010.

18. Dimitra DeFotis, "Pampered Chef's Inventory Serves Up a Happy Kitchen," Daily Herald, March 20, 1996.

19. S. A. Mawhorr, 2000.

20. Doris Christopher, 1999.

21. Ellyn Spragins, 2003.

22. Robert A. Mamis, 1995.

23. EdisonNation, "The PamperedChef—DorisChristopher," interview,August 16, 2011, www.youtube.com/watch?v=Uxpph−BYqAw.

24. Jane Edwards Creed, "Keeping the Dream Alive—How Great Leaders Do It," Direct Selling News, April 2009.

25. Doris Christopher, 2005.

26. Ibid.

27. S. A. Mawhorr, 2000.

28. Jay Christopher, Come to the Basement (Addison, IL: The Pampered Chef, 2001).

29. Ibid.

30. Ibid.

31. Jodi Heckel, 2003.

32. Dimitra DeFotis, 1996.

33. Michele Fitzpatrick, 1996.

34. Louis Johnston and Samuel H. Williamson, "What Was the U.S. GDP Then?" MeasuringWorth, 2011, www.measuringworth.org/usgdp.

35. Kathryn Grondin, "Pampered Chef Now Calls Addison Home," Daily Herald, October 19, 2002.

36. Doris Christopher, 2005.

37. "Company Spotlight: The Pampered Chef," Direct SellingNews, September 2006.

38. DePaul University. Breakthroughs. A Symposium of Business Owners, Entrepreneurs & CEOs, Chicago, IL, October 28, 2010.

39. Rob Kaiser, "Pampered Chef Freed Founder from Schedule's Grind," Chicago Tribune, September 27, 2002.

40. Warren Buffett, "Forward." In Doris Christopher, The Pampered Chef (New York: Random House, 2005).

41. Warren Buffett, 2003.

42. Kathryn Grondin, 2002. bnotes 19 March 2012; 9:39:23 Notes 261

43. Larry Chonko and Raymond (Buddy) LaForge, "Academic Forum: Bringing Ethics to Light," Direct Selling News (July 2007).

44. Marc Hamburg, 2002.

45. Barbara Seale, "Direct Selling—A Changing Landscape," Direct Selling News, June 2009.

46. Michele Fitzpatrick, 1996.

47. Roger Lowenstein, "Nothing Charitable about Giving In," The Washington Post, July 20, 2003.

48. Alice Schroeder, "Oracle." In The Snowball (New York: Random House, 2008), 745.

49. Charles Storch, "Feeling the Heat, Warren Buffett Gives in on Giving," Chicago Tribune, July 25, 2005.

50. Warren Buffett, Letter to Shareholders, February 27, 2004.

51. Roger Lowenstein, 2003.

52. Laraine Spector, "Reflections on Leadership: Founder and Chairman of Pampered Chef Offers Her Insights," Virtual Strategist, Spring 2005.

53. S. A. Mawhorr, "The Pampered Chef in Addison Honored for Honesty, Integrity. Daily Herald, December 3, 1998.

54. Larry Chonko and Raymond (Buddy) LaForge, July 2007.

55. Doris Kelley Christopher, University of Illinois, http://brilliantfutures.illinois .edu/story.aspx?id=140.

56. Jay Christopher, 2001.

57. Doris Christopher, 2005.

58. Steven A. Camarota, "How Many Americans?" The Washington Post, September

2, 2008.

59. Larry Chonko and Raymond (Buddy) LaForge, "Academic Forum: Championship Customer Service," Direct Selling News, May 2007.

60. Robert A. Mamis, 1995.

61. Deborah Pankey, 2010.

62. Wasserman v. Pampered Chef et. al. LC 063512, Superior Court of Los Angeles County, Van Nuys, CA. (March 26, 2004).

63. Lucinda Hahn, "The Case of the TartMaster: Keeping Heat on Competition," Chicago Tribune, January 18, 2005.

64. Joanne Cleaver, "Pampered Chef Gets New Chief Exec," Chicago Tribune, January 21, 2003.

65. Michele Fitzpatrick, 1996.

66. Robert A. Mamis, 1995. bnotes 19 March 2012; 9:39:23 262 NOTES

67. Doris Christopher, 1999.

68. Doris Christopher, 2005.

69. Jay Christopher, 2001.

70. Larry Chonko and Raymond (Buddy) LaForge, July 2007.

71. Edison Nation, 2011.

Chapter 4_Cathy Baron Tamraz

1. Warren Buffett, Letter to Shareholders, February 26, 2011.

2. Janis Johnson, "Dollars and Sense," MillsQuarterly, Spring/Summer 2008, 10–12.

3. Ibid.

4. Ronald Chan, Behind the Berkshire Hathaway Curtain (Hoboken, NJ: John Wiley & Sons, 2010), 5.

5. Ibid.

6. Rachel Soares, Baye Cobb, Ellen Lebow, Allyson Regis, Hannah Winsten, and Veronica Wojnas, "2011 Catalyst Census: Fortune 500 Women Board Directors," Catalyst, December 2011, http://catalyst.org/file/533/2011_fortune_500_census_wbd.pdf, accessed January 29, 2012.

7. Liz Claman, "Women at the Wheel: Business Wire CEO on Achieving Success, Working with Warren Buffett," Fox Business, May 10, 2011, http://video.foxbusiness.com/v/4687290/business-wire-ceo-on-achieving-

successworking-with-warren-buffett.

8. Greg Jarboe, "The 100th Anniversary of the Press Release," Searchengine watch.com, October 29, 2006, http://searchenginewatch.com/article/2067724 /The-100th-Birthday-of-the-Press-Release.

9. Cathy Baron Tamraz, "A Time-Honored Tradition for Transparency – The News Release," FinReg21.com, April 1, 2009, www.finreg21.com/blogs / a-time-honored-tradition-transparency-%E2%80%93-news-release.

10. "Final Rule. Interactive Data to Improve Financial Reporting." SEC. 17 CFR Parts 229, 230, 232, 239, 240, and 249 (2009).

11. Cathy Baron Tamraz, "Microsoft Needs to Get Its Head Out of the Cloud When It Comes to Disclosure," BusinessWired blog, November 3, 2010, http://blog. businesswire.com/2010/11/03/microsoft-needs-to-get-its-head-out-of- the-cloud-when-it-comes-to-disclosure.

12. Susan Pulliam and Karen Richardson, "Warren Buffett Unplugged," Wall Street Journal, November 12, 2005.

13. Warren Buffett, "Happy 50th Anniversary, Business Wire," Business Wire Video, July 12, 2011, www.youtube.com/watch?v=szkypJGiDcA. bnotes 19 March 2012; 9:39:23 Notes 263

14. Warren Buffett, Berkshire Hathaway 2005 Annual Report, February 28, 2006.

15. Dan Fost, "Buffett Seals the Deal," San Francisco Chronicle, January 18, 2006.

16. Greg Levine, "Buffett's Berkshire to Buy Business Wire," Forbes.com, January 17, 2006, www.forbes.com/2006/01/17/buffett-business-wire-cx _ gl_0117autofacescan09.html.

17. Liz Claman, 2011.

18. Deb Subia, "April in Omaha: My Invitation to 2011 Berkshire Hathaway Annual Meeting," Business Wired (blog), May 6, 2011, http://blog.businesswire .com/2011/05/06/april-in-omaha-my-invitation-to-2011-berkshire- hathaway-annual-meeting.

19. Betsy Berkhemer and Renee Fraser, "Public Relations and Earned Media: CEO Interview with Cathy Baron Tamraz," 2 Minutes & More, KFWB-AM, July 25, 2010.

20. Smart Business, "Cathy Baron Tamraz," January 1, 2007, www.sbnonline. com/2007/01/cathy-baron-tamraz-president-and-ceo-business- wire/?full=1.

21. Ibid.

22. Ibid.

23. Ibid.

24. Ronald Chan, 2010, 12.

Chapter 5 _ Marla Gottschalk

1. "Marla Gottschalk Named CEO of Pampered Chef," Business Wire, April 19, 2006, www.businesswire.com/news/home/20060419005767/en/Marla—Gotts chalk—Named—CEO—Pampered—Chef.

2. Ann Therese Palmer, "Numbers Added Up to Move into a Pampered Way of Life," Chicago Tribune, May 13, 2007.

3. Ronald W. Chan, "Looking Forward with Marla Gottschalk," in Behind the Berkshire Hathaway Curtain (Hoboken, NJ: John Wiley & Sons, 2010), 109.

4. Ibid, 110.

5. Ibid.

6. Ann Therese Palmer, 2007.

7. Ronald W. Chan, 2010, 111.

8. "The Pampered Chef, Ltd. Company Profile," Yahoo! Finance, http://biz .yahoo.com/ic/42/42750.html.

9. Warren Buffett, 2009 Berkshire Hathaway Annual Report, February 26, 2010.

10. Jason Stipp, "Pampered Chef's Recipe for a Downturn," Morningstar, Inc. Video, www.youtube.com/watch?v=X2UVGIs—MXE, May 2, 2009. bnotes 19 March 2012; 9:39:23 264 NOTES

11 Amy Bell, "In the Pink," Direct Selling News, October 2011.

12. Darren Dahl, "Taking the Direct Route to Sales Growth," Inc., August 24, 2010.

13. L. Susan Williams and Michelle Bemiller, Tupperware, Passion Parties, and Beyond (Boulder, CO: Lynne Rienner, 2011).

14. "Company Spotlight: The Pampered Chef," Direct Selling News, September 2006.

15. Mark Moss, Shopping As an Entertainment Experience (Lanham: Lexington Books, 2007).

16. Thomas Hine, I Want That! How We All Became Shoppers (New York: Harper Collins, 2002).

17. Colin Campbell, The Romantic Ethic and the Spirit of Modern Consumption (Oxford: Basil Blackwell, 1987).

18. L. Susan Williams and Michelle Bermiller, 2011.

19. "Company Spotlight: The Pampered Chef," 2006.

20. Amy Bell, 2011.

21. Ibid.

22. Larry Chonko and Buddy LaForge, "Academic Forum: Bringing Ethics to Light," Direct Selling News, July 2007.

23. Dominique Xardel, The Direct Selling Revolution (Cambridge, MA: Blackwell, 1993), 157.

24. William Sluis, "It's My Party and I'll Sell if I Want To," Chicago Tribune, May 22, 2007.

25. The Pampered Chef, "Join Us! Get the More You're Looking For," Consultant Recruitment Brochure, 2011.

26. Tatiana Morales, "How Moms Are Making $$ At Home," The Early Show, CBS, February 11, 2008.

27. Leah Ingram, "Prevention at Work," Delta Sky Magazine, June 2011, 132–134.

28. Karyn Reagan, "The Pampered Chef," Direct Selling News, June 2008.

29. Karyn Reagan, "The Power of Pink," Direct Selling News, October 2011.

30. Karyn Reagan, 2008.

31. Ibid.

32. Karyn Reagan, 2011.

33. Karyn Reagan, 2008.

34. Ann Therese Palmer, 2007.

35. Ronald W. Chan, 2010, 119.

36. Ibid, 107. bnotes 19 March 2012; 9:39:23 Notes 265

Chapter 6 _ Beryl Raff

1. "Beryl Raff—Zale Corporation (ZLC)," Wall Street Transcript, April 10, 2000.

2. Thomas Bancroft, "Zale's Woes," Forbes 149, no. 13 (June 22, 1992): 46

3. Allen R. Myerson, Allen R. "Zale Names Chief after Long Stretch," New York Times, March 16, 1994.

4. "Jewelry Retailer Posts a 33 Percent Gain," The Times—News, February 17, 2000.

5. George William Shuster and Glen Beres, "Cornerstone Principles Will Guide Zale Growth, Says Raff," Jewelers Circular Keystone, January 2001.

6. Ibid.

7. "Beryl Raff—Zale Corporation (ZLC)," 2000.

8. George William Shuster and Glen Beres, 2001.

9. Ibid.

10. John Dicocco, interview with Alum Beryl Raff, CEO of Helzberg Diamonds, Builders & Leaders, Boston University School of Management, December 22, 2009.

11. Katie Hafner, "Canned Phrases for Making an Exit: Spend Time with the Family, Pursue Other Interests, the Dog Ate My ID," New York Times, December 23, 2006.

12. Maria Halkias, "Zale Posts Lower Earnings but Beats Reduced Estimates," Dallas Morning News, March 8, 2001.

13. Tara Murphy, "Zale Is a Diamond in the Rough," Forbes, November 27, 2001.

14. Katie Hafner, 2006.

15. Maria Halkias, "Leadership, Return to Diamond Basics Could Save Zale, Experts Say," Dallas Morning News, February 21, 2010.

16. Knight-Ridder News Service, "Former Zale Executive Takes Lead of J. C. Penney Fine Jewelry," Times-News (ID), May 10, 2001.

17. Glenn Law, "Ailing Whitehall Names Veteran Raff New CEO," National Jeweler, August 2005.

18. "Raff Is Whitehall CEO," Professional Jeweler, August 11, 2005.

19. Glenn Law, August 2005.

20. James P. Miller, "CEO Quits Before She Starts at Whitehall," Chicago Tribune, September 9, 2005.

21. Glenn Law, "Raff Resigns from Whitehall, Returns to Penney," National Jeweler, September 2005.

22. John Dicocco, 2009. bnotes 19 March 2012; 9:39:24 266 NOTES

23. Barnett C. Helzberg Jr., What I Learned Before I Sold to Warren Buffett (Hoboken, NJ: John Wiley & Sons, 2003).

24. David Conrads, "Barnett Helzberg, Sr.," Missouri Valley Special Collections: Biography, 1999.

25. Barnett C. Helzberg, Jr., 2003.

26. Ibid.

27. Warren E. Buffett, Letter to Shareholders, March 1, 1996.

28. Andrew Kilpatrick, "Helzberg's Diamond Shops," in Of Permanent Value (New

York: McGraw—Hill, 1998).

29. Jeffrey Comment, Santa's Gift: True Stories of Courage, Humor, Hope, and Love (New York: John Wiley & Sons, 2002).

30. "Beasley Will Lead Helzberg Diamonds," Kansas City Business Journal, November 2, 2004. 31. John Dicocco, 2009.

32. Maria Halkias, "Penney Jewelry Exec to Be Helzberg CEO," Dallas Morning News, April 7, 2009.

33. John Dicocco, 2009.

34. Cheryl Hall, "Jewelry Exec Treasures New Role," Dallas Morning News, May 6, 2009.

35. Maria Halkias, "Breaking Through: Retailers Pick More Women for Top Management Positions," Dallas Morning News, April 9, 2000.

36. Beryl Raff, "Rising to the Top: Managing It All," Women's Professional Lunch Series, Jewish Federation of Greater Dallas, October 11, 2006, Dallas, Texas.

37. Rob Bates, "Helzberg Diamonds Joining AGS," Jewelers Circular Keystone, July 28, 2010.

Chapter 7 _ Charlotte Guyman

1. Warren Buffett, Letter to Shareholders, February 27, 2004.

2. Securities and Exchange Commission. 17 CFR PARTS 228, 229 and 249, [RELEASE NOS. 33 – 8177; 34 – 47235; File No. S7 – 40 – 02], January 24, 2003.

3. Ibid.

4. Forrest Krutter, Proxy Statement, Berkshire Hathaway, Inc., March 11, 2011.

5. Warren Buffett, Annual Shareholder's Meeting, Omaha, Nebraska, April 30, 2011.

6. Michael Cusumano, Microsoft Secrets (New York: The Free Press, 1995), 73. bnotes 19 March 2012; 9:39:24 Notes 267

7. Julie Bick, All I Really Need to Know in Business I Learned at Microsoft (New York: Simon & Schuster, 1997).

8. Paul Andrews, "Microsoft at Your Door," The Seattle Times, December 3, 1993.

9. Randall E. Stross, The Microsoft Way (New York: Addison—Wesley, 1996), 105 – 106.

10. Jim Erickson, "Microsoft Launches Drive for Expanded PC Market," Seattle Post—Intelligencer, 1994.

11. Paul Andrews, "Multimedia Battle Lines Are Drawn—Rollout of New Microsoft Software Line Challenges Controversial Patent Award," The Seattle Times, December 3, 1993.

12. Randall E. Stross, 1996.

13. Martin Campbell-Kelly, From Airline Reservations to Sonic the Hedgehog. (Cambridge, MA: The MIT Press, 2003), 261.

14. Jonathan Weber, "Two Small Software Firms Outwit Microsoft—Beating Bill at His Own Game," The Seattle Times, August 26, 1993.

15. Ted Lewis, "Emergent Behavior, Emergent Profits," Computer, July 1997.

16. Paul Andrews, "Microsoft Targets Consumers," The Seattle Times, August 26, 1993.

17. Julie Bick, 1997.

18. Greg Farrell, "Microsoft Sees On-Line Promise," USA Today, 1999.

19. Robert Slater, Microsoft Rebooted (New York: Penguin Group, 2004).

20. Microsoft. Inside Out (New York: Warner Books, 2000).

21. Ibid.

22. Cheryl Tsang, Microsoft First Generation (New York: John Wiley & Sons, 2000).

23. Microsoft, 2000.

24. Ibid.

25. Aaron Ricadela, "Deborah Willingham, Microsoft," Women in Technology, Informationweek.com, October 9, 2000.

26. Ibid.

27. Des Dearlove, "Hire Very Smart People," in Business the Bill GatesWay (New York: AMACOM, American Management Association, 1999), 70.

28. Tina Kelley, "How to Keep the Best Workers Working at Their Best," The New York Times, October 26, 1997.

29. Kristi Helm, "Young GenerationRedefines Culture ofMicrosoft Philanthropy," The Seattle Times, May 24, 2010.

30. Wendy Kaufman, "The Few, the Tech-Savvy Few: Option Millionaires," All Things Considered, National Public Radio, February 11, 2007. bnotes 19 March 2012; 9:39:24 268 NOTES

31. Julie Bick, "The Microsoft Millionaires Come of Age," The New York Times, May 29, 2005.

32. Robert Slater, 2004.

33. Charlotte Guyman, "Visit to Save the Children Programs in Gaza

andWest Bank," Intersect, November 16, 2010, https://intersect.com/
stories/1J8p2Nh6460R.

34. Patricia Sellers, "Melinda Gates Goes Public," Fortune, January 7, 2008.

Chapter 8 _ Susan Decker

1. Miguel Helft, "Can She Turn Yahoo! Into, Well, Google?" New York Times, July 1, 2007.
2. Warren Buffett, Berkshire Hathaway Inc. 2006 Annual Report, February 28, 2007.
3. Alex Crippen, "Warren Buffett's Berkshire Blasts Benchmark S&P over Decade," CNBC, December 31, 2009.
4. Jamie McGee and Andrew Fry, "Buffett Takes $100,000 Berkshire Salary for 29th Straight Year," Bloomberg Businessweek, March 11, 2010.
5. Laura Saunders and Siobhan Hughes, "Buffett Builds His Tax-the-Rich Case," Wall Street Journal, October 13, 2011.
6. Julia Hanna, "The Fab Four," Harvard Business School, Alumni Bulletin, December 2009.
7. Deborah Blagg and Susan Young, "Five Honored for Missions Accomplished," Harvard Alumni Bulletin, September 2010.
8. Ben Elgin, "No Virtual Numbers for Yahoo!'s CFO," Bloomberg Businessweek, May 29, 2003.
9. Julia Homer, "Yahoo's Susan Decker," CFO Magazine, September 1, 2005.
10. Karen Angel, Inside Yahoo! (New York: John Wiley & Sons, 2002).
11. Ben Elgin, 2003.
12. Chris Kraeuter and Rachel Rosmarin, "Yahoo's Rising Star," Forbes, November 16, 2006.
13. Yahoo!, "Yahoo! Appoints New Chief Financial Officer," Yahoo! Media Relations, April 5, 2000.
14. John Battelle, The Search (New York: Penguin Group, 2005).
15. Julia Homer, 2005.
16. Chris Kraeuter and Rachel Rosmarin, 2006.
17. Julia Homer, 2005.
18. Chris Kraeuter and Rachel Rosmarin, 2006. bnotes 19 March 2012; 9:39:24
Notes 269

19. Stephen Taub, "Will CFO Decker Take the Reins at Yahoo?" CFO Magazine, December 6, 2006.

20. Elise Ackerman and Constance Loizos, "Popular Executive May Run Yahoo! One Day," San Jose Mercury News, January 1, 2007.

21. Ibid.

22. Miguel Helft, 2007.

23. Elise Ackerman and Constance Loizos, 2007.

24. Sarah Johnson, "Yahoo! Hands CEO Post to Yang, Not Decker," CFO Magazine, June 18, 2007.

25. Alix Stuart, "Secrets of Their Success," CFO Magazine, June 1, 2008.

26. Ben Elgin, 2003.

27. "Yahoo! President Susan Decker Takes Interest in Isarael," Haaretz Israeli News, May 20, 2008, www.youtube.com/watch?v=-E6eGSPtZ9Q.

28. Susan Decker, "Entrepreneurial Thought Leader Lecture," Stanford University, May 7, 2008.

29. Ibid.

30. Susan Decker, "Keynote Address," Advertising 2.0 Conference, New York, NY, June 4, 2008.

31. Susan Decker, "The Next Chapter," Yahoo! memo, January 13, 2009.

32. Eric Jackson, "Should CEOs Sit on Other Companies' Boards?" Seeking Alpha, April 23, 2009, http://seekingalpha.com/article/132716-should-ceos-sit-on-other-companies-boards.

33. Jessica Vascellaro, "Yahoo! Ex-President Returns to Harvard," Wall Street Journal, September 9, 2009.

34 Julia Hanna, 2009.

35. Laura Ratcliff, "Next Generation of Female Leaders Needs Strong Mentors," The Glass Hammer, May 25, 2011, www.theglasshammer.com/news/2011/05/25/next-generation-of-female-leaders-need-strong-mentors/.

36. Deborah Blagg and Susan Young, 2010.

37. Susan Decker, May 7, 2008.

38. Julia Hanna, 2009.

39. Jessica Vascellaro and Joann Lublin, "Departing Yahoo! President Has History of Missteps," Wall Street Journal, January 14, 2009.

40. Patricia Sellers, "Sue Decker Moves on from Yahoo!," Fortune Postcards, January 13, 2009.

41. Miguel Helft, 2007. bnotes 19 March 2012; 9:39:25 270 NOTES

42. "Alumni Achievement Awards," Harvard Business School, 2010, www .alumni. hbs.edu/awards/2010/decker.html. Accessed January 31, 2012.

43. Julia Hanna, 2009.

Chapter 9 _ Katharine Graham

1. Jim Collins, "The 10 Greatest CEOs of All Time." Fortune, July 21, 2003.

2. Charlie Rose, "An Interview with Katharine Graham," Charlie Rose, LLC, February 5, 1997, www.charlierose.com/view/interview/5721. Accessed January 29, 2012.

3. "Philip Graham, 48, Publisher, a Suicide," New York Times, August 4, 1963.

4. Charlie Rose, 1997.

5. Madeleine Edmondson and Alden Duer Cohen, The Women of Watergate (New York: Simon and Schuster, 1975).

6. Alex S. Jones, "Katharine Graham at 70; One Woman, Two Lives, Many Memories," New York Times, July 1, 1987.

7. Peter Nulty, "National Business Hall of Fame," Fortune, April 5, 1993.

8. Katharine Graham, Personal History (New York: Alfred A. Knopf, 1997).

9. Alex S. Jones, 1987.

10. Bob Woodward, "Hands Off, Mind On," Washington Post, July 23, 2001.

11. Madeleine Edmondson and Alden Duer Cohen, 1975.

12. Agnes Meyer, "Women Aren't Men," Atlantic Monthly, August 1950.

13. Alex S. Jones, 1987.

14. Robin Gerber, Katharine Graham (New York: The Penguin Group, 2005).

15. Katharine Graham, 1997.

16. Warren Buffett, "Kay Graham's Management Career," Washpostco.com, 2001, www.washpostco.com/phoenix.zhtml?c=62487&p=irol−historykgraham. Accessed January 29, 2012.

17. Sally Jenkins, "Graham Blazed a Path, Sportswomen Saw the Light," Washington Post, July 19, 2001.

18. Carol Felsenthal, Power, Privilege, and the Post (New York: G.P. Putnam's Sons, 1993).

19. Patricia McCormack, "Most Powerful Woman in America," UPI—Lowell Sun, October 6, 1974.

20. Nora Ephron, "Paper Route," New York Times, February 9, 1997.

21. Cheryl Lanvin, "Celebrity World Q & A: Katharine Graham," Wisconsin State Journal, April 10, 1983. bnotes 19 March 2012; 9:39:25 Notes 271

22. Robert G. Kaiser, "The Storied Mrs. Graham," Washington Post, July 18, 2001.

23. Carol Felsenthal, 1993.

24. Robin Gerber, 2005.

25. Madeleine Edmondson and Alden Duer Cohen, 1975.

26. Alex S. Jones, 1987.

27. Robin Gerber, 2005.

28. Donald E. Graham, "Message from Don Graham," Washpostco.com, www.washpostco.com/phoenix.zhtml?c=62487&p=irol-ourcompanymessage. Accessed January 29, 2012.

29. Ira Berkow, "Washington Post Publisher Urged Watchdog to Bark," Galesburg Register-Mail, June 20, 1973.

30. Carl Bernstien, "Interview: Carl Bernstein," Frontline News, PBS, July 10, 2006.

31. Ira Berkow, 1973.

32. Ted Johnson, "For Presidents' Day: All the President's Men," Variety, February 21, 2011.

33. "Lower Profile, Press Advised," Chronicle-Telegram, September 12, 1974.

34. Madeleine Edmondson and Alden Duer Cohen, 1975.

35. Ira Berkow, 1973.

36. Robin Gerber, 2005.

37. Ibid.

38. J. Y. Smith and Noel Epstein, "Katharine Graham Dies at 84," Washington Post, July 18, 2001.

39. Ted Johnson, 2011.

40. Katharine Graham, Katharine Graham's Washington (New York: Alfred A. Knopf, 2002).

41. Charles Peters, Tilting at Windmills (Reading, MA: Addison-Wesley, 1988), 197.

42. Charlie Rose, 1997.

43. Charles T. Munger, Poor Charlie's Almanack (Virginia Beach, VA: The Donning Company, 2005), 197.

44. Charlie Rose, 1997.

45. Katharine Graham, 1997.

46. Charlie Rose, 1997.

47. Katharine Graham, 1997.

48. Donald E. Graham, The Washington Post Company Annual Report, February 23, 2011. bnotes 19 March 2012; 9:39:25 272 NOTES

49. Ibid.

50. Katharine Graham, 1997.

51. Ibid.

52. Larry van Dyne, "The Bottom Line on Katharine Graham," The Washingtonian, December 1985, 204.

53. Ibid.

54. Katharine Graham, 2002.

55. Sruthi Ramakrishnan and A. Ananthalakshmi, "Dealtalk: Not for Sale? . . . Washington Post," Reuters, September 8, 2011.

56. Ibid.

57. Steven Mufson, "Warren Buffett to Step Down from Washington Post Co. Board," Washington Post, January 20, 2011.

58. Warren E. Buffett, Letter to Shareholders, February 28, 2007.

59. Warren Buffett, 2001.

60. Richard Perez—Pena, "Washington Post Names Publisher." New York Times, February 8, 2008.

61. Harry Jaffe, "Katharine the Second." The Washingtonian, August 1, 2008.

62. Richard Perez—Pena, 2008.

63. Harry Jaffe, 2008.

64. David S. Broder, "Farewell Katharine Graham," The Times—News, July 19, 2001.

65. Charlie Rose, 1997.

Chapter 10 _ Women at the Top and at the Table

1. Peter Cappelli and Monika Hamori, "The New Road to the Top," Harvard Business Review, January 2005.

2. Georges Desvaux, Sandrine Devillard—Hoellinger, and Pascal Baumgarten, Women Matter: Gender Diversity, A Corporate Performance Driver, McKinsey & Company, 2007.

3. Katherine Phillips, Katie A. Liljenquist, and Margaret Neale, "Better

Decisions through Diversity," Kellogg Focus on Research, Kellogg School of Management, October 2010.

4. Taylor H. Cox and Stacy Blake, "Managing Cultural Diversity: Implications for Organizational Competitiveness," Academy Management Executive 5, no. 3 (August 1991): 45 – 56.

5. Sylvia Ann Hewlett, "Executive Women and the Myth of Having It All," Harvard Business Review 80 (April 2002): 66 – 73. bnotes 19 March 2012; 9:39:25 Notes 273

6. Kerry Hannon, "Boomer Women Flunk Mentoring," Forbes.com, October 25, 2011, www.forbes.com/sites/kerryhannon/2011/10/25/boomer–women–flunk–mentoring–new–linkedin–survey.

7. "Women MBAs," Catalyst, Inc., August 9, 2011, www.catalyst.org/publi cation/250/women–mbas.

8. Sylvia Ann Hewlett, Carolyn Buck Luce, and Peggy Schiller, "The Hidden Brain Drain: Off Ramps and On Ramps in Women's Career," Harvard Business Review 83 (March 2005): 31 – 57.

9. George Desvaux, et. al. 2007.

10. Australian Government EOWA, "Gender Workplace Statistics at a Glance," Annual Report. 2009, www.eowa.gov.au/Information_Centres/Resource _ Centre/EOWA_Publications/Gender_stats_at_a_glance.pdf.

11. Adrian Wooldridge, "The Daughter Also Rises," The Economist, Schumpeter, August 27, 2001, 58.

12. Hu Yuanyuan, "China Ranks High in Women CEOs," China Daily, August 3, 2011.

13. Ricardo Hausmann, Laura D. Tyson, Yasmina Bekhouche, and Saadia Zahidi, "The Global Gender Gap Index 2011," Global Gender Gap Report, World Economic Forum, 2011.

14. Rachel Soares, Jan Combopiano, Allyson Regis, Yelena Shur, and Rosita Wong, "2010 Catalyst Census: Fortune 500 Women Executive Officers and Top Earners" and "2010 Catalyst Census: Fortune 500 Women Board Directors," Catalyst, Inc., December 2010.

15. "Women in Business Education," The Graduate Management Admission Council, 2011, http://gmac.mediaroom.com/index.php?s=55.

16. Susan M. Adams, Atul Gupta, Dominique M. Haughton, and John D. Leeth, "Gender Differences in CEO Compensation: Evidence from the USA," Women

in Management Review 22, no. 3 (2007): 208–224.

17. U.S. Department of Education, "Degrees in Business Conferred," Digest of Education Statistics, July 2010.

18. "Women in Business Education," The Graduate Management Admissions Council, 2011.

19. Association to Advance Collegiate Schools of Business (AACSB), 2008.

20. Guidestar "Nonprofit Compensation Report," 2010, http://www2.guidestar .org/rxg/products/nonprofit–compensation–solutions/guidestar–nonprofit– com pensation–report.aspx.

21. Shifra Bronznick and Didi Goldenhar, "Flexibility and More Mentors Will Expand the Number of Female Nonprofit CEOs," The Chronicle of Philanthropy, November 12, 2009. bnotes 19 March 2012; 9:39:25 274 NOTES

22. Global Fund for Women, "Status of Women Fact Sheet," 2011, www.global fundforwomen.org/impact/media–center/fact–sheets/status–of–women–fact –sheet.

23. U.S. Census Bureau, 2007 Economic Census. Survey of Business Owners— Women Owned Firms, www.census.gov/econ/sbo/get07sof.html?12.

24. Jeffrey Sohl, "The Angel Investor Market in 2010: A Market on the Rebound," Center for Venture Research, April 12, 2011.

25. Ewing Marion Kauffman Foundation, "Women and Angel Investing: An Untapped Pool of Equity for Entrepreneurs," April 2006, www.kauffman.org/ uploadedFiles/women_and_angel_investing_100906.pdf.

26. Jeffrey Sohl, 2011.

27. Candida Brush, Nancy Carter, Elizabeth Gatewood, Patricia Greene, and Myra Hart, "Gatekeepers of Venture Growth," Diana Project Report, Kauffman Foundation, 2004, www.kauffman.org/research–and–policy/gate keepers–of– venture–growth.aspx.

28. Kathleen Kingsbury, "Controlling Trillions,Women Drive Charitable Giving," Reuters, December 12, 2011.

29. Bud Simpson, "Doing Business with Alaska Native Corporation," Business Law Today, July–August, 2007, 41.

30. Sylvia Hewlett, "What the U.S. Can Learn from Europe about Gender Equality in the Workplace," Harvard Business Review, May 2010.

31. Marleen A. O'Connor, "The Enron Board: The Perils of Goupthink," University

of Cincinnati Law Review 71 (2003): 1233 – 1257.

32. Keith Sawyer, Group Genius (New York: Perseus, 2007).

33. "The Wrong Way to Promote Women," The Economist, July 23, 2011, 11 – 12.

34. Rachel Soares, Baye Cobb, Ellen Lebow, Allyson Regis, Hannah Winsten, and Veronica Wojnas, "2011 Catalyst Census: Fortune 500 Women Board Directors," Catalyst, December 2011, http://catalyst.org/file/533/2011_fortune_500_census_wbd.pdf. Accessed January 29, 2012.

35. "Gender Workplace Statistics at a Glance," 2009.

36. Douglas Branson, The Last Male Bastion (New York: Routledge, 2010).

37. Michael S. Dahl, Cristian L. Dezso, and David Gaddis Ross, "Like Daughter, Like Father: How Women's Wages Change When CEOs Have Daughters," March 1, 2011, Social Science Research Network: http://ssrn.com/abstract=1774434.

38. Charles Elson, Glenn Hubbard, and Frank Zarb, "Bridging Board Gaps," Report of the Study Group on Corporate Boards, Columbia Business School, 2011.

39. Eric Jackson, "Three of America's Best Boards," Seeking Alpha, July 7, 2009, http://seekingalpha.com/article/147414-three-of-america-s-best-boards.

버핏의 프로포즈를 받은 여인
THE WOMEN OF BERKSHIRE HATHAWAY

초판 1쇄 발행 2013년 3월 28일

지은이 카렌 린더
옮긴이 김세진

발행인 배충현
책임편집 이경선 · 강경진
디자인 아이디어스토리지

발행처 갈라북스
출판등록 2011년 9월 19일(제25100−2011−260호)
주소 서울시 마포구 성산동 294−4 두일빌딩 301호
전화 (02)715−9102   **팩스** (02)325−9102

전자우편 galabooks@naver.com
블로그 http://galabooks.blog.me

한국어판ⓒ 갈라북스, 2013
ISBN 978−89−969165−1−2 03320

* 갈라북스는 (주)아이디어스토리지의 출판브랜드입니다.
* 잘못 만든 책은 교환해 드립니다. 값은 뒤표지에 있습니다.